당대

국가권력과
민간신앙

김상범 지음

도서출판 신서원

당대 국가권력과 민간신앙

2005년   9월 20일 초판1쇄 인쇄
2005년   9월 30일 초판1쇄 발행
2006년   6월 20일 초판2쇄 발행

지은이 ▪ 김상범
펴낸이 ▪ 임성렬
펴낸곳 ▪ 도서출판 신서원
　　서울시 종로구 교남동 47-2 협신빌딩 209호
　　전화 : (02)739-0222·3　팩스 : (02)739-0224
　　등록 : 제1-1805(1994. 11.9)

ISBN ▪ 89-7940-644-4 93910

唐代

國家權力과
民間信仰

金相範 著

책머리에

연구분야나 주제를 선택하는 데는 종종 개인의 기억이나 경험으로부터 자극을 받는 경우가 적지 않다. 얼마나 정확할지 가늠조차 힘든 어린 시절에 나의 고향 '산뒤' 그러니까 소래포구가 먼발치에 보이는 인천의 변두리 마을에선 수시로 굿판이 벌어졌다. 인근에 풍어제가 열리는 작은 어촌마을이 많았기 때문일까? 무당의 신기神氣 서린 춤사위와 자극적인 타악기의 울림은 코흘리개들도 제장祭場으로 끌어들일 만큼 충분한 호소력을 지녔었다. 독실한 기독교도였던 할머니께서는 어느새 이곳을 기웃거리던 어린 손자를 발견하셨던지 둔탁한 평안도 억양으로 그런 곳엔 아예 접근도 말라는 묵직한 경고를 하셨다. 그리고 나는 일요일 아침이면 혹시라도 흘릴까 봐 헌금을 꽉 쥐고 예배당으로 달려가는 기독소년이 되었다.

굿이 끝나면 동네악동들은 전리품이라도 되는 양 김이 모락모락 나는 팥고물 떡을 하나씩 들고 나타났지만, 그걸 먹으면 죄를 짓는 것 같은 거부감이 몸속에서 자라났다. 그렇다고 일순간에 호기심이 사라진 것은 아니었다. 누구 집에 굿판이 벌어졌다는 풍문을 들으면 여전히 밤도둑처럼 은밀히 기웃거렸다. 엉성하기 짝이 없는 수수깡 담 너머로 두려운 무당의 눈을 피하며 원초적 기운으로 가득 찬 신비로운 풍경을 훔쳐보곤 했다.

새마을운동의 광풍이 1970년대를 휩쓸면서 '누습타파'의 구호 아래 굿판은 현격히 줄어들었다. 작은 마을 주민들의 정신세계에도 점차 종교와 미신, 성聖과 속俗의 상하관념이 생겨난 것 같았다. 마을의 대성大姓이었던 해주최씨 일가도 그 즈음 적지 않은 사람들이 일요일이면 성경을 끼고 성당이나 교회로 향했다.

그로부터 20년쯤 지났을 무렵에 나는 타이베이 화평동로和平東路 사범대학 근처의 골목길을 걷고 있었다. '성모탄신일 기념[慶祝聖母誕辰]'이라고 쓰여 있는 빨간 플래카드가 시선을 자극했다. 호기심이 발동해 찾아가보니 작은 절집 같은 곳에 여신상이 자리잡고 있는 것이 아닌가. 물론 성모 마리아는 아니었다. 그녀는 대만·복건뿐 아니라 광동·절강·강소·산동까지 중국 연해지역 사람들이 널리 숭배하는 항해의 여신 '마조媽祖'였다.

얼마쯤 지나 거류비자를 연장하기 위해 타이베이 경찰서를 찾아가던 날, 향을 태우는 연기로 뿌옇게 뒤덮인 제법 커다란 규모의 사찰을 발견했다. '타이베이시성황臺北市城隍', 근접해 보니 절이 아니고 타이베이시의 수호신인 성황城隍을 모시는 사묘였다. 신상의 배치가 하도 복잡해 자세히 살펴보니, 본전의 중앙에는 성황신이 근엄하게 앉아 있고 바로 옆에는 그의 부인이 그리고 양쪽에는 부하 판관判官들이 배치되어 있었다.

혼란스러움을 더욱 가중시킨 것은 본전 옆의 작은 신전에 모셔진 관우關羽상과 정문 입구에 떡 하니 자리잡은 자애로운 대보살 관음觀音의 신상이었다. 주신主神보다도 훨씬 더 많은 향이 그들 앞에서 연기를 피워내고 있었다. 세속이 그대로 옮겨진 신계神界, 편의에 따라 한꺼번에 모아놓은 듯한 신상들, 이러한 광경은 제도화 종교에 익숙한 나로 하여금 '기괴奇怪'라는 단어를 내뱉게 했다.

나는 유학생활의 대부분을 타이베이 외곽의 무짜[木柵]라는 곳에서 보냈다. 무엇보다도 방값이 저렴하고 시내와는 달리 조용했기 때문에 가난

한 유학생 부부가 살기에는 안성맞춤인 곳이었다. 하지만 우리 동네에도 주기적으로 시끌벅적한 소동이 벌어졌다. 폭죽소리가 천지를 진동하였고 그러고 나면 괴상한 분장의 대오가 위엄스럽게 시찰하듯 골목골목 가두행진을 벌였다. 노인들로 구성된 아마추어 취주악대가 대오의 뒤를 따랐는데 어릴 적 굿판에서 들었던 것보다 훨씬 더 다양한 음색으로 청각을 자극했다. 집 근처 작은 공터에 이르면 절정을 보였는데, 이곳에는 마을을 지키는 수호신인 작은 토지공묘土地公廟가 있었다. 연세가 지긋한 아주머니들은 이곳을 지날 때마다 하얗고 풍성한 수염이 인자함을 빛을 더해주는 토지공을 향해 공손하게 절을 올리곤 했다.

제사가 있는 날이면 연극이 공연되었다. 집사람과 같이 보았던 역동적인 경극京劇이나 우아함의 극치를 보여주는 곤곡崑曲에 비하면 조악하기 짝이 없었다. 하지만 나의 선량한 이웃들은 민남어閩南語로 공연되어 더욱 정감을 느끼는지 복건 지방극인 가자희歌仔戱에 넋을 잃고 심취했다.

아침마다 항시 향을 피워 여기저기 절을 하며 경건하게 하루를 맞는 그들은 이렇게 동네의 수호신께 제사를 올리고 연극을 바치며 복록을 기원했다. 또한 신을 경배하기 위해 차린 산해진미를 함께 나누고 조금은 유치해 보이는 민남어 연극에 빠져들 때면 만면에 웃음꽃이 가득 피었다. 이곳은 신앙을 매개로 마을사람들이 함께 모여 수호신을 위한 제사를 준비하고 공동의 문화를 향유하는 과정 속에 서로가 공동체의 일원임을 확인하는 광장이었다. 그런데 제신諸神의 나라에 사는 나의 이웃들에게서 광기에 빠져 이성을 잃은 모습은 좀처럼 발견할 수 없었다. 그들은 누구보다도 침착했고 평화를 사랑했으며 합리적인 소통을 중시했다.

시간이 갈수록 이곳의 습속이 더 이상 기괴하게 보이지 않았으며, 어지러운 가운데 조화를 느낄 수 있었다. 그리고 얼마가 더 지나 우리 마을의 토지공은 타이베이시의 시성황市城隍에 의해, 시성황은 대만성의 성성황省城隍에 의해, 성성황은 더욱 높은 상부의 신으로부터 통제를 받는다는 사실을 알게 되었다. 수없이 많은 신들이 사람들의 마음속뿐 아니라 도시 곳곳의 공간을 점령하고 있었지만, 그들에게도 현세의 관료조직처럼 정연한 질서체계가 내재하고 있었던 것이다.

이 무렵 나의 궁금증을 자아낸 문제는 웬만큼 규모가 큰 사묘들마다 쟝징궈蔣經國·리덩후이李登輝를 위시해 총통總統이나 행정원장行政院長 혹은 성장省長의 이름이 적힌 현판을 자랑스럽게 내걸고 있다는 점이었다. 신들의 권위가 세속정권의 인가로 더욱 자랑스럽다는 듯이. 물론 루강鹿港 같은 유서 깊은 항구도시의 마조묘[天后宮] 같은 곳에는 청대 황제들이 내린 칙액과 패방이 세월의 흔적과 함께 신의 영력을 더욱 빛내주고 있었다. 신의 영역에 봉호나 묘액을 통해 정통성을 부여해 주는 정권, 그 권력의 실체는 도대체 어떤 것일까?

그 즈음 나는 『자치통감』의 당대 관련기사를 읽던 중 당대 전반부에서 유난히도 자주 눈에 띄던 황제의 봉선의례封禪儀禮에 주목하여 석사논문을 완성해 가고 있었다. 전체 중국역사에서 7차례밖에 등장하지 않는 봉선이 당 전기에만 무려 세 차례나 출현한 원인에 대한 고찰을 통해 시대적 특징의 일면이라도 살펴보고 싶었다. 이러한 상징적인 의례행위가 지닌 정권합법화의 기능을, 당대의 현실정치에 이용된 사례를 통해 규명해 보고 싶었다.

정권은 애초부터 무력에 의해 성립되는 것이지만 장기적으로 안정된 통치를 구가하기 위해서는 지속적으로 통치의 정당성을 선포함으로써 피통치자들로부터 자발적인 수긍과 복종을 이끌어내는 의례적 기능이 매우 중요하다. 이 과정에서 전통중국에는 우주질서의 운행자인 최고의 신 상제上帝와 통치자를 긴밀하게 연결시키기 위한 이론인 천론天論과 이를 의례차원에서 시행하기 위한 국가예전國家禮典이 최고의 엘리트들에 의해 구비되어 있었음을 확인할 수 있었다. 또한 신들에 대한 제사도 현실권력과의 관계 속에서 등차별로 구분되어 황제만이 드릴 수 있는 제사, 관리를 파견해 드리는 제사, 그리고 지역사회에서 관민이 함께 드리는 제사 등으로 구분되어 주밀하게 운용되었음을 발견할 수 있었다.

물론 황제가 독점하는 제사는 천지의 최고신께 올리는 제사로서 천자의 외경스러운 지위에 걸맞게 천상상제와의 교류가 비밀스럽게 진행되었다. 하지만 의례가 끝나고 나면 대사면이나 면세조치 등을 공포함으로써 통해 천자는 상제를 대신해 자혜로운 은덕을 지상세계의 백성들에게 베풀며 유덕군주로 재탄생하곤 했다.

그렇다면 국가에서 규정해 놓고 엄밀하게 운영해 온 국가예제의 세계와 민간사회의 전통적인 신앙세계 사이의 조우와 충돌은 불가피했을 것이다. 어쩌면 이들의 조우와 충돌 그리고 상호작용 속에 새롭게 정비되어 간 예제禮制라는 통치시스템은 장기적으로 전통중국인의 신앙관 형성에 지대한 영향을 미쳤을 것이다.

여기서 마주친 문제는 민간의 사묘신앙을 복건적·대만적 따위의 지역현상으로 볼 것인가, 아니면 전국적 현상으로 파악할 수 있을 것인가 하는 점이었다. 물론 여러 사서에 나타나듯이 이 지역은 절강·사천·광동 등과 함께 무당의 활동과 귀신숭배가 가장 흥성하다는 복건문화권에 속하는 지역이다. 사실 이 네 지역만 해도 충분히 광대하지 않은가. 필자는 몇 차례의 중국여행을 통해 민간의 사묘신앙이 생각보다 더욱 광범위한 지역에서 민간사회와 긴밀하게 결착되어 있음을 발견할 수 있었다.

명대 초기에 중국에서 가장 후미졌다는 귀주성의 산골짜기로 파병되어 오랫동안 외부와 단절된 채 살면서 정체성마저 상실한 노한족老漢族의 부락에서는, 문화대혁명 때 파괴된 관우묘의 흔적과 지금도 여전히 지역민들에게 숭배되는 토지공묘를 확인할 수 있었다. 황토고원 산서山西의 기행을 통해서는 관왕묘·동악묘·성황묘뿐 아니라 곳곳에 자리잡은 크고 작은 수많은 사묘와 그곳의 상설무대[戱臺]에서 공연되던 진극晉劇을 관람할 수 있었다. 개자추介子推가 은둔했다는 태항산맥 면산의 깊은 산골짜기에서는 복건의 여신 마조의 묘우를 발견하고 경악을 금할 수 없었다.

이 책은 전통 중화제국에서 국가와 사회의 가치표준으로 전반적인 사회발전의 향방에 지대한 영향을 미쳐왔던 예제와 당대 이래 남중국 개발의 가속화와 함께 더욱 전면적으로 부상했던 민간신앙과의 상호관계를 집중적으로 조명해 보았다. 이를 통해 예제 자체의 제도적 변화와 이에 따른 중국적 신앙관의 탄생과정을 유추해 보았다. 이 책은 필자의 박사논문에 귀국 후 새롭게 준비했던 몇 편의 논문을 더하여 완성하였다. 아직 박사논문의 일부 내용이 아직 국내 학계에 보고되지 않은데다, 최근 들어 재미를 붙이고 있는 지역사회와 사묘신앙과의 관계에 대해서도 몇 편의 논문을 더 보충함으로써 좀더 두툼하고 심도있는 책을 완성하는 것이 본디 필자의 바람이었다.

하지만 몇몇 선생님들의 권유처럼 일단 가진 것만큼만 내놓고 질책을 자처하는 것도 만학도의 성장을 위해 좋은 자극이 될 것 같았다. 5년이 넘게 이 학교 저 학교를 옮겨다니다 보니 집중적인 시간을 갖지 못함도 아쉬웠지만, 그보다는 타성에 빠지고 스스로 안위하는 못된 습성이 붙었다. 그래서 설익은 결과물이지만 선현들의 비판을 통해 유암화명柳暗花明을 꿈꾸어 보고자 한다.

변변치 못한 품성에도 너무나 많은 인복을 타고났다. 먼저 예제가 중국문명의 전개에 미친 규제적인 특성과 당송변혁기 이후 사회-문화적 변동을 인식하는 데 직접적인 도움을 주신 구첨생邱添生·고명사高明士 두 분 은사님께 깊은 감사를 드린다. 마주칠 때마다 따뜻한 손으로 감싸주시며 용기를 북돋아주시는 양승윤 선생님은 항상 버팀목이 되어주셨다. 생활에나 학문을 하는 데 귀한 거울이 되어주시는 이근명 선생님께는 말로 표현하기 힘들 정도로 많은 신세를 졌다. 따뜻하게 소속감을 심어주시고 배려를 아끼지 않으셨던 외대 사학과의 최갑순·임영상·이영학·노명환·반병률 선생님께 감사를 드린다. 오랫동안 함께 학진과제를 수행해 오면서 호의를 베풀어주셨던 조복현 선생님께도 감사를 드린다. 임대희·하원수·윤용구 선생님께서는 때로는 토론자로 때로는 스승으로 적지 않은 도움과 가르침을 주셨다. 함께 있으면 항상 유쾌한 이화승·유희성·이상철·장수열·최세윤·김윤태 선생님과 따뜻한 안식처가 되어준 나의 친구들에게 감사를 드린다. 아무리 봐도 답답한 이웃나라의 중세사 이야기를 인문학을 사랑하는 마음으로 꼼꼼하게 책으로 꾸며주신 도서출판 신서원에 심심한 경의를 표한다.

　이 책은 아둔한 자식을 항상 기다려 주셨고, 그저 성실한 선생이 되기를 기도해 주시는 부모님과 가족들에게 바친다. 따뜻한 가정을 꾸려주고 격려를 아끼지 않는 소중한 아내와 사랑하는 서현에게 고마운 마음을 전한다.

2005. 8.

저자 씀

목 차

제 **1** 편

당대 국가권력과 민간 사묘신앙

제1장
서 론
당대 민간 사묘신앙 연구의 회고와 전망

1. 중국 종교신앙사 연구에 대한 회고와 반성

근대화 시기의 초창기에 있어 많은 중국의 일부 지식인들은 유교의
이데올로기가 전통중국 사회의 정치-사회적 구조를 지배해 왔기 때문에,
유교의 합리적인 성향이 사회전반에 걸쳐 절대적인 영향을 미쳤다고 생
각했다. 중국사회에 있어서는 비록 종교가 존재한다고 하더라도 중요한
영향력을 발휘할 수 없었다고 주장하였다.

호적胡適은 중국인은 이제까지 지구상에 존재해 왔던 어느 민족보다
도 현세적이기 때문에 신을 명상하는 일에 빠져들 겨를이 없었다고 지적
하였다.[1] 양계초梁啓超도 중국에는 자생종교가 근본적으로 존재치 않으며,
불교의 선종禪宗 정도를 중국인이 만든 종교라고 할 수는 있겠지만 이것
도 종교보다는 철학에 가깝다고 말했다. 도교에 대해서는 거론한다는 자

---

1) Hu Shih, *The Chinese Renaissance*(The Haskell Lectures, 1933, University of Chicago Press, 1934), p.80.

체가 수치로 그들이 한 짓이라고는 좌도左道로 민중을 현혹시키고, 치안을 어지럽히는 등 민족에게 전혀 이익이 되지 않는 행동뿐이었다고 비난하였다.2)

이렇게 종교신앙의 사회-문화적인 가치를 강력히 부정하게 된 데는, 당시 중국학계가 중국의 현실을 반성하고 새로운 길을 모색하는 과정에서 서구 이성주의의 영향을 깊게 받아들이고 있었기 때문이다. 혁명시기 이래로 세속화의 길로 치닫던 전반적인 사회성향도 이러한 사고에 많은 영향을 끼쳤을 것이다. 그들은 종종 '우매愚昧'·'낭비浪費'·'광분狂奔' 등의 용어를 사용하여 종교신앙을 현대이성인의 적으로 간주하였다.3)

유교이론에 내재하고 있는 합리적인 성향과 도덕적 가치체계가 장시간에 걸쳐 중국사회를 지배해 왔다는 것은 의심할 여지가 없는 말이다. 하지만 "구사舊史의 사실에 의거하든, 현재 중국인의 심성을 살펴보든, 양진兩晉 이래 중국의 사상은 유·불·도 3교를 벗어 날 수 없다"는 진인각陳寅恪의 지적처럼4) 도교와 불교 역시 중국인의 전통사상뿐 아니라 사회생활 전반에 지대한 영향을 미쳐왔다. 이런 까닭에 중국학계가 서구 이성주의에 대한 콤플렉스에서 서서히 벗어나게 됨에 따라, 많은 종교사가들의 관심은 자연스레 유·불·도 3교문제로 옮겨가게 되었고, 점차 중국 종교-신앙연구의 주류를 형성하게 되었다. 그들은 특히 고급승려들의 사상과 활동, 교파의 발전과 변천, 교리와 경의의 고증 등에 많은 연구성과를 축적하였다.5)

---

2) 梁啓超, 『飮冰室全集』 第23集, 138~141쪽.
3) 楊慶堃, 「儒家思想與中國宗教之間的功能關係」(中國思想研究會編, 段昌國等譯, 『中國思想與制度論集』, 臺北:聯經出版事業公司), 321~23쪽.
4) 陳寅恪, 『金明館叢考』 二編(上海:上海古籍出版社, 1980), 251쪽.
5) 湯用彤의 『兩漢魏晉南北朝佛教史』는 이 분야의 가장 대표적인 저작이라고 볼 수 있다.

　　그러나 이러한 연구경향의 변화에도 불구하고, 의식에 있어서 간단한 주술이나 제사행위에 의존하는 귀신·조상신 혹은 이른바 잡신숭배 등 다수의 민중들에 의해 유지되어 온 신앙활동은 근본적으로 종교적 행위로 취급되지 않았고, 그저 저질의 의식행위로만 간주되었다. 그들은 이러한 민간신앙이, 완벽한 경전과 신계神系도 갖추지 못했고, 의식 또한 일정한 교당에서 집행되는 집회의 형태로 발전하지 못했으며, 상징체계simbolism 역시 대부분의 원시부호를 그대로 계승하고 있기에, 근본적으로 종교로 볼 수 없을 뿐더러, 중국 대전통大傳統:great tradition 속의 3교와는 결코 비교도 할 수 없다고 여겼다.6)

　　또한 이러한 소위 제도화 종교institutionalized-religion7)에 속하지 못하는 신앙체계를 '백성을 현혹하는 속임수'나 '맹목적인 미신'으로 간주하였고, 혹은 그들 대부분을 퇴락한 도교의 범주로 분류하기도 했다.8)

　　이렇게 유·불·도 3교에 중점을 둔 전통 연구방법은 장기적으로 독자들에게 심각한 오해를 불러일으켰다. 전통 중국인의 신앙형태에 관해서, 사인士人으로 칭해지는 지식인들은 충실한 유가나 무신론자로 묘사되어졌고, 대다수의 민중들은 신실한 불교도나 도교도로 고정되었다. 사실 중국의 민중종교Popular-religion에 대해서는 아직 일치된 견해는 없다. 하지만 종전과 같이 유·불·도 3교를 완전히 분리해서 연구하는 방법에 대해서는 많은 비판적인 견해가 제기되고 있다. 그 가운데 에리크 쥐르허

---

6) 王銘銘, 『社會人類學與中國研究』(北京:生活·圖書·新知三聯書店, 1997.6), 152쪽.

7) 楊慶堃은 나름대로의 신학과 의식, 조직을 갖춘 종교를 제도화 종교(institunalized-religion)로, 이러한 특징을 갖추지 못한 종교를 산만한 종교(diffused-religion)라고 칭했다(C.K. Yang, *Religion in Chinese Society*(Berkeley:University of California press, 1976), pp.20~21, 294~300)

8) Terry F. Kleeman, 「由祭祀看中國宗教的分類」(李豊楙, 朱榮貴主編, 『儀式·廟會與社區-道教·民間信仰與民間文化』, 南港:中央研究院中國文哲研究所籌備處, 1996), 547쪽.

Erik-Zürcher의 비유는 주목할 만한데, 그는 불교와 도교를 하나의 동일한 기반에 설립된 두 좌의 피라미드로 비유하였다. 사대부나 고급승려와 같이 피라미드의 정상에 서 있는 사람에게 있어서는 이 두 종교는 결코 혼동될 수도 없고, 피라미드상의 위치에 따라 각자 다른 세계관을 가지게 되지만, 일반민중에게 있어서는 두 개의 피라미드를 구별짓는 자체가 아무런 의미가 없는 일로서 그들은 종종 불사와 도관을 가리지 않고 예배를 드리기도 한다. 중국 종교문화의 이러한 혼합적 특색은 현재까지도 매우 보편화되어 있다.9)

그들에 의해 쓰여진 중국종교사 역시 하夏·상商·주周 3대에는 주술적인 신앙행위가 중심을 이루지만 한대漢代에 이르면 중국인의 신앙생활이 마치 일순간에 불교와 도교의 세계로 진입한 것처럼 묘사되고, 중국종교사 역시 불교사나 도교사로 변하게 되었다.10)

이러한 연구풍토 속에 상고시대의 신앙전통이 국가차원에서 계승되어진 교사郊祀나 종묘宗廟·사직社稷 등 국가제사 활동과 다수의 기층민중들에 의해 보존된 제신숭배·조상신숭배·귀신숭배 등의 전통도 홀연 사라진 느낌을 준다. 설사 민간신앙에 관한 연구가 있다고 하여도 기본적으로 제도화 종교의 시각으로 접근하여 주로 일정한 규모와 조직을 갖추고, 유사한 경전을 가졌던 비밀종교 쪽으로 연구가 진전되었다. 이 또한 반란시기의 역할에 관해 주로 다루었기 때문에, 비밀종교의 일상적인 사회-문화적인 기능에 대해서는 독자들의 요구를 충족시킬 수 없었다. 이러한 연구조류의 영향 아래 현대에 이르기까지 중국인이 거주하는 기층

---

9) "Buddhist influence on Early Taoism"(*T'oung Pao* 65.1-3, 1980), p.146.
10) 이 점에 관해서는 牟鍾鑒, 「關於中國宗教史的若干問題」(『中國宗教與文化』, 臺北:唐山出版社), 139~140쪽 참조.

취락에 폭넓게 존재하는 사묘신앙祠廟信仰*은 자연히 홀시되어 시종 학계의 공명을 얻을 수 없었다.

□* 중국에 있어서 '사묘祠廟'는 불사와 도관에 필적할 정도로 기층민들의 사랑을 받아 왔는데 흔히 중국인들에게 민간신앙으로 불리는 종교의식이 각양각색의 사묘를 중심으로 거행되어 왔다. 송·원 이래의 대다수 지방지의 편자들도 지역의 종교예배 장소를 보통 불사·도관·사묘로 분류하여 기술하였다. '사祠'라는 것은 주로 생전에 공적이 있는 인물을 제사 드리는 장소를 지칭하고, '묘廟'는 사람 이외의 사물 즉 산천·용 혹은 죽은 뒤에야 영험을 드러낸 인물을 제사드리는 장소를 의미한다.11) 그러나 실제에 있어서는 이처럼 엄밀한 구분에 의해 사용된 것은 아니고, 동일한 사주祠主를 섬기는 제사장소라도 어떤 곳은 '사'로 칭해지고 어떤 곳은 '묘'로 칭해지기도 하였다. 나카무라 치이에中村治兵衛도 「송조宋朝 무쬬의 특징」에서 사와 묘가 원래 기원은 달리하지만, 『송회요집고宋會要輯稿』에 수록된 것들을 살펴보면 양자를 구별하는 특별한 기준이 있는 것은 아니며, 심지어 원래는 사였던 것이 정부로부터 묘액廟額을 하사받고 묘로 개명한 경우도 있다고 지적하고 있다.12) 혹자는 이러한 민간의 제사장소를 사묘와 신묘로 나누어 사신신앙이라고 칭하기도 한다.

그러나 반봉건과 반제국주의의 기치 아래 '과학'과 '민주'라는 서구적 가치에 의한 전통문화의 반성을 추구하던 신문화운동과 종교문화를 아편시하는 중국대륙의 공산화 과정을 거치면서, 그리고 무엇보다도 봉건과 부르주아적 잔재의 혁파를 주장하며 전통유산에 대한 파괴조차 서슴지 않았던 문화대혁명 시기를 거치면서 중국대륙에서는 상당수의 사묘가 자취를 감추었다. 개혁개방 이래 연해지역을 시발로 민간의 사묘신앙이 다시 빠른 속도로 세력을 확산하고 있다.

이러한 연구방법은 최근 들어 점차 심각한 도전에 직면하게 되었는데, 이것은 일본과 구미 역사학계에 불어닥친 중국 통속문화 연구에 대한 열풍과 역사학과 인류학의 이론적 접목에서 기인한다.*13) 비록 사묘祠廟를 주요한 의식거점으로 삼는 중국인의 민간신앙이라는 것은 어떤 특정한 교리도 없고, 보편적인 사회윤리나 행위준칙을 제공하는 것도 아니

---

11) 小島毅, 「正祠と淫祠-福建地方志における記述と論理」(『東洋文化硏究所紀要』 114冊), 109쪽.
12) 이 논문은 뒤에 『中國シャーマニズムの硏究』(東京: 刀水書房, 1992년 6월 초판에 수록됨).
13) 중국사 영역에 있어 이러한 연구의 초보적인 성과로는 David Johnson, Andrew Nathan, Evelyn Rawski 등이 편집한 *Popular Culture in Late Imperial China*(Berkeley: University of California Press, 1985)를 들 수 있다.

며, 또한 조직이나 교단의 연계도 발견하기 힘들다. 그러나 기층민중의
생활 깊숙한 곳에 자리잡고 있는 중국문화의 중요한 구성요소임에 틀림
없다. 장기적인 역사변천 과정에 있어 일반민중의 사유방식과 사회관계,
정치행위에 지대한 영향을 미쳐왔고, 제국의 상층 상징체계와 미묘한 충
돌과 보완적인 관계를 형성하여 왔다. 그러므로 민간 사묘신앙에 대한
연구는 중국의 사회문화를 기층의 시각으로 고찰할 수 있는 관점을 제공
할 뿐 아니라, 중국사회의 전모를 이해하는 데도 중요한 의의를 지님에
틀림없다고 볼 수 있다.

□ * 최근 미국의 중국학연구 영역에 있어서 새로운 추세는 통속문화에 대한 연구라
고 볼 수 있는데, 이러한 조류는 주로 역사학자들과 인류학자들에 의해 추진되고
있다. 사실 역사인류학의 영역은 유럽사 연구에 있어서는 이미 풍부한 성과를 거두
었다. 50년대 말기 이래 진행된 근대초기의 주술과 이단, 통속문학에 대한 초보적
연구를 시작으로 6·70년대의 주변인·기층민중들의 일상생활에 대한 접근을 거쳐
최근에 이르러서는 군중현상의 상징적 의미와 인쇄품의 문화적 의의 등 세밀한 부
분까지 연구가 이루어져 유럽사 연구에 있어 주류로서 서서히 자리매김하고 있다.

2. 당대 사묘신앙의 연구사 검토

앞에서 언급한 바처럼 중국학계의 초기 민간신앙 연구가 비밀종교를
중심으로 이루어진 데 반하여 일본과 구미학계는 일찍이 연구의 폭을 넓
혀 민간의 사묘신앙에도 관심을 기울여 왔다. 현재에 이르러서는 이미
상당수준의 연구성과를 집적하였다.

우선 위진남북조시기에 관해서 미야카와 히사시宮川尙志는 일찍이 고

대 이래로 민간에는 유교제사체계 이외의 사묘신앙이 존재해 왔는데, 당시의 사묘는 대체적으로는 국가에 의해 방임되었지만, 국가사전祀典에 속하지 않기에, 종종 음사淫祀라는 용어로 멸시되었다고 지적하였다. 서한西漢 말기에 이르면 조정으로부터 추출된 무축巫祝들이 음사로 모여들면서 때때로 비정상적인 활동을 벌이고, 요란을 일으켜 사회질서에 악영향을 미침으로 비로소 금지되기 시작했다. 그러나 농업국가의 특성상 구름과 비를 일으키는 기우祈雨의 신은 여전히 국가에 의해 허락되었고, 덕치德治를 기리기 위해 세운 사묘祠廟나 전통적인 제사활동은 국가에 의해 권장되었다고 한다. 미야카와宮川는 육조시대 무속신앙의 전반적인 상황과 무巫의 지리적 분포 외에 당시 오吳지역을 중심으로 크게 유행하였던 항우신項羽神 숭배에 대해서도 초보적인 연구업적을 이룩하였다.14)

중국학계에서는 여사면呂思勉이 위진남북조 때의 주목할 만한 사회현상으로 음사의 극성에 관해 지적한 바 있지만15), 이후 후속적인 연구가 이어지지 못하였다. 1990년대에 이르러서야 양만창梁滿倉·임부사林富士·유원여劉苑如 등이 정사 이외에 지괴소설·도교경전 등을 이용하여 본격적인 연구를 전개하고 있다.16)

사묘신앙에 대한 연구가 가장 활발하게 이루어지고 있는 시기는, 역시 송宋에서 명·청에 이르는 시대로 볼 수 있는데, 민간의 사묘신앙 자체가 이 시기를 거쳐 양적으로 크게 팽창하였다는 사실 이외에 지방지와

---

14) 宮川尙志의 사묘신앙에 관한 주요 연구성과인 「六朝時代の巫俗」·「水經注に見えた祠廟」·「項羽神の硏究」 등은 뒤에 그의 『六朝史硏究(宗敎篇)』(京都: 平樂寺書店, 1977)에 수록됨.
15) 呂思勉, 『呂思勉讀史札記』(臺北: 木鐸影印本, 1983.9), 982~88쪽.
16) 梁滿倉, 「論六朝時期的民間祭祀(北京:『中國史硏究』, 1991년 제3기) : 林富士, 「六朝時期民間社會所祀女性人鬼初探」(臺北:『新史學』 7권 4기, 1996.12) : 劉苑如, 「六朝志怪中女性陰神崇拜之正當化策略初探」(臺北:『思與言』 35권 제2기, 1997.6).

통속문학 작품 등 이 시기에 출현하는 비교적 풍부한 자료와도 관련이 깊다. 당대 초기 연구의 주요대상은 성황城隍과 천후天后신앙에 집중되었지만 뒤에는 문창제군文昌帝君·관제關帝·오통신五通神·동악신東岳神 등으로 확대되었다. 연구의 주제 역시 초기에는 신앙의 기원과 연변演變문제가 주류를 이루었지만 점차 국가권력과 사묘신앙과의 관계, 사묘신앙의 국가제사화 문제, 상품경제의 진전과 사묘신앙과의 관계, 촌락공동체와 사묘신앙과의 관계 등 여러 방면으로 확대되고 있다.17)

이러한 연구실적과 비교해 볼 때, 수·당 양대의 사묘신앙에 관한 연구는 여전히 지지부진한 형편이다. 통사류의 수당사 저작들도 종교신앙에 관한 부분에 이르면 약속이나 한 듯이 먼저 당시 불교와 도교가 크게 번성하였던 사실을 기술하고, 다음 부분에는 어김없이 경교景教:Nestorius·회교回教:Islam·조로아스터교火祆教:Joroaste·마니교Mani 등 서방에서 전래된 신종교만을 언급하고 있다.

물론 이것은 앞에서 언급한 바처럼 사료의 제약과 당시 당대 문화의 국제성을 강조하려는 작자들의 의도와 관계가 있겠지만, 기본적으로 '제도화 종교'의 틀로써 종교-신앙 문제에 접근해 온 고정적인 관념과도 깊은 관련이 있다. 최근 중국사회과학원 역사연구소 일군의 학자들이 주편한 『역대사회생활사총서歷代社會生活史叢書』 역시 동일한 오류를 범하고 있다. 물론 편자·저자들은 이 시리즈 물을 출판하게 된 주요목적이 고대중국인의 물질생활과 정신생활을 전문적으로 연구하여 더욱 총체적으로 역사의 원형을 인식하는 데 있다고 '후기'를 통해 명백히 밝히고 있다.18)

---

17) 이 부분에 관해서는 蔣竹山이 그간의 연구성과를 잘 정리해 놓았다.〔「宋至淸代的國家與祠神信仰硏究的回顧與討論」(『新史學』 8卷2期, 1997.6)〕

18) 李斌城, 『隋唐五代社會生活史』 後記(北京:中國社會科學出版社, 1998), 629쪽.

또한 『위진남북조사회생활사魏晉南北朝社會生活史』와 『요송서하금사회생활사遼宋西夏金社會生活史』에서는 이러한 기본취지에 부응하려는 듯 '종교신앙과 귀신숭배' 혹은 '천지·산천·귀신숭배' 등의 부문을 할당하여 당시 민간 사묘신앙의 성황에 대해 기술해 놓고 있다.

그러나 유독 『수당오대사회생활사』는 여전히 불교와 도교에 관해서만 언급하고, 그밖의 신앙체계에 대해서는 일언반구도 기술하지 않고 있다.[19] 물론 늦어도 양한 때에 중국에 유입되었다고 하는 불교가 위진남북조 때의 발전을 거쳐 당대에 이르러 전성기를 맞았다는 것은 엄연한 사실이다. 장각張角의 태평도太平道, 장릉張陵의 오두미도五斗米道를 통해 본격적으로 종교화되기 시작한 도교 역시 당대에 이르면 이당李唐황실의 절대적인 비호 아래 심지어는 국교로 받들어지기도 한다.

그러나 이러한 사실들이 당대의 민간에 다른 종류의 신앙체계가 결코 존재하지 않았다는 것을 의미하지는 않는다. 여기에서 당대의 중앙정부와 지방관들에 의해 주도된 비합법적 사묘 즉 음사에 대한 대규모의 철폐조치는 주목할 만하다. 적인걸狄仁傑은 수공垂拱 4년(688)에 강남순무사에 취임하여 강남지역에서만 무려 1,700여 개소의 음사를 폐기시켰다.[20] 또한 장경長慶 2년(822)에는 이덕유李德裕가 절서관찰사로 부임하여 절서4군 내에서만 1,010여 개소의 음사를 폐지시키기도 하였다.[21]

당대에 진행된 음사 철폐조치로는 이 두 사건이 널리 인구에 회자되지만 당 태종이 무덕武德 9년(626)에 이미 관련조칙을 반포한 바 있으며[22],

19) 朱大渭, 『魏晉南北朝社會生活史』(北京:中國社會科學出版社, 1998) : 李斌城, 『隋唐五代社會生活史』(北京:中國社會科學出版社, 1998) : 朱瑞熙, 『遼宋西夏金社會生活史』(北京:中國社會科學出版社, 1998).

20) 『舊唐書』 卷39, 「狄仁傑傳」, 2887쪽 : 『新唐書』 卷115, 「狄仁傑傳」, 208쪽.

21) 『舊唐書』 卷174, 「李德裕傳」, 4511쪽.

고종시기에 장문종張文琮[23], 현종시기에 위경준韋景俊[24], 덕종연간에 우적于
頔[25], 같은 덕종시기에 나향羅珦[26], 선종시기에는 위정관韋正貫[27] 등 적지 않
은 지방관들이 각자 부임지에서 음사를 근절시키기 위해 노력하였다는
기록이 보인다.

또한 『국사보國史補』에는 "매년 해당관리들이 행해야 하는 제사가 수
를 헤아릴 수 없이 많아 매 향鄕과 이里마다 반드시 사묘가 있다"라는 기
록이 보이는데, 위에서 언급한 음사 외에 당시 국가제사체계에 속하면서
도 관민이 함께 제사를 받들었던 악해진독嶽海鎭瀆·명산대천·역대제왕·
선현 등의 합법적인 사묘까지 합친다면 당대에 민간에는 상당수의 사묘
가 존재하였고, 이러한 제사장소는 기층민중들의 신앙활동에 있어 중요
한 거점이 되었을 것으로 여겨진다.

당대 사묘신앙의 발전상황은 당시 대표적인 사묘신앙의 하나인 성황
신 숭배의 전개과정을 통해서도 살펴볼 수 있다. 조익趙翼은 『해여총고陔餘
叢考』에서 "성황신 제사가 육조시기에 시작되었지만 당대에 이르면 점차
널리 보급되어 당대 중엽에 이르면 각 주·군마다 대부분 성황묘가 있었
다"[28]라고 언급하고 있다.

그러나 다행스러운 것은 당대의 사묘신앙을 중심으로 한 기층민들의
신앙활동이 최근 들어 몇몇 학자들의 주목을 받기 시작했다는 점이다.
우선 사묘신앙의 기원과 변화과정에 대해 서술한 논문으로 증일민曾一民

---

22) 『資治通鑑』 卷192, 「唐紀」 八, 高祖武德九年條, 6023쪽 : 『舊唐書』 卷2, 「太宗本紀」, 30쪽.
23) 『舊唐書』 卷85, 「張文琮傳」, 2826쪽 : 『冊府元龜』 卷680, 8161쪽.
24) 『舊唐書』 卷185, 「韋景俊傳」, 4797~4798쪽 : 『新唐書』 卷197, 「韋景俊傳」, 5627쪽.
25) 『舊唐書』 卷156, 「于頔傳」, 2887쪽 : 『新唐書』 卷172, 「于頔傳」, 5199쪽.
26) 『新唐書』 卷197, 「羅珦傳」, 5628쪽.
27) 『新唐書』 卷158, 「韋正貫傳」, 4937쪽.
28) 趙翼, 『陔餘叢考』 芬三十五, 「城隍神」.

의『수당시기 광주廣州의 남해신묘南海神廟에 대한 탐색』을 들 수 있다. 저자는 남해신이 원래는 지역문화적 성격으로 출발했지만, 이후의 전개과정에 있어 점차 국가의 교사예제郊祀禮制와 깊은 관련을 맺게 되었다고 지적하였다.

주대周代 이래로 해신제사海神祭祀는 원래 망제望祭의 형식으로 진행되었다. 그러나 서한 선제시기에 이르면, 악嶽·독瀆·명산·대천 이외에 해신에게도 사묘를 세워주고 제사를 드리는 선례가 생겨났다. 육조 이래 광주廣州가 동서교역에 있어 중요한 무역항으로 자리잡으면서, 수 문제 개황開皇 14년(726)에는 광주 부서진扶胥鎭에 남해묘南海廟가 건립되었고, 5교영기일五郊迎氣日에는 정식으로 관리를 파견하여 제사를 거행했다. 당 개원 12년(726)에는 현종이 당시 태상소경이었던 장구령張九齡을 파견하여 남악南嶽과 남해신南海神께 제사를 드렸고, 천보 14년(755)에 이르면 남해신 축융祝融에게 광리왕廣利王이라는 봉호도 내리게 된다. 헌종연간에는 당시 광주자사이자 영남절도사였던 공규孔戣가 천자의 축책祝冊을 가지고 직접 남해왕을 제사드리고 사묘를 증축하였다. 이후 남해신 숭배는 더욱 유행하였고, 역대정부도 수시로 봉호를 내리게 된다. 이렇게 볼 때 당대 후기는 남해신묘의 전개과정에 있어 매우 중요한 시기라 볼 수 있다.

이밖에 한유韓愈·소동파蘇東坡·진헌장陳獻章 등 문인들도 이곳을 방문하고 남해신을 칭송하는 비문을 남기게 되었다. 민중들에게 있어서 남해신의 영험이라고 믿어지는 여러 기적 이외에 이러한 명문장가들의 품제도 남해신묘의 성쇠에 지대한 영향을 미치게 된다고 지적하였다.[29]

두번째로 무축巫祝과 사묘신앙과의 관계에 관한 연구를 개관해 보겠

---

29) 曾一民, 『隋唐廣州南海神廟之探索』(臺中: 東魯書室, 1990.1).

다. 우선 나카무라 치이에中村治兵衛의 「당대의 무巫」를 들 수 있다. 본 논문에서 저자는 당 관료체계에 속해 있던 태복서太卜署 관방무사의 존재형태와 당시 지배층과의 관계에 대해 개략적으로 설명하였다. 또한 민간에서의 '무'의 존재형태, 기층사회에서의 무축의 역할, 무축의 지역적인 분포에 관해서도 차례로 언급하고 있다. 또한 정사 이외에『전당시全唐詩』와『태평광기太平廣記』 등의 자료를 활용하여 당대의 '무'는 사社·사祠·묘廟 등 종교건축물에 존재하는 묘무廟巫[神巫]와 거리에서 주로 점복卜卜을 통해 생계를 유지하던 속무俗巫가 있었음을 밝혀냈다. 당대의 사묘에 '무'가 머무르는 무사巫舍가 존재했는데, 이를 통해 사묘신앙과 무축과의 밀접한 관계를 강조하였다.[30]

스테판 타이서Stephen Teiser의『중세 중국에 있어서의 귀신축제』는 불교의 중요한 절일 가운데 하나인 우란분절盂蘭盆節[도교에서는 中元節로 불림] 즉 매년 7월15일에 거행되는 귀신절[鬼節]을 주요 연구대상으로 삼고 있다. 비록 사묘신앙과 직접적인 관련이 있는 것은 아니지만, 당대의 민중불교와 당시 민간에 남아 있던 샤머니즘적인 신앙전통과의 관계를 분석해냈다는 점이 주목된다. 저자는 한대 이전 7월에 거행되던 일련의 절일 가운데 후대 귀신절의 기본적인 구성요소가 이미 출현함을 지적하였다. 지상세계의 인간과 조상신 혹은 귀신이 서로 교류한다고 보는 관념 등이 좋은 예로서 불교와 도교의 발전도 이러한 기본적인 특징을 변경시키지 못했다고 보고 있다.

귀신절이 일반 기층민중들에 대해 더욱 커다란 매력을 지닐 수 있었던 것은 목련目連이 명계冥界에서 어머니를 구하는 내용을 가진『목련명간

---

30) 中村治兵衛,「唐代の巫」(『中國シャーマニズムの研究』, 東京: 刀水書房, 1992).

구모변문目連冥間救母變文』같은 통속문학을 선교의 수단으로 삼았기 때문이다. 그러면 불교의 신화 가운데 효성과 관련된 여러 고사들이 있는데도 불구하고, 유독 목련이 귀신절의 주인공이 된 이유는 무엇일까? 이에 대해 저자는 상대商代 이래로 샤머니즘은 중국사회 각계의 신앙관의 기초를 형성했는데, 비단 역대 대다수의 통치자들이 실제적으로 샤머니즘에 관심을 갖고 지지했을 뿐 아니라 기층의 민중들은 더욱이 일상의 생활과 관념의 일부로 받아들였기 때문이라고 주장했다.

중국에 있어 무축巫祝은 조상신과의 소통을 가능케 하는 교량적 기능을 수행하는데, 저자는 목련이 중국민중들에게 널리 받아들여질 수 있었던 것도 바로 목련이라는 캐릭터에 샤먼적인 특징이 매우 강렬하게 담겨져 있었기 때문이라고 설명하였다. 불교가 중국에서 성공적으로 토착화할 수 있었던 것도 실은 불교가 전통의 샤머니즘과 잘 융합할 수 있는 방법을 찾았기 때문이라는 주장이다.[31]

사묘신앙과 국가권력과의 문제는 대체적으로 정부의 음사에 대한 규제조치와 국가가 사묘에 하사한 봉호封號와 묘액廟額의 문제를 중심으로 토론되고 있다. 특히 최근 중국학자들의 당대 사묘신앙에 관한 연구는 우연찮게도 정부의 음사 철폐방면에 집중되고 있다. 황영년黃永年은 「적인걸의 주훼음사奏毀淫祠에 관해 논함」에서 양당서의 적인걸전과 유속劉餗의 『전기』, 봉인封寅의 『봉씨문견기封氏聞見記』 등의 고증을 통해, 적인걸이 강남지역에서 폐지시킨 음사가 주로 주난왕周赧王·항우項羽·부차夫差·구천句踐·춘신군春申君 등 아홉 종류의 사묘에 집중되었음을 밝혀냈다. 비록 이러한 인물들이 생전에 특별히 악의적인 행적을 보이지 않았음에도 음

---

31) Stephen F. Teiser, *The Ghost Festival in Medieval China*(Princeton University Press, 1988).

사로 판정된 것은 이러한 사묘의 무축들의 활동과 관련이 깊다고 주장
하였다.

무축들은 인간의 미신적 심리를 이용해 끊임없이 묘신廟神이 인간의
화복을 주재할 수 있다는 신화를 날조했고, 이를 이용하여 사묘의 재산
을 증식시켜 간다는 것이다. 특히 강남지역은 문화적으로 북방의 황하유
역보다 낙후되어 무축들이 민중의 무지를 이용하기에 더욱 쉬웠는데, 이
것이 『수서隋書』에 나오는 "吳楚之俗, 多淫祠"의 원인이라 주장하였다. 이밖
에 적인걸이 하우夏禹・오태백吳太伯・계찰季札・오자서伍子胥 등 네 종류의
성현묘는 남겨두었지만 이들이 민간에 미친 해악도 강제로 철거한 사묘
들과 별반 다르지 않았음을 간파하였다. 사실 당대에는 일찍이 국가사전
國家祀典 속에 편입된 태산泰山・화산華山 등 악신묘嶽神廟에서도 유사한 폐단
이 발생하곤 했다. 이 때문에 신앙행위를 통해 이익을 추구할 수 있는
한 사묘는 무축들의 주도하에 결코 사라질 수 없는 것이다. 이것이 수차
에 걸쳐 음사에 대한 철폐조치에도 불구하고 일정시기가 지나면 끊임없
이 부활한 주된 이유라는 것이다.[32]

엄요중嚴耀中은 강남지역 문화의 일부로 사묘신앙을 간주하였다. 그는
강남지역의 신앙적 풍토를 자연환경과 경제여건에 결부시키고, 이것이
장기에 걸쳐 누적됨으로써 강남지역 특유의 지역문화로 자리잡게 되었
다고 지적하였다. 위진남북조 이래 개발이 가속화되면서 당대에 이르면
강남지역은 당 재정의 중요한 배후지로서 떠오르게 된다. 이에 따라 강남
지역에 대한 중앙정부의 통제는 점차 강화되었고, 장기적으로 독특한 지
역문화를 유지하였던 강남의 지역의식 사이에 종종 모순과 충돌이 발생

---

32) 黃永年, 「說狄仁傑的奏毀淫祠」(史念海主編, 『唐史論叢』 第6輯, 西安:陝西人民出版社, 1995.
　　10).

하게 되었다. 당 정부의 관료들이 수차에 걸쳐 음사를 폐지시키려 한 주요한 원인이 된 것이다.

이에 반해 불교는 기본적으로 완벽한 종교적 형태를 지닐 뿐 아니라 위진남북조 시대를 거치며 중국 전지역에 있어 보편적인 종교신앙으로서 중국사회에 있어 중요한 위치를 점하게 된다. 이로써 전국적 종교신앙으로 위치를 공고히 한 불교와 여전히 지역문화적 특성이 강한 지방음사 사이에도 상호접촉이 이루어지게 된다. 음사는 대대적으로 불교의 영향을 받게 되는데, 음사의 잡신들이 불문의 수계를 받게 되고, 일부 사묘는 불사의 부속건물로 예속되었다. 제사의 형태도 혈식血食에서 재식齋食으로 변하게 되어 불교의 관념이 지방문화를 서서히 융합하게 되었다.

물론 음사를 숭배하던 강남의 사회적인 풍기도 불교의 전개에 영향을 미치게 된다. 강남지역에서 불교의 여러 교파 가운데 밀종密宗이 유행한 것도 이러한 풍토와 긴밀한 관련을 지닌다. 불교는 이렇게 민간신앙과의 접촉을 거쳐 진정으로 민중들 곁으로 다가가 신앙으로서의 더 큰 매력을 지니게 되었다는 것이다.[33]

장군章群은 90년대에 들어 국가제사나 민간신앙 방면에 적극적인 관심을 가지고 일련의 논문들을 내놓고 있다. 우선 전자의 연구성과를 종묘宗廟와 가묘家廟, 천지와 제신의 상·하 두 편으로 묶어 『당대사제논고唐代祠祭論稿』라는 논문집으로 출간하였다. 민간신앙에 관해서는 「당대의 사묘와 신묘」라는 소논문에서 적인걸狄仁傑과 이덕유李德裕의 음사 철폐조치를 중심으로 당대 민간사묘 신앙의 개략적 정황을 기술하였다. 국가제사에 관한 자료에 비해 민간신앙에 관한 자료는 매우 영성하기 때문에 정

---

33) 嚴耀重, 「唐代江南地區的淫祠與佛敎」(『唐硏究』 第2卷, 北京: 北京大學出版部, 1996).

사나 『자치통감資治通鑑』 등 전통사료 외에 전당문全唐文·전당시全唐詩 등에 보이는 문인들의 자료를 대폭 활용하였다. 이러한 자료에 의거하여 민간의 제사장소를 성왕聖王·현신賢臣을 제사드리는 사묘와 신선神仙·산신山神·수신水神·호수신湖水神·용신龍神·사신蛇神·수목신樹木神 등의 신묘로 분리하여 복원을 시도하였다.34)

당 정부의 사묘에 대한 봉호와 묘액廟額의 하사에 관해서는 세오 타츠히코妹尾達彦의 「하동염지의 지신묘池神廟와 염전매제도」라는 논문이 주목된다. 그는 하동염지의 지신묘에 대해 당정부가 봉호와 묘액을 하사하게 된 배경과 과정을 상세히 분석하였다. 필자에 의하면 하동지신묘는 원래 제염업자들과 염상들에 의해 숭배되던 작은 규모의 사묘였다. 당대 후기 이래 하동염河東鹽에 대한 전매제가 본격적으로 시행되고, 이곳에서 생산된 소금의 전매수입이 국가재정에 있어 중요한 지위를 차지하게 되었다. 아울러 특히 하동염은 수도지역인 장안長安과 낙양洛陽에 공급되었기 때문에 대력大曆 13년(778)에는 처음으로 '보응영경寶應靈慶'이라는 묘액이 하사되었고, 염지 내의 지신묘도 국가에 의해 중수되었다. 민간신앙적 성격이 강하던 염지의 신은 국가재정의 신으로 변화되어 국가사전祀典에 등록되었고, 봉호가 하사되어 정기적으로 국가제사의 일부로 숭배되어 지게 되었다.

한편 이러한 봉호의 수여의식과 제사의례는 염전근처의 하동주민들이 수도에 머무르는 황제의 권위를 직접적으로 체험할 수 있는 계기가 되었다. 정부는 이러한 의례의 정기적인 운용을 통해 하동염을 안정적으로 전매제도로서 운영할 수 있었다. 최근 들어 민간신앙과 국가권력의

---

34) 章羣, 「唐代之祠廟與神廟」(『嚴耕望先生紀念論文集』, 臺北: 稻鄕出版社, 1998), 119~150쪽.

관계에 관한 연구가 점차 주목을 받고 있다. 당말 이래 다수의 민간사묘들이 국가에 의해 정식으로 승인을 얻고, 국가제사체계 내부로 편입되는데, 당대 지신묘의 관제화는 바로 송대 이후 민간신앙이 본격적으로 국가질서에 편입되는 맹아적 형태를 보여준다는 점에서 매우 의미가 있다고 볼 수 있다.[35]

수에 타카시須江隆은 「당송시기에 있어서 사묘에 대한 묘액과 봉호의 하사에 대하여」라는 소논문에서 당송 정부의 봉호·묘액을 통한 대사묘 정책의 변화를 본격적으로 토론하였다. 당대 사묘에 대한 봉호와 묘액의 하사는 대략 무측천武則天과 현종시기 이래로 시작되었다. 당시까지만 해도 봉호와 묘액을 하사하는 대상은 대사大祀·중사中祀·소사小祀 등 국가 예전에 들어 있는 자연신들에게 집중되었다. 하지만 당대 후기와 오대십국 시기에 이르면, 그 범위가 자연신에서 인격신에까지 확대되며, 이러한 추세는 송대에 이르면 더욱 명확해진다.

필자는 또한 송대의 칙첩勅牒과 비문에 대한 분석을 통하여 묘액과 봉호로써 사묘를 통제하는 방법이 비록 북송 말에서 남송에 이르는 시기에 대체적으로 완성되었음을 밝혔다. 당·송 양시기는 묘액廟額과 봉호封號를 신청하는 신청자에도 차이점을 보이는데, 당대에는 세오 타츠히코妹尾達彦의 논문에 보이는 것처럼 염지를 관할하는 염정관료나 지방에 파견된 관찰사에 의해 주도되지만 송대에는 지역사회의 중추세력인 사인士人이나 부유층들이 그 주축을 이루었다.

이밖에 필자는 송대에 이르러 사묘에 봉호와 묘액을 내리는 것이 하나의 제도로 확립됨으로써 사묘에 묘액을 주었느냐의 문제가 사묘의 정

---

35) 妹尾達彦, 「河東鹽池的池神廟與鹽專賣制度」(中國唐代學會主編, 『第二屆國際唐代學術會議論文集』, 臺北: 文津出版社, 1993.6).

통성 여부, 즉 정사正祠와 음사淫祠를 판별하는 중요한 지표로 자리잡게 된다고 지적하였다. 송조의 입장에서 이러한 제도를 중시하게 된 것은 제도권 밖의 음사를 철저히 근절시키기 위함이며, 최후의 목적은 역시 정사正祠를 통해 민중을 교화시키기 위한 것임을 밝히고 있다.36)

3. 당대 사묘신앙 연구에 대한 전망

이상에서 살펴본 바와 같이 당대의 기층사회에 있어서 불사·도관에 필적할 정도로 민중의 신앙과 일상생활에 중대한 영향을 미쳤던 사묘에 관한 연구는 아직도 초보적인 단계에 불과하다. 당대 사묘신앙의 지역적 분포; 사묘신앙과 지역사회와의 관계; 사묘신앙과 도교·불교와의 충돌과 융합 등 모든 영역이 연구자들의 심도있는 연구를 기다리고 있다.

이러한 과제이외에 필자는 중국문명의 가치표준으로 불리는 '예禮'를 통해 사묘와의 상호 영향관계를 고찰해 보는 것도 당대 이후 민간신앙의 발전향방을 분석하는 데 있어 중요한 단서가 될 수 있다고 제언해 본다. 지금까지 역사학계는 종교-신앙활동의 생성과 발전과정을 연구하는 데 있어 종교의 교리나 의식 자체가 가지고 있는 전파역량이나, 혹은 동란 등 사회적 환경의 급격한 변화에 관심을 집중시켜 왔다. 그러나 종교나 신앙체계가 성장할 수 있는 정신적인 환경 즉 사회 자체에 내재되어 있

---

36) 須長隆, 「唐末期における祠廟の廟額·封號の下賜について」(『中國社會と文化』 제9호, 1994. 6. 中國社會文化學會).

는 신앙적인 경향과, 장시간에 걸쳐 누적되어 형성된 전통적인 종교적 심성mentality 역시 매우 중요한 부분이다.*37)

□ * 포모주浦慕州는 도교가 한말에 이르러 독자적 특성을 지닌 종교로 성장한 것은, 장시간에 걸친 발전의 결과이자, 새로운 도약의 시발점으로 이는 선진시대 이래 수많은 민간신앙적인 요소들과 서로 밀접하게 결합하면서 이루어진 것이라고 지적했다. 또한 불교가 중국에 유입되어 일반민중들에게 널리 받아들여질 수 있었던 것도, 중국고유의 사유방식, 윤리체계와 순조로운 조화를 이루었을 뿐 아니라 기층사회에 오랫동안 존속해 온 민간신앙과의 모순과 충돌을 효과적으로 잘 처리했기 때문이며 전통적 심성을 강조하였다.

중국의 신앙적 전통에 관해 장광직張光直은 중국의 고대문명은 샤머니즘의 문명으로서 상고시대뿐 아니라 후대에까지 심원한 영향을 미쳤다고 주장한 바 있다. "통치자들이 봉선封禪을 통해 신선神仙을 갈망했던 행위나 일반백성들이 점복占卜에 의지해 운명을 예측해 보는 행위, 시대적으로는 진대 말기 진승陳勝과 오광吳廣이 황야에서 여우의 목소리를 흉내내어 진승왕陳勝王을 외치던 행위나 청대의 기층농민들이 기우제를 드리던 행위에 이르기까지 샤머니즘의 영향을 받지 않은 것이 거의 없다"고 설파했다.38)

필자는 기본적으로 장광직의 이러한 거시적인 견해에 동의한다. 하지만 이러한 무술巫術적 전통 가운데 일부가 상주시대를 거치며 제신祭神의 등급화, 제기祭期의 정기화 등 일련의 규범화 과정을 통해 점차 상층의 예제문화禮制文化 가운데 중요한 위치를 점하게 되었다는 점을 지적하고 싶다.*

---

37) 『追尋一己之福-中國古代的信仰世界』(臺北:允晨, 1995.10), 14~15쪽 참조.
38) 張光直, 『美術·神話與祭祀』[원저는 Chang, K.C. *Art, Myth, and Ritual: The Path to Political Authority in Ancient China.*(Cambridge, Mass.:Harvard University Press, 1983; 臺北:稻鄕出版社, 1993.2), 3쪽]

□* 무격문화의 전반적인 중국문명의 영향에 대해, 진래陳來는 장광직張光直과는 완전히 다른 견해를 내놓고 있다. 진래는 프레이저J.G. Frazer와 막스 베버Max Weber의 이론을 빌려 무술이 성행하는 시기의 말기에 이르면, 개체적인 무술은 점차 줄고 공공영역의 무술이 늘어나게 되어 종교가 무술을 대체하게 된다는 점을 주목했다. 중국 초기문화의 이성화경로도 초기의 무격활동이 기도봉헌의 의식으로 바뀌었고, 기도와 봉헌의 규범이라고 할 수 있는 '예禮'가 이로부터 탄생하게 되었다고 지적하였다. 그는 하夏 이전을 무격시대, 상商은 전형적인 제사祭祀시대로, 주周는 예악禮樂시대로 구분했다. 서주의 신앙은 이미 다신론적인 자연종교가 아니라, 지상신적至上神的 존재와 사회가치 사이에 이미 근본적인 관계가 성립했다고 주장하였다.39)

이러한 고대 신앙전통의 예제화禮制化 과정은 우리로 하여금 대전통great tradition과 소전통small tradition의 분리를 연상케 한다. 하지만 양자 사이의 관계는 일반적으로 상호간에 영향을 주고받으며, 호보적互補的인 작용을 하는 관계로서 명백히 대별되는 구분선이 존재하는 것이 아니며, 중국문화를 이해하는 데 있어서 동등하게 중요성을 지닌다.40)

그러나 폄하할 수 없는 사실은 상층의 예제문화가 점차 가치판단의 내재적 기준을 형성, 다른 문명적 요소에 규제력을 지니게 되었다는 측면이다. 시대가 진전됨에 따라 예제는 종교의식과 신분질서의 차원을 넘어 습관화된 행위준칙으로서의 의의를 지니게 되었으며 전체문명의 방향을 규제하고 인도하는 성향을 가지게 된 것이다.

또한 규범으로서 계층적 영향력도 지속적으로 확대되는데, 사대부 규범의 성격이 강했던 것이 당대에 이르면 일반서민의 생활에까지 영향을 미치게 된다. 당례唐禮에 "百官一品以下盡庶人並附" 혹은 "四品以下至小人附" 같은 부언이 종종 출현하는 것도 이런 맥락에서 이해할 수 있다. 이 때문에 일부 학자는 예의 가치에 대해 한족漢族 수천 년 정신문화와

---

39) 陳來, 『古代宗敎與倫理-儒家思想的根源』(北京:生活·讀書·新知三聯書店, 1996), 10~11쪽.
40) Robert Redfield, *Peasant Society and Culture*(Chicago:University of Chicago Press, 1956).

물질문화의 정수라고 파악했다. 또한 동서양의 중세사회사가 여러 공통적 과제를 가지고 있지만, 중국 중세사회사에 있어서 가장 중국적인 특색은 바로 예라고 설명하기도 했다.

종전 '예'에 연구는 경학經學의 범주를 넘어서지 못했지만, 일군의 학자들이 '예'의 역사적인 기능에 관심을 갖게 되면서 많은 연구성과가 집적되었다.[41) 아쉬운 것은 주제가 정치사 부분에 편중되어 있다는 점이다.

필자는 예제 자체가 지니는 종교-신앙적인 특색*42)과 예제의 사회에 대한 규제적 특성에서 출발하여 민간의 사묘신앙 연구에 접근해 보고자

---

41) 이 방면의 주요한 성과는 西嶋定生·尾形勇·金子修一·Howard J. Wechsler·高明士·姜伯勤·康樂·甘懷眞의 아래 저작을 참조.

西嶋定生, 「中國古代帝國形成史論」(『世界歷史』 第3卷, 筑摩書房, 1960) ; 「皇帝支配の成立」(岩波講座, 『世界の歷史』 第4卷, 古代4, 1970) ; 「漢代における卽位儀禮─とくに帝位繼承のばあいについて」(『山本博士還曆紀念東洋史論叢』, 東京:山川出版社, 1972). 이 세 편의 논문은 뒤에 『中國古代國家と東アジア世界』(東京:東京大學出版會, 1983에 수록됨) ; 尾形勇, 『中國古代の家と國家─皇帝支配下の秩序構造』(東京:岩波書店, 1979) ; 金子修一, 「中國古代における皇帝祭祀の一考察」(東京:『史學雜誌』 87-2, 1978) ; 「魏晉より隋唐に至る郊祀·宗廟の制度について」(東京:『史學雜誌』 88-10, 1979) ; 「國家と祭祀:中國─郊祀と宗廟と明堂及び封禪」(『東アジア世界における日本古代史講座』, 東京:學生社, 1982) ; 「則天武后の明堂について」(『律令制─中國朝鮮の法と國家』, 東京:汲古書院, 1986) ; 「唐代皇帝祭祀の親祭と有司攝事」(『東洋史硏究』 47-2, 京都大學東洋史硏究會, 1988) ; 「唐後半期の郊廟親祭について─唐代における皇帝郊廟親祭, その(3)」(『東洋史硏究』 55-2, 1996) ; Howard J. Wechsler, *Offerings of Jade and Silk: Ritual and Symbol in the Legitimation of the T'ang Dynasty*(Yale University:New Haven and London, 1985) ; 康樂, 『從西郊到南郊─國家祭典與北魏政治』(臺北:稻禾出版社, 1995) ; 姜伯勤, 「唐貞元·元和間禮の變遷─兼論唐禮の變遷與敦煌元和書儀」(黃約瑟·劉健明主編, 『隋唐史論集』, 香港大學亞洲硏究中心, 1993) ; 「沙州儺禮考」(『敦煌藝術宗敎與禮樂文明』, 北京:中國社會科學出版社, 1996) ; 高明士, 「隋代的制禮作業─隋代的立國政策硏究之二」(黃約瑟, 劉健明主編, 『隋唐史論集』) ; 「論武德到貞觀禮的成立─唐朝立國政策的硏究之一」(唐代學會主編, 『第二屆國際唐代學術會議論文集』, 臺北:文津出版社, 1993) ; 「皇帝制度下的廟制系統─秦漢至隋唐爲考察中心」(『文史哲學報』 40期, 1993) ; 甘懷眞, 『唐代家廟禮制硏究』(臺北:臺灣商務印書館, 1991.11) ; 『唐代京城社會與士大夫禮儀之硏究』(國立臺灣大學歷史學硏究所博士論文, 1997.6).

42) 劉子健, 「論中國的宗敎和信仰體系」(『九州學刊』 2-3, 1988. 4) ; Terry F. Kleeman, 앞의 글, 547쪽.

한다. 이를 통해 예와 사묘신앙 사이의 상호관계뿐 아니라 차후 전반적인 중국 민간신앙의 전개과정과 중국적 신앙관의 형성에 대해서도 좀더 다각적으로 파악할 수 있기를 기대해 본다. 사실 당대 사묘신앙의 전개과정에 있어서 가장 두드러지는 현상으로는, 정부의 음사에 대한 부단한 철폐조치와 '사社'를 위시한 지방제사의 보급과 시행, 사묘에 대한 봉호와 묘액의 하사를 들 수 있다. 만약 이러한 사실들을 개별적인 사건으로 취급한다면, 당조에 의해 반포된 종교-신앙에 대한 일련의 정책에 불과할 것이다. 하지만 좀더 거시적이고 장기적인 각도로 관찰한다면 삼자간의 연관성과 이면에 숨겨져 있는 일관된 운용원리를 발견할 수 있다. 이것이 바로 중국사회에 있어서 가장 중요한 가치표준이자 질서유지에 있어 보이지 않는 틀로서 역할을 해온 예인 것이다.

□* 최근 몇몇 학자들이 예禮라는 각도로부터 중국의 신앙체계를 해석하기 시작하였다. 유자건劉子健은 중국은 예신禮神의 신앙체계를 가지고 있다고 주장했는데, 이른바 예신은 예로써 각종 신을 숭배함을 지칭하는 말로 그 중 최고의 지위에는 '천'이 있고, 가장 친한 것에 '조상'이 있다고 하였다. '예'는 가족에서 시작되어 각종사회 관계로 확장되고, 이렇게 신에게까지 상달된다고 주장하였다. 테리 클리만Terry F. Kleeman의 의견도 이와 일맥상통하는데, 중국 종교의 중심은 제사에 있다고 보고, 고대에 있어 국가의 제사는 결코 결여될 수 없는 것으로 국가의 존립과 동등한 의의를 지니는 것으로 보았다.

제2장
당대 사묘신앙의 유형과 전개양상

1. 머리말

    중국인의 전통적인 종교-신앙문화가 비교적 잘 보존되어 있는 타이완이나 홍콩지역을 지나다보면, 불교나 도교와는 다른 계통의 신들을 주신主神으로 받드는 크고 작은 종교건축물들을 도처에서 접하게 된다. 기층 행정단위의 수호신적인 역할을 하는 토지공土地公를 비롯해 마조신媽祖神·관우신關羽神·동악신東嶽神·성황신城隍神 등 다양한 신성神性과 능력을 갖춘 것으로 믿어지는 수많은 신들이, 흔히 '사祠' 혹은 '묘廟'라 칭하는 장소에서 기층민들에 의해 폭넓게 숭배되고 있다.

    보통 종교나 신앙행위를 분류할 때, 숭배대상이나 교리적 특색을 명칭이나 분류의 기준으로 삼는 경우가 보통이다. 하지만 고대 이래 중국의 기층사회에서 폭넓게 전개된 민간신앙은 다신교적 성격이 강하여 자연신류·조상신류·여귀류 등 신앙의 대상이 수백에서 수천 종에 이르렀다. 그 중에 비교적 넓은 제사권祭祀圈을 가졌던 것들은 주신主神의 이름을 따라 토지공신앙土地公信仰·성황신앙·항우신앙·마조신앙媽祖信仰 등으로 일컬어지기도 한다.

이러한 제신신앙은 비록 신앙의 대상에는 차이가 있지만 제사의 장소와 방식, 제사장소의 운영과 무축巫祝과의 관계, 기층사회에서의 역할 등에 있어 여러 가지 공통점을 지니고 있다. 그러므로 개별적인 연구만으로는 민간에서의 신앙행위를 다각적으로 검토하기는 힘들다고 볼 수 있다. 이러한 한계를 극복해 보려는 시도로 민간에서의 신앙행위를 통괄적으로 연구하는 방법이 최근 들어 점차 모색되고 있는데, 이들 신앙이 기본적으로 사묘라는 작은 제사장소를 중심으로 이루어지기 때문에 흔히 사묘신앙 혹은 사신신앙[사묘와 신묘를 포괄하는 의미]이라 불리게 되었다.

춘절春節·단오절端午節·중추절仲秋節 등 일반적인 명절 외에도, 마을 앞 공터나 가두에서 거의 매일같이 접할 수 있는 축제의식과 퍼레이드 역시 실은 이러한 사묘신앙과 깊은 관련을 맺고 있다. 이렇게 볼 때 사묘신앙이라는 것은 단순한 신앙의 차원을 넘어 중국인의 일상생활과 밀접한 관련을 맺고 있어, 중국인의 기층문화를 이해하는 데 있어 매우 중요한 단서가 됨을 알 수 있다.

그렇다면 중국인의 이러한 사묘신앙은 언제부터 어떠한 전개과정을 거쳐 형성되었을까? 앞 장에서 언급한 바와 같이 송·원 이래 대다수 지방지의 편자들은 한 지역의 종교예배 장소를 보통 불교사원·도교궁관과 사묘로 나누어 기술하곤 했다. 이렇게 볼 때 송대에 이르면 사묘가 당시 지역사회에 있어서 불사·도관 이외의 제삼의 종교예배 장소의 위치를 공고히 했다는 것을 발견할 수 있다. 즉 불교·도교 등 소위 제도화 institutionalized-religions종교와 더불어 민간에 있어서 중요한 신앙의식의 거점으로서 한 축을 형성하게 된 것이다.

이러한 연유로 몇몇 학자들은 송대를 사묘신앙이 본격적으로 성장하는 중요한 전환점으로 여기고 있다. 9~10세기 이래 불교와 도교가 쇠퇴기에 접어들게 됨에 따라 민간의 토착신앙이 유교와 더불어 약진을 하게 되었다는 의견이다. 물론 당·송 변혁기에 일어난 급속한 사회-경제적인 변화가 민간 사묘신앙의 전개에 있어서도 질적·양적인 변화를 일으키게 했음은 쉽게 추정해 볼 수 있다.

그러나 이러한 사실들이 당대의 민간에 불교와 도교 이외의 다른 종류의 신앙체계가 결코 존재하지 않았다는 것을 의미하지는 않는다. 또한 송대 이후에는 지방지·통속문학 작품 등 기층민의 생활을 전해 줄 수 있는 여러 자료들이 급격히 증대하는 데 반해, 당대 이전까지만 해도 우리가 이용할 수 있는 자료라는 것이 주로 정치사 부분에 집중되어 있다는 점도 함께 고려해 보아야 한다.

이런 점에서 볼 때 당대 중앙정부와 지방관들에 의해 주도된 '음사淫祠'에 대한 대규모 철폐조치는 주목할 만하다. 다음 장에서 상세히 다루겠지만 적인걸이 수공 4년(688)에 강남지역에서 1,700여 개소의 음사를 폐기시킨[1] 이래, 당조 290년의 역사 속 사료에 보이는 저명한 철폐사례만 무려 10여 차례에 육박한다.

또한 『국사보國史補』에는 현 이하 향과 이마다 사묘가 존재하여 지방관의 업무를 가중시키고 있음을 시사하는 내용도 보인다. 음사淫祠 외에 당시 국가제사체계에 속하면서도 관·민이 함께 제사를 받들었던 악해진 독嶽海鎭瀆·명산대천·역대제왕·선현 등의 합법적인 사묘까지 합친다면 당대 민간에는 상당수의 사묘가 존재했고, 이러한 제사장소가 기층민중들의 신앙활동에 있어 중요한 거점이 되었음을 반영해 주는 것이다.[2]

---

1) 『舊唐書』 卷39, 「狄仁傑傳」, 2887쪽 : 『新唐書』 卷115, 「狄仁傑傳」, 4208쪽.
2) 趙翼, 『陔餘叢攷』 卷35, 「城隍神」.

이 장에서는 우선 가장 기초적인 작업으로, 불교와 도교의 전성시대로 불리는 당대의 기층사회에 도대체 어떤 종류의 사묘가 존재했는지를 살펴보고자 한다. 또한 사묘신앙의 역사적인 전개과정에 대한 전반적인 고찰을 통해 이들이 국가권력과는 어떠한 관계를 가지고 있었고, 정부의 대응은 향후 민간 사묘신앙의 전개에 어떠한 영향을 미쳤는지에 대해 살펴보고자 한다.

민간신앙의 유형에 대해 종교사학자들이나 민속학자들은 숭배대상의 특성에 따라 자연신숭배·조상숭배·인귀숭배人鬼崇拜 등으로 분류해 왔다. 그러나 이러한 분류방법은 사묘신앙의 전개과정 속에 보이는 역사적인 의의를 분석해내는 데 한계가 있다. 이런 까닭에 본고는 사묘신앙과 국가예제 사이의 관계를 중심으로 당대의 사묘를 국가제사형國家祭祀型·준국가제사형準國家祭祀型·순수민간형純粹民間型으로 분류하여 국가권력과 사묘신앙과의 상호관계에 대해 검토해 보고자 한다.

2. 국가제사형 사묘

본문에서 말하는 국가제사형 사묘는 당대 국가제사 체계에 속하거나 이에 상응하는 조정의 인가하에 정식으로 국가의 관리를 받는 사묘를 지칭한다. 당례唐禮의 규정에 따르자면, 당대의 국가제사는 종류도 많고 매년 행해야 하는 제사의 횟수도 적지 않은데, 기본적으로 제사대상에 따라 대·중·소 3사三祀로 나뉜다.3) 이 가운데 중사에 속하는 선대제왕·악진해독과 소사에 속하는 산림천택은 당대에 이르면 이미 사묘형태의 고정된 제사장소를 갖게 되고, 점차 관·민이 함께 숭배하는 특성을 갖게된다. 이런 까닭에 예제상의 운용원리와 예제 자체의 변화는 당대 민간사묘신앙의 전개에도 필연적으로 영향을 미치게 되었고, 상대적으로 예제이론의 외연에 있어서 이러한 국가제사형 사묘 역시 점차 민간신앙적인 성격을 자연스레 흡수하게 된다. 필자는 악진해독과 산림천택을 모시는 곳을 자연신사묘로, 선대제왕 부분은 뒤에 성왕聖王 이외에 현신賢臣이제사대상으로 추가되기에 성현묘로 나누어 고찰해 보고자 한다.

1) 자연신 사묘

우선 자연신에 대한 국가제사 가운데 가장 대표적인 악진해독嶽鎭海瀆과 삼림천택山林川澤 제사의 기원과 변화에 대해 개관해 보겠다. 이러한 제사는 상대의 복사자료卜辭資料 가운데 이미 빈번하게 출현하지만, 주대에 이르면 현격한 변화가 발생하는데 점차 사회적 성격이 강화되어 지역수호신으로서의 특징을 갖게 되었다. 일반적인 종교활동으로서 뿐 아니라

---

3)『唐六典』卷4, 祠部郎中條 120~121쪽에는 국가제사를 다음과 같이 대·중·소 3사로 나누어 분류하고 있다: "若昊天上帝·五方帝·皇地祇·神州·宗廟爲大祀, 日·月·星辰·社稷·先代帝王·嶽·鎭·海·瀆·帝社·先蠶·孔宣父·齊太公·諸太子廟爲中祀, 司中·司命·風師·雨師·衆星·山林·川澤·五龍祠及州縣社稷·釋奠等爲小祀." 대·중·소 3사의 분류는『舊唐書禮儀誌』·『新唐書禮樂誌』와〔開元七年, 二十五年祠令〕(仁井田陞,『唐令拾遺』, 東京:東京大學出版會, 1964), 159쪽에도 보이는데,『당육전』의 내용과 대략 일치한다. 그러나 정원 9년 太常禮院에서 수찬한『大唐郊祀錄』에서는 대사에 구궁귀신과 太淸宮 등 두 항목이 첨가되었고, 풍사와 우사가 중사로 승격했음을 보여주는데, 이는 현종 시기 이래 예제의 변화를 반영해 주는 것이다.

등급제等級制와 분봉제分封制를 강화하는 수단으로 사용된다.[4]

진시황은 천하를 통일한 뒤에 즉각적으로 통일국가에 상응하는 제사 체계를 건설키 위해 제후들과 민간의 제사권을 회수하여, 황제권력을 기초로 제신諸神의 등급을 다시 정리 조정하였고, 전국각지의 지방관들에게 현지의 산천신을 제사하도록 명령했다.[5] 하지만 진의 제사제도는 실제로 새롭게 창조된 면은 별로 보이지 않는다. 기본적으로 전국시대 진秦의 전통적인 제사방식을 계승하여 청제·백제·황제·염제와 귀신·씨족조상신 등을 황권의 근거로 삼았다.

한대에 이르면 산천제사에 있어 몇 가지 중요한 변화가 생기는데, 선제 신작神爵 원년(61BC)는 5악4독五嶽四瀆의 제사가 정식으로 사전祀典에 편입되어 상례화되었다. 태산과 황하의 제사는 매년 다섯 차례, 강수江水는 매년 네 차례, 그밖에 것은 매년 세 차례 제사를 드리는 것으로 규정되었다.[6] 또한 교사제도가 점차 완비되어 5악4독을 위시한 산천제사 역시 점차 교사제도郊祀制度의 일부로 편입되는데, 이는 주대 '망제望祭'*의 전통을 계승하는 것으로, 신성에 있어서는 점차 인격신人格神**적인 특징이 소실되는 변화가 발생했다. 예제화의 진전이 이처럼 산천신 신성의 추상화를 불러일으킨 것인데, 이로 인해 민중들은 점차 이러한 제사로부터 이탈해 갔다. 합법성 여부를 불문하고 신앙적인 매력을 가지고 있는 지방관묘나 국가로부터 승인을 얻지 못한 음사 등 인격신 쪽으로 관심을 보이게 되

---

4) 張鶴泉, 『周代祭祀硏究』(臺北:文津出版社, 1993.5), 40쪽.

5) 『史記』 封禪書에 보이는 관련기사를 들어보면 다음과 같다. "昔三代之(君)[居]皆在河洛之間, 故嵩高爲中嶽, 而四瀆各如其方, 四瀆咸在山東. 至秦稱帝, 都咸陽, 則五嶽四瀆皆幷在東方. 自五帝以至秦, 軼興軼衰, 名山大川或在諸侯, 或在天子, 其禮損益世殊, 不可勝記. 及秦幷天下, 令祠官所常奉天地名山大川鬼神可得而序也. 於是自崤以東, 名山大川祠, 曰太室·恆山·泰山·會稽·湘山. 水曰濟·曰淮. 自華以西, 名山七: 曰華山."[『史記』, 「封禪書」, 1371쪽]

6) 『漢書』, 「郊祀志(下)」, 1249쪽.

었다. 후한대에 널리 유행하는 성왕경왕사城王景王祠가 그 대표적인 예라고
볼 수 있다.7)

□* 주대의 산천제사는 대략 '망사望祀'·'기사祈祀'·'고제告祭'의 세 종류로 분류할 수
있다. 『사기』 오제본기에는 관련내용이 보이는데 장수절張守節은 "望者, 遙望而祭山川
也"라고 해석하였다. 『한서』 교사지郊祀志의 관련내용에 대해서 안사고顔師古 역시 "望,
謂在遠者望而祭之'라고 주를 달아 설명했다. 망제는 직접 소재지까지 갈 필요없이 멀
리서 산천을 바라보며 드리는 산천제사의 일종인 것이다. 주대에는 중요한 제사와
정치활동이 있을 시에 자주 망제를 올렸는데, 교사가 끝난 뒤에도 산천에 따로 망제
를 올렸다는 기록이 있다. 『춘추』의 희僖 31년 조목을 보면 "夏四月, 四卜郊不從, 乃免牲,
猶三望"이라는 내용이 보인다. 『대대례기大戴禮記』 삼정기三正記편에도 "郊後必有望"이
라는 기록이 보인다.8)
□** 적지 않은 학자들이 한대에는 산천신의 의인화 현상이 거의 보이지 않는다고
주장한 바 있다. 태산에 대해서도 당시 태산은 다만 신성한 땅을 의미했을 뿐 인격
신적인 태산신의 관념이 아직은 존재하지 않았다고 주장했다. 그러나 『산해경』에
보이는 조신용수鳥身龍首·용신인면龍身人面, 혹은 인면마신의 형상은 고대인의 심리
속에 산신은 의인화된 신임을 알려주는 것이다. 근자에 출판된 석각이나 비화碑畵자
료 가운데에도 '태산신泰山神'과 '하백신河伯神'의 화상을 쉽게 발견할 수 있다.9)

그러나 산천제사가 주로 '단제壇祭'의 형식으로 교사郊祀에 편입되었다
고 해서 산천신을 제사하는 고정된 가옥형식의 제소가 완전히 사라진 것
은 아니다. 자연신 숭배에 있어 산천신들을 인격신으로 여기고 사묘형태
의 제소에 모신 것은 상당히 오래된 전통으로서 『한서』 지리지에도 당시
태산군泰山郡에 태산묘, 영천군潁川郡에 태실·소실산묘太室少室山廟, 광릉국廣
陵國에는 강수사江水祠, 좌풍익左馮翊에는 하수사河水祠가 있었다고 기록되어
있다. 국가예제의 외연에서는 여전히 인격적인 산천신이 숭배되고 있었
음을 반영해 주는 것이다.

---

7) 好並隆司, 「中國古代における山川神祭祀の變貌」(『秦漢帝國史硏究』, 東京:未來社, 1984), 356~
   357쪽.
8) 이 부분에 관해서는 張鶴泉의 앞의 글, 41쪽을 참조할 수 있다.
9) 劉增貴, 「天堂與地獄:漢代的泰山信仰」(『大陸雜誌』 94-5, 1997.5), 193~194쪽.

이렇게 비교적 지명도가 높은 신 외에도 전국각지에 수많은 산천묘가 존재했을 가능성이 높은데, 다만 교사제도의 중요성이 날로 증대되면서, 이러한 사묘에서 이루어진 제사활동은 점차 언급되지 않은 것으로 이해할 수 있을 것이다.

국가차원에서 자연신 제사를 '사묘祠廟'에서 드리는 방식에 대해 공식적으로 관심을 기울이기 시작한 것은 북위北魏시대 이후의 일로 추정된다. 『위서魏書』 예지의 기록에 의하면 태상泰常 3년(418)에 수도 부근의 제지祭地에 5악4독을 제사하는 묘우廟宇가 국가주도로 건립되었고, 지방에도 현지 자연신을 제사드리는 324개소의 묘우가 지정되었다. 매년 10월에는 정기적으로 예관을 파견하여 제사의식을 주재하게 했다. 또한 태연太延 원년(435)에 이르면 국가의 명의로 항악恒嶽·화악華嶽·숭악嵩嶽 등 5악신의 소재지에도 사묘가 세워졌다.10)

이러한 추세는 수대에 이르면 더욱 확대되는데, 제진諸鎭과 남해·동해 등 여타 자연신의 소재지에도 정부주도 아래 사묘가 건립되었고, 부근의 무사巫師 한 명씩을 뽑아 묘우의 관리를 책임지게 했다.11) 이러한 추세를 살펴보면 북위 이래로 국가제사 차원에 있어서도 사묘에서 드리는 자연신 제사가 점차 중요성이 증대되었음을 알 수 있다. 그렇다면 당대에는 산천제사에 어떠한 변화가 생겨났을까? 이러한 변화의 의의는 무엇이며, 향후 민간신앙의 전개방향에는 어떠한 영향을 미치게 될까?

당대 초기 국가주도 산천제사의 전개는 대략 비정기 제사와 정기제

---

10) "泰常三年, … 又立五嶽四瀆廟於桑乾水之陰, 春秋遣有司祭, 有牲及幣. 四瀆唯以牲牢, 準古望秩云. 其餘山川及海若諸神在州郡者, 合三百二十四所, 每歲十月, 遣祀官詣州遍祀.… 太延元年, 立廟於恆嶽·華嶽·嵩嶽上, 各置侍祀九十人, 歲時祈禱水旱.…"[『魏書』 卷108, 「禮志一」, 2737~2738쪽]

11) 『隋書』 卷7, 「禮儀二」, 140쪽.

사로 나누어 살펴볼 수 있다. 우선 비정기적인 제사에는 두 종류가 있는
데, 하나는 가뭄과 홍수 등 천재지변이 발생할 때 거행하는 것이다. 일례
로 경사京師지역에 한여름 이후에도 가뭄이 발생하면, 우선 북교北郊에서
망제형식으로 악독진해와 산림천택의 신께 기우제를 올리고, 연이어 사
직과 종묘에서 다시 제사를 올렸는데, 7일을 한 주기로 삼았다. 만약 그래
도 비가 내리지 않을 때는 악독신嶽瀆神을 시작으로 다시 제사를 드렸고,
가뭄이 아주 심할 경우에는 대우례大雩禮를 거행한다.12)

또 다른 비정기적인 제사로는 황제의 순수중 명산대천 부근을 통과
할 때 관리를 파견해서 드리는 제사를 들 수 있다. 영휘연간에 반포된
사령祠令에는 이때 악진해독의 신에게는 대뢰, 중산천中山川에는 소뢰, 소
산천에는 특생의 예우로 희생을 드린다고 규정되어 있다.13)

정기제사는 제사장소에 따라 교지郊地*와 악독진해의 소재지에서 시
행하는 제사로 구분할 수 있다. 교지에서 거행하는 산천제사는 1백 신 가
운데 하나의 명목으로 지기地祇의 부속신 명목으로 제사를 받는 것인데,
한대 교사郊祀의 전통을 계승하는 것으로 볼 수 있다.14)『통전』에 보이는
'예'의 연혁에 관한 부분을 참고해 보면, 악진해독의 소재지에서 거행되
는 산천제사는 동악 태산은 연주兗州에서, 동진東鎭 기산沂山은 기주에서,

---

12)『구당서』예의4에 의하면, 한재나 수재 외에도 지진을 위시한 여타 엄중한 자연재해가
　　발생할 때도 산천제사를 드린다.『구당서』현종본기, 201쪽에는 유사한 사례가 출현하는
　　데 내용을 보면 다음과 같다: "[開元22年]二月壬寅, 秦州地震.… 命尚書左丞相蕭嵩, 往祭山川."
13) "車駕巡倖, 所過名山大川, 則遣有司祭之. 其牲, 嶽鎮海瀆用大牢, 中山川用少牢, 小山川用特
　　牲."〔[永徽祠令]仁井田陞, 池田溫編輯代表,『唐令拾遺補訂』(東京大學出版會, 1997), 498쪽]
14)『통전』에 보이는 납일臘日의 납백신臘百神 의례와 하지일夏至日에 올리는 황지기皇
　　地祇 제사의 내용은 다음과 같다: "臘日臘百神於南郊, 都百九十二座. 大明, 夜明在壇上…
　　五星·十二晨·后稷·五方田畯·嶽鎮海瀆·二十八宿·五方山林川澤… 夏至日祭皇帝祇於方丘壇上,
　　以高祖神堯皇帝配座… 祭五嶽, 四鎮, 四海, 四瀆, 五山, 五川, 五林, 五澤, 五丘, 五陵, 五墳,
　　五衍, 五原, 五濕於內遺之外, 各依方面."[『通典』卷106,「開元禮纂類一」, 2768~2769쪽]

동해東海는 내주萊州에서, 동독東瀆 회수淮水는 당주唐州에서, 남악 형산衡山은 형주에서, 남진 회계산은 월주越州에서, 남해는 광주廣州에서, 남독南瀆 대강大江은 익주에서 각각 제사를 올린다.

또한 중악 숭산嵩山은 낙주洛州에서, 서악 화산華山은 화주華州에서, 서진 오산吳山은 농주隴州에서, 서해와 서독 대하大河는 동주同州에서, 북악 항산恆山은 정주定州에서, 북진北鎮 의무려산醫無閭山은 영주營州에서, 북해와 북독 제수濟水는 낙주洛州에서 제사를 올린다고 명기하고 있다.

제사는 현지의 도독都督과 자사刺史가 예관을 겸하여 진행했는데 전통적인 망제望祭로 드리기 때문에 제단에서 단제의 형식으로 거행된다. 이렇게 볼 때 정기제사와 비정기 제사를 불문하고 당대 초기까지는 모든 산천제사를 한대의 전통을 계승해 망제의 형식을 거행했음을 알 수 있다.

□* 당대 원구단은 장안성 명덕문明德門 외도의 동쪽 2리 지점에 있었고, 방구단方丘壇은 궁성 북쪽의 14리 지점에 위치하고 있었다.

당대에 있어 국가제사 차원에서 사묘에서 드리는 산천제사가 처음으로 채택되는 것은 무측천 정권의 성립과정과 관련이 있다. 수공 4년(688) 4월 낙수에서 "성모께서 인간계에 임하셨으니, 제업帝業이 영원히 창성할 것[聖母臨人, 永昌帝業]"의 예언을 새긴 '보도寶圖'가 발견되었다. 무측천은 교사郊祀를 통해 지상신至上神 호천상제昊天上帝에게 감사의 제사를 드리고 스스로 '성모신황聖母神皇'을 자처했다.

이어서 무측천은 낙수신洛水神에게 '현성후顯聖侯'의 봉호를 내리고, 부근의 숭산신嵩山神을 천중왕天中王에 봉했으며, 이들 자연신을 모시는 사묘를 정식으로 건립하였다. 이 사건은 무승사武承嗣가 무후에게 황제즉위의 구실을 제공키 위해 날조한 정치적인 사건15)이다. 그러나 어찌 되었든 국가차원에서 산천신에게 묘우를 건립해 주고 봉호를 내린 일은 예제이론과 민간 사묘신앙의 전개에 있어 매우 중요한 의미를 지닌다. 이에 대해 예학대사禮學大師로 칭해지는 진혜전秦蕙田도 "산천의 신에게, 인작봉호人爵封號를 더한 것은 여기에서 시작되는바, 비례非禮의 시말을 연 자가 바로 무측천이다.… 고대의 사망산천四望山川에 대한 제사는, 단은 있으되 묘[옥] 廟[屋]는 없었는데, 묘호로 바꿨으니 전통적인 것이 아니다.…"16)라고 신랄하게 비판했다.

현종은 즉위 초기에 무측천 시기의 정치적인 어두운 그림자를 제거하기 위해 무측천이 정권의 정당성을 강화하기 위해 이용하였던 천추天樞·명당·송대頌臺 등 일련의 상징적인 의례와 건축물들을 없애는 데 노력하였다. 보도가 발견된 낙수의 신을 위해 지어준 사묘인 현성후묘顯聖侯廟 역시 동일한 운명에 놓여 철거를 피할 수 없었다.17)

전체적인 추세로 볼 때 현종 이후 당조의 황제들은 기본적으로 무측천이 몇몇 신들에게 취한 입묘立廟와 봉호의 정책을 계승 확장하게 된다. 우선 현종은 선천先天 2년(713) 8월에 화악신華嶽神을 제사하는 묘우의 건립을 명령했고, 화악신을 금천왕金天王에 봉했다. 개원 13년(725)에는 태산에서 봉선전례를 거행한 뒤에 태산신을 천제왕天齊王에 봉했고, 담당 관원들로 하여금 태산신 신묘를 보수하게 하였다. 이러한 추세는 천보연간 이후에는 더욱 확대되는데, 천보5재天寶五載(746)에서 천보10재天寶十載(751)에 이르는 기간 동안에 현종은 악진해독과 전국의 명산에 묘우를 설립하고 봉호를 하사하는 명령을 연이어 선포하였다.*18)

---

15) 『資治通鑑』, 卷204, 6448~6449쪽 : 『舊唐書』, 「禮儀四」, 925쪽.
16) 秦蕙田, 『五禮通考』 卷47, 「吉禮」47, 「四望山川」.
17) 이 부분에 관해서는 『구당서』 예의4의 주)로서 925쪽에 상세히 기록되어 있다.
18) 『舊唐書』, 「玄宗本紀(下)」, 222쪽 : 『舊唐書』, 「禮儀四」, 934쪽 : 『通典』, 「禮六」, 1282~1283쪽 : 『冊府元龜』 卷33, 「帝王部·崇祀二」, 364쪽.

□* 천보5재天寶五載(746)에는 중악신·남악신·북악신을 각각 중천왕中天王·사천왕司天
王·안천왕安天王에 봉했고, 천보6재에는 하독河瀆·제독濟瀆·강독江瀆·회독淮瀆과 회
계산·오산吳山·곽산霍山·의무려산의 신에게 공호公號를 내렸다. 천보7재에는 회창
산會昌山을 소응산昭應山으로 고치고 산신을 현덕공玄德公에 봉했다. 또한 천보8재(749)
에는 태백산신과 기타 9주진산에도 공호를 하사했으며, 천보10재(751)에 이르면 4해
의 신들에게도 왕호를 내리고, 만약 이들 산천신의 소재지에 묘우가 없을 시에는
즉시 세우라고 명령을 하달했다.

악진해독에 대한 입묘立廟와 봉호의 하사를 매듭지은 천보10재(751)에
는 직접 황족과 고관을 파견하여 전국의 악진해독묘를 제사드리게 하였
다. 사실 천보10재에 이들을 파견하여 제사를 주재케 한 것은 같은 달에
발생한 운선運船의 대규모 실화사건과도 모종의 관련을 맺고 있을 것으로
추정된다. 하지만 이 사건은 국가제사 차원의 자연신 제사에 있어 현지
의 사묘에서 거행하는 제사의식이 제단에서 망제의 형식으로 산천신을
제사하는 방법보다 점차 주목을 받게 된 것을 반영해 준다는 측면에서
중요한 의의를 지닌다.[19]

이에 대해 마단림馬端臨은 "구례舊禮는 모두 교사례郊祀禮에 따라 망제로
올렸지만, 천보연간에 이르러 관리를 현지에 파견해 사묘에서 제사를 올
리게 되었는데 이는 비례非禮를 바로잡은 것이다"라고 칭송했다.[20] 구양
수歐陽脩 역시 악진해독의 제사는 그 묘에서 행해야 한다고 주장했다.[21]

그러나 천보연간까지의 이러한 사례는 여전히 악진해독 등 비교적
지명도가 높은 명산대천 방면에 집중되어 있음을 발견할 수 있다. 그런
데 당대 후기에 이르면 이러한 추세가 현저히 확산되는 경향을 보이는데,

---

19) 『舊唐書』, 「玄宗本紀」, 224~225쪽.

20) "… 舊禮皆因郊祀, 望而祭之. 天寶中, 始有遣使祈福之祠, 非禮之正也."[『文獻通考』卷83, 「郊
社十六」, 757쪽]

21) 『新唐書』, 「禮樂二」, 326쪽에는 "嶽鎭海瀆祭於其廟. …"라는 내용이 보인다.

비록 소산림·소천택이라도 백성들에게 공덕이 있는 것으로 판명되면 국가의 인가하에 입묘 혹은 수묘修廟의 기회를 얻을 수 있었다.

　예를 들면 강남도 복주福州에는 백마삼랑묘白馬三郞廟라는 작은 연못의 신을 모시는 사묘가 있었다. 정원 10년(794)에 심한 가뭄이 들어 관찰사가 기우제를 드렸는데, 묘신이 영험을 드러내듯 비가 내리자 관찰사가 직접 본묘의 확장과 수리를 명했다고 한다.22) 또한 장안의 근처에 있는 종남산終南山은 예로부터 경사에 가뭄이 들 때마다 구름을 일으켜 비를 내린다는 전설이 전해졌지만 산신을 모시는 사묘는 없었다고 한다. 이에 문종은 개성 2년(837)에 종남산신에게 광혜공廣惠公이라는 봉호를 내렸고 장안현령인 두조杜造에게 명하여 산 밑에 사묘를 세우고 매년 늦여름 토왕일土王日에 정기적으로 제사를 받들 것을 명했다.23)

　강남도 목주睦州에는 마목馬目이라는 연못신의 사묘가 있는데 『순희엄주도경淳熙嚴州圖經』에 따르면 당 문종시기에 자사인 여술呂述이 건립했다고 한다. 개성연간에 심한 가뭄이 들어 기우제를 올렸는데 역시 곧바로 비를 내리는 영험을 드러내어 묘신을 위해 새로운 사묘를 지어주었고, 이후 재앙이 있을 때마다 제사를 올리게 되었다고 한다.24)

　이상의 사실들을 종합해 보면 우선 무측천·현종 시기 이후 국가제사 차원의 자연신 제사에 있어서 사묘에서 진행하는 제사의례가 교사의 방

---

22) "唐貞元十年(794), 觀察使王翃, 旱禱得雨, 崇飾廟貌…. 鼓山之北, 大乘之南, 山峽間, 有二潭, 下潭廣六丈, 深不可計. 昔閩越王郢第三子, 有勇力, 射中大鱔於此潭, 其長二丈. 土人因爲立廟, 號白馬三郞."[『福州淳熙三山志』, 7860쪽]

23) 『文獻通考』 卷83, 「郊社十六」, 757쪽 ; 『長安志』, 136쪽.

24) 『淳熙嚴州圖經』, 4328쪽에 보이는 관련내용은 다음과 같다: "… 按述記謂, 先是州之右有潭, 曰 '層潭'. 其深無至, 鱗物老焉. 因立廟潭上, 而馬目顧無之. 每有禱, 則附而祝曰: '告於層潭馬目之神. 開成己未, 歲旱, 請於神曰: '能雨則立廟', 越三日而雨, 迺泝江四十里, 躬擇神居, 依山取勢, 以爲新廟. 至今, 歲時祀焉. 水旱, 祈, 輒應."

계로서 교단제사郊壇祭祀에 참여하던 방식보다 중요성이 점증했음을 발견할 수 있다. 위에서 언급한 바처럼 고대의 산천신은 의인화된 인격신의 신성神性을 가지고 있었는데, 서한 말년에 산천제사가 추상적 신격을 강조하는 교사제도에 편입된 후 점차 이러한 형상을 잃어가게 되었다. 이렇게 본다면, 무측천·현종 시기의 산천제사에 보이는 변화는 인격신의 형상을 갖춘 산천신의 부활로 볼 수 있겠다. 사실 교사로부터 유리된 다수의 기층민들은 여전히 산천신은 곧 인격신이라는 의식이 보편적이었을 것으로 추정된다. 당시 인구에 회자되던 곽산신霍山神이 이연李淵의 당군을 음조陰助하는 건국설화에서도 곽산신의 사절이 백의노인 즉 인격신의 모습으로 당 고조 앞에 출현한 바 있다.[25]

두번째로 당이 산천신들을 위해 '사묘'형태의 제사장소를 건립함과 동시에 봉호를 하사했다는 점도 주목할 만하다. 원래 봉작이라는 것은 종실이나 국가에 커다란 공을 세운 공신들에게 내리는 것인데*[26], 무측천·현종 시기에는 봉작의 대상이 인계人界를 뛰어넘어 산천신 등의 신계神界에게까지 확대된 것이다. 이것은 표면적으로는 국가 역시 자연신의 인격신적 신격을 인정하고 예제에 있어서도 이에 상응하는 방식을 찾기 시작했다고도 볼 수 있다. 하지만 이 시기에 보이는 제문 속에서 자연신을 위시한 여러 신들에 대해 황제의 우월성을 강조하는 문구가 발견된다는 점을 감안하면, 수·당제국 성립 이후 더욱 신장된 황권이 예제에 반영된

---

25) 義師之至也, 〔宋〕老生陳兵據險, 師不得進, 忽有白衣老人詣軍門曰: "霍山神遣語大唐皇帝, 若嚮霍邑, 當東南旁山取路, 我當助帝破之." 遣人視之, 果有微道. 高祖笑曰: "此神不欺, 趙襄子豈當負吾邪!" 於是進軍, 去城十餘里, 老生戰敗, …[『元和郡縣圖志』卷第12, 340쪽] 이 내용은 『구당서』, 「高祖本紀」, 3쪽에도 보임]

26) 당대의 봉작과 식봉제 방면에는 仁井田陞, 「唐代の封爵及び食封制」(『東方學報』10-1, 1939.10) ; 礪波護, 「隋の貌閱と唐初の食實封」(『東方學報』37, 1966) ; 韓國磐, 「唐代的食封制度」(『中國史研究』1982-4) 참조.

것으로 파악할 수 있다.

□ * 당대의 작위에는 왕·군왕·국공·군공·현공·현후·현백·현자·현남의 9등작이
있는데, 전대와 마찬가지로 자자손손 계승하는 것이 가능했다. 당대 초기에는 왕과
군왕의 작위는 원칙적으로 종실에만 내릴 수 있어, 만약 왕작王爵을 이성공신에게
내리려하면, 먼저 이李씨 성을 하사했다. 그러나 무측천이 정권을 장악하면서 왕작
을 무武씨 일족들에게 내림으로써 정식으로 이성왕들이 출현하게 되었다. 이러한
상황은 중종이 부위한 뒤에도 개정되지 않았으며, 숙종 이후에는 오히려 이성관리
에게 왕작을 하사하는 경우가 남발하게 되었다.

2) 성왕·현신의 사묘

당대 국가제사의 차원에서, '사묘'형태의 제사장소가 폭증하는 것은
산천신을 위시한 자연신 제사에 한정되는 것은 아니다. 물론 성왕과 현
신이라는 것은 기본적으로 조상의 혼령에 속하기 때문에 역대 이래로
'묘제'형식의 제사가 있어왔다. 하지만 수·당 때에 이르면 국가차원에서
직접 관여하는 제사의 범위가 확대되고, 제사의 정기화가 추진되는 등
몇 가지 주목할 만한 변화가 나타난다.

먼저 성왕·현신 제사의 기원에 대해 잠시 살펴보면『오월춘추吳越春秋
』에는 오왕 부차夫差가 군신들을 거느리고, 강빈江濱에서 오자서伍子胥를 제
사했다는 기록이 있는데, 진혜전秦蕙田은 이것이 충신을 제사한 첫 사례라
고 했다.27) 또한『사기』시황본기에는 시황재위 37년(210 BC) 7월 출유했을
때 운몽雲夢에 가서는 구의산九疑山에서 우순虞舜에게 망사望祀를 드렸고, 회
계에 도착해서는 대우大禹를 제사드렸다는 기록이 있다. 비록 이 두 사례
에는 '사묘'라는 말이 나타나지 않지만,『한서』교사지郊祀志에 보이는 "漢

---

27)『五禮通考』卷第123,「吉禮」123,「賢臣祀典」.

興, 高祖初起…, 後四歲, 天下已定, 令祝立蚩尤之祠於長安"[28]이나『후한서』장
제본기의 "[元和二年二月(AD85)], 丙辰, 巡狩… 使使者祠唐堯於成陽靈臺"[29]와
같은 기록을 보면 적어도 한대에 이르면 성왕·현신의 출생지나 능묘 부
근에 이미 이들을 제사하는 사묘가 존재했을 가능성이 매우 높다.

위·진 이후의 황제들은 기본적으로 한대의 방식을 계승하여 순수시
에 관리를 파견하여 성왕이나 현신의 묘에 제사를 올렸던 것으로 여겨진
다. 그러나 북위 효문제 시기에 이르면 역시 주목할 만한 변화가 발생한
다. 북위 효문제 시기는 국가예제의 발전사에 있어 매우 중요한 의의를
지니는 시기로서* 탁발씨拓跋氏의 전통제전인 '서교제천西郊祭天' 의식을 폐
지했을 뿐 아니라(태화 18년, 494), 유교경전에 의거해 남교 제천의식을 위시
한 중원식의 제전을 새로운 면모로 가다듬고 정리하던 시기였다.[30] 성왕
과 선현의 제사 역시 이 시기의 일련의 정리과정을 거쳐 체계를 갖추게
되는데, 당요唐堯제사는 평양平陽, 우순虞舜제사는 광녕廣寧, 하우夏禹제사는 안
읍安邑, 주공周公제사는 낙양洛陽이 공식적인 제사장소로 확정되었다.**

□* 단순히 세목별로 구분하여 계산한다면, 효문제의 문화개혁운동 가운데 예제방
　면의 개혁이 전체개혁의 70% 이상을 차지한다. 또한 예제개혁 가운데서도 제사의
　식과 관련된 개혁이 그 중의 반 이상을 차지한다. 이는 국가제사 방면의 개혁이
　효문제의 전체개혁운동에 있어서 핵심적인 위치를 차지하고 있음을 반증해 주는
　것이다.[31]
□** 『위서魏書』고조기에 의하면 효문제 시기에는 공자의 지위에 있어서도 커다란 변
　화가 생긴다. 489년에 효문제는 도성에 공자묘를 설립할 것을 명령한 바 있다. 또한
　492년에는 성인제사를 중건할 때 친히 공묘孔廟를 방문하기도 했는데, 당시의 의식

---

28)『漢書』, 「郊祀志(上)」, 1210쪽.
29) 이에 대해 郭緣生은『述征記』에서 成陽縣 남쪽에 堯母慶都臺가 있는데 위에는 사묘가
　　있었다고 적고 있다. 당시 요모의 능은 속칭 영대대모라고 불렸다고 한다. "成陽縣南有
　　堯母慶都臺, 上有祠廟. 堯母陵俗亦名靈臺大母."[『後漢書』, 「章帝本紀」, 149～150쪽]
30) 康樂,『從西郊到南郊』(臺北:稻禾出版社, 1995), 178～191쪽.
31) 이 부분에 관해서는 康樂,『從西郊到南郊』(臺北:稻禾出版社, 1995), 184쪽 참조.

이 매우 장중했다고 전해진다.32)

수대에 이르면 성현제사에 관한 규칙이 더욱 완비되는데, 제사기일·
배신配神·희생 등에 관한 의례절차가 개선되었다.33) 이에 대해 구준邱濬
은 효문제에 이르러 정식으로 조칙을 내려 요·순·우·주공을 제사드리
기 시작하지만, 이때의 성현제사는 단지 청작윤제淸酌尹祭에 불과하고 수
대에 이르러서야 공식적인 정기제사로 자리잡아 태뢰太牢의 예로써 제사
하기 시작한다고 주장하였다.34)

당대에 선대제왕에 관한 제사가 정식으로 성립되는 것은 당 고종시
기이다. 그러나 고조는 건국한 지 얼마 안된 무덕 3년(620)에 포주蒲州를 순
행할 때에 이미 지방관에게 순묘舜廟를 제사할 것을 명한 바 있다.35) 태종
역시 정관 11년(637)에 낙양궁으로 갈 때 사람을 보내 한문제를 제사하도
록 했고, 다음해에는 신교新橋로부터 하북현河北縣으로 순행할 때에 하우묘
를 제사케 하였다.36) 선대의 성왕을 제사함으로써 당이 역대성왕의 유업
을 계승한 정통왕조임을 현창할 수 있기 때문에 특히 유덕군주의 능묘는
지나치지 않고 제사를 올린 것이다.

그러나 국가예전에는 선대제왕에 관한 제사가 아직까지 정식으로 편
입되어 있지 않았다. 처음으로 이 문제를 제기한 것은 예부상서 허경종許
敬宗인데, 그는 현경顯慶 2년(657) 6월에 상주문을 올렸다. 『예기』 제법祭法편

---

32) 康樂, 앞의 글, 186쪽.
33) 『隋書』, 「禮儀二」, 136~137쪽.
34) 『五禮通考』 卷116, 「祀先代帝王」에 보이는 관련내용은 다음과 같다. "秦始皇南巡望祀舜
於九疑, 上會稽祭禹. 北魏文成巡歷橋山祀黃帝. 然皆因所至而祀也, 未有常典. 魏孝文太和, 始
詔祀 堯·舜·禹及周公. 然惟用淸酌尹祭而已. 至隋始定爲常祀, 祀用太牢, 而唐因之."
35) 『舊唐書』, 「高祖本紀」, 10쪽.
36) 『舊唐書』, 「太宗本紀」, 47~49쪽.

을 인용하여 성왕제사가 국가예전에 편입되어야 하는 정당성을 주장하고 제기祭期·제장祭場·배신配臣에 관해서도 자세히 언급했다.37) 원래 영휘 2년(651)에 고종은『정관례貞觀禮』가 완전치 못하다는 이유로 군신들에게 수보修補를 명한 바 있는데, 당시 허경종은 실제적인 책임자로서 현경 3년 (658)에『현경례顯慶禮』130권을 완성하여 고종에게 올리게 된다.38)

　『현경례』의 편찬시간과 서두에 보이는 "貞觀之禮, 無記先代帝王之文"을 함께 고려해 보면, 허경종의 현경 2년 상주문이『현경례』수찬의 주요한 원인을 제공했을 가능성도 매우 높다. 어쨌든 성현제사는『현경례』를 시작으로 정식으로 국가예전에 편입되게 된다.

　자연신 사묘부분에서 언급한 바와 같이 현종시기는 당대 국가제사형 사묘신앙의 전개과정에 있어서 매우 중요한 시기이다. 명산대천을 위시한 자연신제사에 있어 사묘가 세워지고 봉호의 하사범위가 확대되었을 뿐 아니라, 성왕에서 현신제사까지 제사대상과 제사장소가 확대되는 경향을 보여준다. 이러한 추세는 개원 7년에 반포된 사령祠令에 명기되어 있다. 황제의 거가가 순행중인 장소로부터 20리 이내에 성왕의 능묘와 사묘가 있거나, 10리 이내에 명신·장상의 능묘와 사묘가 있을 때에는 현지

---

37) 당시 許敬宗이 올린 상주문 내용은 다음과 같다. "謹案,『禮記』祭法云: "聖王之祭祀也, 法施於民則祀之, 以死勤事則祀之, 以勞定國則祀之, 能禦大災則祀之, 能旱大患則祀之." 又云 "堯·舜·禹·湯·文·武, 有功烈於人及日月星辰, 人所瞻仰: 非此族也, 不在祀典". 準此, 帝王閣與日月同列, 常加祭享, 意在報功. 爰及隋代, 竝尊斯典. 漢高祖祭法無文, 但以前代迄今, 多行秦·漢故事, 始皇無道, 所以棄之. 漢高祖典章, 法垂於後. 自隋已下, 亦在祠例. 伏惟大唐稽古垂化, 網羅前典, 唯此一禮, 鹹秩未申. 今請聿尊故事, 三年一祭. 以仲春之月, 祭唐堯於平陽, 以契配: 祭虞舜於河東, 以咎繇配: 祭夏禹於安邑, 以伯益配: 祭慇湯於偃師, 以伊尹配: 祭周文王於酆, 以太公配: 祭武王於鎬, 以周公·召公配: 祭漢高祖於長陵, 以蕭何配.[『舊唐書』,「禮儀四」, 915쪽]

38) 당대 국가예전의 편찬과정에 대해서는 張文昌,『唐代禮典的編纂與傳承一以'大唐開元禮' 爲中心』(臺大歷史研究所碩士論文, 1997)을 참조할 수가 있다.『顯慶禮』수찬부분은 본 논문의 88~96쪽을 참조.

주州장관을 시켜 제사를 받들게 한다고 규정하였다.39) 영휘연간에 반포된 황제순수와 관련된 사령40)만 해도 명산대천의 제사만을 규정해 놓았을 뿐 성왕·명신·장상의 묘에 관해서는 일언반구도 언급하지 않았다. 사실 이러한 조짐은 천보 원년(742)에 이미 나타난 바 있는데, 현종은 진시황이 유가들을 파묻었다고 전해지는 장소에 사묘를 세우고 '조난제유'들의 영령을 위로한 바 있다.41) 현종 이전까지만 해도 당대의 성현제사는 '전대제왕'의 수준에만 머물렀을 뿐 명신들은 기껏해야 배신配神의 지위를 넘어서지 못했다.42) 그러나 이러한 추세는 천보6재와 7재(747)를 거쳐 본격적으로 확대되는데, 천보6재에는 장안에 삼황오제묘와 삼황 이전 제왕의 묘를 세워 정기적으로 제사올릴 것을 명한 바 있다.43) 또한 천보7재에는 역대 창업제왕이 왕조의 기초를 닦은 땅 가운데 아직까지 사우가 없는 곳에도 묘를 세우고 제사할 것을 명령하였다.

특히 주목할 것은 천보7재의 조령에서 덕행이 높은 역대 충신·의사·효부·열녀에게도 묘우를 세워주고 제사를 드릴 것을 명령했다는 점이다. 정부가 주동적으로 충신·의사·효부·열녀의 사묘를 건립하고 관련 제사규정을 정비하는 조치가 사상 처음으로 출현한다. 구체적으로 12인의 역대 개국군주, 16인의 충신, 8인의 의사, 7인의 효부, 14인의 열녀

---

39) 개원 7년에 반포된 사령에는 다음과 같은 내용이 보인다: "車駕巡倖, 路次名山大川·古昔聖帝明王·名臣·將相陵墓及廟, 應致祭者, 名山大川三十里內, 聖帝明王二十里內, 名臣將相十里內, 竝令本州祭之."[『唐令拾遺補訂』, 498쪽]

40) 영휘연간에 반포된 사령에는 다음과 같은 내용만이 보이고 있다: "車駕巡倖, 所過名山大川, 則遣有司祭之. 其牲, 嶽鎭海瀆用大牢, 中山川用少牢, 小山川用特牲."[『唐令拾遺補訂』, 498쪽]

41) 『舊唐書』, 「玄宗本紀」, 216쪽.

42) 이 때문에 秦蕙田은 유교의 입장에서 "제유에 관한 제사가 이전까지 祀典에 기록되지 않았거늘, 명황의 이 제사는 진실로 천고에 남을 만하다[諸儒不在祀典, 明皇此一祭, 眞足千古!]"라고 찬사를 보냈다.[『五禮通考』 卷223, 「賢臣祀典」]

43) 『舊唐書』, 「玄宗本紀」, 221~222쪽.

명단이 공표되었고, 입묘지점과 제사의례[44] 등에 대해서도 상세히 규정하였다. 이번 조치는 국가차원뿐 아니라 민간 사묘신앙의 전개에 있어서도 하나의 전범으로 작용하게 되는데, 사묘의 사주祠主와 입묘지점 등을 747년 5월에 반포된 조령[45]에 따라 도표로 작성해 보면 다음과 같다.

〔표 1〕 역대 개국지군開國之君의 사묘

祠主	配神	소재지	祠主	配神	소재지
夏王禹	益秩·夷	夏縣	後漢光武帝	鄧禹·耿弇	南陽
殷王湯	伊尹·仲虺	穀熟縣	晉武帝	苟彧·鍾繇	鄴
周文王	鬻熊·齊太公	咸陽縣	魏武帝	張華·羊(祜)	洛陽
周武王	周公·召公	咸陽縣	魏道武帝	長孫嵩·崔元伯	雲中
秦始皇	李斯·王剪	咸陽縣	周文帝	蘇綽·于謹	馮翊
漢高祖	張良·蕭何	彭城縣	隋文帝	高熲·賀若弼	長安

〔표 2〕 역대 충신·의사·효부·열녀의 사묘

종류	祠主	소재지	종류	祠主	소재지
忠臣	殷, 傅說	汲郡	忠臣	殷, 箕子	汲郡
	宋, 微子	睢陽郡		殷, 比幹	汲郡
	齊, 管夷吾	濟南郡		齊, 晏平仲	濟南郡
	晉, 羊舌叔響	絳郡		魯, 季孫行父	魯郡
	鄭, 里子	滎陽郡		燕, 樂毅	上谷郡
	趙, 藺相如	趙郡		楚, 屈原	長沙郡

---

44) "其歷代帝王肇基之處末有祠宇者, 所在各置一廟. 忠臣·義士·孝婦·烈女德行彌高者, 亦置祠宇緻祭."〔『舊唐書』, 「女宗本紀」, 222쪽〕

45) 이 내용은 『唐會要』 卷22. 429~432쪽에 보임.

忠臣	漢. 霍光	平陽郡	忠臣	漢. 蕭望之	萬年郡
	漢. 邴吉	魯郡		蜀. 諸葛亮	南陽郡
義士	周. 吳太伯	吳郡	義士	周. 伯夷·叔齊	河東郡
	吳. 季札	丹陽郡		魏. 段干木	陝郡
	齊. 魯仲連	濟南郡		楚. 申包胥	富水郡
	漢. 紀信	華陽郡			
孝婦	周. 太王妃太薑	新平郡	孝婦	周. 王季妃太任	扶風郡
	周. 文王妃太姒	長安縣		魯. 大夫妻敬薑	魯郡
	鄒. 孟軻母	魯郡		陳. 宣孝婦	睢陽郡
	曹. 世叔妻大家	扶風郡			
烈女	周. 宣王齊薑	長沙郡	烈女	衛. 太子恭姜	汲郡
	楚. 莊樊姬	富水郡		楚. 昭王女	富水郡
	宋. 公伯姬	睢陽郡		梁. 宣高行	陳留郡
	齊. 杞梁妻	濟南郡		趙. 將趙括母	趙郡
	漢. 成帝班婕妤	扶風郡		漢. 元帝馮昭儀	咸陽郡
	漢. 太傅王陵母	彭城郡		漢. 御史大夫張湯母	萬年縣
	漢. 河南尹嚴延季母	東海郡		漢. 淳于緹縈	濟南郡

　　정부는 성현묘聖賢廟의 건립을 주도한 뒤 제사의 직접적인 시행과 묘
우의 관리는 현지의 지방관에게 위임했다.[46] 하지만 당시까지만 해도 이
러한 모든 일들은 기본적으로 중앙정부의 주관하에 이루어졌다. 그러나
천보14재(755)에 안사의 난이 발생한 뒤, 정국의 불안과 국가재정의 악화는

---

　46) 天寶十二載(753) 2월에 내려진 조령의 내용은 다음과 같다: "五嶽四瀆及名山大川立靈跡
　　之處, 各委郡縣長官緻祭, 其祠宇頹毀者, 量事修葺."

더 이상 중앙정부로 하여금 성현제사에 관심을 집중할 수 없게 했다. 심지어 상원上元 원년(760)에 이르면 조정은 중사中祀 이하의 모든 국가제사의 거행을 잠정적으로 중지한다는 칙령을 내리기도 했다47).

그러나 이것이 성현에 대한 입묘나 묘우의 보수사례가 완전히 중단되었음을 의미하는 것은 아니다. 무측천에서 현종시기에 보이는 정부의 적극적인 행동은 점차 지방관들과 지방사인들에게 영향을 미치게 되었다. 당대 후기에는 그들의 주도하에 제사장소와 대상이 현저히 확산되는 경향을 보이게 된다.

예를 들면 대종 영태 원년(765)에 도주道州자사를 역임한 원결元結은 전설상에 순임금 장지로 전해지는 구의산九疑山이 도주영내에 속하여 사묘를 세우니48) 근처 한두 집의 세금을 면하게 해주어 묘우의 관리를 맡기게 해달라고 상주를 올렸다.49) 정부는 주청을 받아들였고, 다음해 오월에는 묘우 가까이에 사는 두 가구의 과세를 면해 주어 묘의 관리와 제사의 준비를 맡긴다는 공문을 내려주었다.50) 당대 초기에는 예관의 토론을 거쳐 사묘를 세울 것인가를 결정하는 것이 일반적인 절차였지만, 당대 후기에는 지방관 스스로가 건묘建廟와 수묘修廟를 결정하는 것이 상당히 보편화되었음을 알 수 있다.

원래 계찰묘季札廟는 동한의 회계수령 제오륜第五倫이 음사철폐를 주도할 때만 해도 철폐의 표적 가운데 하나였다. 그러나 천보연간의 칙령이

---

47) 『舊唐書』,「禮儀四」, 916쪽.
48) 『全唐文』卷383, 元結,「舜祠表」.
49) 『全唐文』卷381에는 元結의「論舜廟狀」이 보인다. 내용은 다음과 같다: "右謹按地圖, 舜陵在九疑之山, 舜廟在太陽之溪. 舜陵古者已失, 太陽溪今不知處. 秦漢已來, 置廟山下, 年代寢遠, 祠宇不存. 每有詔書, 令州縣致祭. 尊酌荒野, 恭命而已.… 臣謹遵舊制, 於州西山上, 已立廟訖, 特乞天恩, 許蠲免近廟一兩家, 令歲時拚灑, 示爲恆式…."
50) 『唐會要』卷22, 432~433쪽.

계자季子를 역대 의사로 추존하여 단양군丹陽郡에 묘를 세울 것을 명령한 바 있기 때문에 향후 정부에 의해 정식으로 인가된 정사正祠로 편입되었다고 볼 수 있다.[51] 『지순진강지至順鎭江志』에 따르면 연릉延陵 서북 9리 지점에 있던 계자의 사묘 역시 대종 대력 14년경(779)에 윤주潤州자사 소정蕭定의 명령에 의해 개수되었다고 한다.[52] 이밖에 헌종 원화연간에는 건평建平자사 심부사沈傳師가 굴원屈原의 옛집에 작은 사묘를 건립하고 신상을 안치한 바 있다. 굴원 역시 천보7재의 조칙에 의해 역대충신으로 추존되어 국가에 의해 사묘의 건립이 추진된 바 있다.[53] 성현묘 제사에 대한 국가차원의 예제개혁이 향후 지방관들을 통해 민간차원으로 확산되어 갔음을 반영해 주는 것이다.

이렇게 중앙정부나 지방관들에 의해 건립된 성현묘 외에도 필자가 조사한 바에 따르면,[54] 당대 전국각지에는 무수한 성현묘가 존재했음을 알 수 있다. 중국인들에 의해 숭배되는 대표적인 전설상의 성인인 요와 순을 예로 들면 하남도 연주兗州·여주汝州·활주滑州, 하북도 정주定州, 하동도 진주晉州, 강남도 호주湖州 등지에 요사堯祠가 있었고, 순사舜祠 역시 순임금의 장지로 전해 온 강남도 도주道州 구의산九疑山과 무덕·정관 연간에 황제가 직접 제사를 명한 바 있는 하동도의 포주蒲州 외에도, 하남도의 청주淸州, 강남도의 월주越州·영주永州, 영남도의 계주桂州 등지에 사묘가 존재했다.

---

51) 다음 장에서 언급하겠지만 狄仁傑이 강남에서 음사를 철폐할 때에도 夏禹·吳泰伯·季札·伍員의 4사는 남겨두었다.[『舊唐書』, 「狄仁傑傳」, 2887쪽]

52) 『至順鎭江志』, 2733쪽 : 『咸淳毘陵志』, 3071쪽.

53) 『全唐文』 卷684에는 沈傳師의 「楚三閭大夫屈先生祠堂銘」이 실려 있는데 그 내용은 다음과 같다: "… 元和十五年(820), 餘刺建平之再歲也. 考驗圖籍, 則州之東偏十里而近, 先生舊宅之阯, 存焉. 爰立小祠, 憑神土偶, 用表忠貞之所誕, 卓犖之不泯也."

54) 부록의 「唐代祠廟槪況表」 참조.

천보연간에 역대의사로 편입된 오태백吳泰伯의 사묘 역시 강남도 상주常州와 소주蘇州 등지에 건립되었던 것으로 추정된다. 비록 당대 예전과 천보연간에 정해진 충신·의사의 반열에는 끼지 못했지만, 오자서묘 역시 당시 강남도 일대에서 매우 유행했다. 오자서묘는 당대 전반에 걸쳐 정사에 상응하는 대접을 받았는데, 앞에서 언급했다시피 적인걸狄仁傑이 강남지역의 음사를 정리할 때에도 하우夏禹·오태백吳泰伯·계찰묘季札廟와 더불어 철폐운명을 피할 수 있었다.

또한 항주에 있는 오원묘伍員廟는 원화 10년(815)에 자사 노원보盧元輔에 의해 중수된 바 있고, 소종 경복 2년(893)에는 혜광후惠廣侯라는 봉호를 하사받게 된다.55) 소주·상주常州·항주·목주睦州 등지에 사묘가 산재해 있었는데, 제사권역이 확대되어 별묘까지 생겼다.

당시 본묘와 별묘 사이에는 모종의 연계관계도 존재했을 것으로 추정된다. 본묘와 별묘와의 관계는 민간 사묘신앙이 일정지역에서 얼마나 유행했고, 지역공동체와 어떠한 관계를 맺고 발전해 왔는가를 고찰할 때 매우 중요한 사항이라고 볼 수 있다. 일반적으로 송대 이후에 도교·불교 등 기존의 제도화 종교가 쇠퇴하면서 사묘신앙이 약진하는 경향을 보여준다고 보는 것이 학계의 일반적인 견해이다. 이에 따라 본묘와 별묘와의 관계 역시 송대 이후에 성립되는 것으로 추정해 왔다. 그러나 당대에 있어 일부 유력한 사묘는 이미 제사권역을 광역으로 확대하는 경향을 보여주는데, 이에 따라 별묘 혹은 분묘가 분리되는 내용도 일부 사료에서 발견된다. 위에서 언급한 오자서묘 이외에도 산천신에 관한 기록에도 별묘가 파생되는 흔적이 나타난다.56)

---

55) 항주 오원묘에 관해서는 『咸淳臨安志』, 3995쪽 참조.
56) 江南道 潤州 丹徒縣에는 태화연간에 華嶽橫山의 별묘인 雲勝廟가 세워졌다는 기록이

　　이렇게 역대정부가 공식적으로 지정했던 장소 외에도 성현을 제사하
는 사묘는 무수히 건설되어 왔다. 출생지·장지·구택·봉지 등 그들의
전설이나 실제활동과 관련있는 장소마다 적지 않은 사묘가 이미 건립되
어 있었다. 당대 후기에 지방관들이 적극적으로 묘廟를 건축하고 보수에
참여하는 것도 무측천·현종 시기에 전개되는 예제상의 변화 외에도 이
러한 전통을 계승하고 있는 것이다. 이것은 국가제사의 일부인 성현제사
자체가 "성현께 제사함으로써 자연스레 사람들로 하여금 덕을 숭상하는
풍조를 훈계할 수 있다"[57]는 백거이白居易의 말처럼 여민黎民교화[58]의 중대
한 기능을 수행하기 때문이다.

　　이에 따라 역대 정부는 성현제사에 대해 상당히 관용적인 태도를 보
여왔다. 물론 앞에서 언급한 바처럼 당대 전기 이래 성현제사의 범주를
전대제왕에서 충신·의사·효부·열녀의 차원까지 적극적으로 확대한 정
부의 시책은 지방관이나 민간에까지 보이지 않는 전범으로 작용을 했을
것이다.

　　어쨌든 당 후반기에 이르면, 국가의 사회에 대한 통제력이 현저히 이
완되는 상황 하에서, 국가제사형 성현묘는 그 수가 급증할 뿐 아니라 제
사의 세속화와 민간화도 두드러지게 나타난다. 당시 이러한 추세가 어느
정도에 이르렀는지 『국사보國史補』 서사묘지폐敍祠廟之弊조에 보이는 예문
의 내용은 잘 보여주고 있다. 내용은 다음과 같다.

　　매년 해당관리가 행해야하는 제사가 수를 헤아릴 수 없을 정도로 많아, 모

보이는데, 관련원문의 내용을 들어보면 다음과 같다: "… 〔憲宗〕大和中, 有金陵彭彦規, 使
　於新淦縣, 聞神之靈, 乃畫廟圖而歸. 尋爲丹徒令, 因置廟於此."〔『至順鎭江志』, 2728쪽〕
57) 祠於聖賢, 所以訓人崇德也.
58) 朱金城箋校, 『白居易集箋校』 卷第65, 策林(上海古籍出版社, 1988.12), 3543~3544쪽.

든 향과 이마다 반드시 사묘가 있어 사람들의 화·복을 주재했는데, 그 폐
해가 매우 컸다. 남쪽에 샘이 있는데, 동굴에서 흘러나올 때 항상 계수나무
잎이 떠내려와 일벌이기 좋아하는 사람들은 이를 유계천流桂泉이라 불렀는
데, 후인들은 여기에 묘우를 세우고〔단순히 '흐를流'와 한 고조 유방의 유劉
가 협운인 점에 착안하여〕한 고조를 신으로 섬기기 위해 신주를 모시고
제사를 올렸다. 또한 오원묘伍員廟라 칭해지는 곳도 있는데,〔신상의〕반은
반드시 수염으로 뒤덮이곤 했는데, 이를 오자수신五髭鬚神이라고 불렀다〔50%
가 수염이라는 뜻의 오자수가 묘주인 오자서의 발음과 흡사하기 때문에 신상도 수염이 많은
모습을 가지게 된 것이다〕. 이런 식이다 보니 영험한 신이 날로 많아지게 된 것
이다.59)

원래 국가제사적인 성격을 가진 성현묘에도 이렇듯 세속화·민간화
의 경향이 두드러지게 되고, 이에 따라 정사正祠와 음사淫祠 사이의 구분이
애매해지게 되었다. 아울러 원래부터 민간신앙의 전통이 강한 강남지역
에 대한 개발이 본격화됨으로써 강남지역 고유의 자연신들도 부각되어
사묘의 수는 더욱 폭증하게 되었다. 정부측에서는 이전처럼 음사를 불사
르고 철거하는 직접적인 조치 외에도, 신계에 대해 새로운 차원의 적절
한 통제방안을 강구할 필요성을 느꼈을 것이다. 당대 후반기이래 사묘에
봉호와 묘액을 내리는 횟수가 점차 증가되는 것은 이러한 전반적인 추세
와 관련이 있을 것이다.

---

59) 원문내용은 다음과 같다: "每歲有司行祀典者, 不可勝記, 一鄕一里, 必有祠廟焉, 爲人禍福,
其弊甚矣. 南中有泉, 流出山洞, 常帶桂葉, 好事者目爲 '流桂泉', 後人乃立棟宇, 爲漢高祖之神,
屍而祝之. 又號爲伍員廟者, 必五分其髥, 謂之五髭鬚神. 如此皆有靈者多矣.〔(宋) 王讜 撰, 周勛
初校證, 『唐語林校證』(北京 : 中華書局, 1997.12), 741쪽〕

3. 준국가제사형 사묘의 전개

당대의 사묘는 대략 국가제사체계에 속하는 사묘와 민간형 사묘로
구분해 볼 수 있다. 하지만 민간이나 지방관에 의해 건립된 적지 않은
수의 사묘가 정부의 공식적인 인가와 보호관리를 받지 못하면서도, 국가
제사형 사묘를 모방하거나 결합하면서 발전해 왔는데, 이를 '준국가제사
형 사묘準國家祭祀型 祠廟'라고 지칭토록 하겠다. 물론 이 중에는 이미 전대에
세워진 것도 있고 당대에 이르러서 새로 건립된 것도 있다. 하지만 이들
사묘에서 신봉하는 신들은 적어도 표면상으로는 백성들에게 공덕을 베
풀었다는 유교적인 신성을 가졌다는 공통점을 지닌다.

우선 전대에 세워져서 당대에도 여전히 융성하고 있던 저명한 사묘
로서 하북도 상주 업현鄴縣과 검남도 팽주 도강현導江縣에 위치하던 서문
표사西門豹祠60)와 이빙사李冰祠61)를 들 수 있다. 잘 알려진 바대로 서문표는
장수漳水를 끌어들여 업지역의 관개에 이용함으로써 과다한 염분으로 황
무지가 된 토지를 옥토로 개량시켜 토양개량의 모범처럼 추앙 받은 인물
이다. 이빙李冰은 성도 근처의 민강岷江유역에 도강언을 건설하여 성도成都
평원이 하늘이 내려준 땅으로 불리는 데 결정적인 역할을 한 사람이다.
두 사람 모두 대형의 수리사업을 통해 민중의 생활수준을 개선하는데 혁
혁한 공로를 세웠다고 볼 수 있다. 이들의 공덕에 감사한다는 의미로 현

---

60) 『元和郡縣圖志』, 453쪽.
61) 『元和郡縣圖志』, 774쪽 ; 『新唐書』, 「地理志」, 1081쪽.

지 주민들에 의해 묘우가 세워졌지만 이런 연유로 점차 국가도 관용적인 태도를 보일 뿐 아니라 때로는 시혜를 베풀기도 한다.

강남도 호주 오정현烏程縣과 무강현武康縣에는 동관묘銅官廟가 있었는데, 묘신은 조성감관趙姓監官이다. 전하는 바에 의하면, 한대 말기 오왕 비鼻가 동광산을 개발할 때 감독관으로 일했던 조성趙姓 감관은 관리들이 백성들을 학대하는 것을 참지 못했다고 한다. 뒤에 갑작스런 산사태로 목숨을 잃게 되는데, 이에 백성들이 주도적으로 사묘를 세우고 영령을 위로했다. 이 묘우는 특히 가뭄이 들 때마다 영험이 있다고 소문이 나서 점차 관·민이 함께 올리는 제사로 발전하게 된다.[62]

유사한 사례로 하남도 채주 신식현新息縣에 있던 가군사賈君祠를 들 수 있다. 동한 때에 신식현 현장을 맡았던 가표賈彪를 묘주로 받드는 사묘이다. 당시에는 민중들의 생활이 매우 빈궁하여 특히 재해가 들 때면 농민들이 아이를 양육하지 않고 버리는 오랜 관습이 있었는데, 가표는 이를 엄금했다. 이로 인해 목숨을 구한 아이들이 수를 헤아릴 수 없이 많았다고 하는데, 주민들은 그를 '가부賈父'로 존칭하고, 사묘를 세워 숭배했다고 한다.[63] 물론 이밖에도 사주의 이름조차 잊혀진 수많은 사묘들이 산재해 있었을 것이다. 당시 강남도 월주越州에서 지역수호신으로 받들던 현응묘顯應廟는 적오赤烏 2년(239)에 건립되었다고 하지만 묘신의 이름은 이미 오래전에 잊혀졌고 다만 재임시에 선정을 베풀었던 지방관으로 기억되어 당대에 이르러서도 여전히 제사를 받게 되었다.[64]

당대에 건립된 준국가제사형 사묘들도 대략 전대에 세워진 것들과

---

62) 『嘉泰吳興志』, 4743~4745쪽.
63) 『元和郡縣圖志』, 241쪽.
64) 『嘉泰會稽志』, 6807쪽.

마찬가지로 선정을 베풀었던 지방관들에 대한 숭배가 대부분을 차지한
다. 예컨대 무측천 시기에 검남도 팽주彭州에서 장사長史를 지낸 유이종劉
易從은 대대적인 수리사업을 통해 구롱九隴·당창唐昌 지역의 전지를 관개
하는 데 지대한 공헌을 세웠는데, 뒤에 주민들이 사묘를 세워 숭배하였
다.65)

강남도 명주 무현鄮縣 남쪽에는 소강호小江湖가 있어서 8백 경頃의 전지
에 물을 댈 수 있다고 하는데, 이것은 원래 개원연간에 현령을 역임했던
왕원위王元緯에 의해 건설되었다고 한다. 뒤에 주민들이 선정에 감사하는
뜻에서 사묘를 세우고 제사를 올렸는데66), 『연우사명지延祐四明志』 등 몇몇
지방지 자료에 의하면 이 묘의 묘신廟神인 왕원위는 태화연간(827~835)에 선
정후善政侯에 봉해진다고 한다.67)

이밖에 강남도 항주 신성현新城縣과 염관현鹽官縣에는 허원묘許遠廟가 있
는데, 안사의 난이 발생했을 때 허원은 저양睢陽태수로서 장순張巡과 힘을
합해 안경서安慶緒 군에 항거했는데 결국은 힘에 부쳐 두 사람 모두 순직
했다. 뒤에 그의 아들인 허민許玟이 무주婺州사마로 재직할 때 사묘를 세우
고 장순과 함께 모셔 '쌍묘雙廟'라고도 칭해졌는데, 뒤에 그의 선정과 용기
를 기리는 지역민들에 의해 널리 숭배되었다.68)

---

65) 『新唐書』, 「地理志」, 1080쪽에는 수리사업의 내용이 기록되어 있는데 원문내용을 들
어보면 다음과 같다: "武后時, 長史劉易從決唐昌·施江, 鑿川派流, 合塘口·埌岐水, 漑九隴·唐
昌田, 民爲立祠."

66) 『新唐書』, 「地理志」, 1061쪽.

67) 이에 대해서는 『宋元方志』에 더욱 상세히 보이는데, 『乾道四明圖經』, 4884쪽 ; 『寶慶四
明志』, 5165쪽 ; 『延祐四明志』, 6354쪽 등을 참조할 수 있음.

68) 『咸淳臨安志』, 3933, 4022~4023쪽에 보이는 원문의 내용은 다음과 같다: "許遠, 鹽官人,
爲人寬厚長者, 明吏治, 會祿山反, 召拜睢陽太守. 張巡拔衆至睢陽, 與遠íf, 遠位在巡上, 授之
棟, 而處其下, 無所疑忌. 遠與巡同年生, 月日後於巡, 呼巡爲兄. 至德二載, 慶緒遣尹子琦, 將十
餘萬攻睢陽… 城陷與巡具被執. 子琦送遠洛陽, 至偃師不屈, 死, 詔贈荊州大都督. 子(許)玟拜婺

이렇듯 당대 후기에는 지방관의 공덕을 기리는 사묘가 급격히 증가
된 것으로 보이는데, 회남도 양주 강양현江陽縣에는 강령사康令祠[69], 강남도
항주에는 이필묘李泌廟[70], 명주에는 오자사묘吳刺史廟[71], 윤주에는 장복사묘
張僕射廟[72], 관내도 방주坊州에는 최병사崔騈祠[73] 등이 있었고, 심지어 일부의
군민들은 손가락을 깨물어 지방관을 제사했다는 기록도 보인다.[74] 이들
사묘들은 비록 대부분이 국가의 지시나 허락없이 현지의 기층민들에 의
해 주동적으로 건립된 것이지만, 기본적으로 유교의 제사정신, 즉『예기』
제법祭法에 보이는 "法施於民則祀之, 以死勤事則祀之, 以勞定國則祀之, 能禦大
災則祀之, 能扞大患則祀之"의 제사원칙에 부합하기에 평상시에는 국가로
부터 직접적인 탄압을 받지는 않았다.

그러나 준국가제사형 사묘와 관계있는 전통자료 대부분이 지방관의
선정과 보은식의 입묘과정을 강조함으로써 유가제사적인 성격을 지나치
게 고양시키고 있다는 점은 숙고할 필요가 있다. 물론 선정을 베푼 지방관
에 대한 감사와 그리움 같은 것이 입묘立廟의 동기를 제공해 줄 수는 있을
것이다. 하지만 전대의 지방관리가 다수의 기층민들에게 널리 그리고 오
래도록 숭배대상이 되었다는 것은 유교적 원리의 이면에 기층의 심령을
끌어들일 수 있는 강력한 종교적인 요소가 있었기 때문일 것이다. 한유韓
愈가 유종원묘柳宗元廟를 위해 쓴 「유주나지묘비柳州羅池廟碑」의 비문은 이러

州司馬, 立廟唯陽, 與巡同祀, 號曰雙廟.…"
69)『新唐書』,「地理志」, 1052쪽에 보이는 관련내용은 다음과 같다: "咸通中, 大旱, 令以身禱
　雨赴水死, 天卽大雨, 民爲立祠."
70)『咸淳臨安志』, 4006쪽.
71)『延祐四明志』, 6354쪽.
72)『至正金陵新志』, 5687쪽.
73)『新唐書』,「地理志」, 970쪽.
74) 明州 吳刺史廟, 이에 관해서는『延祐四明志』, 6354쪽 참조.

한 추측에 실마리를 제공해 주는데, 원문내용을 인용해 보면 다음과 같다.

1) 羅池廟者, 故刺史柳侯廟也. 柳侯爲州, 不鄙夷其民動以禮法, 三年, 民各自矜
   奮:"玆土雖遠京師, 吾等亦天氓, 今天俾惠仁侯, 若不化服, 我則非人." 於是老少
   相敎語, 莫違侯令.… 於是民業有經, 公無負租, 流逋四歸, 樂生興事: 宅有新屋,
   步有新船, 池園潔脩… 先時民貧以男女相質, 久不得贖, 盡沒爲隷: 我侯之至, 按
   國之故, 以傭除本, 悉奪歸之. 大脩孔子廟, 城郭巷道, 皆治使端正, 樹以名目. 柳
   民旣皆悅喜.
2) 常與其部將魏忠·謝寧·歐陽翼飮酒驛亭, 謂曰:"吾棄於時, 而寄於此, 與若等
   好也. 明年吾將死, 死而爲神, 後三年爲廟祀我." 及期而死. 三年孟秋辛卯, 侯降
   于州之後堂, 歐陽翼等見而拜之. 其夕, 夢翼而告曰:"館我於羅池." 其月庚辰, 廟
   成大祭, 過客李儀, 醉酒慢侮堂上, 得疾, 扶出廟門卽死. 明年春, 魏忠·歐陽翼使
   謝寧來京師, 請書其事於石.…75)

위의 내용 가운데, 1)단은 주로 수도에서 멀리 떨어진 변강지역인 유
주柳州에 유종원柳宗元이 자사로 부임해 와 혜정을 베풂으로써 주민들이
생활환경을 개선할 수 있었을 뿐 아니라, 문화적으로도 점차 누습을 버
리고 중원식의 문명사회에 점차 접근해 갈 수 있었다는 내용을 묘사하고
있다.

2)단의 내용은 지방관을 제사하는 사묘가 어떤 경로를 거쳐 종교신앙
적인 신비성과 매력을 갖추게 되는가를 예시해 준다는 점에서 주목할 만
하다. 위의 내용 중에 당시 유종원이 경험했던 정치적인 불행을 감안한
다면, 그가 막료들에게 자신의 신세를 한탄하곤 했다는 내용은 충분히
이해할 수 있다. 그러나 임종 전에 자신이 세상을 떠날 시간을 알려주고

---

75) 韓愈著·馬其昶校注, 『韓昌黎文集校注』(上海古籍出版社, 1998), 492~495쪽.

자신을 위해 사묘를 세워줄 것을 당부했다는 내용은 상당히 허구성이 짙어보인다. 더구나 자신의 예언대로 죽은 뒤 3년 뒤에 막료들 앞에 다시 나타나서 자신의 신령을 나지羅池에 안치하라고 당부했다는 장면과 묘가 완성되어 대제사를 지낼 때 객이 술김에 묘신을 모욕했다가 질병을 얻어 급사했다는 고사는 여귀류의 민간사묘에서 주로 등장하는 내용이다.

고대 중국인들의 심리 속에는 억울하게 죽음을 맞거나 비명에 횡사한 사람들은 종종 사후에 스스로 출현하거나 주변인물이나 무당(巫者)의 몸에 붙어 자신의 뜻을 전하고 신력神力을 과시함으로 세인들의 주의를 끈다는 의식이 존재해 왔다.76) 유종원의 신격화나 묘신에 대한 경건한 복종을 강요하는 허황된 고사는 바로 이러한 초자연세계에 대한 당대인들은 집체적인 관념과 유교의 제사원리를 교묘하게 결합시켜 생성되고 유포된 것이다. 물론 배후에는 묘우의 경영과 직접적인 관련이 있을 무축과 이를 통해 지역사회에 대한 비공식적인 권력을 강화할 수 있는 토착 유력자들이 있었을 것으로 추측된다.

묘비의 마지막 단락에 한유가 유주의 백성들을 위해 남긴 「영향송신시迎享送神詩」의 시문내용도 지방관의 은덕에 감사하여 세워졌다는 유종원 묘가 지역의 토착적인 전통과 결합했을 가능성을 암시한다는 측면에서 주목할 가치를 지닌다. 내용중에 "… 侯之船兮兩旗,… 侯乘駒兮入廟…"라는 구절이 보이는데, 진경운陳景雲은 이에 대해 오령五嶺 이남지역에서 민간제신을 제사드리는 지역적인 옛 풍속이라고 해석했다.77)

이처럼 나지묘羅池廟는 표면적으로는 전임 지방관의 혜정惠政에 감사하는 뜻으로 세워졌다고 공포하고 있지만 이면에는 이미 그 지역에 원래

---

76) 林富士, 「六朝時期民間社會所祀'女性人鬼'初探」(『新史學』 七卷四期, 1996.12), 113쪽.
77) 앞의 책 『韓昌黎文集校註』, 495쪽.

부터 존재했던 민간신앙적인 성분을 농후하게 함유하고 있는 것이다. 만약 한 걸음 더 나아가 과감히 가설을 세워본다면, 현지주민들에 의해 원래부터 신봉되던 민간신기民間神祇가 전임 지방관 유종원의 공덕에 기탁하여 유교적인 제사원칙에 적응한 새로운 모습으로 신도들 앞에 다시 출현했을 가능성도 매우 높다.

유종원묘[羅池廟]는 이처럼 입묘과정의 곳곳에 민간적인 색채를 짙게 드리우지만 누차에 걸쳐 영험을 드러내어 마침내 북송 원우 5년(1090)에 이르러서는 정부로부터 정식으로 '문령묘文靈廟'라는 묘액을 하사받게 된다. 또한 숭녕 3년(1104)에 이르면, '문혜후文惠侯'라는 봉호까지 받게 되었고 남송 소흥(1131~1162) 말에는 봉호가 더해져서 '문혜소령후文惠昭靈侯'로 불리게 되었다.

지방관 출신의 신주神主와 무축과의 관계를 좀더 직접적으로 표현하고 있는 항주 제갈사군묘諸葛使君廟에 대해서도 잠시 살펴보겠다.『상부구지祥符舊志』에 따르면 동한 때에 하간河間태수를 지낸 제갈종諸葛琮은 지역민들에게는 매우 어질고 덕망이 있는 지방관이었다. 죽은 뒤에도 그 지역 무당에게 강신降神하여 구름을 일으키고 비를 내려주는 등 신력을 베풀었는데, 이에 주민들이 묘를 세워주고 널리 신봉했다고 한다. 이 사묘는 후량 건화乾化 5년(915)에 이미 영창후永昌侯의 봉호를 받았다.[78]

이렇듯 지방관의 현덕賢德을 기리는 제사가 현지의 순수한 민간신앙적 요소와 결합하거나 무자들에 이용되는 경우는 의외로 많은데, 이러한 과정을 통해 묘신은 점차 신력이 증가되고 종종 사묘의 제사권역 역시

---

78)『祥符舊志』에 보이는 원문내용은 다음과 같다: "縣人諸葛琮, 有賢德, 後漢時爲河間太守, 居斷山. 卒, 葬其旁, 降神於巫, 能興雲致雨, 邑人廟而祠之. 唐正[貞]觀二年(628), 建[後梁]乾化五年(915), 封永昌侯."[『咸淳臨安志』, 4016쪽]

확장될 수 있었다. 극심한 자연재해가 발생하거나, 혹은 신도들이 개인적
으로 불행한 사건을 직면했을 때, 신통한 영험까지 드러낼 수 있다면, 이
묘의 명망은 당연히 더욱 높아질 것이고 향로에 꽂힌 향불 역시 수를 헤
아릴 수 없을 정도로 증가해 가게 되는 것이다. 물론 현지의 토착신앙도
백성들에게 공덕이 있는 자는 제사를 올린다는 유교적 제사원칙과 결합
함으로써 유교사회에서의 이단 즉 음사로 박해받을 위험을 최소화할 수
있게 된다.

　이러한 과정을 통해 준국가제사형 사묘는 신앙적 매력을 증가하게
되었고 당대 후반기 이래 더욱 확산되어 일부는 지역수호신으로 성장하
기도 한다. 이는 매우 주목할 만한 현상으로 이 글에서는 이미 국가제사
형 사묘와 관계된 토론중에 몇몇의 산신묘山神廟와 오자서묘 등 일부 성현
묘에 분묘 즉 행묘行廟가 생겨났고 본묘와 분묘 사이에 모종의 연계관계
가 존재했을 가능성에 대해 지적한 바 있다.*

　□* 학계에서는 일반적으로 송대가 중국 사묘신앙의 전개에 있어 매우 중요한 전환
　의 시기임에 공감을 표하고 있다. 특히 북송 말에서 남송에 이르는 시기에 사묘의
　수량이 폭발적으로 증대된다고 보는데, 한센Valerie Hansen 역시 그녀의 남송 사묘신앙
　과 관련된 저서에서 이러한 사실을 더욱 확정하고, 북송 초에는 천비묘天妃廟와 재동
　신묘梓童神廟 등도 한두 개의 행묘行廟만을 가지고 있을 뿐이었지만, 남송시기에 이르
　면 행묘의 분포가 강남 전역으로 확대된다고 지적했다. 물론 사묘신앙이 송대를 거
　치며 급격히 발전해 갔다는 점에는 기본적으로 동의하지만 전반적인 연구가 송대
　이후에 지나치게 편중됨에 따라 알게 모르게 전대에 있어 사묘신앙의 발전상황과
　역사적 의의에 대해 소홀히 한 것도 사실이다. 위에서 살펴본 바처럼 사묘의 지역수
　호신화保護神化와 행묘의 출현은 이미 당대 이래 나타났고 지속적으로 확대해 간
　다.79)

　사묘의 제사권역 확대추세는 준국가제사형 사묘에도 나타나기 시작

---

　79) 이 부분에 대해서는 Valerie Hansen, Changing Gods in Medieval China, 1127~1276(New
　　Jersey: Princeton University Press, 1990) 참조.

한다. 몇몇 사묘의 신력은 이미 촌계村界나 현계縣界를 뛰어넘어 점차 몇몇 지역의 민중들이 공통으로 신봉하는 지역수호신으로 성장하게 되었다. 일례로 당시 강남도 흡주 흡현歙縣에는 왕왕신묘汪王神廟가 매우 유행하였다. 묘신인 왕화汪華는 원래 수대 말기의 할거세력 중에 한 사람으로 당시 이 지역 근처의 다섯 주를 근거지로 스스로 오왕吳王이라고 칭했다고 한다. 뒤에 형세가 불리해지자, 무덕 4년(621)에는 당에 투항했는데,80) 『신안지新安志』에 따르면 그는 일반적인 할거세력들과는 달리 선정을 베풀어 세력권 안에서 승평昇平의 국면을 이루었다고 한다. 이 때문에 죽은 뒤에 많은 군민들이 모여 사묘를 세우고 제사를 올렸다고 하는데, 대력연간(766~779)에 이르면 묘를 오료산烏聊山으로 옮기고 묘신을 월국공 왕왕신越國公汪王神이라 부르기 시작했고 뒤에 자사였던 설옹薛邕·범전정範傳正 등도 묘우의 개수사업에 앞장섰으며 현내 도처에 왕왕신묘가 생겨나기 시작하였다.81)

강남도 윤주에는 조성명왕묘趙城明王廟가 있다. 당 중화中和 2년(882) 향공 진사 임운林雲이 썼다고 하는 「묘기廟記」에 따르면 대력연간에 의흥현의 호민豪民인 장도張度가 반란을 일으켰을 때 묘신이 신력을 발휘하여 진압을 도왔다고 한다. 또한 이 지역에 심한 가뭄이 들었을 때에도 영험을 드러내어 단비를 내렸다고 한다. 이런 기적의 고사는 점차로 지역민들에게 널리 유포되었고, 이 지역의 토지신 즉 지역수호신으로 성장하게 되었다.82)

---

80) 『자치통감』에 보이는 관련내용은 다음과 같다: "隋末歙州賊汪華據黟·歙等五州, 有衆一萬, 自稱吳王. 甲子, 遣使來降, 拜總管." 『資治通鑑』 卷189, 「唐紀五」, 5929쪽) 이 기록에 의하면 『新安志』에 보이는 汪華가 십만군사를 거느렸다는 기록은 과장되었을 가능성이 크다.

81) 『新安志』, 7614쪽.

82) "… 神諱禹. 獨立漢廷, 秉持邦憲. 關東·江南飢民爲盜, 王整師掃蕩. 吳楚晏淸, 再分茅土, 分王

이밖에 강남도 복주에는 한대에 민왕閩王으로 봉해진 유영劉郢을 모시는 민왕묘閩王廟가 있었다. 당시 민왕은 북주지역의 개발에 커다란 공헌을 남겨 죽은 뒤에 주민들이 묘를 세우고 제사를 드렸다고 한다. 진담陳郯의 『오석묘기烏石廟記』는 대력연간까지 전체 북주지역에서 널리 숭배되던 사묘에는 대략 네 가지가 있다고 지적했는데, 남대南臺 · 선계善溪 · 성황城隍과 더불어 민왕묘가 바로 그 중에 하나라고 한다.83)

마지막으로 당대 후기 이래로 준국가제사형 사묘도 국가로부터 봉호와 묘액을 하사받기 시작했다는 점을 주목해 보고자 한다. 왕원위묘王元緯廟가 태화연간(827~835)에 선정후善政侯에 봉해진 일과 항주 제갈사군묘諸葛使君廟가 후량 건화 5년(915)에 영창후에 봉해진 것에 관해서는 앞에서 이미 언급한 바 있다. 이밖에 묘신의 이름이 확실치는 않지만 준국가제사형 사묘로 추정되는 경조부 남전현藍田縣의 석문장군묘石門將軍廟 역시 건부乾符연간(874~879)에 기우제에 즉각적인 영험을 드러냈다는 명목으로 제중후濟衆侯로 봉해졌다. 또한 조정은 봉호를 내림과 동시에 석문장군의 묘우를 보수 확장해 주었다고 한다. 사실 석문장군묘는 경성에 근접해 있기 때문에 엄중한 한재가 발생할 때면 경조부 수장을 위시한 고급관료들이 기우제를 주재했다. 제오기第五琦 · 양지楊知 등 유명관료들도 이곳에서 기우제를 드린 적이 있다고 한다.84) 무측천과 현종시기에 당대에 있어 처음으로 신계에 까지 봉작의 원리를 적용할 때까지만 해도, 그 범위는 대략 국가제사형 사묘에 집중되어 있었다.

그러나 당대 후반기 이래 봉호를 내리는 대상이 점차 확대되는 양상

東平. 今州有趙城卽當時屯軍之地, 後人思之, 立祠. 大歷中, 義興縣毫民張度, 聚衆撲竊至趙城東二十餘里. 驚風駭浪, 人溺舟沉, 乃茲神力.…"『至正金陵新志』, 5690쪽)

83) 『淳熙三山志』, 7859~7860쪽.
84) 『長安志』, 169쪽.

을 보이는데, 국가제사의 원칙을 모방하거나 흡수·결합하면서 성장해
온 몇몇의 준국가제사형 사묘 역시 점차 봉작을 얻을 수 있는 기회를 갖
게 된 것이다. 이것은 당대 말기 이래 대사묘정책에 있어서 중요한 변화
가 발생하고 있음을 암시해 준다. 즉 국가사전國家祀典 속에 포함되어 있는
제사인가가, 정사와 음사를 판별하는 유일한 기준이 되는 것이 아니라,
영험을 드러내어 백성의 생활에 도움이 되었는지, 또한 이것이 상부에
보고되어 국가에서 내린 봉호나 편액匾額을 받았는지가 점차 사묘의 합법
성을 판단하는 기준으로 변해 감을 보여주는 것이다.

4. 순수민간형 사묘

앞에서 언급한 바처럼 당대 기층촌락의 신앙거점 가운데 하나를 형
성하였던 사묘는 국가제사형·준국가제사형과 순수민간형의 세 가지 유
형으로 분류할 수 있다. 비록 입묘立廟의 동기와 주체·관리·존재의 목적
등이 각각의 사묘마다 차이를 보이지만, 전자의 두 유형은 적어도 표면
적으로는 유교의 제사원칙에 부합하는 속성을 지닌다. 기본적으로 국가
제사제도와 유교전통 제사이념의 영향 아래 존재하는 사묘라고 볼 수 있
는 것이다.

그러나 민간에 존재하는 수많은 사묘들은 이와는 거의 상관없이 또
다른 배경과 관념하에 생성·발전해 왔는데 이 글에서는 이를 순수민간
형 사묘라고 지칭한다. 당대 순수민간형 사묘는 묘신의 신성神性에 따라

대략 여귀류厲鬼類·신선류神仙類*·직업신류職業神類** 등으로 분류할 수 있다. 이 글에서는 수적으로 가장 많고 민간에서의 영향력 역시 가장 지대하다고 볼 수 있는 여귀厲鬼***류를 중심으로 순수민간형 사묘의 전개과정에 보이는 역사적 의의를 검토하고자 한다.

　□* 당대 민간에는 신선류의 신귀神鬼들을 제사하는 수많은 사묘들이 존재했는데, 호주의 진성자묘陳聖子廟, 대주臺州의 대석묘俗石廟·평수왕묘平水王廟, 월주의 선관묘僊官廟, 명주의 백학묘白鶴廟 등이 있다.〔이 부분에 대해서는 부록으로 첨부한『당대사묘개황표唐代祠廟概況表』를 참조할 것〕이러한 사묘들은 도교와 같은 이론체계나 경전의 구속을 받지는 않았을 것이다. 민간에서 이들을 신봉한 목적도 물론 전적으로 장생불사나 즉신성선卽身成仙을 추구키 위함은 아니었고 일반적인 민간형 사묘와 같이 현실생활 가운데 해결할 수 없는 난국에 봉착했을 때 묘신의 초현실적인 영력에 기탁하여 복록을 기구했을 것이다.

　□** 당대에는 차를 마시는 풍속이 널리 보급되어 차가 점차 일반민중들의 생활필수품으로 자리잡게 된다. 이런 까닭에 당시의 차상인들은 다엽이 잘 팔리기를 기원하기 위해 흙이나 동으로 육우陸羽의 신상을 빚어놓고는 다신으로 신봉했다.[85] 또한 하동염지河東鹽池 지신묘池神廟의 묘신인 '염종鹽宗' 역시 제염업자들과 염상들에 의해 신봉되던 직업신이다.[86] 사실 직업신은 상당히 보편적으로 숭배되었던 것 같은데 이 부분에 대해서는『국사보國史補』권하 조고채백개賈庫蔡伯喈조에 잘 묘사되어 있다.[87]

　□***『주례』춘관春官 대종백大宗伯에 따르면, 제사는 그 대상을 천신·지기地祇와 인귀人鬼의 세 가지로 분류할 수 있다. 그 가운데 인귀는 일반적으로 선왕을 가리키는 것으로 여겨져 왔다.[88] 진몽기陳夢家는『주례』의 분류에 따라 복사에 보이는 은나라 사람의 제사대상을 역시 천신·지기·인귀의 세 종류로 나누어 조사했는데, 당시의

---

85) 이 부분에 대해서는 邱添生,『唐末變革期的政經與社會』(臺北:文津出版社, 1999.6), 115쪽.『新唐書』, 隱逸·陸羽傳, 5612쪽에 보이는 내용을 들면 다음과 같다: "… 時鬻茶者, 至陶羽形置煬突間, 祀爲茶神.…"

86) 이 지신묘의 국가제사화와 염전매제도와의 관계에 대해서는 妹尾達彦이「河東鹽池的池神廟與鹽專賣制度」(『第二屆國際唐代學術會議論文集』, 臺北:文津出版社, 1996.3)에서 상세히 분석함.

87) 원문의 내용은 다음과 같다: "江南有驛官, 以幹事自任, 白刺史曰: '驛中已理, 請一閱之.' 初至爲酒庫, 諸醞畢熟, 其外畫神, 問: "何也?" 曰: "杜康." 刺史曰: "公有餘也." 一室曰茶庫也, 諸茗畢儲, 復有神, 問: "何也?" 曰: "陸鴻漸." 刺史益喜. 又一室藏庫, 諸藏畢備, 復有神, 問: "何也?" 曰: "蔡伯喈." 刺史笑曰: "不須置此." (『唐語林校證』卷8, 741쪽).

88)『十三經註疎本』(臺北:藝文印書館, 1981), 270~274쪽.

인귀는 선왕 이외에도 선공先公·선비先妣·제자諸子·제모諸母·구신舊臣 등을 포함하고 있음을 발견했는데, '여厲'는 아직 출현하지 않았다고 한다.[89]

『예기』 제법祭法에 따르면 왕은 7사七祀를 지내는데, 그 가운데 태려泰厲가 있고, 제후는 5사를 드릴 수 있는데 그 중에 공려公厲가 있으며, 대부는 3사를 드리는데 그 중에 족려族厲가 있다고 한다. 태려는 제왕중에, 공려는 제후중에 족려는 대부 가운데 각각 후사가 없는 자를 가리킨다. 죽은 뒤에 이 귀신들은 의귀할 곳이 없기에 백성들에게 화를 입히기 때문에, 제사를 올려 미리 위로를 한다고 한다.[90] 그러나 공영달孔穎達은 이에 대해 고대에 제왕·제후·대부 등이 후사가 없는 것은 자식을 두지 못했다는 단순한 원인 이외에도 적대자에 의한 살해가 적지 않았기 때문에 여厲는 '무병강사無病强死' 즉 횡사하거나 피살된 원혼를 가리킨다고 해석했다. 즉 고대인에게 있어서 '여'라는 것은 후사가 없는 사람뿐 아니라 횡사·원사寃死 등 비정상적인 죽음을 맞이한 원혼를 총칭하는 것이다.[91] 그러나 『사기』 봉선서封禪書, 『한서』 교사지郊祀志와 지리지, 『속한서』 예의지禮儀志와 제사지 등에 기재된 바를 보면 양한시기에 국가측에서 드린 인귀제사人鬼祭祀는 기본적으로 제왕·성현·명인名人들을 위주로 한다. 민간차원의 인귀제사 역시 자기의 조상과 공덕이 있는 지방관들이 주류를 이룰 뿐 여귀厲鬼와 관련된 기록은 거의 보이지 않는다.[92]

동한 말기 이후 이러한 상황에 변화가 일어나는데, 육조지괴소설六朝志怪小說과 정사자료에 여귀와 관련된 기록이 급속히 증가하게 된다. 이러

89) 陳夢家, 『殷墟卜辭綜述』(北京:中華書局, 1988), 562쪽 참조.
90) 『禮記』 卷46, 「祭法」(『十三經註疏本』), 801~802쪽.
91) 厲鬼생성에 관해서는 林富士의 『孤魂與鬼雄的世界』(臺北:臺北縣立文化中心, 1995), 11~19쪽 참조.
92) 林富士, 「六朝時期民間社會所祀'女性人鬼'初探」(『新史學』 七卷四期, 1996.12), 98쪽.

한 변화가 생기게 된 원인은 대략 종교신앙의 내적·외적 두 방면으로
나누어 검토해 볼 수 있다. 우선 내적인 면부터 탐색해 보자면 양한과
비교할 때 육조인들에 의해 신봉된 신귀세계神鬼世界의 세계는 훨씬 다양
한데, 불교와 도교가 가지고 있는 귀신의 계보와 당시 중원문화에 본격
적으로 편입된 북방민족과 남방토착민들의 고유한 신앙이 중국인의 초
자연세계를 훨씬 복잡하게 만들었다고 볼 수 있다.

또한 진·한 이래 점차 정치적인 지위를 잃고 민간으로 자연스레 전
이되던 무사巫師의 활동93)과 지역사회의 정신적 구심점이 되었던 사신社神
에 대한 숭배가 이공동체里共同體의 붕괴와 함께 변질되기 시작했다는 점
등도 당시 신앙생활의 변화에 영향을 미쳤을 것이다.

종교외적인 요인에 관해 논하자면, 동한 말기에서 육조에 걸치는 시
대는 전쟁이 그치지 않고 많은 질병이 유행하던 시기로서, 이러한 난국
하에 흉사兇死·왕사枉死·역사疫死·객사客死, 심지어 가무후사家無後嗣의 상
황이 전대와 비교할 수 없이 증대하게 되었다. 이에 따라 의귀할 곳 없이
사방을 떠도는 영혼들 즉 여귀들이 숫자도 상대적으로 급증하게 되었다
고 생각할 수 있을 것이다.94) 아마도 이러한 상황 속에서는 전대에 동일
한 운명에 처해 이미 여귀가 되었을 저명한 인물들에까지도 소급하여 두
려움과 공포를 느끼게 되는 심리가 일반 민중들에게 확산되었을 가능성
이 있다.

일반적으로는 이렇게 비자연적인 사망을 당하거나, 비정상적인 사후
처리로 인해 여귀가 된 사람들도 해원의식이나 재안장再安葬·명혼冥婚 등

---

95) 宮川尙誌, 『六朝史硏究(宗敎篇)』(京都: 平樂寺書店, 1977), 16~17쪽.
94) 劉苑如, 「六朝志怪中的女性陰神崇拜之正當化策略初探」(『思與言』第35卷 第2期, 1997.6),
　　108~109쪽.

의 과정을 거치면 정상적인 사후세계로 돌아올 수 있다고 한다. 그러나 소수의 비교적 강력한 영력을 지니고 불안정 상태에 머무르고 있는 여귀 들은 좀더 전문적으로 그들을 방어하고 막아낼 수 있는 의식이나, 회유 하여 영혼을 달래주는 제사가 반드시 필요하다.

중국에 있어서 전통적으로 여귀를 막아내는 방위구제防衛驅除의 의식 가운데 가장 대표적인 것이 '나례儺禮'이다. 하지만 육조 이래 이미 세속 화·오락화되어 원래 지니고 있던 구귀驅鬼·송온送瘟의 목적은 상실되어 갔다.95) 이에 반해 이들을 회유하여 사묘를 세워주고 제사를 드리는 방법 은 지속적 유지되었다. 미야카와 히사시宮川尙志의 연구에 의하면 위진남 북조 때에는 특히 전풍田豐·등애鄧艾·항우項羽·장자문蔣子文·소후蘇侯·변 호卞壺 등에 대한 여귀신앙이 널리 유행했다고 한다.96)

사실 이들은 지명도가 높고 제사권역 또한 비교적 광범위한 예이고, 이밖에도 전사하거나, 출가도 못하고 사망하거나, 혹은 원한이나 학대를 받아 죽음을 맞은 적지 않은 여귀厲鬼들이 규모가 작은 향촌사회에서 그 지역 민중들의 신봉을 받았을 것으로 생각된다.

유원여劉苑如는 육조지괴六朝志怪의 기록을 검토하여 여귀가 된 원인에 따라 당시의 여귀숭배를 죽왕신竹王神·원쌍袁雙·부가신苻家神 등 전투에서 참사하여 여귀가 된 케이스[敗死將軍類], 공갑孔甲·굴원屈原·의양공주義陽公主 등 절개를 지키기 위해 자살하여 여귀가 된 경우, 고죽군孤竹君 등 연대가 오래되어 제사를 받지 못해 여귀가 된 경우, 청계소고淸溪小姑·정고丁姑·

---

95) 李豐楙,「鍾馗與儺禮及其遊戲」(『民俗曲藝』 39, 1986), 69~99쪽 ;「行瘟與送瘟―道教與民衆 瘟疫官的交流和分歧」(『民間信仰與中國文化國際研討會論文集』, 臺北:漢學研究中心, 1994.4), 377쪽 참조.

96) 宮川尙志,「民間の巫祝道と祠廟の信仰」, 196~231쪽.

자고紫姑처럼 시집도 못 가고 사망하거나 시어머니와 남편의 학대를 견디
지 못하고 사망한 여성여귀류 등으로 분류한 바 있다.[97]

그렇다면 이러한 여귀들은 어떠한 과정을 통해 사묘에서 정식으로
숭배를 받는 신기神祇로 전환되어 제사를 받게 되는가? 원래 여귀에 속
하던 장자문이 뒤에 남조정부로부터 직접 제사를 받는 최고권위의 신격
으로 변해 가는 과정은 참고할 만한 가치가 있다. 그의 신격화 과정은
간보干寶의『수신기搜神記』에 비유적으로 잘 나타나 있다. 그 내용은 대략
전·후 두 부분으로 나누어지는데, 앞부분에서는 주로 장자문이 지역수
호신이 되어가는 과정을 묘사하고 있다. 이에 따르면 장자문은 한대 말
기에 말릉위秣陵尉라는 벼슬을 지냈는데, 한 전투에서 적을 쫓다가 종산鍾
山이라는 곳에서 적으로부터 일격을 받아 사망했다고 한다. 이렇게 본다
면 장자문은 여귀중에 전사장군류에 속한다고 볼 수 있겠다.

그런데 죽은 뒤 몇 년이 지난 어느 날, 마치 살아 있을 때의 모습처럼
부하에게 갑자기 나타나서는 자신이 이 지역의 수호신이 되려고 하니 주
민들로 하여금 사묘를 세워 제사케 하라고 명하고는, 만약 이를 듣지 않
으면 바로 재앙을 내리겠다는 경고했다. 전반부 뒷부분에 "몰래 섬기는
자가 매우 많았다[頗有竊祠者]"는 기록이 보이는 것으로 보아 장자문 신앙은
초기에는 인가를 얻을 수 없었지만, 이미 적지 않은 사람들이 은밀히 숭
배했던 것으로 여겨진다.

후반부의 내용은 자문子文이 조정과 거래하는 내용이다. 그는 무자巫者
를 통해 그가 음병陰兵으로써 오[孫吳]를 도운 적이 있는지라, 조정이 반드
시 그를 위해 사묘를 세우고 제사를 올려야 한다고 주장했다. 만약 그렇
지 않을 때에는 작은 해충들을 백성들의 귀에 집어넣겠다는 황당한 위협

97) 劉宛如,「六朝誌怪中的女性陰神崇拜之正當化策略初探」참조.

을 가했다. 뒤에 많은 백성들이 이로 인해 사망했다고 하는데도 군주가
이를 믿지 않자, 이번에는 대화재를 일으키겠다고 위협했다. 위협이 있은
뒤 실제로 하루에 수 십 차례씩 화재가 발생하고, 심지어 불이 궁성에까
지 번지자 조정도 마침내 사자를 파견하여 그를 중도후中都侯에 봉하고,
그의 제자인 서緒는 장수교위長水校尉로 임명했으며, 사묘를 세워주고 장자
문蔣子文에게 정식으로 제사를 올리기 시작했다고 한다.98)

　물론 이러한 신화도 당연히 무자巫者들에 의해 날조된 것이다. 그러나
이를 통해 적어도 당시의 민중들이 여귀厲鬼가 질병과 환란을 불러일으키
는 능력이 있다고 믿었고, 이를 방지하기 위해서는 그들을 위해 반드시
사묘를 세워 제사로써 위로해 주어야 한다는 집단심리를 가지고 있었음
을 추정해 볼 수 있다. 이밖에도 계속되는 장자문 신의 위협과정을 통해,
장자문이 여귀에서 지역신으로, 뒤에는 국가에서 숭배하는 정사正祠의 장
신蔣神으로 변해 가는 과정이 결코 순탄치만은 않았음을 알 수 있다.

　그러나 어쨌든 국가에서 공인하는 지역수호신이 된 뒤에 장신은 계
속해서 위진남조 통치자들의 존례尊禮를 받게 된다. 위에서 언급한 바처
럼 손오孫吳시기에는 중도후로 봉해졌지만99), 유송劉宋 때에는 종산왕鐘山
王100)에, 심지어 제혼후齊昏侯 시기에는 장제蔣帝라는 제호帝號까지 추존받

---

98) 干寶의 『搜神記』에 보이는 원문의 내용은 다음과 같다: "蔣子文者, 廣陵人也. 嗜酒好色,
挑達無度. 常自謂己骨淸, 死當爲神. 漢末爲秣陵尉, 逐賊至鍾山下, 賊擊傷額, 因解綬縛之, 有頃
逐死. 及吳先主之初, 其故吏見子文於道, 乘白馬, 執白羽, 從如平生. 見者驚走. 文追之," 謂曰:
"我當爲此土地神, 以福爾下民. 爾可宣告百姓, 爲我立祠. 不爾有大咎."是歲夏, 大疫, 百姓竊相
恐動, 頗有竊祠之者矣. 文又下巫祝: "吾將大啓祐孫氏, 宜爲我立祠. 不爾, 將使蟲入人耳爲災."
俄而小蟲如塵虻, 入耳皆死, 醫不能治. 百姓愈恐. 孫主未之信也. 又下巫祝: "若不祠我, 將又以
大火爲災." 是歲, 火災大發, 一日數十處. 火及公宮. 議者以爲鬼有所歸, 乃不爲厲, 宜有以撫之.
於是使使者封子文爲中都侯, 次弟子緒爲長水校尉, 皆加印綬. 爲立廟堂. 轉號鍾山爲蔣山, 今建
康東北蔣山是也. 自是災厲止息, 百姓逐大事之.
99) 『晉書』卷114,「苻堅(下)」, 2917~2918쪽.

게 된다.101) 물론 이것은 당시 강남과 북방정부가 대립상태에 놓여 있었
던 장기적인 국면과 관련이 깊다. 당시 장자문 신앙은 이미 남조정권의
수도인 건강建康지역의 수호신으로 성장했기 때문에 장자문 신에 대한 신
앙은 남조세력에게는 일종에 정신적인 지지대 같은 역할을 해줄 수 있었
고, 민중들이 정신적인 유대감을 통해 단합하는 데도 도움이 될 수 있었
다. 이런 까닭에 남조정부는 전진前秦과의 비수淝水전투나, 북위와의 종리
鍾離전투처럼 북방왕조가 대규모 공세를 취할 때는 장신에게 관직과 작위
를 높여주었고 황제 스스로 제사를 올리기도 했던 것이다.102) 이에 따라
무당들도 장신이 남조군대를 음조陰助했다는 기적의 고사를 시기 적절하
게 유포 시켰을 것이다. 여사면呂思勉 역시 양 무제와 진陳 고조 같은 인물
들이 종산鍾山의 장제묘蔣帝廟를 배알하고 직접 제사를 올린 것이 실은 사
기를 진작키 위함이었다고 피력한 바 있다.103) 이처럼 위진남북조 때 전
시기에 거쳐 널리 신봉받았던 장자문 신은 당대에 있어서도 강남일대에
서 널리 숭배되었는데, 비록 권위와 제사권역은 이전만 못했지만 강남도
윤주潤州·목주睦州 등지에는 여전히 적지 않은 수의 장자문묘가 있었던
것으로 추정된다.104)

　　장자문 신 외에 항우신에 대한 숭배 역시 한대 말기부터 위진남북조
에 이르는 시기에 강남 오흥吳興지역을 중심으로 폭넓게 유행했다. 널리
알려진 바처럼 서초패왕西楚覇王 항우는 진秦왕조를 멸망시켰지만 뒤에 유
방에게 밀려 결국은 비분강개하여 오장정烏長亭이라는 곳에서 자결했다.

---

100) 『宋書』卷17, 「禮四」, 488쪽.
101) 『南齊書』卷7, 「齊昏侯」, 105쪽.
102) 『晉書』卷114, 「符堅(下)」, 2918쪽.
103) 呂思勉, 『兩晉南北朝史』(上海古籍出版社), 1468쪽.
104) 『景定建康志』, 2052쪽 : 『至正金陵新志』, 5684쪽 : 『淳熙嚴州圖經』, 4327쪽.

이처럼 정치적인 연유로 비명에 죽은 사람들이 사후에 모종의 괴이한 징조를 나타내고, 사람들에게 커다란 재난을 가져올 수 있다는 것은 위에서 언급한 바와 같이 당시 민중들이 보편적으로 공유하고 있던 심리로서 그의 영혼을 안위하기 위한 사묘가 곳곳에 세워졌다.

항우신 신앙의 전개과정에 있어 특히 주목할 만한 것은 『송서』공계공전孔季恭傳105)이나, 『남사南史』소사화전蕭思話傳106) 등 많은 정사자료에 보이는 것처럼 원래 민간에서 자생한 항우신이 이 시기에 이르면 변산왕卞山王, 즉 오흥의 지역수호신적인 자태로서 심지어 군정郡政에 까지 영향력을 발휘했다는 점이다. 이들 사료에 의하면 심지어는 군태수郡太守가 집정하는 관청에도 항우신을 모시는 제장이 설치되었다고 하는데, 『양서』소침전蕭琛傳에는 이러한 사실이 명기되어 있다.

당시 항우신의 뒤에는 실제적으로 행정권을 장악하던 서리胥吏와 항우묘의 제사와 관리를 담당하며 항우신에 영험에 관한 고사를 날조하던 무축들이 배후세력의 역할을 했을 것이다. 그들은 현지에서 항우신을 공통으로 숭배하며 형성된 민중들의 유대를 기반으로 태수에 대해 일정한 견제를 가해 왔다. 이렇게 볼 때 중앙으로부터 파견된 태수가 정상적인 통치권을 행사키 위해서는 항우신에 대해 제사를 올림과 동시에 이러한 배후세력과 적절히 타협을 해야 되는 것이다. 이런 까닭에 항우신 신앙의 본질을 중앙 대 지방, 귀족 대 한미가문 · 북인北人 대 남인南人 · 태수정치

---

105) "先是, 吳興頻喪太守, 云項羽神爲卞山王, 居郡聽事, 二千石至, 常避之, 季恭居聽事, 竟無害也."[『宋書』, 「孔季恭傳」, 1532쪽]

106) 『南史』, 「蕭思話傳」, 499쪽에 보이는 원문내용은 다음과 같다: "[宋明帝]泰始(465~471)初, 爲吳興太守, 郡界有卞山, 山下有項羽廟. 相承云多居郡聽事, 前後太守不敢上. 惠明謂綱紀曰: '孔季恭嘗爲此郡, 未聞有災.' 遂盛設筵榻接賓, 數日, 見一人長丈餘, 張弓挾矢嚮惠明, 旣而不見. 因發背, 旬日而卒."

太守政治 대 항우신정치項羽神政治의 대립관계로 파악하기도 한다.107) 『송서』 공계공전孔季恭傳과 『양서』 소침전蕭琛傳에는 2천 석石이 언급되어 있는데, 신임태수가 항우신에 올리는 예물禮物을 상징할 뿐 아니라, 태수와 재지 세력 사이에 타협의 조건을 의미하기도 하는 것이다. 만약 그들 사이에 타협이 성립치 못하면 소침蕭琛과 같이 의외의 죽음을 당하는 상황까지 발생하였다. 물론 정사에 등장하는 공계공孔季恭·소혜명蕭惠明·이안민李安 民108)·소침 등의 예는 모두 오흥태수에 취임한 뒤 항우신의 신정神政에서 벗어나 중앙정부의 위엄을 회복시키기 위해 노력한 지방관들이었다. 실 제에 있어서는 일찌감치 그 지역 항우신 신앙과 배후의 재지세력을 인정 하고 적당히 타협하였던 경우가 적지 않았을 것이다.109)

위진남북조 때에 이처럼 성행하였던 항우신 숭배는 당대에 이르러서 도 강남도 상주常州·호주湖州·월주越州 등지에서 널리 유행되어 곳곳에 사묘가 설치되었다. 특히 적인걸狄仁傑이 강남지역에서 음사淫祠의 폐기를 주도하는 과정에서 「격고서초패왕문檄告西楚覇王文」이라는 격문까지 작성 하여 항우의 역사적인 죄상을 낱낱이 열거했던 것을 보면, 당시 항우신 이 정부의 예상보다 훨씬 널리 신봉되었고, 이에 따라 예기치 못한 저항 에 부딪쳤던 것으로 판단할 수 있을 것이다.110)

---

107) 宮川尚志, 「項羽神の硏究」(『六朝史硏究(宗敎篇)』, 京都: 平樂寺書店, 1977.8), 392~397쪽.

108) 『南齊書』, 「李安民傳」, 508쪽에 보이는 원문 내용은 다음과 같다: "吳興有項羽神護郡聽 事, 太守不得上. 太守到郡, 必須祀以軶下牛. 安民奉佛法, 不與神牛, 著屐上聽事. 又於聽上八關 齋.…"

109) 『南齊書』, 「蕭惠基·惠休傳」, 812쪽은 바로 이 점을 암시하고 있는데 그 내용은 다음과 같다: "弟〔蕭〕惠休,… 徒吳興太守, 徵爲右僕射. 吳興郡項羽神舊酷烈, 世人云: '惠脩事神謹, 故得 美遷.'"

110) "… 有項羽廟, 吳人所憚. 仁傑先檄書, 責其喪失江東八千子弟, 而妄受牲牢之薦…."(『唐語林 校正』 卷3, 「方正」, 北京: 中華書局, 1987.7·1997.12), 第二次印行, 189쪽] 이 조목은 원래 『封 氏聞見記』 卷9, 「剛正」 부분에서 나온 것임.

사실 적인걸의 음사 철폐조치와 관련된 자료 가운데는 항우신과 관련된 설화가 유난히 자주 등장한다. 이것은 강남의 여러 지역에서 항우신이 여전히 지역민들의 정신적인 지주로서 상당히 중요한 위치를 점했던 사실을 반증해 주는 것이다. 이 부분에 대해서는 다음 장에서 자세히 다루도록 하겠다.111)

사실 항우신을 공식적으로 금지하는 조치가 당대에 처음으로 내려진 것은 아니다. 유송劉宋 영초 2년(421)에 송 무제가 음사에 대한 금지조치를 취할 때112) 항우묘 역시 폐지대상이 된 바 있다. 물론 당왕조와 유송은 중앙정부의 지방에 대한 장악능력에 있어 현저한 차이가 있다. 이런 까닭에 적인걸의 음사폐지 행동중에 항우신 숭배가 상당한 타격을 입었음은 쉽게 예상해 볼 수 있다. 그러나 장기적으로 기층민중들의 심성心性 깊숙한 곳에서 유지되어 온 민간신앙은 의외의 강렬한 생명력을 보이곤 한다. 안진경顔眞卿이 직접 썼다는 「항왕비음술項王碑陰述」에 "지금까지도 묘식廟食이 끊이질 않고, 신령한 사적들이 곳곳에 보인다"113)는 내용이 언급되는데, 항우신 신앙 역시 이러한 면모를 보여준다고 볼 수 있다. 송·원 지방지들도 당대 말기에 이르기까지 항우묘가 호주·상주·월주 등지에서 여전히 신앙의 대상이 되었음을 보여주고 있다.114)

이밖에 당대에는 강남의 상주·윤주·항주·목주睦州·소주蘇州 등지

111) "… 父老以項王廟爲請. 仁傑試齋宿於廟中, 夜見偉人, 曰: '吾西楚覇王也, 自國家起義兵及征遼, 吾常以陰兵, 佐之. 今以功獲焚, 奈何?'…"(『嘉泰吳興志』, 4743쪽)
112) 『宋書』, 「武帝本紀(下)」에는 무제의 음사철폐령의 내용이 보이는데 다음과 같다: "淫祠惑民費財, 前典所絶, 可並下在所除諸房廟. 其先賢以勳德立祠者, 不在此例." 여기서는 항우신도 폐지의 대상이었음이 명확히 보이지 않지만, 이 사실은 『吳興統紀』를 통해 확인해 볼 수 있다. 이 책의 項羽廟와 관련된 기록에는 "宋永初二年, 并廢"라는 내용이 명기되어 있다.
113) "至今, 廟食不絶, 其神靈事蹟具見." 비문의 내용은 『全唐文』 卷338, 「顔眞卿」편에 보임.
114) 『嘉泰吳興志』, 4743쪽 ; 『無錫志』, 2249쪽 ; 『嘉泰會稽志』, 6806쪽 참조.

에서 진과인陳果仁을 제사를 드리는 사묘가 널리 성행하고 있었다. 진과인
은 원래 수대 말기 오흥지역의 지방세력 가운데 하나이다. 당시 오흥태
수를 지냈던 심법흥沈法興이 자신의 딸을 주며 회유하자 그의 세력 하에
들어가 주력전장主力戰將으로 활약하는데, 뒤에 내분이 생겨 심법흥에 의
해 독살되었다.115)

　『신당서』・『구당서』에 따로 열전列傳이 설정되어 있지 않은 점으로 미
루어 볼 때 영향력이 그리 높았던 인물은 아니지만, 어쨌든 관련사료를
보면, 훗날 뛰어난 인품으로 부하들과 현지주민들에게 존경을 한몸에 받
아 뒤에 사묘가 세워지고 널리 신봉되었다고 한다. 그러나 이러한 해석
은 지극히 유교적인 것이고, 진과인이 심법흥에게 배반을 당해 독살되어
온전한 상례를 치르지 못했을 것이라는 점이 주목된다. 이 점을 감안하
면 맹장출신의 영혼이 저승까지 인도되지 못하고 여기저기를 떠돌며 질
병이나 재앙을 내리게 될 것을 두려워하는 민중들의 집단심리를 이용하
여 무축들이 사묘를 세워 영혼을 위로한다는 명목으로 민중들을 끌어들
이고 이곳을 점차 기도도량으로 발전시킨 것으로 추정된다.

　지금까지 언급한 장자문蔣子文・항우項羽・진과인陳果仁은 생전의 명망
이나 신분적 지위가 비교적 높았던 경우에 해당된다. 실은 이러한 상류
층의 인사들 외에도 향리鄕吏・서인庶人・여성 등 사회적 지위가 그리 높
지 못한 수많은 원혼冤魂들이 선례와 유사한 신격화의 과정을 통해 다수
의 기층민들에 의해 숭배되었다. 그러나 주의할 것은 중국인의 신앙세계
에 있어서는 현실세계의 사회분배를 결정짓는 권력・계급・성별 등의 요
소가 사후세계에도 적지 않은 영향을 미친다는 점이다.116) 이 때문에 비

---

115)『舊唐書』卷56, 2272~2273쪽.

116) 劉苑如,「六朝誌怪中的女性陰神崇拜之正當化策略初探」, 131쪽.

록 그들을 모시는 사묘의 수는 많지만 신력神力은 역시 한계가 있어 이와
관련된 사실이나 설화 역시 정사에는 거의 출현치 않는다. 본문에서는
주로 지방지와 필기소설에 보이는 예를 중심으로 이러한 소신小神들의 입
묘과정과 전개상황을 보충하고자 한다.

먼저 당대 강남도 명주明州와 월주越州 등지의 주민들은 포랑사鮑郎祠를
신봉했는데, 포랑은 동한 때에 현리縣吏출신이라고 한다. 당시 포랑과 중
앙에서 파견된 현령 사이에 마찰이 생겼다고 하는데, 결국 명령에 따르
지 않다가 죽음을 당했다고 전해진다. 그런데 매장한 지 30년이 지났을
때, 포랑이 갑자기 처자의 꿈속에 등장하여 "내가 다시 살고자 하니 관을
열라"고 수 차례 당부하여 훗날 관을 개방하자 시체가 썩지 않고 살아있
는 듯했고, 명기冥器 역시 그대로 정결한 상태였다고 한다. 군민郡民들은
그의 원혼을 달래고자 사묘를 세워 제사를 드리게 되었는데, 전형적인
여귀의 설화양식을 보여준다. 양 대통大通연간(535~545)에 노비 익탄창益誕唱
이 반란을 일으켜 회계會稽·영가永嘉 지역을 점거했을 때는 갑자기 포랑
신이 현신하여 무축들에게 토벌을 돕겠다고 했다는데, 예언대로 3일 내
에 적군이 대파되자 황제가 사신을 파견하여 사묘를 보수해 주었다고 한
다.117) 어쨌든 포랑사鮑郎祠의 무축은 이러한 신적神蹟의 유포를 통해 제사
권을 확대할 수 있었고, 음사로서의 부정적 이미지도 상쇄할 수 있었던
것으로 보인다. 앞에서 언급한 바처럼 당대에 이르러서도 명주·월주 등
지에서 널리 유행했는데, 그 지역의 지방관 가운데 묘역의 보수를 주도
하거나 묘기廟記를 남긴 자도 있었다.118)

---

117) 사실 고대중국의 전쟁에 있어서는 귀신을 이용하여 승리를 얻고자 했던 사례가 적지
않게 발견되는데, 당시 무자巫者들은 법술을 이용하여 장병들의 사기를 북돋곤 했다. 『後
漢書』, 「劉盆子傳」, 478~479쪽에 보이는 성양경왕城陽景王 숭배와 관련된 사례를 들어보면
다음과 같다. "瑯邪人樊崇, 起兵於莒, …號曰赤眉, …軍中常有齊巫鼓舞祠城陽景王, 以求福助."

강남도 목주睦州에는 인안영응왕묘仁安靈應王廟가 있었는데, 이 묘 이름
은 북송 신종 희녕熙寧 8년(1075)에 조정에서 하사한 봉호封號에 의거한 것으
로 당대의 명칭은 알 수 없다. 『순희엄주도경淳熙嚴州圖經』 묘기에 "성격이
호방하여 사소한 일에 구애받지 않았으며 오룡산에 은거했다"는 내용이
언급되는 것으로 보아 묘신인 소인상邵仁詳은 은자隱者의 형상에 가깝다고
추정할 수 있다.119) 그런데 이러한 형상은 여귀의 신격화 과정에도 종종
출현하는데, 생전의 묘신의 모습을 은자나 도인의 형상으로 치장함으로
써 신통력과 신비성을 증대시킬 수 있기 때문이다. '묘기廟記'의 내용에 따
르면 소인상邵仁詳은 현령에게 무례를 범했다가 노여움을 사서 태살笞殺되
었다고 한다. 무례의 정도를 파악하기 힘들기 때문에 액면상에 보이는
소인상의 죄는 오룡산烏龍山에 은거했다는 사실이다. 이는 외지에서 특별
한 목적이 없이 본업을 폐하고 유랑한 것에 해당된다. 이러한 범죄는 국
가의 인신지배에도 불리하기 때문에120), 엄밀하게 『당률唐律』의 규정에 따
른다면 「부랑타소浮浪他所」죄에 해당될 것이고, 소인상이 받을 수 있는 최
고의 처벌은 장杖1백에 해당된다.121)

내용이 상세하지 않아 지방관의 월권행위인지를 파악하기 힘들지만

---

118) 예를 들면 聖歷 2년(699)에는 현령 柳惠古가 사묘를 현내로 옮긴 바 있고, 회창연간
(841~846)에는 자사 張次宗이 묘기를 남기기도 했다. 包郎祠에 관해서는 『乾道四明圖經』,
4878쪽:『寶慶四明志』, 5127쪽:『開慶四明續志』, 5948쪽:『延祐四明志』, 6349쪽고:『寶慶會
稽續志』, 7130쪽 등을 참조할 수 있음.

119) … 神姓邵, 名仁詳, 字安國, 性倨傲, 不拘小節, 隱烏龍山. 嘗謁縣令, 令怒其無禮, 因笞殺之.
仁詳且死語人曰:"吾三日內, 必報之."至期, 雷電, 晦冥, 有大白蛇, 長數十丈, 至縣庭中, 令驚怖
立死, 神空中與人曰:"立廟祀我, 吾當福汝."時唐正(貞)觀三年也.〔『淳熙嚴州圖經』, 4326쪽〕

120) 劉俊文, 『唐律疏議箋解』(北京:中華書局, 1996.6), 第1版, 1988~1989쪽.

121)『唐律』,「捕亡律」第十二條,「浮浪他所」"諸非亡而浮浪他所者, 十日笞十, 二十日加一等,
罪止杖一百: 卽有官事在他所, 事了留住不還者亦如之. 若營求資財及學宦者, 各勿論.…"〔長孫無
忌等撰, 劉俊文校點, 『唐律疏議』(北京:中華書局, 1993.9), 536쪽〕

곤장을 맞아 죽은 것은 어쨌든 죽은 사람에게는 그야말로 원사寃死·횡사橫死에 해당된다고 볼 수 있다. 이런 까닭에 다른 여귀설화에 등장하는 것처럼 천둥·번개·뱀 등을 동원한 괴이한 방법으로 가해인에 보복을 하고, 주민들에게 묘를 세워 제사를 올리라는 고사가 정착되었다. 소인상묘는 당대 후기 이후 강남 목주지역을 중심으로 제사권을 형성하고, 자연재해가 있을 때마다 영험을 드러냈다고 한다. 후량대에 이르면 '증응왕證應王'이라는 봉호까지 얻게 되는데122), 순수 민간형사묘에도 봉호와 묘액의 원리가 적용되기 시작했다는 점이 주목된다.

　여귀류의 민간사묘 가운데는 여성을 묘신으로 삼는 곳도 적지 않다. 여성인귀와 관련된 설화와 그들의 사묘·신상神像 등이 본격적으로 출현하는 것은 대략 육조시기 이후로 추정된다.* 당시 여성인귀女性人鬼의 사망과 신격화 과정에 대해서는 임부사林富士와 유완여劉宛如에 의해 자세히 다루어진 바 있다. 그들에 의하면 여성인귀는 당시 여성의 사회적인 처우를 명확하게 반영해 준다고 한다. 즉 정고丁姑는 가혹한 가사노동을 견디지 못해 자살한 며느리로서 죽은 뒤 고향에 혼령으로 나타나 주민들에 의해 묘가 세워지고 제사를 받은 경우이다.123)

□* 임부사林富士에 의하면 육조시기 이후에야 여성을 주신으로 하는 사묘들이 대거 등장하게 되는 이유는 대략 두 가지 가능성이 있다. 우선 하나는 양한시기의 강남지구에서도 여성인귀에 대한 숭배가 동일하게 이루어졌지만, 당시 중국의 정치·문화중심은 북방에 있었고, 사인士人들이 주로 다루는 문제도 유교의 경세제민과 도덕교화를 위주로 했기 때문에, 당시 변방지역에 속한 강남지역의 문제, 특히 여성인귀의 문제는 근본적으로 사인들의 주의를 끌 수 없었다는 것이다. 또 하나는 강남지역에서의 여성인귀들에 대한 제사가 문헌사료들에 보이는 바처럼 정말로 육조시기 이후에야 새로운 신앙으로 등장하기 시작했다는 것이다.124)

122) 『淳熙嚴州圖經』, 4326쪽.
123) 干寶著, 汪紹楹校註, 『搜神記』 卷5(北京:中華書局, 1976), 61~62쪽.
124) 林富士의 앞의 글, 111~113쪽.

매고梅姑는 남편에 의해 살해된 뒤에 강에 버려졌는데, 뒤에 무축에게 강신하여 숭배를 되기 시작했다.[125] 자고紫姑는 학대받은 소첩小妾인데, 본처가 끊임없이 괴롭히자 견디지 못하고 분사憤死한 경우다.[126] 의양공주義陽公主는 전란시기에 적장의 능욕에 반항하다 자살했는데, 뒤에 민중들이 동정하여 제사를 올리기 시작했다고 한다.[127] 청계소고淸溪小姑는 출가하지 못한 채 사망한 여성이다.[128]

물론 당대에 출현하는 여성신을 묘신으로 삼는 사묘들이 새로운 면모가 전혀 없는 것은 아니다. 그러나 육조시대 여성사묘에 보이는 특징에 기본적으로 부합하며, 설화의 내용이나 신격화과정도 육조의 것과 대략 일치한다. 일례로 당시 소주蘇州에는 동정성고묘洞庭聖姑廟가 있었는데, 『오군도경속기吳郡圖經續紀』와 『오군지吳郡志』가 우숙牛肅의 『기문紀聞』과 작자미상의 『변의지辯疑志』에 근거해서 기재한 내용을 살펴보면, 사묘의 위치와 묘신의 명칭을 제외하곤, 설화의 기본적인 구조는 육조시대의 매고의 경우와 매우 흡사하다.

이렇게 볼 때 남편에 의해 살해되어 의귀依歸할 곳이 없어 여귀가 되는 유의 고사가 육조에서 당대에 이르는 긴 시간 동안에 민간에서 광범위하게 유전되었고, 무축들이 기층민중들의 이러한 심리를 이용하여 곳곳에 사묘를 세우고 제사를 드렸음을 알 수 있다.

그런데 『변의지辯疑志』에 보이는 내용 가운데 주의를 끄는 점은 사묘의 명칭이 갑자기 불교식인 승고사昇姑寺로 바뀌었다는 점과 후반부의 고사 가운데 사인士人의 형상으로 묘사되는 이칠랑李七郎이라는 자가 성고聖

---

125) 劉敬叔, 『異苑』 卷5(臺北:盤庚出版社), 1상쪽.
126) 劉敬叔, 『異苑』 卷5(臺北:盤庚出版社), 5하~6하쪽.
127) 任昉, 『述異記』(下) 卷66, 8a쪽.
128) 劉敬叔, 『異苑』 卷5, 3하~4하쪽.

姑와 관련된 신비로운 설화가 모두 날조된 허구임을 밝히는 장면이다. 이런 점으로 볼 때 당시 동정호 근처의 성고묘는 대력연간을 전후로 존망의 위기에 봉착했을 가능성이 있는데, 조금 대담하게 추측해 보자면 사찰의 부속신화되는 과정을 통해 생존을 도모했을 가능성이 있다.129)

사실 민간 사묘신앙과 불교와의 융합은 위진남북조 이래 상당히 빈번하게 발생해 왔다. 『육조사적편류六朝事蹟編類』 보제왕묘菩提王廟 조목에는 초楚의 명신인 굴원屈原을 살해한 근상靳尙을 숭배하는 음사*에 대해 승려가 보제계를 내려 호법신으로 삼음으로써 그의 묘廟 또한 서하사捿霞寺 옆으로 옮겨지고 보제왕묘로 개칭했다는 내용이 출현한다.130)

□*『섭산기攝山記』에 따르면 그가 뒤에 하늘로부터 견책을 받아 대망大蟒이 되어 산에 구멍을 파고 살았는데, 후인들이 묘를 세워주었다고 한다.131)

또한 『송고승전』 당호주불천사혜명전唐湖州佛川寺慧明傳에도 혜명慧明이 당시 호주 불천사佛川寺 근처에 있던 오왕고사吳王古祠의 묘신에게 계를 내려 불제자로 삼았다는 내용이 출현한다.132) 불교는 이러한 사묘와의 결합

---

129)『紀聞』云: "唐人記洞庭山聖姑祠廟云:『吳志, 姑姓李氏有道術, 能履水行, 其夫殺之. 自死至唐中葉, 幾七百年, 顔貌如生, 儼然側臥. 遠近祈禱者, 心至, 則能到廟, 心不至, 風미其船…"
　　『續疑志』云: "唐大歷中, 吳郡太湖洞庭山中, 有昇姑壻, 有昇姑廟. 其棺柩在廟中, 俗傳, 姑死已數百年, 其貌如生. 遠近求賽, 歲獻衣服, 粧粉不絶. 人有慢觀者, 其巫, 祕密不可云, 開卽有風雨之變. 村閭敬事, 無敢竊窺者. 巫又云, 有見者, 衣裝儼然, 一如生人. 有李七郞誑狂不懼程法, 牢奴攵客, 啓棺觀之, 唯朽骨髑髏而已, 亦無風雨之變…"『吳郡圖經續紀』, 652쪽 ;『吳郡志』, 783쪽 ; 牛肅,『紀聞』에 보이는 고사는『太平廣紀』卷293(北京:中華書局本, 1994), 2333쪽에도 보임]
130) 神卽楚大夫靳尙也, 今在攝山. 按『神錄』, 楚靳尙神居臨沂縣.『舊經』云: "齊永明初, 有法度禪師講經於攝山, 嘗患山路碨磈, 僧徒疲於往來. 神爲平治之. 法度因爲受菩提戒, 立祠於此, 故世號菩提王. 江總『捿霞寺碑』云: "梁大同元年(535)二月, 神人見形, 著菩提巾, 披袈裟, 容止甚都, 來人禪堂, 請土衆說法. 廟舊在山前, 今移置捿霞寺門之右.〔張敦頤著·張忮石點校,『六朝事蹟編類』卷12, 菩提王廟條, 上海古籍出版社, 1995), 122쪽]
131)『六朝事蹟編類』卷12, 楚靳尙廟條, 123쪽.
132)〔佛川〕泉側有吳王古祠, 風俗淫祀, 濫以犧牲. 於是〔慧〕明夜泊廟間, 雷雨薦至, 林摧瓦飛. 頃之, 雨收月在, 見一丈夫容衛甚盛. 明曰: "居士, 生爲賢人, 死爲明神, 奈何使蒼生每被血食, 豈知此

을 통해 전통적인 문화의식과 긴밀하게 정합整合할 수 있었고133), 앞에서
언급한 바처럼 음사들은 긴박한 경우에 있어서는 생존공간을 마련할 수
있었는데, 이러한 현상도 중국 종교신앙의 혼합적 성격을 형성하는 주요
한 원인이 된 것이다.

물론 수·당대에 있어 여성신을 모시는 사묘가 완전히 위진남북조에
서 전승되어 온 신들만을 섬긴 것은 아니다. 혹은 새로운 민간여신이 묘
신이 되기도 하고 혹은 원래 있었던 사묘에 새로운 여성여귀가 추가되며
변천하는 모습을 보여주기도 했다. 예를 들면 당시 건강建康의 청계부인
묘靑溪夫人廟에는 세 부인의 신상이 있는데, 청계소고靑溪小姑와 진조陳朝의 마
지막 비빈이었던 장려화張麗華·공귀빈孔貴嬪의 것이다.134)

원래 이 묘는 출가를 못하고 죽었다고 하는 청계소고를 모시는 곳이
었다. 사실 전통 중국사회에서는 결혼을 했느냐가 상당히 중요한 의미를
지니는데, 여성의 마지막 귀숙歸宿이 친정집이 아니고 친가이기 때문에
제사는 당연히 친가의 후손들을 통해 받기 때문이다.* 그렇다면 남조시
대에 특히 영험했다고 하는 청계소고의 묘에 왜 갑자기 장려화·공귀빈
의 영혼이 모셔지게 되었을까?

□* 한말·위진 이래 가상家殤이나 명혼冥婚 같은 습속이 생겨나는데, 사실 이것도 미
혼 사망한 여성의 제사문제를 해결하여 원한을 가진 여귀厲鬼가 생기는 것을 방지해
보자는 차원에서 만들어진 풍속이다.

事殊爾業耶?"神曰: "非弟子本意, 人自爲之."禮懺再三, 因與受菩薩戒. 神欣然曰: "師慾移寺, 弟
子願捨此處, 永奉禪宮." 後果移寺於祠側, 獲銅盤之底, 篆文有「慧明」二字焉.〔贊寧著·範祥雍點
校,『宋高僧傳』卷26,「唐湖州佛川寺慧明傳」(北京:中華書局, 1987), 664~665쪽〕
133) 嚴耀中,「唐代江南的淫祠與佛敎」(『唐硏究』第2卷, 北京:北京大學出版社, 1996), 56~58쪽.
134) 按『輿地志』,靑溪岸側有神祠, 世謂靑溪姑, 南朝甚有靈驗, 常見形於人祠, 今與上水閘相近.
說者云:"隋平斬張麗華·孔貴嬪於靑溪柵下". 今相像有三婦人, 乃靑溪姑與二妃也.〔『六朝事蹟編類』
卷12,「靑溪夫人廟」, 123쪽 :『至正金陵新志』, 5686쪽에도 보임〕

　사료의 내용을 보면 두 비빈이 진왕 광晉王廣[수양제]에 의해 베인 뒤에 청계소고묘 근처의 다리에 내걸린 바 있으므로 이들의 귀혼鬼魂을 인도하여 제사를 드리게 된 것으로 추정해 볼 수 있다. 그러나 만약 『진서陳書』에 보이는 장귀비張貴妃의 생평을 살펴보면 좀더 색다른 해석을 내놓을 수 있다. 원래 장귀비는 명문세가 출신이 아니기 때문에 어려서부터 민간의 사묘신앙과 관련된 설화들을 직접 듣고 접촉하며 성장했다.

　이런 까닭에 장려화는 입궁한 뒤에도 무술巫術을 깊이 숭상했고, 심지어는 궁중에서도 음사를 일으키고, 늘 무축들을 모아서는 여러 가지 법술을 발휘하게 했다고 한다. 만약 청계소고묘의 지리적 위치와 "남조 이래 매우 영험이 있었다"는 지명도를 생각한다면 이 묘의 무당도 장귀비에 의해 주도된 궁중종교 집회에 참여했을 가능성은 상당히 높다. 당시 장려화·공귀빈 두 사람과 외부의 무축집단 사이에 비정상적인 연계관계가 있었을 가능성도 매우 높다. 결국은 이러한 연고관계가 원래 청계소고만을 제사하던 사묘에 장·공 두 비빈의 귀령鬼靈을 안치하게 했을 것이다.

　실제로 후주後主의 심황후沈皇后에 대해 그리도 관용을 베풀었던 수양제135)가 장려화와 공귀빈을 베고 그들의 시체를 청계중교靑溪中橋에 걸게 된 것도 실은 그들에게 '혹군의 죄惑君之罪'를 묻기 위함이었을 것이다. 어쨌든 당시 여성여귀류의 민간음사가 궁중에까지 지대한 영향력을 미쳤음을 반영해 주는 것이다.

　이렇게 여성을 묘주로 삼는 민간형 사묘들은 비록 여성을 신앙대상으로 삼는다고 해서 반드시 여성들에게만 속하는 종교신앙의 대상으로는 볼 수는 없다. 그러나 당시 이와 유사한 경우를 당하거나 비슷한 신분

---

135) 『陳書』, 「後主沈皇后傳」, 130쪽: "后性端靜, 寡嗜慾. … 張貴妃寵傾後宮, 後宮之政並歸之, 后澹然未嘗有所忌怨. … 隋煬帝每所巡倖, 恆令從駕. …"

을 가지고 있던 부녀자들이 이러한 여성인귀류의 설화에 대해 공감을 가
졌을 가능성이 매우 높다. 그들은 여성신에 대한 제사를 통해 '고독'·'굴
욕'·'분노'·'소원' 등을 달래고 기원했을 것이다.[136]

5. 맺음말

한대 말기부터 위진남북조에 이르는 시기는 중국인의 정신적 토양에
커다란 변화가 일어나게 된다. 도道·불佛로 대표되는 기성종교의 발전이
새로운 국면에 접어들게 되었다. 지역사회의 정신적 구심점이 되었던 사
신社神에 대한 숭배도 이공동체里共同體의 붕괴와 함께 변질되기 시작하였
다. 또한 중원문화에 본격적으로 편입되기 시작한 북방민족과 남방토착
민들의 고유한 신령이 중국인의 종교신앙에 영향을 주게 되었으며, 아울
러 정치권역에서 입지를 잃은 무사巫師들의 민간활동이 더욱 왕성해진 시
기이기도 하다. 이러한 정신적 환경과 전쟁·기근·질병이 어느 때 보다
도 많았던 급속한 외부환경의 변화가 맞물리면서 사묘신앙도 기층공동
체에서 그 지위를 확보하게 된다.

당대는 이렇게 진전되기 시작한 사묘신앙이 더욱 지속적으로 발전하
고, 여러 새로운 변화들이 생성되는 시기로서, 변화의 여러 양상 가운데
우선 가장 주의를 끄는 것은 사묘의 수와 종류가 크게 늘어났다는 점이
다. 당대에 들어 전대미문의 음사 철폐조치가 여러 차례 시행된 것도, 대

---

136) 林富士, 「六朝時期民間社會所祀'女性人鬼'初探」, 114쪽.

당제국의 전국에 대한 통제력이 크게 향상되었다는 의미도 있겠지만, 기본적으로 정부의 인가를 받지 못한 사묘, 즉 음사 자체가 폭발적으로 증대했다는 것을 반증하는 것이기도 하다.

물론 이러한 변화는 민간차원의 제사에만 한정된 것은 아니고, 국가제사체계 내부에도 중요한 변화가 발생한다. 악진해독嶽鎭海瀆·산림수택山林水澤 등 국가차원의 자연신 제사에 있어서, 교사郊祀의 일부로 숭배하거나 순행길에 제단에서 망제를 올리던 방식이 서서히 중요성을 상실하고, 이들 신의 소재지에 직접 사묘를 세우고 제사를 드리는 방식이 점차 관건적인 지위를 차지하기 시작했다. 북위 이래 생겨나기 시작한 이러한 추세는 당대에 있어서는 무측천 시기를 거쳐 특히 현종 시기에 최고조에 이르는데, 현종은 사묘를 세우고 제사를 드림과 동시에 이들 신에게 작위도 봉해 주었다.

국가차원의 성현제사에도 주목할 만한 변화가 발생한다. 당대 초기까지는 국가에서 정한 전대의 몇몇 제왕에게만 제사를 올렸을 뿐이지만, 현종시대에 이르면 그 범위를 역대의 충신·의사·효부·열녀에까지 확대하였고, 대대적으로 그들의 사묘를 건설하는 입묘운동이 출현하게 된다. 물론 안사安史의 난 이후 정국불안과 재정압박에 시달리게 되는 당정부로서는 더 이상 이런 일에 관심을 가질 수 없었고, 일시적으로 중사中祀 이하 모든 국가제사의 중지를 명하기도 했다. 그러나 이러한 정부의 주도적인 자세는 뒤에 많은 사인士人들에게 영향을 주어 지방관들의 주도하에 국가제사형 사묘의 입묘지점과 대상은 더욱 확대되었다.

당대에 있어서 적지 않은 사묘들은 비록 민간에 의해 주동적으로 건립되었고, 정부의 공식적인 승인도 얻지 못했지만, 기본적으로 유교제사의 원칙과 이념을 표방하고 때로는 국가제사형 사묘와의 결합을 모색하며 발전하였다. 이러한 준국가제사형 사묘 가운데 원래는 전통적인 민간 신을 예배하던 사묘가 지방관의 공덕에 기탁하여 유교제사이념에 부합하는 형식을 취하여 신도들 앞에 나타나는 사례도 적지 않았다. 또한 지방관의 공덕을 기리는 사묘가 민간신앙적인 요소를 흡수하여 자신의 신력神力을 증폭시키고, 제사권역을 확대시키는 경우도 종종 발생하였다.

당대에 있어 이렇게 성왕과 현자뿐 아니라 선정을 베푼 지방관에 대한 제사와 표면적으로 그들을 모방하는 사묘까지 증대하게 된 것은 성현제사의 교화적인 기능 때문에 정부가 비교적 관대한 태도를 취했기 때문이다. 송대 이후의 많은 사묘에서도 순수민간적 성격이 강한 묘신廟神의 전면에 요·순·우 등 선현의 상을 함께 배치한 경우가 많은데 바로 이러한 연유 때문이다. 이러한 경향은 향후 사묘신앙의 유기화에 중대한 영향을 미치게 된다.

이와 함께 생각할 수 있는 문제가 민간 사묘신앙과 도교·불교와의 결합인데 본문에서는 순수 민간형사묘의 전개과정에 있어 사묘의 묘신이 불교의 부속신으로 변해 가는 과정을 예로 든 바 있다. 때로는 불교와 도교의 교세확장의 과정에서, 때로는 정부의 음사박해 조치를 피하기 위한 수단으로 결합이 이루어진 것으로 여겨진다. 흔히 중국 종교신앙의 특징에 관해 많은 사람들이 '절충적 혹은 혼합적'이라는 말을 쓰는 것을 좋아하는데, 바로 예禮라는 틀로서 통속문화에 대해 끊임없이 규제해 온 국가정책이 이러한 중국적 신앙문화의 특색을 배태한 것이라고 추정할 수 있다. 중국 종교신앙의 특색은 상당부분에 있어서 결국 국가권력과 민간 사묘신앙과의 충돌과 상호 조율과정에서 생성된 것으로 볼 수 있을 것이다.

순수민간형 사묘라는 것은 앞의 두 유형의 사묘와는 달리 유교의 제사이념과 관계없이 성장해 온 민간에 존재하던 사묘들을 지칭한다. 이 가운데 직업신·신선·은자 등을 숭배하는 사묘들도 수없이 존재했겠지만, 무엇보다도 가장 많은 수를 차지하고 민간의 생활에 중요한 영향을 미쳤던 것은 여귀류厲鬼類를 제사하는 사묘들이다.

항우·장자문蔣子文·진과인陳果仁 등 비교적 지명도가 높고, 넓은 제사권역을 가졌던 사묘뿐 아니라 가혹한 가사노동을 견디지 못해 자살한 여성신이나, 본처의 학대를 견디지 못하고 분사한 소첩小妾의 신을 모시는 작은 사묘들도 이에 해당된다. 이들은 모두 자살·전사·분사 등 비명에 횡사하여 정상적인 상례를 치르지 못했다는 공통점을 지니고 있다.

본문에서 살펴본 바처럼 당대에 있어 이런 여귀류의 사묘가 크게 유행하게 된 것은, 기층민의 집단의식 속에 비정상적인 죽음을 당한 자들은 영혼이 저승에 제대로 인도되지 못해 여기저기를 떠돌며 재앙을 내린다는 보편적인 심리가 존재했기 때문이다. 무당[巫者]들은 당시의 이러한 집단적인 심리를 이용하여 사묘를 건립하고, 그들의 영혼을 위로함과 동시에 때로는 영험을 드러내는 신력을 날조하여 사묘의 번성을 도모했다.

이밖에 사묘신앙의 전개에 있어 당대에 발생한 중요한 변화로서 몇몇 유명한 사묘의 제사권이 확대되어 행묘行廟나 분묘分廟를 파생시켰다는 점을 들 수 있다. 상호간의 연계관계가 어떤 식으로 발전했는지는 명확치는 않지만, 아마도 후일 몇몇의 신귀神鬼들이 지역수호신의 성격을 넘어 전국신으로 성장해 가는 단초인 것으로 여겨진다.

마지막으로 봉호封號와 묘액廟額의 하사에 관해 간단히 언급하고자 한다. 신계神界에 대해 봉작의 제도가 적용된 것은 남조정부가 장자문 신에 내린 것이 처음이었다. 당시에는 북조와 대치하던 남조의 특수한 상황이 당시의 민간신앙을 이용하게 한 것으로 아닌가 추정되는데, 이것이 본격적으로 제도화되기 시작한 것은 당대이다. 앞에서 언급한 바처럼 당대에는 국가관할하의 사묘뿐 아니라 준국가제사형 사묘와 순수민간형 사묘 역시 그 수가 폭발적으로 증가할 뿐 아니라, 많은 사묘들이 국가제사형 사묘를 모방하거나 결합하려는 시도가 끊임없이 진행되었다.

또한 국가제사와 관련을 맺고 있는 사묘들 역시 민간화와 세속화가 진척되어 정사正祠와 음사淫祠 사이의 구별도 점차 모호해지는 현상까지 발생하게 되었다. 이러한 상황 속에서 국가가 주관하는 제사를 대·중·소로 3사로 묶어 관리하는 방법 이외에 팽창하는 신계神界에 대해 또 다른 차원의 관리방법이 필요했을 것이다. 이로 인해 음사에 대한 판정을 하는 데 있어서도 이전처럼 단순히 국가예전國家禮典에 포함되어 있는가, 즉 '부재사전자不在祀典者'가 유일한 판단기준이 된 것이 아니고, 봉호封號나 묘액廟額을 지니고 있는지도 점차 중요한 판단기준으로 통하게 되었다.

어쨌든 황제의 입장에서 보면 봉작의 제도를 확대 적용함으로써 현실세계뿐 아니라 신계에까지 통치력을 미치는 절대적인 권위자의 모습을 더욱 강화하게 되었다.

제3장
국가예제와 민간신앙의 충돌
무측천 시기 적인걸의 음사 철폐조치를 중심으로

1. 머리말

　전통 중국사회에 있어 법과 더불어 규범체계의 한 축을 형성했던 예제禮制의 가장 중요한 사명 가운데 하나는 조정이 천명天命을 받들어 지상세계를 통치하고 있음을 이론적으로 뒷받침해 주는 것이고, 또한 모든 차원에서 조정의 권력을 신성화하는 것이다. 이에 근거하여 조정은 천상세계와 교류하는 특권을 보호했을 뿐 아니라, 동시에 민간에서 유사한 교류행위가 발생할 때에는 철저히 통제하였다.[1] 예제 가운데 국가제사와 관련된 길례를 최고로 받드는 것도 이러한 연유 때문이다.

　조정과 천상세계天上世界와의 교류행위는 기본적으로 제사형식으로 이루어지기 때문에 역대정부는 엘리트 지식인들을 동원하여 국가예전國家禮

---

1) 이 부분에 관해서는 Phlip A. Khun, 陳兼・劉昶譯, 『叫魂-1768年中國妖術大恐慌』(Soul-stealers-The Chinese Sorcery Scare of 1768(Harvard univ. 1990, 上海三聯書店, 1999), 112쪽 참조.

典 혹은 사전祀典을 편찬하여 제사이론의 정립에 심혈을 기울였다. 이에 따라 중앙과 지방에서 국가제사의 실시를 적극적으로 추진했으며, 만약 민간에서 임의로 신귀神鬼에 제사를 드릴 때에는 제사의 대상과 방식이 국가가 정한 제사의 원칙에 부합하는가를 살피고 그렇지 못할 때에는 적절한 수단을 동원하여 규제해 온 것이다. 이러한 민간제사에 대한 규제방법 가운데 가장 직접적이고 적극적인 것이, 불법제사와 제사장소를 '음사淫祀' 혹은 '음사淫祠'로 규정하고 무력을 동원하여 강제철폐하는 방법이다. 이를 통해 정부는 신계神界에 대한 전유권專有權을 재확인할 뿐 아니라 국가권력 측의 기준으로 지역적인 종교-신앙을 교화하거나 통제할 수 있었다.[2]

일반적으로 음사라는 단어를 생각하면 음란하고 사악한 제사대상이나 의식행위의 이미지가 먼저 떠오를 것이다. 그러나 음사라는 말은 생성기부터 예제와 밀접한 관련을 맺고 있었다. 『예기』 곡례曲禮편은 천자·제후·대부·사士가 매년 드릴 수 있는 제사를 등급별로 기록하고 "非其所祭而祭之" 즉 제사를 드릴 수 없는 것에 제사를 올리는 행위를 음사라고 규정하고 있다.[3] 이에 대해 손희단孫希旦은 송 양공宋襄公이 차휴次雎의 사社를 제사한 것처럼 임의로 예전禮典〔祀典〕에 기록되지 않은 제사를 올리거나,

---

2) 음사와 사묘신앙에 관한 연구로는 小島毅, 「正祠と淫祠―福建の地方志における記述と論理」(『東洋文化硏究所紀要』 第114冊, 1991) ; 黃永年, 「說狄仁傑的奏毀淫祠」(史念海主編, 『唐史論叢』 第6輯, 西安:陝西人民出版社, 1995.10) ; 嚴耀重, 「唐代江南地區的淫祠與佛敎」(『唐硏究』 第2卷, 北京:北京大學出版部, 1996) ; 章羣, 「唐代之祠廟與神廟」(『嚴耕望先生紀念論文集』, 臺北:稻鄕出版社, 1998) ; 拙稿, 「唐代民間祠廟信仰연구의 회고와 전망」(『中國史硏究』 제14집, 2001.8) ; 동, 「唐代祠廟信仰의 類型과 展開樣相」(『中國學報』 제44집, 2001.12) 참조.

3) 『禮記』 曲禮편에 보이는 상기내용은 다음과 같다: "天子祭天地, 祭四方, 祭山川, 祭五祀, 歲遍. 諸侯方祀, 祭山川, 祭五祀, 歲遍. 大夫祭五祀, 歲徧. 士祭其先. 凡祭, 有其廢之, 莫敢擧也 ; 有其擧之, 莫敢廢也. 非其所祭而祭之, 名曰淫祀, 淫祀無福."(『禮記』(「曲禮(下)」, 臺北:藝文印書館 十三經注疏本, 9쪽〕

노나라 계씨季氏가 태산에서 봉선封禪을 행한 것처럼 신분을 참월僭越하여 제사를 드리는 행위, 즉 '부재사전자不在祀典者'와 '월분제지자越分祭之者'를 음사라고 설명했다.*4)

□* 사실 손희단孫希旦의 이러한 견해는 개인의 독자적인 의견이 아니라 전대 사인들의 관념을 계승하고 있다. 송유 진순陳淳(1153~1217)은 『북계자의北溪字義』에서 "非其所祭而祭之"에 대해 천자는 천지를 제사하고, 제후는 사직과 경내의 명산대천을 제사 드리며, 대부는 5사를 제사하고, 사·서는 선조를 각각 제사를 드릴 수 있는데, 사전祀典에는 품절이 혼란해지는 것을 결코 용납할 수 없다고 했다. 이런 까닭에 제후는 결코 천자를 참월하여 천지를 제사할 수 없고, 대부 역시 제후의 지위를 참월하여 사직을 제사를 드릴 수 없는 것이다. 계씨季氏가 태산에 갔다는 것 자체가 곧 "非其所祭而祭之"의 원칙을 위반한 것이기 때문에 당연히 음사로 규정해야 한다고 했다. 이렇게 볼 때 음사는 음란하거나 사악한 귀신에 대한 제사만을 의미하는 것이 아니고, 아무리 정당한 귀신이라도 자신의 신분에 맞지 않는 제사를 올리게 되면 이것 역시 음사가 되는 것이다.

물론 음사에 대한 해석과 대응태도는 결코 고정불변하는 것이 아니다. 시대환경의 변화와 집정자의 태도 그리고 이에 따른 사인들의 예제에 대한 새로운 전석詮釋 등에 따라 끊임없이 변화되었다.5)

정부의 입장에서 민간의 신앙행위를 강제적으로 규제한 역사는 매우 오래 되었는데 전국시대 서문표西門豹의 고사가 대표적인 사례라고 할 수 있다. 당시 업현鄴縣에서는 삼로三老를 위시한 지방의 인사들이 현지의 무축巫祝들과 결탁하여 매년 하백신河伯神께 부인을 취하게 한다는 명분으로 기층민들의 금전을 포탈하고 있었다. 서문표는 그 지역에 현령으로 임명되자 우선적으로 하백신앙을 뿌리뽑기 위해 전력을 기울였다.6) 이는 지방유력자의 수중에서 제사권을 박탈해 옴으로써 중앙정부의 유일무이한

---

4) 孫希旦, 『禮記集解』, 150~153쪽 참조.
5) 음사의 정의부분, 특히 송·원 이후 지방지의 음사에 대한 해석과 음사에 대한 관념의 변천과정에 대해서는 小島毅의 앞의 글을 참조할 것.
6) 『史記』 卷126, 「滑稽列傳」, 3212쪽.

통치권위를 강화하려던 시도로 볼 수 있다.*

□* 당시 위 문후는 중앙집권제의 강화를 위해 부단한 노력을 기울였는데, 중앙에만
임면이 가능한 장상을 설치한 것이 아니라, 지방에도 수령 등 관료를 직접 파견하여
모든 백성에 대한 철저한 인신지배를 실현하고자 했다. 그러나 하백신의 배후에는
지방세력들이 지역신앙의 권위를 이용하여 여전히 촌락공동체 구성원 개개인을 장악
하고 있었다. 이렇게 볼 때 당시 개혁의 주도세력 가운데 한 명인 서문표西門豹의 이러
한 노력은, 지방세력들로부터 제사권을 박탈해 옴으로써 그들과 주민들 사이에 형성
된 유대의 고리를 차단하려고 했던 시도로 해석할 수 있다.7) 이와 유사한 내용의 고사
가 당시 여러 사료에 출현하는데 이는 전국시대 중앙집권체제가 서서히 뿌리내려 가
고 있음을 시사해 주는 것이라 할 수 있다.『수경주』권33, 강수주江水註는『풍속통風俗
通』을 인용하여 이빙李氷이 하백신과 싸우는 고사를 기재하고 있다.8)

이런 민간신앙에 대한 규제조치는 중앙집권체제로 향하던 당시의 정
황을 생각한다면, 단순하게 한 지방관이 지역적인 누습을 제거하기 위해
실시한 일회성 개혁조치라고 귀결시킬 수 없다. 「운몽수호지진간雲夢睡虎地
秦簡」속의『법률답문法律答問』에는 왕실에서 지내야 하는 제사가 명백히 규
정되어 있어 함부로 신위神位를 정하고 제사를 드리게 되면 '자이갑貲二甲'
의 형벌에 처한다는 명문이 보이는데, 이는 당시에 이미 민간의 불법적인
신앙행위를 규제하는 조치가 법령화되었을 개연성을 보여주는 예이다.*

□* 운몽수호지雲夢睡虎地에서 출토된 진간 1천여 편은 대부분이 진의 법률과 정부문서
에 관한 내용을 담고 있다. 그 중에 210편의 진간에 보이는『법률답문法律答問』은 187
개의 조항으로 구성되는데, 문답체의 형식을 통해 진율의 조문·술어·율문 등에 대
하여 명확히 해석을 달아 놓았다. 그 내용을 살펴볼 때『답문答問』이 해석해 놓은
것은 아마도 진율중의 주체부분 즉 형법에 관한 부분으로 여겨진다. 이러한 문답의
형식은 한무제 시기에 동중서가 편한『춘추치옥春秋治獄』에 계승되었고, 그 뒤에는
『당률소의唐律疏議』에 보이는 문답형식에도 영향을 미쳤다. 주요내용은 위에서 언급
한 바처럼 형법을 위주로 하여, 주로 행정과 경제에 관해 언급해 놓은『진율십팔종秦
律十八種』·『효율效律』·『진율잡초秦律雜抄』와는 확연한 차이를 보인다. 또한『법률답문』
의 내용은 이회李悝의『법경法經』6편과도 밀접한 관련이 있을 것으로 여겨지는데,

---

7) 渡邊義浩,『後漢國家の支配と儒敎』(東京:雄山閣出版株式會社, 1995.2) 236~242쪽 참조.
8) 이 부분에 관해서는 楊寬,『戰國史』(上海人民出版社, 1991.11), 38쪽을 참조할 것.

본 편에 보이는 문답문은 당시 형법전에 해당하는 『진법경秦法經』의 해석부분으로 오늘날의 판례휘편 정도로 추측해 볼 수 있다.9)

그러나 이때까지만 해도 '음사陰祀' 혹은 '음사淫祠'라는 용어가 본격적으로 사용되지는 않은 것 같은데, 이 말이 사료상에 출현하는 것은 대략 서한西漢 후기 이후이다. 음사라는 용어가 실질적으로 어떠한 의미를 지니고, 예제의 전개와는 어떤 관계를 가지며, 음사 금절조치禁絶措置는 시대별로 어떠한 역사적 의미를 지니는지 알아보기 위해 서한 이후의 전개과정을 개략적으로 살펴보면 다음과 같다.

우선 『한서漢書』에 따르면 원제元帝는 즉위 초에 일식과 지진 등 상서롭지 못한 징조를 예시하는 자연현상들이 잇따르자 신하들에게 해결방안을 자문했다. 광형匡衡은 풍속의 교화를 주장하면서 백성들이 음사를 널리 숭배하고 있다고 지적하는데, 이때 처음 공식적으로 '음사淫祀'라는 용어가 언급된다.10) 원제를 이어 즉위한 성제成帝 또한 남교·북교의 국가의례를 확립한 뒤 모든 음사를 폐지시키라는 명령을 내렸다.11)

원제·성제 시기가 서한 국가제사의 전개에 있어 차지하는 위치와 광형이 당시 예제개혁운동의 실질적인 주도인물이라는 점을 고려한다면*, 음사라는 용어는 생성시기부터 이미 예제의 진전과 밀접한 관계를 맺고 있었으며, 대략 정통 국가제사 즉 정사正祀와 반대되는 의미로 사용되기 시작했음을 알 수 있다. 서한의 예제개혁이 마무리되는 평제平帝 원시연간에 "… 班敎化, 禁淫祀, 放鄭聲"12)의 조령詔令이 선포되는 것도 바로 이러

---

9) 堀毅, 『秦漢法制史論攷』(北京 : 法律出版社, 1988.8), 9쪽.
　　『睡虎地秦墓竹簡』(臺北 : 里仁書局, 1981) 485~486쪽에 보이는 원문내용은 다음과 같다 :
　　"'擅興奇祠, 貲二甲' 可[何]如爲 '奇'? 王室所當祠固有矣, 擅有鬼立[位]殹[也], 爲奇', 它不爲."
10) 『漢書』 권81, 「匡張孔馬傳」, 3333~3335쪽.
11) 『漢書』 권81, 「匡張孔馬傳」, 3344쪽.

한 맥락에서 이해할 수 있다.

□* 이 시기에 광형匡衡 등은 감천태치甘泉泰畤·분음후토사汾陰后土祠·옹오치雍五畤 등
을 비롯해 문제·무제·선제 시기에 세워진 모든 종교적인 시설들이 유교의 예전에
적합치 못한다는 이유로 철폐를 요구하였다. 또한 주대의 제도에 따라 장안 교외에
천·지를 제사를 드리는 남교·북교를 건립할 것을 주장하였다. 이러한 의견은 성제
에 의해 채택되어 건시 2년(31BC) 정월에는 남교에서 한대 최초의 제천의식이 거행되
었다. 광형에 의해 주도된 예제개혁운동은 종묘 이외의 모든 국가제사의 영역까지
확대되었는데,『한서』본기와 교사지郊祀志에 따르면 당시 예제에 부합하지 못한 이
유로 철폐된 제사장소가 595개소에 이른다고 한다.[13]

그러나 전반적으로 보면 서한과 관련된 사료 가운데 직접적으로 음
사를 언급하는 횟수는 여전히 매우 적은 편이고, 음사에 관한 기록도 대
부분 중앙차원의 조칙과 고급관료의 상주문에 제한된다. 이와 비교할 때
동한시대에는 중앙뿐 아니라 지방관료들이 실질적으로 음사淫祠를 철폐
하는 조치를 취하는 실례가 서서히 증가하기 시작한다. 그 중에 제오륜第
五倫이 회계지역에서[14], 송균宋均이 진양辰陽·구강九江 등지에서[15] 음사를
철폐한 사례는 특히 유명하다. 그들은 음사의 주재자라 할 수 있는 무축
들뿐 아니라 그들과 결탁하였던 지방의 향리들도 엄격히 처벌하였고, 유
교적인 통치이념의 전파를 통해 백성들의 교화를 꾀하였다.

서한과 동한의 이러한 차이는 지방행정 단위에 대한 중앙의 통제능
력이 향상되었다는 외형적인 문제 외에도, 당시 서서히 변화가 생기고
있던 정신적인 환경과도 밀접한 관련이 있다. 앞 장에서 언급한 바처럼

---

12)『漢書』권12,「平帝紀」, 351쪽.
13) 이 부분에 관해서는 王葆玹,『西漢經學源流』(臺北: 東大, 1994), 244~251쪽과 Michael
    Loewe, 이성규역,『고대 중국인의 生死觀(Chinese Ideas of Life and Death:Faith, Myth and
    Reason in the Han Period(202BC~AD220), London:George Allen and Unwin, 1982)』, 서울:지식
    산업사, 1987), 147~161쪽을 참조.
14)『後漢書』권41,「第五·鍾離·宋·寒列傳」, 1396~1397쪽.
15)『後漢書』권41,「第五·鍾離·宋·寒列傳」, 1412~1413쪽.

우선 향촌공동체에 있어 구성원들의 정신적 유대관계에 구심점이 되었
던 사신社神에 대한 숭배가 이공동체의 붕괴와 함께 변질되기 시작한다는
점이 주목된다.16) 또한 진·한 이래 점차 정치적인 지위를 상실하고 민간
으로 자연스레 전이되던 무축들의 활동17)이 기층공동체 내부의 이러한
정신적인 틈새를 메워갔을 가능성도 상정해 볼 수 있다.

두번째는 강남개발이 서서히 진척되면서 중국의 판도에 편입되기 시
작한 남방 토착민들의 고유한 신령이 음사의 증대에 미쳤을 영향도 배제
할 수 없다. 어쨌든 정부의 음사에 대한 규제조치가 점차 강화되었다는
사실은 정사正祀와 이와 관련된 상징적인 정책의 추진을 통해 백성들의
신앙세계까지 철저히 통제하겠다는 정부측 의지가 강해졌다는 측면과
동한 이후 정신적 환경의 변화로 인해 음사 자체의 수량 역시 급증했다
는 양면적인 이유를 갖고 있는 것이다.

위진남북조 때는 내전과 외침으로 인해 왕조간의 교체가 빈번하고
불안한 정국이 이어진 경우가 대부분이었지만, 적지 않은 왕조가 음사의
발전에 주목하고 적극적인 대응책을 모색했다는 점이 주의할 만하다. 우
선 중앙차원의 음사 철폐조치를 살펴보면 조위曹魏의 문제文帝는 황초 5년
(224)에 무축의 활동이 민간뿐 아니라 궁전에까지 폐해를 심하게 미치므로,
사전祀典에 없는 제사를 행하거나 무축의 말에 따라 임의로 제사를 행할
때에는 좌도죄左道罪로 엄하게 처벌하겠다는 조칙을 반포한 바 있다.18) 동
한 중기 이래 태평도太平道·오두미도五斗米道 등 종교반란이 빈번하여 국

---

16) 당시 社의 변천과정에 대해서는, 守屋美都雄,「社の硏究」(『史學雜誌』 59-7, 1950.7) ; 鐵
   井慶紀,「社についての一試論」(『東方學』 61輯, 1981) ; 寧可,「漢代的社」(『文史』 第9集, 北
   京:中華書局, 1980.6) ;「述社邑」(『北京師院學報』 1985. 第1期).
17) 宮川尙志『六朝史硏究(宗敎篇)』(京都:平樂寺書店, 1977), 16~17쪽.
18)『三國志』卷2,「文帝紀」, 84쪽.

가의 안위에까지 영향을 미친 바 있다. 문제시기의 금령이 이렇게 엄한 까닭도 황건黃巾의 잔여세력이 다시 일어날 것을 두려워한 예방적 조치였다고 학자들은 분석하고 있다.[19]

이어 즉위한 명제明帝 역시 선제의 정책을 계승하여 청룡靑龍 원년(233)에 군국의 산천신이라도 사전祀典에 없으면 제사를 드릴 수 없다는 조칙을 반포하였다.[20] 진 무제 사마염司馬炎 역시 태시 원년(265)에 사전에 없는 제사는 모두 폐기시키라는 명령을 발표했다.[21]

이런 경향은 남북조 때도 지속적으로 이어지는데 송 무제는 영초 2년(421)에 음사는 백성을 현혹시키고 재산을 탕진케 하므로 선현제사는 사묘를 제외하고 예전祀典에 없는 것들은 모두 근절시키라는 명령을 내렸다.[22] 북위의 효명제 역시 신귀神龜 2년(519)에 음사를 없애고, 잡신의 신상을 불사르라는 조칙을 내린 바 있다. 북주北周의 무제는 도·불에 대한 탄압정책을 발표하고, 음사 역시 더불어 금단하라는 명령을 내렸다.[23]

중앙정부가 이처럼 적극적인 입장을 취하게 됨에 따라 음사 철폐정책은 자연스레 지방에까지 파급되었는데, 조위曹魏 때의 서막徐邈은 양주涼州에서 후장厚葬을 금지하고 학교를 세움과 동시에 음사를 철폐시킨 바있다.[24] 손오孫吳 때 예장豫章태수를 지낸 고소顧邵는 음사를 폐지함과 아울러 스스로 선현제사를 주도하였다.[25] 양 무제 때의 왕신념王神念은 부임하는 주·군마다 음사를 없앤 것으로 유명했는데, 당시 청주靑州와 기주冀州

19) 唐長孺, 「魏晉期間北方天師道的傳播」(『魏晉南北朝史論拾遺』, 北京:中華書局, 1983), 225쪽.
20) 『三國志』 卷3, 「文帝紀」, 99쪽.
21) 『晉書』 卷19, 660~601쪽.
22) 『宋書』 卷3, 57쪽 ; 『南史』 卷1, 26쪽.
23) 『周書』 卷5, 85쪽.
24) 『三國志』 卷27, 739쪽.
25) 『三國志』 卷52, 1229쪽.

에 이르러서도 오랫동안 이 지역 백성들은 현혹해 온 신묘를 없애고 그
곳의 요무妖巫를 처벌함으로써 지역풍속을 변화시켰다고 한다.26)

북위시기에 균전법均田法의 시행으로 유명한 이안세李安世 역시 상주相
州자사를 역임했을 때 음사를 폐지시키고 경내에 서문표西門豹·사기史起
등 역대 현신들의 사묘를 개수했다고 한다.27) 북제 문선제 시기에 남청하
南淸河태수를 역임한 소경蘇瓊은 예전에 없는 음사의 철폐를 주도함과 아
울러 백성들에게 혼인이나 상장의례를 예에 맞게 검약하게 시행토록 명
했으며, 매년 봄이면 전원붕田元鵬 같은 거유들을 초빙해 군학郡學에서 강
학케 했다고 한다28).

이상 위진남북조 때의 음사 철폐조치를 살펴보면 몇 가지 공통점을
발견할 수 있는데, 우선 예전에 존재하는가의 문제가 음사를 판별하는
주요한 기준이 되었다는 점과 관련된 조령이나 상주문에서 예외없이 예
제와 연관된 내용을 언급한다는 점이 눈길을 끈다. 황초 5년(224)에 선포된
조령詔令의 전반부에도 "先王制禮, 所以昭孝事祖, 大則郊社, 其次宗廟, 三辰五行,
名山大川, 非此族也, 不在祀典…"29)이라는 내용이 보이는데, 이는 계속되는 전
란의 와중에도 국가권위의 정당성을 확보하기 위해 오히려 적극적으로
예제에 관심을 갖게 되었음을 나타내주는 내용으로 볼 수 있다.*

2년 뒤인 황초 7년(228)에도 태상 한기韓曁가 옛 도읍의 종묘30)를 낙양洛
陽으로 옮길 것을 건의할 때도 국가의 폐단을 바로잡는 데 있어서는 정례

---

26) 『梁書』 권39, 556쪽에 보이는 내용은 다음과 같다: "神念性剛正, 所更州郡以禁止淫祠.
　　時靑冀州東北有石鹿山臨海, 先有神廟, 妖巫欺惑百姓, 遠近祈禱, 靡費極多, 乃神念至, 便令毁
　　撤, 風俗遂改."
27) 『魏書』 卷53, 1176쪽.
28) 『北齊書』 卷46, 644쪽.
29) 『三國志』 卷2, 84쪽.
30) 조조는 건안 18년(213)에 鄴都에 종묘와 사직단을 건립한 바 있다.[『三國志』 卷1, 42쪽]

正禮를 숭상하고 밝힘[崇明正禮]과 동시에 음사를 없애는 것[廢去淫祀]이 가장
기본이 되는 일임을 강조하고 있다.[31]

□* 조위 말에서 서진 초의 시기에 이르면 이러한 국가정책과 왕찬王粲·위기衛覬·왕
숙王肅·고당륭高堂隆 등 예학에 밝은 학자들의 노력으로 사상 처음으로 비교적 완정
된 국가예전이 출현하게 되었다. 위의 내용중에 "大則郊祀, 其次宗廟…" 부분은 제사등
급을 표현하고 있는데, 원래 국가제사에 보이는 등급제도는 이론적으로는 『주례』에
서 연유하지만, 명확하게 대·중·소 3사례로 나누어 구분한 것은 수조의 『개황례』
가 처음이다. 이렇게 볼 때 여기에 국가제사의 등급이 구분되어 나타나는 것은 3사
례의 확립과정에 있어 모종의 의의를 지니는 것으로 생각해 볼 수 있다. 한대에 있
어 가장 중요했던 종묘의례가 이미 차등의 지위로 추락한 것 역시 황제권력의 상징
적 근거가 변하고 있음을 반영해 주는 것이다.[32]

이러한 사례는 북위 때에도 보이는데, 관련된 정령政令이 효문제 시기
에 집중된다는 점은 주목할 만하다. 효문제 시기는 예제의 전개과정에
있어 매우 중요한 시기로서 선비족의 전통적인 제천행사[33]인 서교의식西
郊儀式이 폐지되고 남교의식 등 중원식의 의례가 대거 도입되는데, 일부학
자는 예제개혁 특히 국가제사에 있어서의 개혁이 효문제개혁운동의 핵
심이라고까지 지적한 바 있다.[34]

이렇게 음사를 철폐함과 동시에 예제의 개혁이나 정통제사의 실행을
추진하는 것은 예라고 하는 문화적인 전통기제傳統機制를 통해 민간의 통

---

31) 『三國志』 卷24, 678쪽.
32) 이 부분에 관해서는 차후에 자세히 논하도록 하겠다. 국가예전의 성립과정에 관해
　　서는 張文昌, 『唐代禮學的編纂與傳承-以『大唐開元禮』爲中心』(國立臺灣大學歷史學硏究所碩士論文,
　　1997. 6), 73~74쪽 참조. 3사례의 확립과정에 대해서는 高明士, 「論武德到貞觀禮的創立-唐
　　朝立國政策之硏究之一」(中國唐代學會主編, 『第二屆國際唐代學術會議論文集(下)』, 臺北:文津
　　出版社, 1993), 1166~1170쪽 참조.
33) 하늘에 드리는 제사는 엄격히 말하자면 祀天儀式이라고 해야하지만, 본고에서는 통
　　례상 제천의식이라는 용어를 함께 사용하도록 하겠다. 『당육전』에 보면 제사에는 네
　　가지 명칭이 있는데, "一曰:祀天, 二曰:祭地祇, 三曰:享人鬼, 四曰:釋奠於先聖先師"라고 명기
　　하고 있다.(『唐六典』 卷4, 「尙書禮部」, 祠部員外郞條(北京:中華書局, 1992), 120쪽〕
34) 康樂, 『從西郊到南郊』(臺北:稻鄉出版社), 178~191쪽.

속문화를 규제하고, 아울러 신앙이라는 측면도 결국은 국가통치 이념에 부합해야 하는 것임을 강조하는 국가권력 측의 의지로 볼 수 있다.

다음으로 주목할 만한 점은 각지의 지방관들이 음사를 철폐시킴과 거의 동시에 선현제사 시행, 학교교육 보급, 풍속개혁 등 일련의 교화정책을 추진하고 있다는 점이다. 송 무제 때의 두혜도朴慧度 같은 인물은 평소 포의를 입고 채식을 할 정도로 노老ㆍ장莊의 학문에 심취해 있었지만, 지방관이 되어서는 음사를 금지시키고 학교를 세우는 일에 몰두했다는 기록이 보인다.35) 이는 당시 아무리 현학玄學이 기승을 부렸다 하더라도 사인들이 일단 관료로 나설 때는 개인적 취향과는 무관하게 통치이념인 유학의 보급에 주력했음을 보여주는 것이다. 또한 음사에 대한 철폐가 기타 교화정책과 함께 지방관들이 유교의 통치이념을 백성들에게 주입시키는 도구로 서서히 자리잡아가고 있음을 보여주는 것이라 할 수 있다.

그런데 이러한 민간에 있어서의 음사에 대한 숭배와 이에 대한 국가의 엄격한 규제는 당대에 이르면 본격적으로 수면위로 부상하기 시작하였다. 이는 음사를 숭배하는 풍습이 위험한 사회문제로 인식되기 시작했다는 것을 의미할 뿐 아니라 국가의 지역문화에 대한 통제가 한층 강화되었음을 보여주는 것이다. 그 중에도 수공垂拱 4년(688)에 발생한 적인걸狄仁傑의 음사 철폐조치는 규모로 보나 후대에 대한 영향력으로 보나 국가와 민간 통속문화와의 충돌을 대표하는 사례로 들 수 있다. 그렇다면 당조 초에 이르러 이러한 전대미문의 음사 철폐조치가 단행된 구체적인 배경은 무엇일까? 이렇게 강력한 철폐조치로 인해 지방의 사묘祠廟들은 어떠한 영향을 받았으며, 반대로 이러한 지역적인 사묘신앙의 팽창은 국가의 대응자세에 어떠한 영향을 미쳤는가?

---

35)『宋書』卷92, 2265쪽.

사실 음사에 대한 규제조치는 위에서도 살펴본 바와 같이 일회성조
치로 끝난 것이 아니라 중앙과 지방정부에 의해 지속적으로 추진되는데,
이러한 국가의 적극적인 자세가 사묘신앙의 전개방향에는 어떠한 영향
을 미치게 되는가? 중국 민간신앙의 특색을 흔히 절충적·다신교적·관
료적이라고 표현한다.36) 이러한 중국 종교-신앙의 특색과 정부의 적극적
인 규제조치와는 혹시 어떤 관계가 있지는 않을까?

이 장에서는 우선 당대 초기가 중국 고대제국의 양대 규범체계라 할
수 있는 예禮와 율律이 완성되는 시기라는 점에 주목하고, 특히 음사판별
淫祠判別의 기준이 되어온 예제의 완성과 적극적인 실천과정이 당대의 음
사철폐와 어떠한 관계를 가지는지 살펴보고자 한다. 또한 앞에서 제기한
문제들을 중심으로 음사에 대한 철폐과정에 접근해 봄으로써 중국 고대
제국의 문화적인 틀이라 할 수 있는 예제와 민간 통속문화와의 상호관계
에 대해서도 이해해 보고자 한다.

2. 적인걸 음사 철폐조치의 배경

당대에 있어 음사와 관련된 첫번째 조칙은 무덕 9년(626)에 출현하는데
"사가私家에서는 요신妖神을 세울 수 없으므로 함부로 음사를 설립하여 예

---

36) Lloyd E. Eastman, 이승휘역, 『중국사회의 지속과 변화：중국사회경제사 1550~1949
(Constancy and Change in China s Social and Economic History, 1550~1949, Oxford Univ. Press,
1988)』(돌베개, 1999), 69~78쪽.

에 어긋나게 섬기는 것을 일체 금지한다"라고 규정하고 있다.[37] 그러나 무덕 9년에 반포된 음사금절의 조령이 지방에까지 확실히 실시되었는지는 사료에 나타나 있지 않다.

당대 전기 음사철폐의 사례 가운데 역시 가장 주목할 만한 것은 수공 연간에 적인걸이 강남순무사의 신분으로 이 지역에서만 무려 1,700여 개소의 음사를 불살라 버렸던 사건이다. 이에 대해 『신당서』 적인걸전은 "〔狄仁傑〕入拜冬官侍郞, 持節江南巡撫使. 吳楚多淫祠, 仁傑一禁止, 凡毀千七百房, 止留夏禹・吳太伯・季札・伍員四祠而已"[38]라고 간략하게 기록하고 있는데, 원문내용에 보이는 바처럼 동관시랑冬官侍郞이 황제의 부절符節을 받고 강남순무사라는 직책으로 파견되었다는 점과 1,700여 개소에 이르는 사묘가 단시간 내에 철저히 파괴되었다는 점으로 미루어 이 조치는 중앙정부의 강력한 의지에 따라 계획적으로 집행된 것임을 알 수 있다.

그렇다면 어떤 이유로 이 시기에 이처럼 방대한 규모의 음사 철폐조치가 시행되게 된 것일까? 필자는 무측천의 황제등극이라는 사건사적인 각도와 예제문화의 통속문화에 대한 통제라는 비교적 장기적인 시각을 통해 두 방면으로 적인걸 음사 철폐조치의 배경을 분석해 보고자 한다.

---

37) 『舊唐書』 卷2, 31쪽 ; 『新唐書』 卷2, 27쪽. 『資治通鑑』에서는 음사 대신 요사妖祠라 칭하는데, 권192, 唐紀8, 고조 武德 9년에 보이는 내용은 다음과 같다. "民間不得妄立妖祠. 自非卜筮正術, 其於雜占, 悉從禁絶". 물론 9년간의 무덕시기는 전란이 끊이지 않는 시기로, 정관 2년(628) 梁師都의 세력이 완전히 평정된 뒤에야 당조는 비로소 안정기에 접어들게 되었다. 그럼에도 불구하고 위의 칙령에서 禮를 언급하는 것은, 이런 예전을 편찬할 수 없는 상황 하에서도 당 고조가 예제의 실행을 중시하여, 수 『開皇禮』의 내용에 따라 祠令・喪葬令・衣服令 등 예제에 상응하는 규정을 구비했기 때문이라고 볼 수 있다. 高明士, 「論武德到貞觀禮的成立-唐朝立國政策之硏究之一」(『第二屆國際唐代學術會議論文集』, 1~2쪽 참조.

38) 『新唐書』 卷115, 「狄仁傑傳」, 4208쪽 ; 『舊唐書』 卷89, 「狄仁傑傳」, 2887쪽. 이와 관련된 내용은 『唐語林校正』 卷3, 「方正」, 489쪽에도 보이는데, 이 조목은 원래 『封氏聞見記』 卷9, 「剛正」에 있던 내용을 옮긴 것임.

1) 무측천 황제등극과의 관계

적인걸의 음사 철폐사건을 주도한 수공 4년(688) 6월[39] 즉 무측천이 정식으로 등극하기 2년 전인 이 해에는 유난히도 예사롭지 않은 정치적 사건들이 연이어 발생했다. 우선 4월에는 낙양 근처의 낙수洛水에서 '성모임인 영창제업聖母臨人 永昌帝業'이라 새겨진 석문石文이 발견되었다. 무측천은 후대의 사가들이 모두 무승사武承嗣가 위조했다고 비방한 이 서석瑞石을 얻고는 같은 해 5월에 남교에서 제천의식을 주재하여 최고신인 호천상제 昊天上帝께 감사의 제사를 올렸다.[40]

사실 남교에서의 제천의식은 부득이한 경우에는 유사有司가 대행할 수는 있으나[41] 기본적으로 천天의 아들로 여겨지던 천자天子만이 드릴 자격이 있는 특권제사이다. 그런데 당시까지 정식으로 제위에 오르지 않았던 무측천이 이 의식을 거행한 것은 상제께서 이미 상서로운 징조까지 내려 자신의 즉위가 천의天意에 부합하는 것임을 보여주셨으므로 하늘에 대한 제사 역시 당연히 주재할 자격이 있음을 만천하에 공포한 것이었다. 또한 이를 통해 자신의 지위를 지상신至上神 호천상제昊天上帝의 권위에 더욱 확실히 연계시키려는 의도인 것이다.

---

39)『資治通鑑』권204, 則天后 垂拱四年 6월조, 6448~6449쪽에는 "江南道巡撫大使冬官侍郎狄仁傑以吳・楚多淫祠, 奏毀其一千七百餘所, 獨留夏禹・吳太伯・季札・伍員四祠"라는 내용이 보이고, 적인걸이 직접 쓴「檄告西楚覇王文」에도 "垂拱四年(688), 安撫大使狄仁傑檄告西楚覇王項君將校等"이라고 기록되어 있어 이 사건이 발생한 시간을 垂拱 4년 6월 추정할 수 있다.『全唐文』권169, 1728쪽에 보이는 당 張鷟의『耳目記』에는 격문의 전문이 수록되어 있다.

40)『舊唐書』卷6, 119쪽 :『資治通鑑』卷204, 則天后 垂拱四年, 6450쪽.

41) 金子修一,「唐代皇帝祭祀の親祭と有司攝事」(『東洋史研究』47-2, 京都大學東洋史研究會, 1988.9) 참조.

같은 해 7월에 무측천은 천하에 대사면령을 공포하였고, 자신의 통치 기반이라 할 수 있는 낙양을 신도神都라고 개명했으며, 신도 부근의 자연 신들에게까지 봉호를 하사했다. 낙수를 영창낙수永昌洛水라 개명하고 낙수 신을 현성후顯聖侯에 봉했으며, 숭산崇山은 신악神嶽이라 개명하고 또한 산 신을 천중왕天中王에 봉했다.42)

12월에는 당동태唐同泰가 앞에서 언급한 서석을 무측천에게 정식으로 봉헌하고 이를 경배하는 의식이 거행되었다. 황제와 황태자도 제단 앞까 지 따라 들어와 무측천에게 경하를 드렸다고 한다. 『자치통감』의 저자는 이 의식에 대해 "문물과 노부鹵簿의 성대함이 당이 흥기한 이래 최고였다" 라고 묘사하고 있다.43)

이틀 뒤인 12월17일에는 설회의薛懷義의 주도하에 건설되고 있었던 명 당明堂이 마침내 완성되었으며, 무측천은 다음해(689) 정월에 이곳에서 대 제사를 거행했다. 이미 남교에서 제천의식을 진행한 바 있는 그녀는 예부 터 천도天道에 순응하여 정치를 펼치는 이상적인 건축물로 칭송되던 명당 에서도, 초헌初獻의 신분으로 천신인 호천상제, 조상신인 고조·태종·고 종 등 이당李唐의 선제들과 자신의 직계조상인 위국선왕魏國先王, 그리고 땅의 신인 오방상제五方上帝에 대한 제사를 잇따라 주도했다. 황제와 황태 자는 도리어 아헌亞獻과 종헌終獻을 담당하여 모양새가 무측천의 지위를 빛내주기 위해 동원된 듯한 느낌마저 들게 했다.44)

주지하다시피 이 시기에 이르면 무측천은 이미 실질적인 통치기반을

---

42) 『資治通鑑』 卷204, 則天后垂拱四年, 6448~6449쪽.

43) 『資治通鑑』 卷204, 則天后垂拱四年, 6454쪽.

44) 무측천 시기의 명당에 대해서는 『舊唐書』, 「禮儀二」, 855~876쪽에 상세히 언급되어 있고, 이에 관한 연구는 金子修一, 「國家と祭祀:中國─郊祀と宗廟と明堂及び封禪」(『東アジ ア世界における日本古代史講座』, 東京:學生社, 1982) : 「則天武后の明堂について」(『律令制 ─中國朝鮮の法と國家』, 東京:汲古書院, 1986)을 참조할 것.

확립하고 있었다. 혹리酷吏를 동원하여 정적들을 제거하였고, 과거제도를 개혁하여 정치적 지지세력을 확보했을 뿐 아니라, 만약의 사태에 대비해 친위군인 우림군羽林軍의 수를 1백 기騎에서 1천 기로 확충하여 신변의 무력기반도 확실히 해둔 바 있다.[45]

그러나 문제는 성별로 보나 황위계승의 적통성으로 보나 전통유교의 정치윤리에 부합하는 면이라고는 한 구석도 없었다는 점이다. 무측천이 위에 보이는 바처럼 끊임없이 일련의 상징적인 의식들과 예전에 나오는 의례들을 실행하려 애쓴 것은 실은 이를 통해 정치적 권위와 정당성을 강화하고자 하는 의도가 숨겨져 있는 것이다. 이런 까닭에 무측천은 교사郊祀나 종묘宗廟 같은 정기적인 제사뿐 아니라, 중국사 전시기에 있어서도 손을 꼽을 정도로 거의 시행된 적이 없는 봉선封禪이나 명당제사明堂祭祀에까지 강한 집착을 보인 것이다.

여기에서 한 가지 주목해야 할 점은 이러한 국가제사, 즉 정사正祀의 맞은편에는 바로 국가에서 승인을 얻지 못한 민간음사의 세계가 존재한다는 점이다. 예제를 실행하는 사람의 입장에서 보면 음사를 규제하고 금지하는 일이 곧 정통의 신계神界를 명확히 하는 것이며, 한 걸음 더 나아가 하늘의 뜻에 따라 도를 실행에 옮기는 '체천행도替天行道'의 길이기도 한 것이다. 이렇게 볼 때 무측천이 음사철폐의 명령을 내리게 된 것은, 바로 정례正禮의 반대편 세계에 규제의 칼을 들이댐으로써 정통제사의 실천자적인 위상을 더욱 확고히 할 수 있기 때문이다. 이것이 바로 자신이 가장 신뢰하는 대신인 적인걸狄仁傑을 직접 파견하여 음사철폐를 주도하

---

45) 武則天이 제위에 등극하기 위해 미리 진행한 개혁에 대해서는 趙文潤·王雙懷의 『武則天評傳』(西安:三秦出版社, 1998.8), 150~166쪽 : 胡戟 『武則天本傳』(西安:三秦出版社, 1986. 4), 87~120쪽.

게 한 이유인 것이다.

당대의 명신 중에 한 사람으로 손꼽히는 적인걸은 뒤에 무승사나 무삼사武三思에게 황위를 물려주려던 무측천의 생각을 바꾸게 하여 이당李唐정권을 존속케 한 공로로 후대 사가들의 칭송을 한몸에 받고 있다.*46) 그러나 무측천이 황위에 등극하는 과정에 있어서는 오히려 모종의 역할을 했다는 인상을 지우기 힘들다. 적인걸이 강남지역에서 음사철폐를 주도한 바로 다음달인 수공 4년(688) 7월에 유명한 이당종실의 반란이 발생하는데, 비록 그 세력이 강대한 것은 아니었지만 종실세력의 집단적 저항이라는 의미를 지니고 있었기에 무측천에게는 상당한 부담을 안겨주었다.

□* 당시에 예왕 단旦像王旦은 비록 황사皇嗣라고는 하지만 무씨세력의 미움을 사서 매우 위험한 처지에 놓여 있었고, 몇 차례에 걸쳐 결정적인 위해를 당해 변고를 치를 뻔하기도 했다. 특히 황권에 대한 욕심이 매우 강했던 무승사는 심지어 수백 명의 시정잡배들까지 동원해 자고이래 성이 다른 사람이 황위를 계승한 적이 없다며 무측천에게 상소를 올리기도 했다. 이에 따라 무측천도 점차 조카에게 황권을 물려줄 생각까지 하게 되었다. 그러나 적인걸은 "폐하, 고질姑姪관계와 모자 사이중 어느 것이 가깝습니까. 만약 자식을 황제로 삼으면 천세 만세 종묘에서 제사를 받게 되지만, 어느 조카가 고모를 위해 제사를 올리겠습니까?"라며 예왕에게 황위를 물려줄 것을 강력히 권고하는데, 무측천은 이 말에 결정적인 감명을 받아 그의 뜻을 받아들이게 되었다.47)

이런 연유로 무측천은 종실세력의 철저한 진압뿐 아니라, 반란의 진앙지인 위주魏州주민들의 회유에도 전력을 기울이는데, 무측천은 이러한 중대한 임무를 또다시 강남에서 음사철폐에 전념하고 있던 적인걸을 불러들여 처리하게 한다. 물론 전통의 유교사학자들은 난의 진압과정에서 보여준 무측천의 잔인함을 전면에 부각시킴으로써 공평하고 원만하게

---

46)『舊唐書』의 작가는 卷89,「狄仁傑列傳」끝부분의 찬문에서 "犯顔忤旨, 返政扶危, 是人難事, 狄能有之, 終替武氏, 剋復唐基, 功之莫大, 人無以師"라고 찬사를 보내고 있다.

47)『資治通鑑』권206, 526쪽.

송사를 해결하여 위주주민들을 희생과 이반을 막은 것을 적인걸 한 사람의 공로로 돌렸다.[48]

그러나 강남에 파견한 지 두 달도 안된 적인걸을 다시 이곳으로 보내 중책을 맡겼다는 자체가 무측천의 적인걸에 대한 신뢰감을 표현한 것이고, 당시가 제위에 오르기 직전이라는 시기를 감안한다면 무측천에게 있어 적인걸은 단순한 정책실행자적 위치를 넘어 무씨 신정권 수립의 협조자에 가까운 위상을 지니고 있었음을 발견할 수 있다.

이렇게 제위등극을 위해 정통제사의 실천에 주력하던 무측천의 당시 행보와 음사철폐의 주도자인 적인걸이 무측천의 제위등극 과정에서 행한 일정한 역할 등을 종합적으로 검토해 본다면, 이 시기에 정통예제의 반대편에 존재하는 음사의 세계에 대해서 철저한 개혁의 칼을 들이댄 것도 무측천이 무주武周를 세우고 황제에 등극하는 전체적인 과정의 일부로 이해할 수 있을 것이다.

2) 예제문화의 통속문화에 대한 규제

두번째로 이 사건을 좀더 장기적이고 거시적인 관점으로 분석해 보자면, 당시 국가차원에서 추진하고 있던 예제문화禮制文化와 강남지역 문화와의 충돌이라고도 가정해 볼 수 있다. 강남지역은 대략 옛 오吳·월越의 영토에 해당하는데, 샤머니즘의 전통이 강해 주민들에 의해 신봉되는 귀신들의 종류가 많기로 유명했다. 그들을 제사하는 사묘祠廟, 즉 국가권력 측의 승인없이 세워진 음사가 도처에 산재하여 하나의 문화적인 특성

---

48) 『資治通鑑』卷204, 6452쪽 ; 『舊唐書』卷89, 2887~2888쪽.

을 형성하고 있었다. 『수서』 지리지에도 "[江南]俗信鬼神, 好淫祠"[49]라고 명기하고 있는데, 물론 다른 지역에서도 이와 유사한 형태의 제사활동이 당시 민중의 신앙활동에 있어 주류를 형성했을 가능성이 매우 높지만, 어쨌든 사료에 보이는 바에 따르면 음사의 풍속은 강남이 가장 심했으며, 동한 이래 정부의 음사 철폐조치도 강남지역에 집중되고 있다.[50]

그러나 대부분 분열의 국면에 처해 있던 위진남북조 때에는 몇몇 왕조의 두드러진 노력에도 불구하고, 통일된 문화의식으로 지방문화를 인도하고 처리하기는 힘들었을 것으로 보인다.* 사상과 문화의식의 통일문제에 본격적인 관심을 기울이기 시작하는 것은 역시 수隋가 천하를 통일한 이후의 일로서 수대 말기의 유학자인 왕통王通은 정치의 폐단이 장기간에 걸친 사상의 분기에서 기인한다고 지적한 바 있다.[51] 이러한 추세는 정치에 불리하므로 '삼교가일三敎可一' 해야 한다고 주장했는데 여기서 말하는 '가일可一'의 의미는 당연히 유교중심의 사상통일을 의미한다.

□ * 엄요중嚴耀中은 남조정부의 장자문신蔣子文神에 대한 예우를 들어 강남지역과 북방의 중앙정부가 대립상태에 놓였을 때는, 이러한 신앙이 남방세력에게는 심리적인 버팀목이 되어주었다고 지적하였다.[52]

물론 당시에는 불교와 도교가 사회적으로 이미 상당한 영향력을 행사했지만*, 수·당의 통치자들은 여전히 유학을 입국의 근본으로 생각했고, 유교의 윤리를 사회화합의 기초원리로 인식했다.[53] 이 때문에 성장환경이나 문화적 출신배경으로 볼 때는 개인적으로 불교신앙에 가까운 수

---

49) 『隋書』 권31, 186쪽.

50) 呂思勉, 『兩晉南北朝史』(上海: 上海古籍出版社, 1983), 1468쪽.

51) 王通은 『文中子·中說·問易』에서 "政惡, 多門久矣"라고 언급함.

52) 「唐代江南的淫祠與佛敎」(『唐研究』 제2권, 北京: 北大出版社, 1996), 51~52쪽.

53) Arthur F. Wright, 段昌國譯, 「隋代思想意識的形成(中國思想研究會編, 『中國思想與制度論集』, 臺北: 聯經出版事業公司, 1979), 102~103쪽.

문제나 당 태종54)조차 정책적인 측면에서는 유교위주의 전통노선에서
벗어나지 않았다.55)

□* 수·당의 황제들과 대신들은 개인적 신앙의 차원에서는 대부분 도교와 불교를
믿었던 것으로 여겨진다. 특히 이당李唐은 건국과정에서 황성이 이씨인 점을 이용하
여 자신들의 가계를 도교와 밀접하게 연결시키기 위해 노력했다. 건국 후 무덕 9년
(624)에는 고조가 직접 종남산에 행차하여 노자묘를 방문 이이李耳가 자신의 조상임
직접 확인하기도 했다. 또한 현종시기에 이르면 도교의 비조를 제사드리는 태청궁太
淸宮의 제사가 국가제사 가운데 대사大祀의 위치를 차지하기도 했다.56)

그러나 당시 유가 내부에도 사상분기思想分岐의 문제를 안고 있었는데,
한대 이래 유가들은 비록 모두가 5경五經을 경전으로 존중하고 있었지만
학파마다 다른 주장을 견지하고 있어 제반 의견의 통일이 필요했다. 이
러한 경전해석의 통일사업이 이루어지는 것은 당 태종시기인데, 공영달
孔穎達과 여러 유학자들로 하여금 5경의 의소義疏를 통일해 『오경정의五經正
義』를 편찬케 하였다. 이는 한대 이래의 경학經學을 통일한 국가의 표준교
과서라고 할 수 있다. 물론 개인의 적극적인 사상활동을 방해하는 커다
란 폐단을 가져온 점도 있지만, 통일사회의 정치원칙과 윤리규범으로서
의 시대적인 의의를 반영한 일면도 지니고 있다.*

□* 당대 초기에 『주역』은 왕학王學과 정학鄭學이 대립하고 있었고, 『상서』는 여전히
금문·고문의 경전차이로 학파별 분쟁이 있었으며, 『시경』·『예기』·『춘추』는 학파가
더욱 난립하여 서로 상대방을 비난하고 있었다. 그러나 이러한 난립된 의견의 통일

---

54) 태종의 불교에 대한 태도와 정책에 관해서는 Arthur F. Wright, 陶晉生譯, 「唐太宗與佛敎」
  (『唐史論文選集』, 臺北:幼獅文化, 1990), 19~37쪽.

55) 당태종은 대신들 앞에서 "朕所好者, 爲嘉舜周孔之道. 以爲如鳥有翼, 如魚有水,失之則死,
  不可暫無耳"이라고 자신의 유교적인 입장을 밝힌 바 있다.[『資治通鑑』 卷193]

56) 이 부분에 관해서는 丁煌, 「唐高祖,太宗對符瑞的運用及道敎的態度」(『成功大學歷史系歷史
  學報』 第2號, 1975.7) : 「唐代道敎太淸宮制度考(上·下)」(『成功大學歷史系歷史學報』 第6·7號,
  1979.7·1980.8). 그리고 金子修一, 「唐後半期の郊廟親祭について─唐代における皇帝郊廟親
  祭,その(3)」(『東洋史研究』 55-2, 1996)을 참조할 수 있다.

은 개인의 사유공간을 제한하는 커다란 병폐를 가져오기도 했다.57)

  이렇게 국가 이데올로기적 성격을 갖춘 사상영역에 있어 통일이 이루어지는 추세와 맞물려서 좀더 현실적인 국가 규범체계의 정리와 편찬도 이루어지게 된다. 당시 예禮와 율律은 도덕질서와 정치질서를 아우르는 규범체계로서 국가-사회조직에서 개인에 이르는 모든 행위규범을 포함하고 있었다.58) 이 때문에 수대와 당대 초기의 황제들은 예와 율의 편수사업에 상당히 적극적인 의욕을 보였는데, 이를 통해 황제를 정점으로 하는 중앙집권체제를 더욱 강화하고, 아울러 문화적인 동질감을 회복함으로써 조정의 통치기반을 확고히 하고자 했다.

  우선 율령의 편수작업에 대해 간략히 언급하자면, 수 문제 개황 원년(581)과 2년에 각각 율律과 영슈 · 격格 · 식式이 대략적인 모습을 갖추게 되는데, 율이 너무 엄하다 하여 이를 수정하여 개황 3년에 개황률開皇律이 완성된다. 양제煬帝는 즉위 뒤에 선제의 유지를 받들어 이를 보충 수정하여 대업 3년(607)에는 율령을, 대업 4년에는 격 · 식을 제정하게 되었다.

  당은 건국 후에 대업율령大業律令의 일부 폐단을 없애고 개황률의 정신과 내용을 다시 참작하여 무덕 7년(624)에 무덕율령武德律令을 완성하게 된다. 당대의 중요한 전장제도典章制度는 대략 이때에 초보적인 완성이 이루어진다고 볼 수 있다. 그러나 이 율령은 기본적으로 수대의 것을 수정하여 사용한 것에 불과하기에 당 태종은 즉위 후 즉시 학자들에게 명을 내려 무덕율령의 개정작업에 착수하였다. 무려 10년의 세월을 소요하여

---

57) 이 부분에 대해서는 張躍, 『唐代後期儒學的新趨嚮』(臺北: 文津出版社〔1989년 北京大學博
    士論文〕, 1993.4), 14~15쪽 참조.
58) 이런 연유로 高明士는 간략한 문자로서 중국문화의 주요 구성요소를 설명한다면 응
    당 예와 율 양자를 들어야 한다고 주장한 바 있다.〔「論武德到貞觀禮的成立—唐朝立國政
    策的硏究之一」, 1쪽〕

정관 11년(637)에야 완성을 보게 되었다. 『구당서』 형법지는 정관율貞觀律의 특징에 대해 "고금의 법전을 참작하여 번잡함과 폐단을 없앴으니, 매우 관대하고 간결하여 사람들에게 편리하도다"라고 칭송하고 있다.

정관율령이 다시 영휘와 개원연간의 수정을 거쳐 중국 고대법전의 모범이랄 수 있는 당률唐律로 완성되는데, 현재 남아 있는 『당률소의唐律疏議』는 주로 영휘율永徽律을 집성해 놓은 것으로, 물론 그 중 상당부분에는 정관율의 흔적이 남아 있다.[59]

다음으로 수·당의 국가예전 편찬사업에 대해 잠시 언급하자면, 수 문제는 즉위 뒤에 즉시 대신과 학자들에게 예전을 편수할 것을 명했는데, 양梁과 북제北齊의 의주議註에 근거하여 개황 5년(585)에 수·당제국 최초의 예전인 『개황례開皇禮』가 완성되었다. 그러나 이것은 수가 통일을 이룩하기 전에 편찬한 것이고, 통일 후에는 새로운 정세에 부합하는 예전의 필요성을 느껴 인수仁壽 2년(602)에 중수하게 되었다. 이번에는 관롱집단關隴集團에 속하는 양소楊素나 소위蘇威 외에도 북제北齊·진陳의 대유학자들이 공동으로 참여하였다. 이런 면에서 볼 때 인수례仁壽禮는 통일의 국면에 부합하게 남·북 예학禮學의 성과를 반영하고 있다고 볼 수 있다.[60]

고례古禮에 상당한 조예가 있었던 것으로 알려진 수 양제는 즉위 전 양주揚州에 임직해 있을 때 이미 학자들을 모아 강도집례江都集禮를 편찬한 바 있다. 이 예전은 남방 학술전통의 영향을 많이 받은 것으로 알려지는데, 이는 수라는 왕조가 비록 정치적으로는 북조의 맥락을 계승하고 있지만 문화적으로는 정통문화의 소재지를 남조로 여겼던 당시대인들의

---

59) 劉俊文 『唐代法制研究』(臺北:文津出版社, 1999.6) ; 高明士, 「從律令制論開皇·大業·武德·貞觀的繼受關係」(『第三屆中國唐代文化學術研討會論文集』(臺北:中國唐代學會, 1997.6) 참조.
60) 甘懷眞, 『唐代京城社會與士大大禮儀之研究』(國立臺灣大學歷史學研究所博士論文, 1993.12), 264~265쪽 ; 高明士, 「隋代的制禮作樂—隋代立國政策研究之二」, 26~29쪽 참조.

생각을 어느 정도 인정했던 것으로 볼 수 있다.

당은 건국 후 무덕연간까지는 수나라 제도를 그대로 사용했지만 태종이 즉위한 뒤 정세가 차츰 안정되자 예전편찬을 기획하고 정관 11년(637)에는 『정관례』 총100권 130편을 완성 공포하게 되었다. 『정관례』는 지금은 전해지지 않지만, 곳곳에 남아 있는 일문佚文 가운데 그 특색을 추측해 볼 수 있다. 주례周禮의 예제이념을 다시 중건했다는 점, 제천祭天과 종묘宗廟 의례를 강화하여 황제가 명실상부한 천신의 아들이자 조령祖靈의 후예임을 명확히 한 점, 그리고 마지막으로 예제로서 신분질서를 더욱 확실히 정립한 점 등을 특색으로 들 수 있겠다.*61)

□* 당대 초기의 예전은 수조 예전의 기본적인 영향 하에 성립하였다. 그러나 『정관례』는 적어도 이론적으로는 이미 한·위를 넘어 직접 주례를 계승한다는 일면을 지니고 있는데, 이것은 새로 건립된 대당통일제국의 의지를 보여주는 것이라고 할 수 있다. 이런 까닭에 국가예제에 있어서도 수가 북제를 계승하여 정현鄭玄의 이론만을 받든 데 반하여, 남학南學을 자주 인용하였는데, 이런 까닭에 일천설一天說을 위시한 왕숙王肅의 이론도 점차 주목을 받게 되었다.

그러나 『정관례』의 내용은 여전히 완전치 못하여 수보修補를 청하는 의견들이 잇따랐는데, 고종은 마침내 장손무기長孫無忌·두정륜杜正倫·이의부李義府·허경종許敬宗 등에게 수정을 명령하였고, 현경연간에 『현경례顯慶禮』 130권이 완성을 보게 되자 직접 서문을 쓰기도 했다. 천신론天神論에 있어 『정관례』가 정현鄭玄의 육천설六天說에 따르고 있는데 반해, 『현경례』는 왕숙王肅의 일천설一天說을 채택하는데, 왕숙의 이론은 황권지상의 개념을 실천하는 데 더욱 유리하다고 볼 수 있다.62)

이상 사상의 통일과 고대중국의 대표적 규범체계라 할 수 있는 예禮

---

61) 高明士, 「論武德到貞觀禮的成立─唐朝立國政策的硏究之一」, 1206~1207쪽.
62) 鄭玄과 王肅의 天神論에 대한 주장과 논쟁은 張寅成, 「鄭玄六天說之硏究」와 甘懷眞, 「鄭玄王肅天神觀的探討」에 상세히 보여진다. 『史原』 15기(臺灣大學歷史學硏究所, 1986) 참조.

와 율律의 성문화 과정을 살펴볼 때 수대부터 당대 전기에 이르는 시기는 중앙정부가 통일정국에 어울리는 이데올로기와 문화의식의 건립을 위해 고도의 관심과 노력을 기울인 시기임을 알 수 있다. 그 결과 정관연간에 이르러 천하가 안정되고 정치도 어느 정도 궤도에 오르게 되고, 수·당제 국의 대략적 면모와 발전방향도 점차 확립됨을 보여준다. 이에 대해 고 명사高明士는 예학의 발전을 예로 들어 "고대 이래 예학의 발전은 수·당 에 이르러 완성을 보게 되는데, 개황에서 정관에 이르는 시기를 초보적 인 종결점으로 볼 수 있고, 개원연간에 이르러 마침내 완성을 보게 된다" 라고 지적한 바 있다.63)

　이러한 이론적인 성과는 자연스레 실천으로도 옮겨졌는데, 황권皇權 과 깊은 관련이 있는 길례吉禮를 예로 든다면 이 시기에는 교사郊祀와 종 묘 등의 정기적인 국가제사 외에도 명당과 봉선같이 오랜 기간 동안 시 행되지 않던 고례까지도 나타나게 되었다. 특히 전체 중국의 역사에 있 어서 단지 일곱 명의 황제만이 거행했다고 하는 봉선대전封禪大典은 이 시 기에만 무려 세 차례나 출현하게 된다.*

□* 당대에는 고종·무측천·현종 등 세 명의 황제가 봉선대전을 거행한 바 있다. 실 은 당 태종 역시 봉선제사에 깊은 관심을 가지고 있었고, 봉선의를 작성케 하는 등 수 차례에 걸쳐서는 직접 봉선제사의 실행을 계획하기도 했으나, 내외의 여러 요인 으로 인해 실패하였다. 이렇게 볼 때 수대 말기의 할거세력이 완전히 평정되지 못한 고조시기와 왕권이 안정되지 못했던 중종·예종 시기를 제외하곤 당대 전기의 모든 황제들이 봉선의 시행에 매우 집착했음을 알 수 있다.64)

　이렇게 중앙정부가 통치이념과 문화정책을 완성해 가고, 이에 따라

63) 高明士, 앞의 글 결론부분 참조.

64) 이 부분에 관해서는 Howard J. Wechsler, *Offerings of Jade and Silk: Ritual and Symbol in the Legitimation of the Tang Dynasty*(Yale univ. Press:New Heaven and London, 1985)와 金子 修一의 앞의 글, 「國家と祭祀:中國─郊祀と宗廟と明堂及び封禪」을 참조할 것.

정통의 국가제사들이 적극적으로 시행되면서 이러한 관심이 점차 민간의 문화적 전통에까지 파급되었음은 쉽게 추정해 볼 수 있는 사실이다.

상고시대에 오·월의 영역에 속해 중원과는 또 다른 문화적 전통을 유지해 왔던 강남지역은, 비록 진·한제국이 성립되면서 문화적인 교화정책에 의해 유교의 문화적 요소가 강제되기 시작했지만 교화의 성과가 우리의 예상보다 훨씬 못 미쳤을 가능성도 높다. 심지어 강남과 북방지역이 대립상태에 처해 있었던 위진남북조 때에는 앞 장에서 언급한 바와 같이 남방지역 문화의 특색이 강한 장자문신蔣子文神이 몇 차례에 걸쳐 남조정부로부터 존례尊禮를 받았다. 특히 북조세력이 군사적인 침공을 가해 올 때는 남조 황제들조차 이를 정신적인 지주로 받아들이고, 장신蔣神에게 연이어 봉호를 내리기까지 하였다.

진말·한초 남방의 대표세력이라고 할 수 있는 항우에 대한 숭배 역시 한대 말기에서 위진남북조에 이르는 시기에 오흥吳興지역을 중심으로 매우 성행하게 되었다. 앞서 예로 든 『송서』 공계공전孔季恭傳65)이나 『남사』 소사화전蕭思話傳66)에 따르면, 원래 민간에서 자생한 항우신이 이 시기에는 변산왕卞山王 즉 오흥지역의 보호신적인 자태로서 군정郡政에까지 영향력을 발휘하기도 한다. 심지어는 군태수가 집정하는 관청에도 항우신을 모시는 제사장소가 설치되었다고 한다. 당시 항우신의 배후에는 실제적으로 행정권을 장악하던 서리와 항우묘의 제사와 관리를 담당하며 항우신項羽神의 영험에 관한 고사를 날조하고 유포하던 무당들이 존재했을 것

---

65) "先是, 吳興頻喪太守, 云項羽神爲卞山王, 居郡聽事, 二千石至, 常避之, 季恭居聽事, 竟無害也."『宋書』卷54,「孔季恭傳」, 1532쪽]

66) "『宋明帝泰始(465~471)初, 爲吳興太守, 郡界有卞山, 山下有項羽廟. 相承云羽多居郡聽事, 前後太守不敢上. 惠明謂綱紀曰: 恭季恭嘗爲此郡, 未聞有災. 逐盛設筵榻接賓, 數日見一人長丈餘, 張弓狹矢嚮惠明, 而不見. 因發背, 旬日而卒."『南史』卷18, 499쪽]

이다. 그들은 현지에서 항우신을 공통으로 숭배하며 형성된 강남민중들의 문화적인 유대를 기반으로, 중앙에서 파견된 태수에 대해 일정한 견제의 역할을 했는데, 이는 곧 중앙의 통치이념과 지방 통속문화와의 대립을 의미하기도 하는 것이다.[67)]

이러한 강남지역의 문화적인 특색은 강남개발이 가속화되고, 국가경제에 있어 차지하는 비중이 점차 증대하면서 본격적으로 정부의 관심이 끌게 되었다. 더군다나 적인걸이 강남순무사의 신분으로 1,700여 개의 음사를 폐기시킨 수공 4년(688)은 위에서 설명한 바처럼 마침 수·당제국의 사상-문화정책과 가치규범 체계가 초보적인 완성을 보는 정관시기에서 전반적으로 완결되는 개원시기의 중간에 해당된다. 이렇게 볼 때 적인걸의 음사 철폐활동은 수·당 통일제국에 의해 완성된 문화정책이 지방까지 확장되어 가는 과정, 즉 중앙의 유교문화적인 척도로서 지방의 통속문화를 교화해 가는 과정으로도 이해할 수 있다. 고대 이래의 문화정책의 완성을 바탕으로 한 통일제국의 자신감이 떠오르는 경제중심지이자 이질적인 문화전통을 갖춘 강남지역에 대해서도 개혁과 교화의 정책을 추진하게 한 것이다.

물론 이러한 정책은 절대 일회성으로 완성될 수 없는 것인데, 당대 중기 이후에는 중앙보다는 주로 지방관들에 의해 지속적으로 추진된다고 볼 수 있다. 지방관들이 끊임없이 추진한 음사 철폐조치는 바로 적인걸의 음사 철폐조치의 연장선상에 있다고 볼 수 있다.

물론 적인걸의 개인적 성향 역시 무시할 수 없는 요인이다. 『당어림교정唐語林校正』 방정方正편의 내용에 따르면 적인걸은 당시 일반 사인들이

---

67) 宮川尚志는 항우신 신앙의 본질을 中央對地方·貴族對寒門·北人對南人의 대립관계로 파악했다.〔宮川尚志, 앞의글, 「項羽神の硏究」, 392~397쪽 참조〕

나 기층민중들이 보편적으로 가지고 있었을 것으로 여겨지는 미신이나 금기의식 같은 심리에 대해 상당히 합리적이고 강경한 태도를 보여주고 있다. 일례를 들면 조로 원년(679) 고종의 거가가 분양궁汾陽宮으로 순행을 하려 할 때 당시 도지낭중을 맡고 있던 적인걸은 황제가 숙식할 곳의 준비를 책임지고 있었다. 이때 병주幷州장사였던 이현충李玄沖이 "민간의 성대한 거마가 투녀사妬女祠 앞을 가로질러 가면 반드시 벼락이나 돌풍의 해를 입게 된다"는 금기가 있으므로 황제께서 새로운 어로御路로 행차하실 것을 건의했다고 한다. 적인걸은 "천승만기千乘萬騎의 천자행렬은 풍백과 우사의 신이 길을 닦거늘 한낱 투녀신이 어찌 감히 해를 입힐 수가 있겠는가"라며 강력히 반박하였다. 뒤에 이현충의 의견은 묵살되었고, 원래 노선을 직접 통과한 뒤에도 아무런 변고도 없자 고종이 이 말을 전해 듣고는 "참다운 장부로다"라며 찬사를 보냈다고 한다. 물론 이러한 고사의 진실여부를 단정할 수는 없겠지만, 적어도 그의 민간신앙에 대한 태도와 강직한 성품을 시사해 준다고 볼 수 있다. 뒤에 무측천이 강남순무사를 임명하는 과정에서도 그의 이러한 태도와 성품을 참작했을 것이다.[68]

3. 철폐의 주요대상과 과정

앞 장에서는 당대 초기에 전대미문의 음사 철폐조치가 단행된 데 대

---

68) 『舊唐書狄仁傑傳』, 2887쪽. 이 고사는 『唐語林校正』 권3, 「方正」, 189쪽과 『唐會要』 卷27, 「行幸」편에도 보임.

한 역사적인 배경에 대해 기술해 보았다. 그렇다면 적인걸이 철폐한 사묘
에는 주로 어떤 종류의 것들이 있고, 철폐의 과정은 어떠했을까? 혹시 무
축巫祝이나 신도들의 저항은 없었을까? 이 문제는 당시 강남사회에서 보편
적으로 유행하던 숭배의 대상뿐 아니라 사묘신앙과 기층사회와의 밀착정
도를 개략적이나마 반영해 줄 수 있기 때문에 매우 중요하다고 볼 수 있
다. 그러나『신·구당서』의 적인걸열전을 위시한 정사자료와『자치통감資治
通鑑』의 관련내용은 지극히 소략하여 적인걸이 철폐하지 않고 남겨두었던
하우夏禹·오태백吳太伯·계찰季札·오자서伍子胥 등 네 종류의 성현묘만을 언
급했을 뿐 정작 철퇴를 가했던 사묘의 종류와 당시의 정황에 대해서는 일
언반구도 제기치 않고 있다. 다만『전기傳記』·『봉씨문견기封氏聞見記』와 몇몇
의 송·원 지방지에 이와 관련된 내용이 출현하는데, 우선『수당가화隋唐嘉
話』권하에 보이는『전기』의 내용을 예로 들면 다음과 같다69):

> 적내사狄內史 인걸이 강남안무사가 되었을 때, 주난왕周赧王·초왕항우楚王項
> 羽·오왕부차吳王夫差·월왕구천越王勾踐·오부개왕吳夫概王·춘신군春申君·조
> 타趙佗·마원馬援·오환왕吳桓王 등을 섬기는 신묘〔1〕,700여 개소70)가 백성들
> 에게 해를 입히기에 모두 철폐해 버렸는데, 다만 하우夏禹·오태백吳太伯·
> 계찰·오〔자〕서 등 네 종류의 사묘만은 남겨두었다.71)

위의 예문에서는 당시 적인걸이 철폐시켰던 사묘로서 주난왕·초왕

---

69) 黃永年,「說狄仁傑的奏毀淫祠」(史念海主編,『唐史論叢』第6輯, 西安:陝西人民出版社, 1995.
   10).
70) 여기서는 철폐된 사묘의 수를 700여 개로 적고 있는데 다른 사료와 비교해 볼 때
   앞에 1천을 누락한 것 같다.
71) 劉餗撰, 程毅十點校,『隋唐嘉話』(唐宋史料筆記叢刊本, 北京:中華書局, 1997), 40쪽. 이 내용
   은『唐語林校正』卷3, 方正門에도 보임.

항우·오왕부차·월왕구천·오부개왕·춘신군·조타·마원·오환왕묘 등을 들고 있다. 본문에서 직접 언급하고 있는 것으로 보아 이들 사묘는 당시 민간에서 상당한 영향력을 발휘했던 것으로 추정된다. 그러나 이에 대해 일부학자는 위에서 언급한 아홉 종류의 사묘가 오·초 지역에 1,700여 개소나 산재해 있었으므로, 한 종류의 사묘가 평균적으로 100~200개씩은 존재했을 것이라고 가정한 바 있다. 물론 이들 사묘가 강남지역에서 넓은 제사권역을 형성했을 것이라는 점에는 전적으로 동의하지만, 이들과 함께 파괴되었을 수많은 소규모 사묘들을 전혀 고려하지 않은 단순한 평균치는 특별한 가치가 없다고 볼 수 있다.[72]

당시 강남지역에는 이러한 저명한 신귀神鬼들 외에도 잘 알려지지 않은 지역신들을 모시는 무수한 소묘小廟들이 곳곳에 자리잡고 있었다. 이들 역시 주난왕·초왕항우·오왕부차·춘신군 등 대신大神들의 사묘들과 마찬가지로 분훼焚毀의 운명을 벗어날 수는 없었을 것이다. 송·원 지방지의 몇몇 자료는 이러한 추론을 뒷받침해 준다. 당시 무석無錫지구를 중심으로 숭배되던 동해신랑왕묘東海信郎王廟를 일례로 들면 『무석지無錫志』는 우효공虞孝恭의 『남제기南除記』를 인용하여 다음과 같이 언급하고 있다.

무석현 동편에 있는데 옛날의 사묘는 폐허가 되어 흔적이 남아 있지 않고, 뒤에 읍인邑人들이 다시 세웠다고 한다. 당대 수공연간에 적인걸이 불살라 버린 뒤에 토사土祠로 개명했다고 전해진다. 사묘 앞에는 개울이 흐르는데 묘경廟涇이라 불리고, 다리는 묘교廟橋라 불리는데, 옛 사묘의 유적이 아니겠는가. 이것만이 지금까지 남아있을 뿐이다.…[73]

---

72) 黃永年, 앞의글, 59쪽.
73) 『無錫志』, 2249쪽.

예문의 내용에 따르면 이 묘는 수공연간에 적인걸에 의해 완전히 폐허가 되었다가 정부의 주의가 소홀해진 틈을 타서 묘의 이름을 바꾸고 다시 출현하여, 지역민들의 변함없는 숭배를 받게 되었다고 한다. 어쨌든 이를 통해 하우·오태백·계찰·오자서 등 소위 합법적이라고 인정을 받은 몇몇 성현묘를 제외한 모든 사묘는 제사권역의 넓고 좁음에 상관없이 전부 불살라졌음을 알 수 있다.

다음으로 음사철폐의 과정에 대해 논해보도록 하겠다. 위에서 잠시 언급한 바처럼 수공 4년(688) 8월 당 종실의 반란이 발생했을 때, 적인걸은 위주魏州자사로 차출되어 현지주민들을 안무하는 임무를 맡게 되기 때문에, 그가 실질적으로 강남지역에서 음사철폐를 주도한 시간은 2개월 남짓에 불과하다. 그러나 음사 철폐작업이 이렇게 짧은 시간 내에 이루어졌다고 해서, 철폐과정이 전부 순탄했던 것만은 아니다. 특히 앞에서 말한 아홉 종류의 사묘들은 당시 강남지역 내에서 넓은 제사권역을 형성하여 기층민중들로부터 널리 숭배되고 있었다. 분묘分廟나 행묘行廟 등 연계성 제사장소들이 존재했을 가능성도 높기 때문에 적인걸은 곳곳에서 반발이나 저항에 직면했을 가능성이 높다.*

□* 당대의 사묘중에 일부는 이미 상당히 넓은 제사권을 형성하고 있어서 본묘 이외에 분묘(행묘)가 존재하고 있었다. 『지순진강지至順鎭江志』에 기재된 바에 따르면, 강남도 윤주 단도현丹徒縣의 운승묘雲勝廟는 서악별묘라고도 불리는데 서악 화산華山의 행묘이다. 당 헌종 태화연간에 금릉 팽언규彭彦規라는 사람이 있었는데, 팽언규가 파견나갔다가 화산신의 영험함을 듣고 묘도廟圖를 그려 귀환했는데, 뒤에 단도령이 되어 그곳에 행묘를 세우게 되었다고 한다.74) 이밖에 오자서묘에 대한 숭배 역시 당시 강남도 일대에서 매우 유행했는데, 소주·상주常州·항주·목주睦州 등지에 사묘가 있었고, 본묘와 별묘의 연계관계에 관한 내용도 몇몇 지방지에서 언급된다. 이런 점으로 미루어 특히 적인걸에 의해 언급된 아홉 종류의 사묘는 워낙 제사권이 넓기

74) 『至順鎭江志』, 2728쪽.

에 분묘가 존재했을 가능성은 매우 높다고 볼 수 있다.

그 중에 동한 이래 오흥 등 강남 각지에서 널리 유행하였던 항우신에 관한 고사가 유난히 자주 출현하는데, 이는 그만큼 항우신 숭배를 통해 형성된 정신적 유대감을 바탕으로 항우신묘의 묘축廟祝들과 지역주민들이 거세게 반발했음을 의미하는 것이다. 여러 설화 가운데에서도 우선 가장 눈길을 끄는 것은 적인걸이 항우묘를 불살라버리기 전에 먼저 격문을 작성하여 항우신에 대한 숭배행위가 얼마나 우매하고 부당한 것인가를 주민들에게 직접 공포한 사실인데,『오흥장고집吳興掌故集』에 보이는 격문의 내용을 기재해 보면 다음과 같다:

당 수공 4년(688)에 안무대사安撫大使 적인걸이 서초패왕 항우와 그의 장교들에게 격문을 보내니 그 내용은 다음과 같다: "위대한 명성은 거짓으로 얻을 수 없고 제위는 힘으로는 빼앗을 수 없도다. 하늘의 뜻에 순응하는 자는 겸양을 즐긴다는 찬사를 받을 것이고, 시류를 거슬러 행동하는 자는 선견지명을 갖춘 군주가 될 수 없다.… 빛나도다, 한漢이여! 하늘로부터 천명을 받았도다. 적제赤帝의 부서符瑞에 합당하고 사령의 천운과도 부합되도다. 굽어보아 지유地維를 펼쳐놓으니 봉기鳳紀의 상서로움이 빛나고 우러러 왕법을 세우니 왕업의 흥성함이 울창하도다. 그런데 너는 택국을 떠다니다가 물가에서 〔오합지졸들을〕 불러모아 세발솥을 들어올리는 기개를 자랑하고 산도 뽑아낼 수 있는 힘만을 뽐냈다. 너는 저 상서로운 징조가 어디로 모이는지도 헤아리지 못했고, 천운이 어디로 가고 있는지도 알지 못했다. 그래서 결국 관중關中에서 떨치고 날아 오른 날개는 해하陔下에서 꺾이고 말았다. 이 모든 게 사람의 잘못으로 인한 결과이거늘 어찌 하늘이 너를 망하게 한 것이겠느냐! 네가 비록 한때는 〔유방의〕 백만 대군을 쫓았으나 결국은 너의 8천 병사도 죽게 만들었다. 이 일을 거울삼아 본다면 어찌 애

석하지 않겠느냐! 그러니 너는 마땅히 너의 혼백을 동쪽 산봉우리에 감추
고 너의 혼령을 북극으로 거두어 들여야 한다. 너는 무슨 자격으로 헛되이
제삿밥을 얻어먹으며 그 많은 제물들을 희생시키느냐! 나 적인걸은 천자
의 명을 받아 이 한 귀퉁이를 지키고 있는데, 따를 것은 따르고 바꿀 것은
바꿈에 있어 모두 의거하는 바가 있도다. 내가 이제 사람을 보내 너의 사묘
를 불질러버리고 [사묘 안] 대실을 모두 허물어 버리려 한다. 화려한 휘장
도 없앨 것이니 깃털장식의 장마도 역시 이것들과 함께 연기로 변할 것이
다. 그러니 너는 속히 이곳을 떠나 사람들에게 더 이상 걱정을 끼치지 말라.
이 격문이 도착하면 율령이 떨어진 것과 마찬가지니라."[75]

원래 격문이라는 것은 전쟁을 수행하기 위해 백성들을 징집하거나,
반란세력을 토벌할 때 흔히 사용하는 문서의 형식이다. 그런데 음사를
철폐시키는 일에까지 격문을 지어 포고했다는 것은, 그만큼 강남지역에
서 항우신 숭배가 여전히 위세를 떨치고 있었고, 이로 인해 예기치 못한
저항에 부딪혔음을 암시해 주는 것이다. 예문의 내용에 따르면 적인걸은
역사의 흐름과 천명天命을 어기고, 단지 자신의 역량에만 의지하여 종국
에는 수많은 부하들을 죽음의 수렁으로 몰아넣은 항우의 죄상을 통렬히
비판하고 있다. 이는 민중의 심리 깊숙한 곳에 자리잡고 있을 항우신의
신성한 형상을 훼멸하기 위한 시도일 것이다.

그러나 정부와 관료들의 개혁의지가 아무리 강하다 하더라도, 수백
년의 장시간에 걸쳐 점층적으로 형성된 집체적인 신앙의식을 일순간에
허물어 버린다는 것은 근본적으로 불가능한 일이다. 비록 무측천 시기의
조금은 공포정치에 가까운 듯한 외부적인 정치환경과 교단조직이 거의

---

75) 『吳興掌故集』에서 인용한 「狄仁傑檄」문은 『太平廣記』 卷315에 보인다. 『全唐文』 卷169에
   도 狄仁傑의 「檄告西楚覇王文」이 보이는데 이 역시 이에 근거 수록한 것으로 추정된다.

존재치 않았던 사묘신앙의 내부적인 특성을 함께 고려한다면 적극적이고 조직적인 저항은 발생하기 힘들었을 것 같다. 또한 『신·구당서』나 『자치통감』 같은 전통사료들 역시 이 부분에 관해서는 거의 언급하는 바가 없다. 하지만 필기소설과 지방지를 잘 고찰해 보면, 당시 적인걸이 철폐과정에 곳곳에서 민간의 제소와 반박에 부딪혔던 상황들을 발견할 수 있다. 심지어 항우가 적인걸의 꿈속에 등장하여 꾸짖었다는 고사까지 보인다.

> 내가 바로 서초패왕西楚覇王이다. 당이 건국할 때나 고구려를 정복키 위해 요동원정을 강행했을 때에도, 자주 음병陰兵을 동원해 도와주었거늘 오늘에 이르러 도리어 나의 사묘를 불살라버리니 도대체 어찌된 일인고?

물론 이러한 내용은 그 지역의 항우묘와 직접적인 이해관계가 있었을 묘축들이나 주변인물들이 날조해낸 것이다. 하지만 전반부에 향촌의 부로들이 항우묘[項王廟]를 불사르지 말라고 간곡히 청했다는 기록이 있는 것으로 보아[76] 당시 지역의 유력자들이 주민의 의견을 반영하여 적인걸에게 직접 제소했을 가능성도 배제할 수 없다.

이러한 상황은 항우신 사묘에만 한정 된 것은 아니다. 『광이기廣異記』에 나타나는 설화 역시 비슷한 정황을 묘사하고 있는데, 내용의 일부를 인용해 보면 다음과 같다.

> 고종 때 적인걸은 감찰어사가 되어 강남과 영남지역에서 신사神祠들을 거의 다 불살라버렸는데, 단주에 이르러서는 아주 야만스러운 신귀와 부딪히게 되었다. 인걸은 그의 묘도 불살라버리길 원했지만, 보내는 사람마다 묘

---

76) 원문내용은 다음과 같다: "…父老以項王廟爲請. 仁傑試齋宿於廟中, 夜見偉人, 曰: "吾西楚覇王也, 自國家起義兵及征遼, 吾常以陰兵, 佐之. 今以功獲焚, 奈何?…"[『嘉泰吳興誌』, 4743쪽]

에 들어가면 바로 죽어나오곤 했다. 이에 인걸은 10만 냥의 현상금을 걸고서 능히 묘를 불사를 수 있는 자를 구했는데, 마침 두 명이 나와 모집에 응했다. 인걸이 다시 가서 어떻게 대처할 것인가를 묻자, 오히려 칙첩勅牒을 얻을 수 있겠느냐고 회답했다. 인걸이 칙첩을 주었다. 그들은 칙첩을 가지고 가다가 그 묘에 이르러서는 바로 "칙勅이 하달되었다"라고 소리를 질렀다. 그리곤 들어가서 칙첩을 펼쳐 보여주었는데, 만신蠻神은 더 이상 요동도 못했고, 마침내 신묘를 불질러버릴 수 있었다.[77]

당시 대규모의 음사철폐가 일어난 수공 4년은 고종시기가 아니라 명목상으로는 예종의 통치기간에 속하고, 적인걸 역시 감찰어사가 아니라 강남순무사의 신분으로 철폐사업을 주도했던 점을 고려치 않더라도, 이런 설화적인 성격이 강한 문장에 등장하는 사실들을 완전히 믿을 수는 없다.

그러나 예문에 의하면 정부의 칙첩을 가지고 들어가서 보여주니 묘신이 더 이상 저항을 못하여 마침내 불살라버렸다고 하는데, 전술했던 사례와는 달리 신귀의 세계도 결국은 정부의 통제 하에 자유로울 수 없음을 강조하고 있음을 알 수 있다. 이것으로 보아 이러한 고사는 정부관료들이나 혹은 음사 철폐입장을 지지하는 사인士人들이 만들어냈을 가능성이 매우 높다. 어쨌든 그들이 민간에 구전되던 전설 같은 것을 모아 만들었을 설화에서도, 신묘를 철거하기 위해 파견하는 자들마다 죽음을 면치 못했고, 뒤에 심지어 현상금까지 내걸었다는 내용이 출현하는 것으

---

77) 『太平廣記』 卷298(北京:中華書局, 1961初版), 2371쪽에 보이는 狄仁傑條는 『廣異記』의 내용을 인용한 것으로, 전문의 내용은 다음과 같다: "高宗時, 狄仁傑爲監察禦史, 江嶺神祠焚燒略盡. 至端州, 有蠻神, 仁傑慾燒之, 使人入廟者立死, 仁傑募能焚之者賞錢百千. 時有二人出應募, 仁傑問往復何用, 人云,願得勅牒, 仁傑以牒與之. 其人持往, 至廟便云: "有勅! 因開牒以入, 宣之. 神不復動, 遂焚燒之. 其後, 仁傑還至卞州, 遇見鬼者, 曰: "侍禦後有一蠻神, 云被焚舍, 常慾報復. 仁傑問事竟如何? 見鬼者云: "侍禦方須臺輔, 還有鬼神二十餘人隨從, 彼亦何所能爲, 久之其神還嶺南矣."

로 보아 적인걸이 강남지역의 음사를 철폐시키는 과정 중에 곳곳에서 예기치 못한 저항에 직면했었음을 발견할 수 있다.

일단 적인걸의 음사 철폐조치를 생각하면 우선 1,700여 개소에 이르는 방대한 수치에 압도당하게 되고, 독자들도 정사正史의 입장에 서서 조정이나 적인걸의 결연한 의지 같은 것을 먼저 연상하게 되는 것이 보통이다. 그러나 음사 철폐조치에 대한 강남주민들의 제소와 반항이 이처럼 설화를 통해서 간접적으로 표출되는 것으로 보아, 당시 사묘[淫祠]에서의 신앙행위가 비록 정부로부터 정식의 인가는 얻지 못했지만 기층민중들에게 있어서는 매우 중요한 위상을 차지하고 있었음을 발견할 수 있다. 또한 그들의 실질적인 생활과 긴밀한 관련을 맺고 있었음을 추측해 볼 수 있다. 이는 정부의 음사에 대한 태도가 약간이라도 느슨해지면, 이들 사묘에서의 신앙행위가 언제든지 부활할 수 있음을 보여주는 것이기도 한 것이다.

4. 철폐의 판별기준

역대의 중앙정부나 지방관원들은 음사淫祠를 근절하기 위한 조치를 취할 때, 대부분 음사의 문제점을 '혹민비재惑民費財' 즉 백성을 현혹하고 재산을 갈취하는 행위로 귀결시키고 있다. 적인걸도 주난왕周赧王·초왕 항우楚王項羽·오왕부차吳王夫差·월왕구천越王勾踐·오부개왕吳夫槪王·춘신군 春申君 등 여러 신들을 섬기는 사묘들을 불살라버리기에 앞서 백성들에게 해를 끼치기에 전부 철폐시킨다고[78] 위와 비슷한 이유를 밝히고 있다. 그러나 한 가지 유념해야 할 사실은 철폐의 운명을 면한 하우·오태백·계찰·오자서 등 성현묘 가운데도 이들 음사에 못지않게 민간에 해악을 끼친 사례가 적지 않게 출현한다는 점이다.

우선 『수서』 고려전高勵傳에는 고려가 초주楚州자사를 맡았을 때 "당시 초주성 북쪽에는 오자서묘가 있었는데, 현지의 풍습은 기도를 올릴 때 술과 소를 희생으로 받치게 되어 있어 파산에 이르는 자가 적지 않았다"라고 언급하면서 "자서가 현자이거늘 어찌 백성에게 피해를 미치는가?"라며 한탄하는 내용이 출현한다.79)

또한 『찬이기纂異記』에는 동려문東閭門 서편에 오태백의 사묘가 있었는데, 매해 봄가을로 상인들이 무리를 이끌고 와서 명마·꽃가마·여색 등을 그린 그림을 바쳤다는 내용이 나온다. 사실 이런 것들은 제사의 방법뿐 아니라 무축이 중간에서 경제적으로 잇속을 챙기는 점에 있어서도, 성현묘라고 해서 일반 음사와 크게 다르지 않음을 보여주는 것이다.80)

그렇다면 적인걸이 하우·오태백·계찰·오자서 등 네 종류의 사묘만을 남겨두고 기타 사묘들은 음사로 규정하여 철폐시킨 이유는 도대체 무

---

78) "… 有害於人, 悉除之."〔『隋唐嘉話』(下), 40쪽〕

79) 『隋書』 卷55, 「高勵傳」, 1373쪽.

80) "吳泰伯廟, 在東閭門之西. 每春秋季, 市肆皆率其黨, 合牛醴祈福於三讓王. 多圖善馬·綵輿·女子以獻之. 非其月, 亦無虛日. 乙丑春, 有金銀行首紀合其徒, 以鎖畫美人, 捧胡琴以從, 其貌出於舊繪者, 名美人爲勝兒. 蓋戶牖牆壁會前後所獻者, 無以匹也. 女巫方舞, 有進士劉景復送客之金陵, 置酒於廟之東通波館, 而欠伸思寢, 乃就榻. 方寢, 見紫衣冠者曰: 讓王奉屈. 劉生隨而至廟, 周旋揖讓而坐. 王語劉生曰: 適納一胡琴, 藝甚精而色殊麗, 吾知子善歌, 故奉邀作胡琴一章, 以寵其藝. 初生頗不甘, 命廟人間酒一杯與歌, 逡巡酒至, 并獻酒物, 視之, 乃適館中祖筵者也. 生飮數杯, 醉而作歌. 歌旣成, 劉生乘醉, 落泊草扎而獻. 王尋繹數四, 召勝兒以授之. 王之侍兒有不樂者, 妒色形於坐中, 恃酒以金如意擊勝兒首, 血淋襟袖. 生乃驚起, 明日視繪素果有損痕. 歌今傳於吳中."〔『太平廣記』권280, 劉景復條, 2235~2236쪽. 수당시대에는 이런 폐단이 嶽鎭海瀆이나 산림천택의 신을 제사드리는 국가제사형 사묘와 성현묘에서도 늘 발생한 것 같은데, 이 부분에 관해서는 黃永年의 앞의글, 61~64쪽을 참조할 것.

엇일까? 사실 전대의 정부들은 음사 철폐조치를 강행할 때 음사 여부를
판별하는 기준으로 국가예전이나 예의 내용 가운데 정통 국가제사에 관
해서만 집중적으로 기록한 것으로 여겨지는 사전祀典을 주요근거로 삼았
다. 즉『예기』곡례편에서 나오는 "사전에 기록되지 않은 제사[不在祀典者]"
를 음사로 규정하고 금절해야 할 대상으로 여겼던 것이다. 앞에서 언급
한 바처럼 위 문제는 황초 5년(224)에 "교郊·사社·종묘宗廟·삼진오행三辰五
行·명산대천名山大川 류에 속하지 못하면 사전에 기록될 수 없는데, 사전
에 없는 제사를 드리거나 무사巫師의 말에 따라 함부로 이러한 행위를 할
시에는 좌도죄左道罪로 엄벌에 처한다"[81]는 조령을 내린 바 있다. 진晉 무
제 역시 태시太始 2년(266)에 "사전에 없는 제사는 모두 없앤다"[82]는 명령을,
북주北周의 무제 역시 "예전에 기재되지 않은 것은 금하고 없애야 한다"는
명령을 각각 내린 바 있다.[83]

　　그러나 정사에서는 적인걸이 도대체 어떤 기준에 의거해 음사들을
철폐시킨 것인지에 관해 구체적으로 언급하고 있지 않다. 다만『가태오
흥지嘉泰吳興志』에 보이는『오흥기吳興記』는 "唐狄仁傑承制, 應天下神廟, 非典禮
者, 悉除之"[84]라고 명확히 기록하고 있는데, 이는 적인걸이 전통제도를 계
승하여 천하의 신묘 가운데 예전[典禮]에 없는 것을 철폐대상으로 삼았음
을 알려주는 것이다. 즉 당대 초기까지는『예기』곡례曲禮편에 나오는 '부
재사전자不在祀典者'의 규정이 여전히 음사철폐의 원칙처럼 준수되었음을
보여주는 것이다.

　　이밖에『예기』제법祭法편에 보이는 "…法施於民則祀之, 以死勤事則祀之,

---

81)『三國志』卷2,「文帝紀」, 84쪽.
82)『晉書』卷19, 601쪽.
83)『周書』卷5, 84쪽.
84)『嘉泰吳興志』, 4743쪽.

以勞定國則祀之…"의 개념도 위진남북조 이래로 점차 음사여부를 판별하는 주요한 기준의 하나로 정립되어 갔다. 송 무제는 영초永初 2년(421)에 음사철폐를 명하며 선현과 백성들에게 공덕을 베푼 자의 묘는 예외로 한다는 말을 덧붙인 바 있고, 당시의 지방관들 역시 음사를 근절시키는 정책을 수행하며 유공덕자의 사묘는 오히려 개수해 주는 조치를 취하곤 했다.[85]

이렇게 볼 때 적인걸이 강남의 음사들을 철저히 분훼시키면서도 하우·오태백·계찰·오자서 등의 성현묘만은 보호해 준 것은 결코 우연한 일이 아니며, 기본적으로 이러한 전통관념들을 계승하고 있음을 알 수 있다. 즉 적인걸이 음사를 철폐한 외형적인 이유는 비록 음사가 백성들에게 해악을 끼쳤기 때문이라지만, 실질적으로는 사묘가 국가예전에 들어 있는 정통제사인가의 문제와 묘신廟神의 생전행적이 백성의 교화에 도움이 되겠는가의 유교적인 관념이 음사 여부를 판별하는 결정적인 단서임을 발견할 수 있는 것이다.

물론 위의 사실 가운데 '백성들에게 공덕이 있는 자'라는 말 자체가 지극히 추상적이고, 이들에 대한 '성현제사聖賢祭祀'라는 것 역시 당대 초기까지는 예전에 정식으로 편입되지 않았다는 점은 좀더 심도있게 고찰해 볼 필요가 있다. 북위 효문제 태화 16년(492)에 성현제사에 관한 획기적인 조령이 선포되었고, 수대에 이르면 성현제사의 정기화가 이루어지게 되었지만 당의 『정관례貞觀禮』에 이르기까지도 성현제사는 정식으로 예전에 편입되지 못했다. 앞 장에서 언급한 바처럼 현경 2년(657)에 이르러서야 허경종許敬宗이 선대제왕의 제사를 예전에 포함시킬 것을 주장하는 상주를 올림으로써 비로소 예전에 반영되게 되었다.[86]

---

85) 『宋書』 卷3, 57쪽 : 『魏書』 卷53, 1176쪽.
86) 『舊唐書』, 禮儀四, 915쪽.

사실 『현경례』 역시 선대제왕에 대한 제사만이 포함시켰을 뿐 현신賢
臣의 제사는 당시까지만 해도 선제先帝들을 배사配祀하는 지위에 머물렀을
뿐이다. 그러나 주목할 만한 점은 이후 당 조정의 성현제사에 대한 관심
이 급증한다는 점이다. 개원 7년(719)에 반포된 사령祠令에서는 황제가 순수
할 때 만약 거가가 성왕이나 명신·장상의 사묘를 통과하게 되면 해당
주의 장관을 파견해 제사를 드려야 한다고 규정했는데, 이는 당조가 현
신이나 장상차원의 사묘에까지 독립적인 제사를 규정한 첫번째의 법령
이라고 볼 수 있다.[87]

또한 천보연간 일련의 개혁을 거쳐 천보7재에는 역대 창업제왕이 왕조
의 기초를 닦은 땅에 아직까지도 사묘가 없는 곳과 충신·의사·효부·열
녀 가운데 덕행이 높은 자에게도 역시 사묘를 세워줄 것을 명령하였다. 특
히 주목할 만한 것은 구체적으로 12인의 개국지군開國之君, 16인의 충신, 8인
의 의사, 7인의 효부, 14인의 열녀의 명단과 입묘지점·제사례의 등에 대해
서도 상세한 규정을 선포하였다는 점이다.[88] 정부가 주동적으로 충신·의
사·효부·열녀의 차원까지 사묘를 건립해 주고 제사예의를 규정한 것은
사상 처음으로 보여지는 사례로서 이 조령詔令은 국가차원뿐 아니라 민간
차원의 사묘신앙 전개에 있어서도 상당히 중요한 의의를 지닌다.

아무튼 적인걸이 불사르지 않고 남겨둔 사묘의 묘신廟神인 하우·오
태백·계찰도 천보7재의 조령에 의해 각각 개국지군·충신·의사의 명단
에 속하게 되었고, 이들 세 성현에 관한 제사 역시 국가의 합법적인 정사
正祀로서 공식적인 인정을 받게 되었다. 이것은 기본적으로 당대 초기 이

---

87) 영휘연간에 반포된 황제순수에 관계된 祠令에는 명산대천류와 관계된 제사만이 나타
   나고 성왕·명신·장상의 묘에 관한 규정은 아직 언급되지 않고 있다.[『開元七年祠令』, 池
   田溫 編輯代表, 『唐令拾遺補訂』(東京大學出版會, 1997), 498쪽]
88) 『舊唐書』, 「玄宗本紀」, 222쪽.

래 국가와 사인들의 이들에 대한 역사적인 평가를 반영하고 있다고 볼
수 있다. 다만 오자서는 포폄이 엇갈리는 탓인지 이때에는 충신·의사의
반열에 진입하지 못하였다. 그러나 오자서묘는 앞서 언급한 바처럼 비단
적인걸의 음사 철폐조치에서 뿐 아니라 당대 전시기에 걸쳐 국가제사에
상응하는 높은 대우를 받았다.

이밖에 당대 사인士人들도 오자서에 대해 대체적으로 긍정적인 평가
를 내렸던 것으로 여겨지는데, 일부의 폄하에 대해 이선이李善夷 같은 사
람은 "자서는 〔오吳의 신하가 아니라〕주周의 신하이기에 군君은 위에 있을
따름이다. 천天을 속이지 않았으므로 충忠이라 할 수 있고, 또한 아비를
위해 복수했으니 효孝라 할 수 있지 않은가. 충효를 모두 갖췄는데 어찌
제사를 드리지 않을 수 있겠는가?"[89]라며 칭송을 아끼지 않은 바 있다.

이렇게 볼 때 적인걸의 음사 철폐과정에 있어 이들 네 종류의 사묘가
살아남을 수 있었던 것은 단순히 적인걸 한 사람의 주관적 견해에서 나
온 것이 아니라, 당시 국가예제의 진전과 지식계의 여론취향이 반영된
것이라고 볼 수 있다.

5. 철폐조치의 실효와 민간 사묘신앙의 전개

앞에서 살펴본 바에 의하면 역대 중국의 정부는 음사 철폐조치를 내
릴 때마다 음사가 백성을 미혹시키고 재산을 탕진케 한다는 폐단을 강하

---

89) 『全唐文』, 卷829, 「重修伍員廟」, 8743~8744쪽.

게 비판하고 있다. 하지만 이는 정부측의 시각으로 본 일방적인 견해일
수 있다. 사실 고대중국 사회에 있어서 기층의 민중들은 일상의 생활 가
운데, 노역勞役과 지조地租의 부담으로부터 거의 자유로울 수 없었고, 부족
한 의료시설과 잦은 자연재해의 위험에 항시 노출되어 있었다.

또한 향촌공동체의 상층에는 백성의 입장을 헤아리는 관료들보다는
탐관오리가 횡행하는 경우가 더 많아 정작 이들이 곤경에 직면할 때에는
이를 해결할 수 있는 실질적인 통로가 거의 존재하지 못했다. 이 때문에
그들은 빈곤·질병·사망 혹은 억울함 등의 고통에 처하게 되면 할 수 없
이 사묘를 찾아 독백을 하듯이 묘신에게 고백과 청원을 하면서 정신적인
스트레스를 해결했는지도 모른다. 이러한 심리적인 안위작용 이외에도
사묘의 제사권역이 점차 확대됨에 따라 같은 묘신을 섬긴다는 동질감으
로 인해 공동체 내부에서 정신적인 유대관계가 형성되었을 가능성 또한
부정할 수 없는데, 이런 것들이 바로 사묘신앙의 드러나지 않는 긍정적
인 면이라고 볼 수 있다.

물론 적인걸은 불과 이 개월 남짓한 짧은 임기 중에 강남지역에서만
1,700여 개소의 음사를 커다란 물의없이 철폐시킴으로써 정부측의 입장
에서 보면 소기의 목적을 달성했다고도 볼 수 있다. 하지만 신앙이라는
것은 인간의 심성心性 깊숙이 각인되어 있는 것으로, 단지 일회적인 행정
조치에 의해 쉽게 제거되는 것이 아니다. 그러므로 일단 적인걸이 다른
직위로 옮겨가게 되면서 이미 불살라진 음사들도 때로는 원래의 모습으
로, 때로는 방호防護의 가면을 쓴 조금은 변질된 모습으로 다시 강남사회
에 나타나게 되었다.

그 중에도 매우 아이러니컬한 사실은 음사철폐의 주도자이자 당시
멀쩡하게 살아 있던 적인걸狄仁傑을 묘신으로 숭배하는 생사生祠가 위주魏

州지역에서 출현했다는 점이다. 당시 그의 선정을 그리워하던 위주주민들이 그를 칭송하는 비문을 세워 선정에 감사하는 기록을 남긴 것도 모자라, 결국은 살아 있는 자의 사묘(生祠)까지 세워 숭배하게 된 것이다.[90] 이렇게 볼 때 적인걸이 주도한 사상 미증유의 대규모 음사 철폐조치 역시 그 실효성은 일시적으로 제한되었을 뿐이라고 말할 수 있다.

그러나 적인걸의 조치가 예제의 보급과 민간 사묘신앙의 전개향방에 미친 파급효과는 결코 홀시할 수 없다. 우선 주목할 만한 것은 적인걸이 수공 4년에 추진한 대규모의 음사 철폐조치가 마치 전설처럼 사인들의 입에 전해져, 후대의 관료들이 음사에 대처하는 하나의 전범처럼 자리매김하게 되었다는 점이다. 당대 중앙과 지방의 관료들이 지역문화를 통제하고 유가의 예악문화禮樂文化를 보급하는 단서가 되었을 뿐 아니라, 송대 이후의 사인들에게 지대한 영향을 미쳐 적인걸의 유업을 이어 음사를 금지하고 유가이념에 부합하는 정사正祠를 보급하는 것을 가장 중요한 교화의 수단으로 중시하게 된 것이다. 송대의 저명한 이학자理學者인 정이程頤가 지방관으로 부임하려는 제자 범공보范公甫와 나눈 대화는 이런 점에서 주목할 가치가 있는데, 여기 그 내용을 인용해 보면 다음과 같다:

범공보范公甫가 하청河淸현위에 부임하려 할 때, 〔스승께〕 여쭈었다: 묻기를 "관직에 부임하여 3일이 되면 사묘들을 알현해야 한다고 하는데 어떻게 해야 합니까?" 답하기를 "사직이나 전대 성왕의 묘처럼 정통적인 것은 알현해야 한다. 기타 선현·선철先哲의 묘 역시 마땅히 알현해야 한다." 묻기를

---

90) 이 사실은 『舊唐書』 狄仁傑傳과 『元和郡縣圖志』 448쪽에 보이는데, 『구당서』는 그의 아들인 景暉가 魏州에서 司功參軍을 맡았을 때, 재물을 탐하고 백성들을 괴롭혀 주민들이 사묘를 허물어 버렸다고 전한다. 그러나 『太平廣記』 卷313, 「狄仁傑祠」 부분에 보이는 내용에 근거하면 狄仁傑祠는 뒤에 다시 중건되어 후당시기까지 여전히 존재했던 것으로 사료된다.

"그렇다면 성황의 묘도 알현해야 합니까?" 답하기를 "성황은 예전에 있는 것이 아니다. 토지의 신에는 다만 사직이 있을 뿐이다. 어찌 토지의 신이 또 있을 수 있겠는가?" 묻기를 "다만 그 수가 많아 두렵습니다." 답하기를 "당조의 적인걸은 강절江浙에서 음사를 1,700여 개소나 철폐하였는데, 오태 백吳太伯과 오자서伍子胥 두 종류의 묘만을 남겨두었을 뿐이다. 오늘에 이르러 사람들이 그리 하지 못하는 것을 시대가 다르기 때문이라고 말들 하지만, 실은 결코 그렇지 않다. 다만 적인걸과 같은 인물이 없기 때문이다. 사실 당시 오자서의 묘를 남겨두었다는 것도 부당하다"[91] 하였다.

이밖에 『청명집淸明集』에 의하면 호석벽胡石壁 역시 「비칙액자병앙분훼非勅額者幷仰焚毁」에서 "… 적인걸이 1,800여 개소의 음사를 모두 불살라버리고 네 종류의 사묘만을 남겨놓았는데, …관직에 오른 자가 어찌 이를 유념치 않을 수 있겠는가?"[92]라고 밝힌 바 있다. 적인걸이 강남에서 행한 음사 철폐조치가 후세 관료들의 모범이 되었고, 또한 음사에 대한 규제 자체도 후대 관료들의 중요한 시정방안 중의 하나로 확립되고 있음을 보여주는 것이다.

두번째로 우리가 생각해야 할 문제는 적인걸의 음사 철폐조치가 이후 사묘신앙 자체의 전개방향에 구체적인 영향을 미쳤다는 점이다. 이에 대해 앞에서 잠시 실례로 들었던 『무석지無錫志』동해신랑왕사東海信郞土祠의 "…唐垂拱年間, 爲狄仁傑所毁, 後易以土祠爲名, 今尙存…" 구절은 주목할

---

91) 程頤·程顥, 『河南程氏遺書』(『二程全書』권22상), 13b쪽에 수록된 원문의 내용은 다음과 같다. "范公甫將赴河淸尉, 問: 到官三日, 例須謁廟, 如何? 曰: 正者謁之如社稷及先聖是也, 其他占先賢哲亦當謁之. 又問: 城隍當謁否, 曰: 城隍不典, 土地之神, 社稷而已, 何得更有土地邪? 又問: 只恐駭衆爾, 曰:唐狄仁傑廢江浙間淫祠千七百處, 所存惟吳大伯, 伍子胥二廟爾. 今人做不得, 以謂時不同, 是誠不然.只是無狄仁傑耳. 當時子胥存之亦無謂."

92) 『名公書判淸明集』卷14 : 胡石壁, 「非勅額者幷仰焚毁」, 541쪽 : 『無錫志』, 2249쪽.

만한 가치가 있다. 대략 "원래 있던 사묘가 적인걸에 의해 철폐되었기에,
앞으로 또다시 닥칠지 모를 철폐의 화살을 피하면서 새로운 활로를 모색
코자 마치 토지신을 모시는 사묘처럼 묘의 이름을 토사土祠라 개명했고,
이로 인해 송대에까지도 명맥을 유지할 수 있었다"고 해석할 수 있다. 이
와 비슷한 사례는『함순비릉지咸淳毗陵志』에도 출현하는데 "당대 수공연간
에 적인걸이 강남의 음사들을 근절시킬 때 함께 철폐되었다. 지금은 혜
산惠山 아래에 토신사土神祠라는 곳이 있는데, 훼멸된 장소에 다시 세워진
것으로 이름도 바꾸었다"[93]는 내용이 확인된다.

　사실 토지라는 것은 고대인에게 있어서는 종종 신격화되어 신앙대상
이 되기도 했다. 특히 농업국가적 성격이 강했던 고대 중화제국은 토지
에 대한 숭배를 국가차원으로까지 끌어들여 정통성을 부여한 바 있다.
사묘의 무축들은 바로 이 점을 이용해 토사 혹은 토신사로 가장하게 된
것이다.

　현재까지도 중국인이 거주하는 기층공동체에는 토지공묘土地公廟 혹
은 복덕궁福德宮이라 불리는 작은 지역수호신의 사묘가 곳곳에 자리잡고
있다. 같은 토지신이지만 고대의 사신社神숭배와는 완전히 다른 성격을
갖고 있는 토지공 신앙이 위진남북조·수당시대를 거치면서 서서히 자리
잡게 된 데에는 실은 이처럼 정부측의 음사에 강제 철폐조치가 모종의
역할을 했던 것이다.

　이밖에 철폐 후 재출현하는 과정에서 역시 정사正祠의 이미지가 강했
던 성현묘로 가장한 사묘들도 적지 않다. 또한 일부 사묘들이 당시 점차
지역신적 성격을 갖추며 상당히 빠른 속도로 발전하던 성황묘의 형태로

---

93)『咸淳毗陵志』, 3076쪽.

전이된 경우도 발견된다. 또한 불사의 부속신으로 들어가는 방법을 통해 음사에 대한 박해를 피했던 경우도 사료에 종종 등장한다. 이런 추세는 민간 사묘신앙의 발전향방에 결정적인 영향을 미칠 뿐 아니라, 적인걸 일개인의 음사 철폐조치보다는 당대 말기까지 지속적으로 전개된 다른 음사 철폐사건들과 함께 다루는 것이 전모를 파악하는 데 유리하다고 여겨지기에 다음 장에서 상세히 논하도록 하겠다.

6. 맺음말

위에서 살펴본 바에 따르면 한대 말기에서 위진남북조에 이르는 시기는 중국의 정신문명 전개에 있어 상당히 중요한 위치를 차지하는데, 특히 종교-신앙적인 측면에서 많은 변화가 일어나게 된다. 그 중에서도 일반적으로 학자들이 공감하는 가장 주목할 만한 변화는 도교와 불교의 약진이라고 볼 수 있다. 그러나 도道·불佛의 발전과 더불어 홀시할 수 없는 신앙적 변화는 촌락의 곳곳에 사묘들이 세워지고 이를 근거지로 한 제신숭배가 이 시기를 전후로 폭발적으로 발전하기 시작한다는 점이다.

서두에서 언급했지만 예제의 가장 중요한 사명은 황제가 천명에 의해 지상을 통치하고 있음을 확실히 증명해 주고, 또한 그를 중심으로 한 조정의 권력을 신성화하는 것이다. 만약 민간에서 임의로 신귀세계神鬼世界와 교류하는 행위가 발생하게 되면 조정의 권위를 위협할 수 있기 때문에 이를 통제할 필요성을 느끼게 되는 것이다. 오례 가운데 국가제사와 관계된 길례吉禮를 항상 으뜸으로 여기고, 또한 예제의 추진과 음사의 철폐가 거의 동시에 언급되는 것도 실은 이러한 이유 때문인 것이다.

역대 음사 철폐조치 가운데 인구에 회자하는 가장 유명한 사례로 수공 4년(688)에 적인걸狄仁傑이 강남지역에서 주도한 개혁을 들 수 있다. 불과 2개월 남짓한 기간 동안에 무려 1,700여 개소의 음사가 불살라졌고 후대에 이르러서도 음사철폐의 전범처럼 사인들에 의해 칭송되었다. 사실 수대에서 당대 전기에 이르는 기간은 중앙정부가 통일정국에 어울리는 통치이념과 문화적 동질감을 구축키 위해 고도의 관심을 기울이는 시기로서 유가이념의 근간인 경전해석이 통일되고, 가치규범이자 통치규범으로서의 성격을 지닌 예제와 율령도 고대 이래의 발전을 완성하게 된다.

이러한 자신감을 바탕으로 당조는 한말·위진 이래 개발이 진척되며 중요성이 점증되던 강남지역의 통속문화에 대해서도 개혁의 칼날을 댈 수 있었다. 국가예전에 포함되지 않거나 적어도 유가의 제사이념에 부합하지 않는 모든 음사를 분훼하게 되었고, 아울러 유가적 문화의식을 통해 강남을 위시한 전체 기층민들의 교화를 꾀하게 된 것이다.

마침 이 시기에 권력의 정점에 서 있던 무측천은 황제의 권좌로 향하는 과정 속에서, 통치권위의 정당성을 확보하기 위해 교사·종묘·명당·봉선 등 유교국가의 전통 국가제사를 적극적으로 활용하고 있었다. 그런데 국가제사 즉 정사正祠의 맞은편에는 민간신앙의 세계 즉 음사淫祠의 세계가 존재하고 있어 기층민들의 정신세계에 커다란 영향력을 발휘하고 있었던 것이다. 무측천으로서는 음사에 대한 규제조치를 취함으로써 천명을 받아 통치하는 예제의 실행자적 성격을 강화할 수 있을 뿐 아니라 이를 통해 기층의 정신세계를 통제할 수 있었다.

　적인걸의 음사 철폐활동은 단시간 내에 이루어졌고 이와 관련된 사료도 매우 적은 편이지만, 그렇다고 해서 음사 철폐과정이 전반적으로 순탄했던 것만은 아니다. 적인걸의 수하로 짐작되는 실질적인 주도세력들이 음사를 불살라버리는 과정에 죽음을 당했다는 설화도 등장하고, 현상금을 내거는 사례까지 출현하는 것으로 보아 당시 음사방면의 저항도 만만치 않았던 것 같다. 또한 일부 지방지에는 부로를 위시한 지방의 유력자들이 해당지역에서 숭배되던 사묘의 신앙적 순수성을 주장하며 화를 면하기 위해 청원하는 내용까지 출현한다. 이것은 당시에 있어 사묘신앙祠廟信仰이 이미 기층민중의 정신생활에 있어 상당히 중요한 역할을 할 정도로 성장하였고 향촌공동체와 끈끈하게 얽혀 있었음을 간접적으로 시사해 주는 것이라고 볼 수 있다.

　신앙이라는 것은 강렬한 생명력을 지니고 있기 때문에 단지 일회적인 조치에 의해 쉽게 제거될 수 있는 것이 아니다. 이런 까닭에 적인걸이 다른 직위로 옮겨가게 되면서 외면적으로 잠시 몸을 숨겼던 민간의 사묘들은 얼마 되지 않아 다시 활동을 재개했을 것으로 추정된다. 당대 후기에 이르기까지 강남지역의 음사에 대한 철폐조치가 부단히 출현하는 것은 바로 이 점을 반증해 준다고 볼 수 있다.

　더군다나 송대에 이르면 도교와 불교의 영향력이 당대와 비교할 때 상대적으로 쇠미해지고, 음사라 일컬었던 사묘신앙이 오히려 크게 번성하는 경향을 보인다. 이러한 장기적인 추세를 감안한다면 고대 통일제국의 통치이념과 규범체계의 완성을 기반으로 당조에 의해 지속적으로 추진되었던 음사에 대한 철폐조치는 민간의 사묘신앙을 근절시키는 데는 별다른 영향력을 발휘하지 못한 것 같다.

　그러나 음사 철폐조치는 사묘신앙의 전반적인 발전향방에 대해서는

상당한 영향을 주었는데, 우선 적인걸의 음사 철폐행위 자체가 하나의
고전처럼 전승되어 후대 사인士人들에게 있어서는 음사철폐라는 자체가
마치 지방관이 반드시 행해야 하는 시정방안의 하나인 것처럼 자리잡게
되었다.

또한 국가가 직접 음사들의 철폐를 주도하게 됨에 따라 민간의 음사
들도 재출현하는 과정에서 국가가 원하는 기준 즉 적어도 예禮의 원리에
부합하는 형태로 발전하게 되었다. 토지신 숭배를 모방하는 토신사土神祠
가 등장하거나, 성현묘를 가장하는 사묘가 급증하는 추세 등이 바로 이
러한 음사 철폐조치의 여파로 인해 발생한 변화이다. 물론 정부측에서는
급팽창하는 사묘신앙을 통제하기 위해 새로운 대책을 강구하게 된다. 이
렇듯 국가예제와 민간신앙과의 관계는 일방적인 관계가 아니라 상호 영
향을 주며 발전하는 관계로서 현재에까지 왕성한 생명력을 보여주고 있
는 사묘신앙은 바로 이러한 과정을 통해 신앙으로서의 특색을 갖추게 되
었다.

제4장
당 후기의 음사 철폐활동과 민간신앙의 전개
이덕유의 사례를 중심으로

1. 머리말

앞 장에서는 당대 측천정권하에서 단행된 적인걸狄仁傑의 음사 철폐조치를 살펴보았다. 사건이 발생한 수공垂拱 4년(688)은 측천무후가 황제의 보좌에 오르기 위해 총력을 기울이던 시기이다. 측천무후는 선천적으로 결여된 통치의 정당성을 강구하기 위해 온갖 의례와 상징적인 행위를 총동원했다. 필자는 이러한 시기적인 특징과 측천무후와 적인걸과의 관계를 검토하여 '전통예제의 수호자'를 자처한 측천무후가 '예제禮制'라는 유교국가의 문화적 기준을 통해 강남사회의 민간문화를 표준화하려 했던 시도로 파악하였다.

물론 측천이 이처럼 예제를 중시하게 된 것은 일종의 시대적 특징으로 파악할 수 있는데, 수·당 통일제국이 건립된 이후 황제와 관료들은 '법法'과 더불어 '예禮'를 국가와 사회의 준칙으로 중시하고, 지속적인 토론을 통해 향후에까지 지대한 영향력을 발휘하게 되는 예전禮典을 완성하게

되었다. 이렇게 볼 때 당조는 고전적 통치이념의 완결성이 정점에 이른
다는 점에서 고대제국의 완성적 면모를 보여준다. 소홀히 할 수 변화는
이제 '강남江南'이라고 하는 주변지역이 점차 경제적인 핵심구역으로 성
장하면서 장기적으로 형성된 광대한 중국 남방의 문화적 특성이 정부의
시각을 자극할 정도로 불거지기 시작했다는 점이다. 이 점에서 적인걸의
음사철폐는 예제문화를 통한 강남의 종교-신앙에 대한 단속이라고 볼 수
있겠다.

하지만 철폐과정이 순탄치만은 않았다. 국가의 입장에서는 사묘를
비례非禮의 의미로 음사라고 멸시했지만, 지역사묘의 철폐를 막기 위해
부로父老들까지 직접 나섰고, 무축巫祝과 기층민들의 거친 저항을 암시하
는 내용이 곳곳에서 발견된다. 이를 보면 사묘신앙이 당시 강남지역 사
회에 있어서 지역민의 유대관계와 일상생활에 있어서 적지 않은 영향력
을 미쳤음은 쉽게 추정해 볼 수 있다.

이 장에서는 우선 당대에 벌어진 음사 철폐사건을 전반적으로 살펴
봄으로써 장기적인 관점에서 당대 음사철폐가 지니는 일반적인 특징을
도출해 보도록 하겠다. 두번째로는 장경長慶 2년(822)에 단행된 이덕유李德裕
의 사례를 중심으로 당대 후반기 음사철폐에 보이는 변화상을 분석해 보
겠다. 당시 윤주潤州·소주蘇州·호주湖州·상주常州 등 절서4군浙西四郡 지역
에서 1,010여 개소의 음사를 철폐했던 이 사건1)은 적인걸의 조치와 더불
어 민간신앙에 대한 모범적인 교화정책으로 후세 사인들에 의해 칭송된
바 있다. 우선 이 사건에 대한 원인분석을 통해 당시 절서지역이 안고
있던 문제와 지역사회에 있어서 사묘의 역할, 그리고 음사철폐를 주도한

---

1) 이덕유의 음사 철폐조치에 대해서는 『舊唐書』 卷174와 『新唐書』 卷180의 이덕유열전과
『李德裕文集』을 일차자료로 이용할 수 있다.

정부권력의 의도에 대해서도 살펴보겠다. 다음으로 점차 개방적인 경향을 보여주던 정부차원의 사묘정책과 민간사묘의 전면적 확산이 음사에 대한 인식과 대처방안에 어떤 변화를 주었는지 고찰해 보겠다. 마지막으로 당대 음사철폐에 대한 전반적인 검토를 통해 음사 철폐활동이 중국 민간신앙의 전개방향에 미친 영향력에 대해 집중적으로 고찰해 보겠다.

2. 당대 음사 철폐활동의 전개

1) 당대 음사 철폐활동의 전개와 그 특색

앞서 언급한 바와 같이 당대 들어 음사와 관련된 첫번째 조칙이 내려진 것은 무덕武德 9년(626)의 일로서 '현무문玄武門의 변'을 통해 황위에 오른 태종에 의해 하달되었다. "민간에서는 마음대로 요신妖神을 세울 수 없으니, 함부로 음사淫祠를 설립해 예禮에 어긋나게 기도를 올리는 것을 모두 금지한다"[2]는 내용이다. 이 조령이 시행으로 옮겨졌는지는 관련사료의 부족으로 알 수 없지만, 할거세력의 미해결로 정국이 여전히 불안했던

---

2) 『舊唐書』卷2, 31쪽에 보이는 내용을 살펴보면 다음과 같다: "壬子, 詔私家不得輒立妖神, 妄設淫祀, 非禮祠禱, 一皆禁絶. 其龜易五兆之外, 諸雜占卜, 亦皆停斷." 『新唐書』卷2, 27쪽에 보이는 내용도 거의 유사하다. 다만 『자치통감』의 기록은 약간의 차이를 보이는데 '淫祠' 대신 '妖祠'라고 칭했다. 권192, 唐紀8, 高祖 武德9年, 6023쪽에 보이는 내용은 다음과 같다: "民間不得妄立妖祠, 自非卜筮正術, 其於雜占, 悉從禁絶."

점을 감안할 때3) 예에 어긋난 신앙행위를 음사로 규정하고 단속을 시도
했다는 점이 매우 주목된다.

당은 건국 이래 예제禮制의 가치를 중시하여 황망한 시점에도 수대의
『개황례開皇禮』에 따라 사령祠令·상장령喪葬令·의복령衣服令 등 기본적인 규
정을 구비했는데, 조령에서 지칭하는 예는 아마도 『개황례』에 해당될 것
으로 추정된다.4) 이는 형제를 주살하고 즉위한 통치자로서 사이비적인
사회풍속에 대한 금절禁絶을 선포함으로써 정통예제의 계승자이자 실행
자의 모습을 과시하려는 당 태종의 정치적인 의도가 내재된 듯하다. 음
사에 대한 근절이 포고된 다음 달부터는 공신들과 협조자들에 대한 대대
적인 작위하사가 이어졌고, 연말에는 형도刑徒들의 죄상을 일일이 친히
조사하는 모습을 보이기도 했다. 비정상적으로 제위에 오른 황제가 등극
의 당위성을 강조하기 위해 시도한 일련의 정치적 행위로 추정된다.5)

당대 최초로 음사철폐가 구체적인 행동으로 옮겨진 사례로는 고종
영휘永徽 4년(653)에 건주建州자사인 장문종張文琮에 의해 단행된 철폐사업을
들 수 있다.6) 복건지역은 사천·절강과 함께 현재도 민간신앙이 가장 활
발하게 전개되고 있는 지역이다. 장문종은 이곳 건주주민들이 음사를 맹
신하던 풍속을 비판하고 지방차원의 국가제사에 있어서 가장 핵심이라
할 수 있는 사직社稷제사의 시행을 적극적으로 추진하였다.7)

---

3) 당조는 정관 2년(628) 梁師都의 세력이 완전히 평정된 뒤에야 唐은 비로소 안정기에
  접어들게 되었다.

4) 高明士, 「論武德到貞觀禮的成立-唐朝立國政策之硏究之一」(『第二屆國際唐代學術會議論文集』),
  2쪽.

5) 『舊唐書』卷2, 31~32쪽.

6) 張文琮은 郁賢皓, 『唐刺史考』(南京:江蘇古籍出版社, 1985), 1912~1913쪽. 음사 철폐활동을
  벌였던 주 자사들의 임기는 대부분 위의 책을 참조하였음.

7) 『舊唐書』卷85, 「張文琮傳」, 2816쪽에 보이는 상기 원문의 내용은 다음과 같다: "春秋二

당대 초기까지 복건일대는 인구가 많지 않아 주州라고는 건주에 하나가 설치되었을 뿐이었다. 하지만 장문종이 음사철폐를 단행하는 고종과 측천무후 시기를 거치며 복주福州·천주泉州·장주漳州 세 주가 설치되었다. 또한 개원 24년에는 정주汀州에도 주치州治가 추가됨으로써 다섯 주로 늘어나게 된다. 개원연간에 이르면 인구의 증가속도는 더욱 현저하게 나타나는데 정관연간에 비해 무려 6.1배나 늘어났다.[8] 이렇게 볼 때 장문종의 음사철폐는 바로 복건의 지역개발이 본격화되는 시기에 당시 중심지였던 건주에서 이루어졌다는 점에서 음사철폐가 강남개발과 긴밀한 관련을 맺고 있음을 시사해 준다.

수공 4년(688)에 적인걸狄仁傑에 의해 강남전역에서 시행된 음사철폐는 이미 앞 장에서 상술했기 때문에 여기서는 다루지 않겠다.

적인걸 이후에도 적지 않은 지방관들이 강남각지에서 음사를 근절하기위한 행동을 부단히 전개해 갔다. 현종 개원 17년(729)에는 방주房州자사 위경준韋景俊이 산남동도 방주일대에서 음사철폐를 단행했다. 방주일대는 산곡을 끼고 있어서 당시까지도 여전히 만이蠻夷의 풍습과 섞여 있었다고 한다. 이런 까닭에 현지주민들은 음사를 숭상하고 아직까지 유교식의 관학이 세워지지 않았는데, 이에 위경준은 음사를 철폐함과 아울러 학교를 건립하고 공거貢擧를 시행했다는 기록이 남아 있다.[9]

덕종 정원貞元 10년부터 12년까지(794~796) 우적于頔은 소주蘇州자사로 재직하면서 역시 음사철폐를 단행한 바 있다. 당시 소주주민들은 음사에 현

社, 蓋本爲農, 惟獨此州, 廢而不立, 禮典旣闕, 風俗何觀?…"이 내용은 『冊府元龜』卷680, 8161쪽에도 보임.

8) 개원연간에 5주의 호구수를 합하면 10만 8,991호로 늘어나게 된다. 凍國棟, 『中國人口史 (二)』(上海: 夏旦大學出版社, 2002), 259쪽 참조.

9) 『舊唐書』卷185, 「韋景俊傳」, 4797~4798쪽 ; 『新唐書』卷197, 「韋景俊傳」, 5627쪽.

혹되어 병이 나면 곧바로 사묘로 달려갔다. 심지어는 생업마저 돌보지 않는지라 우적은 오태백吳太伯과 오자서伍子胥와 같은 성현류의 몇몇 사묘를 제외하고는 모두 철거했다고 한다.10)

같은 덕종 정원 12년부터 18년(796~802)까지 회남도 여주廬州에서 자사刺史를 역임했던 나항羅珦도 병에 걸리면 의원이나 약방을 찾기보다는 음사에만 매달리던 현지풍습을 개탄하고, 모든 음사를 근절함과 아울러 학교를 세움으로써 장기적인 교화정책을 시도하였다.11)

헌종 원화元和 9년(814)에 상서 형부낭중을 하다가 도주道州자사로 내려간 설경회薛景晦 역시 초나라 이래로 오랫동안 귀신을 숭상해 온 현지풍속을 혐오하였다. 그 가운데 비정신묘鼻亭神廟를 부수고는 신상神像을 강물에 내동댕이쳤다고 한다. 아마도 비정신묘가 당시 현지에서 상당한 위세를 떨쳤던 것 같다.12) 설경회는 음사를 철폐하는 데 그치지 않고 원화 10년(815)에는 이곳의 문선왕묘文宣王廟에서 유교의 비조인 공자께 올리는 석전례를 거행하였다.

도주지역의 문묘가 이때 처음으로 세워졌는지는 확실하지 않다. 하지만 유종원은 「도주문선왕묘비道州文宣王廟碑」에 경사京師의 태학太學으로부터 도주처럼 편벽한 주읍州邑에 이르기까지 공자에 대한 석전의례가 거행되었다고 감격스러워하는 비문을 남긴 바 있다.13) 설경회의 음사 철폐활

---

10) 『舊唐書』 卷156, 「于頔傳」, 2887쪽 : 『新唐書』 卷172, 「于頔傳」, 5199쪽.

11) 『新唐書』 卷197, 「羅珦傳」, 5628쪽.

12) 표의 예문에 보이는 바처럼, 『柳宗元集』 권28, 「道州毀鼻亭神記」(北京:中華書局, 1979)에는 "元和九年, 河東薛公由刑部郞中刺道州"라는 말만 출현할 뿐 河東薛公이 누군지에 관해서는 언급되지 않고 있다. 그런데 『新唐書』, 「藝文志三」: "薛景晦, 『古今集驗方』 十卷"의 주는 설경회가 바로 元和연간에 형부낭중에서 道州刺史로 좌천된 자임을 밝히고 있다.["元和刑部郞中, 貶道州刺史"] 또한 권164의 贊 부분에는 "道州刺史薛伯高"라는 내용이 출현하고 있다. 이에 관해서는 郁賢皓, 앞의 책, 1987쪽 참조.

동이 단지 묘우를 철거하는 차원에 그치지 않고 역시 유교예제를 통한 교화를 최종적인 목표로 삼고 있었음을 분명하게 반영해 주는 것이다.

선종宣宗 대중 3년부터 5년까지(849~851) 영남嶺南절도사로 재직했던 위정관韋正貫 역시 남방주민들의 지나친 귀신숭배 습속을 개혁하기 위해 경내의 음사들을 훼멸한 바 있다. 그 역시 지방관의 입장에서 주민들에 대한 부단한 교화를 통해 중원식의 일원화된 문화통합을 추진하였다.14) 사실 이렇게 정사正史에서 전하는 음사 철폐사례들은 비교적 규모가 큰 경우일 것이고, 이밖에 다수의 지방관들에 의해 소규모의 음사 철폐행동이 무수히 진행되었을 것으로 추정된다.

이상에서 당대 전대에 걸쳐 시행된 음사 철폐조치를 개략적으로 살펴보았다. 7세기 초부터 9세기 중반까지 중앙과 지방에서 연면히 지속된 음사 철폐활동을 통해 다음과 같은 몇 가지 특징을 도출해낼 수 있다. 우선 무엇보다도 음사 철폐활동이 대부분 강남지역에서 진행되었다는 점이 주목된다. 영휘연간에 장문종이 현 복건지역의 북서부에 위치하는 강남동도 건주에서 음사철폐를 단행한 이래 적인걸은 강남전역에서, 우적과 이덕유는 강남동도의 절서지역에서, 위경회는 강남서도의 도주에서 나향은 회남의 여주에서 그리고 위정관은 최남단인 영남의 광주에서 각각 음사철폐를 진행하였다.

개원연간에 위경준이 음사철폐를 진행한 산남동도가 여타지역에 비해 일찍부터 어느 정도 중원문화의 영향을 받았을 내륙에 위치하고 있다. 하지만 방주지역은 무당산武當山 남부의 산록에 위치하고 있어서 이곳에

---

13) "儒師河東薛公伯高由尚書刑部郞中爲道州, 明年二月丁亥, 公用牲幣, 祭於先聖文宣王之廟.… 夫子之祀, 爰自京師太學, 徧于州邑."[『柳宗元集』 권5, 「道州文宣王廟碑」, 120~121쪽]
14) 『新唐書』 卷158, 「韋正貫傳」, 4937쪽.

서도 매우 편벽한 지방이었다. 『구당서』 위경준열전에도 당시 방주는 산골짜기에 걸쳐 있어서 만이蠻夷의 풍속에 물들어 있었다고 기재하고 있다. 이런 까닭에 정관연간의 조사된 호구수가 4,533호 정도에 불과했는데, 주목되는 것은 위경준이 음사철폐를 단행하는 당 현종 개원연간에는 1만 4,431호 정도로 3배 이상 증가하게 된다는 점이다. 앞서 건주의 사례에서도 확인했지만 본격적으로 개발이 진척되고 인구가 늘어나면서 장기적으로 침전되며 형성되었을 현지의 습속들이 하나둘 표면으로 부상되었던 것이다. 이런 까닭에 음사철폐는 분명히 강남과 제국 내부로 점차 확산되는 '지역개발'과 긴밀한 관련을 맺고 있는 것이다.

두번째로 당대 음사철폐에 있어서 주목되는 점은 음사를 금절한 뒤 동시에 교화를 추진하고 있다는 점이다. 단순한 행정가뿐 아니라 유교이념의 전파자로서 장기적으로 교화의 임무를 훈련받은 조정관료들에게 있어서 새롭게 부상하는 지방적인 습속 가운데 무엇보다도 눈을 자극하는 것은 아마도 이질적인 종교-신앙이었을 것이다. 물론 현지의 그리고 기층의 시각으로 관찰한다면 이러한 풍속은 분명히 지역의 고유문화이고, 영혼을 위안하는 정신적 안식처이며 지역민들이 함께 만나 인적유대가 형성되는 일상생활의 광장이었을 것이다.

하지만 조정에서 파견된 유교관료들에게는 광기어린 미신이자 한심한 누습으로 비추어졌을 뿐이다. 이런 까닭에 지방관료들은 음사를 철폐하고는 대동소이하게 국가제사와 학교의 보급을 추진한 것이다. 장문종은 지역제사의 핵이라 할 수 있는 지방 사직제사의 시행을 위해 노력하였고, 이덕유는 성현제사를 받들었으며, 위경준과 나향은 학교를 건립하였다. 설경회는 문묘에서 석전례를 시행하였다.

뒷장에서 상술하겠지만 당대 학교가 묘학일체廟學一體의 구조로 강학

과 석전례釋奠禮라는 두 기능을 수행했다는 점과 사직과 석전례가 지방
국가제사의 핵심이라는 사실을 감안한다면 이들의 행위는 모두 예제의
확산을 통한 교화의 추진으로 귀결할 수 있는 것이다. 앞서 예로든 유종
원이 쓴 「도주문선왕묘비」에는 원화 10년(815) 2월의 정해일丁亥日에 석전례
를 거행했다는 기사가 발견된다.15) 『당육전唐六典』이나 『대당개원례 大唐開
元禮』에서 공자에 대한 석전의례의 시행일을 중춘상정일仲春上丁日로 규정
하고 있는 사실을 근거하면 당시 지방관료들이 중앙의 준칙에 근거하여
예제를 시행 보급하고 있었음을 확인할 수 있다.16)

마지막으로 지적할 수 있는 것은 당대의 음사철폐가 주 자사刺史를 중
심으로 이루어졌다는 점이다. 사례에 보이듯이 중앙차원에서 전개된 적
인걸 음사철폐를 제외하고는 모든 철폐조치가 자사들에 의해 집행되었
다. 송대에는 음사철폐가 주 단위뿐 아니라 기층의 현縣 단위까지 확산되
는 사례가 현저하게 증가한다.17) 일례로 진종 경덕景德연간(1004~1007)에 복
주 고전현古田縣의 현령이었던 이감李堪은 현지에서 무려 315개소의 음사
를 철거한 바 있다.18)

이러한 추세는 당 후반기 이후 사묘 자체의 지속적인 양적 팽창을 반
영하는 것일 뿐 아니라 국가권력에 의해 입안된 교화정책이 기층단위까
지 더욱 철저하게 침투되고 있음을 반영해 주는 것이다.

---

15) 『柳宗元集』 권5, 「道州文宣王廟碑」, 120~121쪽.
16) 『唐六典』, 「尙書禮部祠部郎中條」(北京: 中華書局, 1992), 122쪽.
17) 송대에는 현 단위에서 음사철폐나 禁巫를 단행하는 조치가 적지 않게 출현한다. 몇
   가지 실례를 들어보면 李惟淸은 夔州路 涪陵縣에서(『宋史』 卷267, 「李惟淸傳」), 蒲師道는 永
   興軍路 高陵縣에서(『端明集』 卷39), 上官均은 복건로 邵武軍 光澤縣(『宋史』 권355, 「上官均
   傳」), 陸元珍은 浙東 臺州 寧海縣에서(『渭南文集』 卷32) 각기 음사철폐나 무격 금지조치를
   시행한 바 있다.
18) 『淳熙三山志』 卷9, 「公廨」, 7877쪽.

다음 장에서는 목종穆宗시기에 추진된 이덕유의 음사 철폐조치를 중심으로 지역사회와 음사의 관계, 당 후반기 음사에 대한 인식의 변화 등에 대해 살펴보겠다. 이해를 돕기 위해 당대에 시행된 음사 철폐조치를 표로 정리해 보면 다음과 같다.

〔표 1〕 당대 음사철폐 관련조령 및 사례

재위황제 및 시간	주도 관원	장소	조령 및 사례의 내용	근거자료
太宗 武德9년 (626)			詔: "民間不得妄立妖祠. 自非卜筮正術, 其於雜占, 悉從禁絕"	通鑑 권192 舊紀 권2, 30쪽
高宗 永徽4년 (653)	張文琮	江南 東道 建州	出爲建州刺史. 州境素尙淫祠, 不修社稷, 文琮下敎書曰: "春秋二社, 蓋本爲農, 惟獨此州, 廢而不立, 禮典旣闕, 風俗何觀? 近年以來, 由多不熟, 抑不祭先農所效乎! 神在於敬, 何以邀福" 於是示其節限條制, 百姓欣而行之.	舊傳 권85, 2816쪽 冊府元龜 권680, 8161쪽
武則天 垂拱4년 (688)	狄仁傑	江南	〔仁傑〕入拜冬官侍郞, 持節江南巡撫使. 吳·楚俗多淫祠, 仁傑一禁止, 凡毁千七百房, 止留夏禹·吳太伯·季札·伍員四祠而已.	新傳 권115, 4208쪽 舊傳 권39, 2887쪽
玄宗 開元17년 (729)	韋景俊	山南 東道 房州	〔開元〕十七年, 遷房州刺史. 州帶山谷, 俗參蠻夷, 好淫祀而不修學校. 景俊使開貢擧, 悉除淫祀.	舊傳 권185, 4797~98쪽 新傳 권197, 5627쪽
德宗 貞元10~12년 (794~796)	于頔	江南 東道 蘇州	改蘇州刺史… 吳俗事鬼, 頔疾其淫祀廢生業, 神宇皆撤去, 唯吳太伯·伍員等三數廟存焉.	舊傳 권156, 4129쪽 新傳 권172, 5199쪽
德宗 貞元12~18년 (796~802)	羅珦	淮南道 廬州	擢廬州刺史. 民間病者, 捨醫藥, 禱淫祀, 珦下令止之. 修學官, 政敎簡易, 有芝草·白雀.	新傳 권197, 5628쪽
憲宗 元和9년 (814)	薛景晦 (伯高)	江南 西道 道州	鼻亭神象祠也. 不知何自始立. 因而, 勿除完而恒新相傳, 且千歲. 元和九年, 河東薛公由刑部郞中刺道州. 除穢革邪, 敷和於下… 於是, 撤其屋, 墟其地, 沈其主於江, 公又懼楚俗之尙鬼, 而	『柳河東集』 권28, 「道州毁鼻亭神記」

			難諭也, 乃徧告於人曰: "吾聞, 鬼神不歆非類." 又曰: "淫祀無福"… 斥一祠, 而二敎興焉. 明罰行於鬼神, 愷悌達於蠻夷. 不惟禁淫祀黜非類而已, 願爲記以刻山石, 俾知敎之首.	
穆宗 (822~)	李德裕	江南 東道 浙西 四郡	九月, 出德裕爲浙西觀察使… 德裕壯年得位, 銳於布政, 凡舊俗之害民者, 悉革其弊. 江·嶺之間信巫祝, 惑鬼怪, 有父母兄弟癘疾者, 擧室棄之而去. 德裕欲變其風, 擇鄕人之有識者, 諭之以言, 繩之以法, 數年之間, 弊風頓革, 按方志前代名臣賢后則祠之, 四郡之內, 除淫祠一千一十所. 又罷私邑山房一千四百六十, 以淸寇盜. 人樂其政, 優詔嘉之.	舊傳 권174, 4511쪽
宣宗 (849~851)	韋正貫	嶺南道 廣州	俄擢嶺南節度使… 南方風俗右鬼, 正貫毁淫祠, 敎民勿妄祈.	新傳 권158, 4937쪽

2) 이덕유의 음사 철폐활동

당대 후반기의 음사 철폐조치 가운데 규모로 보나 내용으로 보나 가장 주목을 끄는 것은 이덕유李德裕의 음사 철폐활동이다. 당대 후기의 정치현안이었던 우이당쟁牛李黨爭의 핵심인물인 그는 반대파의 영수 가운데 한 명인 이봉길李逢吉이 우승유牛僧儒를 재상직에 올리기 위해 고의로 배제함으로써 목종 장경長慶 2년 9월 윤주潤州자사 겸 절서浙西관찰사로 임명되었다. 그는 적인걸이 강남 전역에서 음사철폐를 단행한 지 130여 년, 그리고 우적于頔이 근처 소주蘇州에서 음사를 철폐한 지 30년쯤 되던 그 해(822) 12월부터 절서지역의 네 주에서만 1,115개소의 음사를 철폐시켰다.[19] 『구당서』 열전에 보이는 내용을 들어보면 다음과 같다.

---

19) 『舊唐書』 卷174와 『新唐書』 卷180 이덕유열전에서는 각각 1,110 개소 혹은 1천여 개소

〔장경 2년〕 9월 이덕유가 절서관찰사에 임명되었다.… 이덕유는 장년시절에 이미 벼슬길에 올라 정사를 올바로 펼치는 일에 뜻을 굳힌지라. 무릇 옛 습속 가운데 백성들에게 해가되는 폐단은 일일이 제거했다. 강남에서 영남에 이르는 지역은 〔예부터〕 무축을 굳게 섬기고 귀신에 쉽게 현혹되어 부모·형제 중에 병자라도 생기면 집안 전재산을 들고 가서 탕진하곤 했다. 덕유는 이러한 누습을 바꿔보고자. 향인들 가운데 유식한 자들을 선발해 때로는 그들을 통해 말로 깨우쳤고 때로는 법으로 바로잡기도 하면서 수년에 걸쳐 점진적으로 누습을 개혁해 갔다. 당시 군내의 사묘중에 방지方志에 의거해서 전대의 명신名臣과 현후賢后의 묘우에는 제사를 올렸고. 4군 내의 1,010여 개소의 음사는 폐지시켰다. 또한 사읍私邑과 산방山房 1,460개소도 철폐했으니 도적의 무리들이 깨끗이 정리되었다. 주민들이 그의 정치를 칭송하여 상을 내려 권면하였다.20)

이덕유의 음사 폐지조치는 유교문화의 전파자로 충실히 훈련된 지방관이 지역적 통속문화를 교화해 간 모범적인 사례로 이해할 수 있다. 이처럼 절서지역이 음사철폐의 중심지로 떠오른 배경을 구체적으로 살펴보면 일단 경제적인 부분에서 접근할 수 있다. 사실 경제적인 측면도 대략 두 부분으로 나누어 분석할 수 있는데, 우선 이 지역이 강남개발의 중심지로 부상하고 있던 장기적인 추세와 긴밀한 관련을 맺고 있다.

주지하다시피 오吳·월越 지역은 예부터 샤머니즘적 전통이 강해서 『수서』 지리지에서도 "귀신을 숭배하고 음사를 좋아한다"고 기록된 바 있고 앞서 본 바와 같이 역대 음사 철폐활동도 이 지역에 집중되어 왔다. 중원

의 음사를 철거했다고 되어 있는데 반해, 『舊唐書』卷16. 穆宗本紀에는 "12월 절서관찰사 이덕유가 관내 음사 1,115개소를 철거했다는 상주를 올렸다"고 기록되어 있다. 『李德裕文集校箋』(石家庄:河北教育出版社, 2000)에 보이는 '禱祝論'에도 1,115개소를 철폐시켰다고 명기되어 있다.

20) 『舊唐書』卷174. 「이덕유전」. 4511쪽.

과는 대별되는 이러한 이질적인 신앙적 특색은 강남개발이 가속화되고
국가경제에 있어 차지하는 비중이 증대되면서 수면위로 부상하여 정부
나 고지식한 유가사인들의 이목을 자극하게 되었던 것이다.

사실 위진남북조 이래로 강남지역의 중요성은 점차 대두되었지만 국
가의 생존이라는 전반적인 측면에서 고려할 때 당대 전기까지는 여전히
관중關中과 하락河洛지역이 수당정권의 핵심지역으로서의 중요한 위치를
차지하고 있었다. 그러나 당대 중반기 이후에는 강남이 이를 대체하는
추세가 점차 두드러져 갔다. 헌종 원화元和연간(860~820)에 이르면 강남도의
호구수가 이미 전통적인 중심지라 할 수 있는 관내도關內道와 하남도河南道
를 월등히 초과하였다.

농업경제에 있어 생산력을 결정하는 중요한 수치 가운데 하나인 호
구밀도 역시 이 시기에 이르면 강남이 전국 최고로 떠오르게 된다. "천하
의 조세 가운데 강남이 열에 아홉은 점한다"는 한유韓愈의 표현처럼 강남
지역이 당조 재정의 명맥을 좌우하는 핵심지역으로 자리매김을 하게 된
것이다. 이 가운데 당시 이덕유가 음사철폐를 주도한 절서4주로 추정되
는 태호太湖유역의 윤주·상주·소주·호주 지역을 포함하여 당대 절서6
주 전체의 인구변동을 개략적으로 살펴보면 다음 표와 같다.[21]

주·군 / 시대	정관연간	개원연간	천보연간	원화연간
*潤州	25,361	91,635	102,033	55,400
*常州	21,182	96,475	102,631	54,767
*蘇州	11,859	68,093	76,421	100,808
*湖州	14,135	61,133	73,306	43,467
杭州	30,571	84,252	86,258	51,276
睦州	12,064	55,516	54,961	9,054

21) 凍國棟, 앞의 책, 256쪽.

강남지역은 북방에 비해 전란에 적게 노출되어 꾸준히 인구가 증가해왔지만, 개발에 있어서는 여전히 지역별 편차가 있는데 이 가운데 절서지역은 강남에서도 호구가 가장 급속히 증가한 지역이다. 물론 안사의 난 이후 일부지역에서는 일시적으로 호구가 감소하기도 했지만 경제중심지로 성장해 가는 전반적인 추세는 송대까지 이어지게 된다. 특히 소주와 호주의 부상에 대해 백거이白居易는 "현재 국가의 세수 대다수가 강남에서 나오지만, 강남의 여러 주 가운데서도 소주가 최고인데 병력도 적지 않지만 특히 세액이 지대하다"[22]고 표명했다.

고황顧況은 호주에 대해 교통의 중심지이자 차의 집산지일 뿐 아니라, 물산이 풍부한 것이 초楚·월越 지역 최고로서 황하하류 평원도 이제 견줄 수가 없다고 칭송했다.[23] 또한 대시인 두목杜牧도 강회江淮가 국가의 명운을 좌우하는데, 특히 항주杭州는 호구가 10만 호에 이르고 세전도 50만에 달하며[24], 윤주潤州는 물산이 풍부한 데다가 특히 토지가 비옥하다고 예찬했다. 사인들의 묵적에 남아 있듯이 태호유역을 중심으로 하는 절서지역은 이렇게 이주민들이 모여들면서 강남에서도 경제중심지로 급부상하고 있었던 것이다.

북방번진이 반독립적으로 이탈하는 추세를 보이는 가운데 절서지역이 정부의 명운을 좌우하는 핵심지역으로 부각되자 정부는 점차 이 지역에 대한 통제를 강화할 필요성을 느끼게 되었을 것이다. 중앙의 통치이념과 문화적 기준을 통해 지역적 현상을 동화하고 규제함으로써 양자간의 문화적인 동질성을 확보함과 아울러 예상되는 이반현상을 애초에 방

---

22) 朱金城箋校, 『白居易箋校』, 「蘇州刺史謝上表」(上海古籍出版社, 1988).
23) 『文苑英華』 卷801, 「湖州刺史廳壁記」.
24) 杜牧, 『樊川文集』 卷16, 「上宰相求杭州啓」.

지하고자 한 것이다. 사실 관변의 입장에서 여러 수단 가운데 단시간 내에 가장 뚜렷한 성과를 얻을 수 있는 방법은 아마도 이러한 신앙의식의 근거지라 할 수 있는 사묘들을 강제적으로 철폐시키는 것이다.

이러한 장기적인 추세와 더불어 세부적이고 지역적인 요인들도 무시할 수 없다. 특히 주목되는 것은 이덕유가 오기 직전에 윤주지역이 왕국청王國淸의 반란을 겪었다는 점이다. 『구당서』 이덕유열전에서는 819년에서 822년까지 윤주자사를 역임했던 두역직竇易直이 반란을 진압하기 위해 군대의 사기진작을 한답시고 국고를 탕진했다는 이덕유의 볼멘소리가 느껴진다.[25] 이렇게 본다면 당대 중엽 이래 지속적인 발전은 거듭해 왔던 절서4군도 이덕유가 막 부임해 온 시점에는 경제적인 상황이 상당히 악화되어 주민들도 세금으로 인해 적지 않은 압박을 받았을 것으로 추정해 볼 수 있다. 음사와 함께 사읍과 산방 1,460여 개를 거의 동시에 철폐지한 것도 당시 조세와 군역을 피해 출가하는 자들이 적지 않았기 때문일 것이다.

두번째로 이덕유가 음사철폐를 단행하게 된 원인은 질병에 걸리면 가산을 탕진하면서까지 무축들의 신력에만 의존하던 풍속과 관련이 있다. 사실 당시의 의료사정으로는 기층민들이 병환을 얻게 되면, 약방에서 값싼 탕약이나 환약을 구입해 먹는 조치 외에는 별다른 치료방법이 없었다. 결국 촌락에 산재해 있던 크고 작은 사묘를 찾아 신명께 도움을 청했을 것이고, 무축들은 간단한 주술이나 약물을 통해 적지 않은 잇속을 챙겼을 것이다. 향촌사회에서는 무축이 중요한 의료행위를 했을 것인데, 여기서 한 가지 주의해야 할 것은 이덕유뿐만 아니라 음사의 철폐활동을 주도했던 적지 않은 지방관들이 이것을 음사의 문제점으로 공통적으로

---

25) 『舊唐書』 卷174, 「이덕유전」, 4511쪽.

지적하고 있다는 점이다. 송대에 이르면 음사철폐를 주도하면서 동시에
현지주민들에게 의료교육을 실시하는 지방관들의 사례가 출현하기도 한
다.26)

물론 철저한 유가지식인으로 미신이나 금기의식 같은 것에 대해 단
호한 태도를 취해 왔던 이덕유의 개인적 성향도 음사를 철폐시키는 데
일정한 영향을 주었을 것이다. 음사철폐를 단행한 지 4년이 되던 보력寶曆
2년(826) 박주亳州에서는 음복하면 만병을 고칠 수 있다는 '성수聖水'가 발견
되어 일대소동이 발생했다. 각지에서 고질병을 고쳐보겠다고 몰려든 사
람들로 북새통을 이뤘는데, 이덕유는 잠시의 주저도 없이 단호하게 요승
妖僧들이 백성들을 현혹시키기 위해 꾸며낸 사기행위일 뿐이라고 질책하
고 성수가 발견된 샘물 자체를 메워버렸다.27) 그의 성향은『상서론祥瑞論』
에도 잘 드러나는데 "천지만물 가운데 항시 존재하는 것과 다른 특별한
사물이나 현상은, 그것이 외형적으로 아무리 아름답고 고울지라도 반드
시 경계해야 한다.…"28)고 밝힌 바 있다.

천인감응적인 생각에 대해 상당히 회의적인 태도를 견지했는데, 인
간사의 길흉화복이나 국가와 사회의 흥쇠치란興衰治亂도 결국은 천天에 의
해 좌우되는 것이 아니라 인간 스스로가 만들어내는 것이라고 생각했다.

---

26)『宋史』권304,「曹穎叔傳」, 10070쪽에 보이는 내용은 사례로 들면 다음과 같다." 曹穎叔
　　은… 韓琦와 文彦博의 추천에 의해, 夔州路 轉運判官에 임명되었다. 당시 기주와 협주 지
　　역은 음사를 심하게 숭배하여 질병에 걸려도 의원을 찾기보다는 전적으로 신명에만 매
　　달렸는데, 영숙은 이들을 완전히 금절시키고는 주민들에게 의약醫藥의 術을 가르쳤다."
27)『舊唐書』卷174, 4516쪽에 보이는 관련내용은 다음과 같다:"寶曆中, 州雲出聖水, 服之愈
　　宿疾, 亦無一差者. 自洛以來及江西數十郡, 人爭施金貸之衣服以飮焉, 獲利麤萬, 人轉相惑. 李
　　惠裕在浙西, 命於大市集人, 置釜取其水, 設司取猪肉五斤煮, 雲: 若聖水也, 肉當如故. 逡巡熟
　　爛. 自此人悄定, 妖者巡而敗露."이 내용은『新唐書』卷180, 533쪽과 宋 王讜撰・周勛初校證,
　　『唐語林校證』, 3229쪽에도 보임.
28)『全唐文』卷710, 3229쪽.

이는 자연계의 '천'과 인간사회의 '인사'와는 모든 면에 있어서 서로 상관이 없다는 유종원의 견해[29]와도 일맥상통하는 것이다. 맹목적인 천인감응설로부터 이탈하고 있던 당대 후기 사상사의 변화선상에 이덕유가 위치하고 있음을 알 수 있다. 이밖에 130년 전 이 지역에서 음사철폐를 주도했던 적인걸의 영향도 무시할 수 없다. 손광헌孫光憲의『북몽쇄언北夢瑣言』에 의하면 부친인 이길보李吉甫와 무원형武元衡 사이에 재상직을 함께 수행하며 마찰이 자꾸 생기자 이덕유는 무원형武元衡의 증조부인 무재덕武載德이 무측천의 집안 동생이라는 점을 이용하여 부친께 적인걸의 묘를 개수할 것을 청하라고 건의한 바 있다.[30]

물론 이것은 당시 이덕유의 조숙한 정치적 식견과 치열했던 당쟁을 반영해 주는 것이지만, 이를 통해 적인걸이라는 인물이 이덕유의 심중에서 차지하던 비중을 살필 수 있다. 이러한 인물에 대한 학습과 모방의 심리가 적인걸이 강남에서 추진하였던 대규모의 음사 폐지조치를 재현케 한 것은 아닌가 추정해 볼 수 있는 것이다.

3) 당대 후기에 있어서 음사에 대한 인식과 태도의 변화

비교의 관점에서 본다면 적인걸이 중앙에 의해 파견된 임시적인 순

---

29)『柳宗元集』卷3,「時令論」, 85쪽. 사상계에 있어서 이러한 의견들은 당대 후기 통치자의 현실정치에도 어느 정도 반영되는데 헌종과 문종은 각각『禁奏祥瑞及進奇禽異獸詔』와『進奏祥瑞詔』를 통해 祥瑞라는 것은 '虛美推功'하는 것이기에 이에 관한 상주를 불허한다는 명령을 내린 바도 있다. 당대 후기 천인감응에 관한 토론은 張躍,『唐代後期儒學的新趣嚮』(臺北: 文津出版社, 1993), 65~96쪽 참조.
30) 李吉甫爲相, 以武相元衡同列, 事多不協, 每退公, 詞色不懌. 掌武(李德裕)啓白曰: "此出之何難! 乃請修狄梁公廟, 於是武相漸求出鎮, 智計已聞於早成矣."

무사巡撫使의 신분으로 음사 철폐조치를 수행한데 반해 이덕유는 고정적인 절서관찰사라는 입장에서 음사철폐를 주도하였다. 이 때문에 적인걸의 행동은 완전히 중앙의 권위에 의지하여 단기일 내에 추진되어 실행의 범위는 광범위하지만 실질적 행동시간은 불과 2개월 남짓할 따름이다. 이에 반해 이덕유가 절서관찰사를 역임한 기간은 무려 7년여에 이른다. 외형적인 무력수단 외에도 사료에 보이는 바처럼 당시 향촌공동체 내부에서 명망이 있던 재지사인들과 그들의 사회적인 역량을 십분 활용함으로써 더욱 실질적인 효과를 얻었을 것이다.

　이러한 외형적인 차이 외에 더욱 주목할 만한 것은 국가예제와 민간신앙자체의 변화에 따라 음사에 대한 인식과 변별근거에 있어서도 미묘한 차이점을 보여준다는 점이다. 우선적으로 주목되는 것은 적인걸이 하우夏禹와 오태백吳泰伯·오자서伍子胥·계찰季札 등 네 종류의 사묘만을 철폐대상에서 제외시킨 데 반해, 이덕유는 면훼의 범위를 성왕묘聖王廟·명신묘名臣廟·현후묘賢后廟까지 광범위하게 확대 적용했다는 점이다. 사실 이 부분은 현종시기 이후 국가예제가 변화되는 상황의 영향을 받았다고 볼 수 있다.

　앞에서 자세히 언급한 바와 같이 현종시기는 당대 국가제사형 사묘의 전개과정에 있어서 매우 중요한 시기인데, 성왕과 현신제사의 영역에 있어서 제사대상과 제사장소가 확대되는 경향이 명확하게 나타난다. 특히 천보7재에 이르면 정부가 주동적으로 충신忠臣·의사義士·효부孝婦·열녀烈女의 사묘를 건립해 주었고 관련 제사예의도 확정되었다.[31] 물론 적인걸이나 이덕유는 음사를 판별하는 데 있어서 기본적으로 여전히 예기

---

31) "其歷代帝王肇基之處未有祠宇者, 所在各置一廟. 忠臣·義士·孝婦·烈女德行彌高者, 亦置祠宇綴祭."〔『舊唐書』, 「玄宗本紀」, 222쪽〕

곡례편에 보이는 '부재사전자不在祀典者'를 음사로 여기는 관점과『예기』제 법편의 "…法施於民則祀之, 以死勤事則祀之, 以勞定國則祀之, 能禦大菑則祀之, 能旱大患則祀之"의 원칙을 계승하고 있다.

하지만 130년을 사이에 두고 발생한 국가예제의 변화는 이처럼 양자 간의 음사인식에 미묘한 차이는 발생하게 한 것이다. 이처럼 음사에 대 한 해석과 대응태도는 결코 고정 불변하는 것이 아니라 시대환경의 변화 와 통치자의 정책방향, 그리고 이에 따른 지식인들의 예제에 대한 새로 운 해석에 따라 끊임없이 변화되는 것이다

두번째로 음사를 판별하는 인식뿐 아니라 준거에 있어서도 차이가 발생한다는 점은 주목할 만하다. 즉 적인걸이 여전히 국가의 예전禮典(祀典) 을 음사판별의 주요근거로 삼는데 반해 이덕유는 "按方志, 前代名臣·賢后 則祠之, 四郡之內, 除淫祠一千一十所"라는 구문에서 언급하다시피 방지를 음사 여부를 판별하는 준거로 삼게 되었다. 여기서 방지가 과연 송대 이 후 지방지의 사전祀典부분에 해당되는 것인지는 명확치 않다. 주지하다시 피 당대 지방지는『원화군현지元和郡縣志』처럼 일통지의 형식이 주류를 이 룬다. 개별지역에 대한 방지는 송대와 비교하면 여전히 지리방면에 치중 되어 있어 내용이 매우 소략하다.

육광미陸廣微가 찬수했다는『오군지吳郡地』나 당 영태永泰연간(765)에『사 주도경沙洲圖經』을 기초로 증보하여 완성한 것[32]이라고 하는『사주도독부 도경沙州都督府圖經』을 보면 개별적 방지도 서서히 체례體例가 완성되어 가 고 있음을 알 수 있지만 내용은 여전히 제한적이다.

---

32) 池田溫의 고증에 의하면 이 문서는「沙州都督府圖經卷第三」부분에 해당되는데,『沙州 都督府圖經』은 唐 영태연간(765)에 武周 때에 편찬된『沙洲圖經』을 기초로 증보하여 완 성한 것이라고 한다. 여기 보이는「사주도독부도경권제삼」에 관해서는 池田溫의「沙洲 圖經考略」(『榎博士還曆記念東洋史論叢』, 東京:山川出版社, 1975), 36쪽을 참고.

이렇게 볼 때 지방지의 사전부분이라고 확정할 수는 없지만, 적어도 '지방문서' 혹은 '지방의 사전'이라는 점에는 공감할 수 있을 것이다. 이처럼 지방문서를 근거로 음사를 판별하는 것은 호주 오강현吳康縣의 용신을 모시는 '연덕묘淵德廟'와 관련된 기사를 통해서도 확인할 수 있다.[33] 813년에 유예는 이 묘에서 용신께 기우제를 올렸는데, 즉각 효험이 있어 사전祀典에 기록했다고 한다.

물론 여기에서 지칭하는 사전은 중앙차원의 예전이 아니라 지방문서로서의 사전인 것이다. 이러한 사실은 함통연간에 피일휴皮日休가 기록했다는 글에서도 확인되는데 당시 여름 내내 비가 내리지 않아 기우제를 올렸는데 용당龍堂의 용신이 단비를 내려주자 지방관은 감사의 보사報祀만으로는 부족하다며 묘우를 지어주고 신상을 모셨으며 용신의 영험을 사전에 기록하도록 명령했다.[34]

송대에 이르면 지방지에서는 종교신앙과 관련된 부분을 불사·도관·사묘의 세 부분으로 나누고, 만약 '묘신廟神'이 영험을 발휘하여 백성에게 공덕을 베풀거나 이로 인해 국가의 봉호나 편액을 받았을 때에는 상세히 기재했는데, 바로 이러한 기록방식의 단초를 보이는 것으로 사료된다.

이렇게 사묘에 관한 기록이 지방문서에 기록되고 지방문서를 통해 음사 여부를 판명한 것은 당대 후기에 있어 사묘를 중심으로 하는 민간

---

33) 『嘉泰吳興志』, 4745쪽.

34) 『龍堂記』: "…若然者, 龍亦能爲風雨, 見怪物, 則其澤之在民厚矣. 神而祀之, 又宜矣.… 汝南周君爲令之初年, 夏且旱, 禜其神於破山之上, 果雨以應. 君曰: '受其賜, 徒禜以報, 不可也. 於是命工以土木介(初)其像, 爲室以蔭之. 著之於典, 用潔其祀. 於是風雨時, 怪物止, 水旱不爲厲, 連歲以穰. 其神之澤乎, 君之祀乎?'… 日休嘉其爲志在民, 故從之. 咸通十三年二月十九日, 前攝嶺南東道節度巡官, 試秘書省校書郎 皮日休記."[『吳郡圖經續紀』, 652쪽 : 『琴川志』, 1243쪽 : 『吳郡志』, 787쪽]

신앙이 더욱 급속도로 발전하여 국가차원의 예전만으로는 정正·음淫의
분별이 어려워졌다는 점을 반영해 준다는 점에서 중요한 의의를 지닌다.
당대 후기에 국가권력의 사회에 대한 통제력이 점차 쇠약해지는 상황 속
에서 민간에 있어 각양각색의 사묘가 다양한 형태로 증가하게 되었다.
사묘의 수 자체가 늘어나고 때로는 음사가 정사를 가장하고, 정사 자체
도 지극히 민간화되었을 상황하에서 지방상황을 정확히 반영하는 문서
에 근거하여 음사를 철폐하게 되었다는 것은 어쩌면 당연한 일일 것이다.
여기에서 이덕유가 구체적으로 어떻게 음사를 처리했는가를 개략적이나
마 살펴보기 위해 이덕유와 비슷한 시기에 생존했을 것으로 추정되는 조
린趙璘의 『인화록因話錄』에 보이는 관련내용을 언급해 보면 다음과 같다:

> 비록 악해진독嶽海鎭瀆·명산대천名山大川·제왕선현帝王先賢의 사묘라도 세
> 워지지 말아야 할 곳에 세워진 것이나, 전적典籍[祀典]에 없는 것은 음사淫祀
> 이다. 과거의 행적이 생전에 별로 칭송할 만한 공덕을 세우지 못했고, 죽음
> 에 있어서도 별로 장려할 만한 절행節行을 남기지 못했다면 바로 음사인
> 것이다. …요신妖神을 섬기는 음사가 이름도 없이 세워졌을 때 만약 이를
> 안다면 반드시 멀리해야 한다.… 음사라는 것은 마땅해 도끼로 찍어버리고
> 불로 태워버림으로써 어리석은 풍속임을 알려야 하는바, 어찌 또한 이를
> 알현하고 제사를 드릴 수 있겠는가? 신반神飯은 이미 예禮에 규정되어 있어
> 반드시 배수拜受해야 하지만, 그 나머지의 것은 곧 무격지향巫覡之餉이 되는
> 바, 거부하고 없앨 수 있으니 지방관들은 마땅히 이를 지켜야 한다.[35]

---

35) 趙璘, 『因話錄』 卷5, 徵部, 『西京雜記(外21種)』(上海: 古籍出版社, 1991), 497쪽에 수록된 원
   문의 내용은 다음과 같다: "雖嶽海鎭瀆·名山大川·帝王先賢, 不當所立之處, 不在典籍, 則
   淫祠也: 昔之爲人, 生無功德可稱, 死無節行可獎, 則淫祠也, 若妖神淫祠, 無名而設, 苟有識者,
   固當遠之. 淫祠也, 當斧之, 火之, 以示愚俗, 又何謁而祀之哉! 神飯在禮, 宜拜受, 其他則以巫覡
   之餉, 可揮而去也. 爲吏宜鑒之."

당시 조린은 국가제사를 실질적으로 주관하는 사부祠部원외랑과 지역의 행정업무를 총괄하는 자사직을 모두 역임한 바 있어 국가권력 측과 민간의 제사와 신앙풍토 등에 대해 누구보다도 밝았을 것이다. 그런 조린36)이 악해진독·명산대천·제왕선현의 정사일지라도 규정된 장소가 아니거나 사전에 게재되지 않은 것은 음사이기에 "도끼로 찍어버리고, 불살라 버려야한다"는 극단적인 언어까지 동원해 철저한 금절을 주장한 것은 바로 당대 후기 이래 날로 복잡해지는 민간 사묘신앙의 동향을 반영해 주는 것이다. 이러한 상황 속에서 어쩌면 지방차원의 좀더 상세한 음사판별의 기준이 필요함을 예시해 준 내용이라고 볼 수 있다.

이상에서 살펴본 바와 같이 당대에는 적인걸과 이덕유를 위시한 수많은 사인들이 관료들이 국가의 권력에 기대어 음사에 대한 강력한 철폐활동을 전개해 왔다. 그러나 국가의 규제가 완화되면 잠시 몸을 숨겼던 사묘들은 곧 버젓이 고개를 들었다. 흔히 중국신앙사의 전개에 있어 유교와 토착신앙의 재도약기라고 불리는 송대에 이르면 사묘신앙 전성기를 구가하는데, 바로 민간신앙의 생명력을 반영해 준다고 볼 수 있다.

이러한 관점에서 본다면 당대 국가권력에 의해 지속적으로 추진되었던 음사 철폐조치는 사묘신앙의 근절 자체에는 별다른 영향력을 발휘하지 못한 것 같다. 그러나 앞에서 언급한 바와 같이 당대의 음사 철폐사례가 후대 사인들에 의해 모범처럼 여겨지게 되었으며, 음사철폐 자체가 지방관의 시정방안의 하나처럼 자리잡게 되었다. 아울러 민간 사묘신앙 자체의 전개방향에도 커다란 영향을 미치게 되는데 이것은 단지 중국민

---

36) 趙璘은 開成 3년(838)에 진사에 급제해서, 대중연간에는 祠部員外郎과 度支金部郎中을 역임하였고, 뒤에는 衡州자사를 지냈다. 비록 양당서에는 조린의 열전이 없지만, 『등과기록』과 『전당문』 등에서 그의 인생역정을 개략이나마 살펴볼 수 있다.〔卷791, 3673쪽〕

간신앙의 향방뿐 아니라 중국인의 종교신앙관 형성에도 절대적인 관계를 맺고 있기 때문에 주목할 만한 가치가 있다. 이 부분에 대해서는 다음 장에서 집중적으로 토론하도록 하겠다.

3. 음사 철폐조치가 민간 사묘신앙 전개에 미친 영향

앞에서 설명한 바와 같이 음사가 끊임없는 규제에도 불구하고 소멸된 것이 아니라 지속적인 팽창을 거듭했다면, 국가권력의 음사에 대한 지속적인 통제정책이 향후 민간신앙의 전개에 미친 영향은 음사측의 대응과 변화를 통해 찾아볼 수 있을 것이다. 당시 음사의 대응과 변화는 대략 국가에서 정통으로 인정하는 유사한 신앙과 결합하거나 모방하는 형태로 귀결해 볼 수 있는데, 이 장에서는 음사의 성현묘聖賢廟화와 토지묘土地廟화를 중심으로 영향을 고찰해 보겠다.

1) 음사의 성현묘화

주지하다시피 현재까지 중국 각지에 남아 있는 각종 사묘들 가운데 성현묘가 절대다수를 차지한다. 그러나 앞에서 살펴본 바와 같이 국가에서 공식적으로 인정한 정통 성현묘의 수는 의외로 많지 않다. 그럼에도 불구하고 역대정부가 공식적으로 지정했던 장소 외에도 그들의 활동과

관련있는 장소에 끊임없이 대·소 사묘가 건립된 것은 유교국가를 표방
한 역대 중국정부의 성격과 긴밀한 관련을 맺고 있다. 물론 앞에서 언급
한 바처럼 측천정권과 현종시기에 전개되는 예제상의 변화도 성현묘의
확대에 적지 않은 영향을 미쳤을 것이다. 이러한 추세는 성현제사 자체
가 교화라는 목적을 내포하고 있는 까닭에 정부가 비교적 관대한 태도를
취하고 보호했기 때문이다.

　　그러나 이렇게 중앙정부나 지방관 혹은 유가의 이념을 평생의 행동
준칙으로 삼는 사인들이 건립한 성현묘 외에도 몇몇 사료에는 의외로 완
전히 다른 목적에서 설계되고 건립된 성현묘의 형상이 묘사되어 있다.
즉 국가권력이 민간문화에 적극적으로 규제를 가하면서 순수 민간차원
에서 건립된 듯한 묘우들이 철폐의 위기를 모면하고자 유교국가에서 숭
배와 보호의 대상으로 추앙되던 '성현'을 그들의 사묘 내부로 끌어들인
단서를 발견할 수 있다.

　　앞에서도 언급한 바 있지만 동한 말에서 위진남북조에 이르는 시기
는 지방민들에게 정신적인 지주가 되었던 '사社'가 점차 와해되고 세속
화되어 이에 대체되는 새로운 민간의 신기神祇들이 지역 곳곳에 출현하
는 시기이다. 또한 남방지역이 본격적으로 개발됨으로써 이전에 초楚지
역에 있던 각종 민간의 잡신들이 수면위로 부상하는 시기이기도 하다.
이러한 환경 하에서 정부의 예제 정비사업의 일환으로 정사에 대한 규
정이 엄격해 졌고, 이런 연유로 민간음사에 대한 규제 또한 점차 강화되
었다. 이러한 상황 하에서 민간의 음사들이 철폐의 압력을 피해 스스로
국가가 원하는 모습으로 환경에 적응해 갔을 가능성은 매우 높은데, 이
런 점에서 『남제서南齊書』 최조사崔祖思전에 보이는 일부 내용은 주의할
만하다.

[최]조사는 어려서부터 뜻과 기개가 있어 사서史書를 읽기 좋아했다. 처음에 주州의 주부主簿로 임명되었을 때 자사였던 유회진과 요묘堯廟에 가서 신께 제사를 올렸다. 그런데 묘에는 소준蘇峻의 신상神像도 있었다. 회진이 [기이하게 여겨] "요 성인이 잡신과 배열되어 있다니 없애버려야겠소. 어떻소?" 라고 물었다. 조사는 "소준은 오늘날 4대 원흉의 하나로 불립니다"라고 대답했다. 회진은 바로 모든 잡신들을 없애라고 명을 내렸다.[37]

소준은 동진시대에 왕돈을 토벌하는 전투에서 공을 세웠지만, 뒤에 반란을 일으켜 건강까지 점령하여 당시 관료들에게 역적으로 불리던 사람이다. 이런 자가 버젓이 전설상의 성군으로 불리는 요임금과 함께 숭배를 받고 있었다는 것은 상상도 할 수 없는 일일 것이다. 그러나 이처럼 성현묘에 잡신들이 출현하여 성현과 민간잡신이 함께 제사를 받던 상황은 당시 상당히 보편화되었던 것 같다.

당시 이러한 상황은 민간의 설화를 통해서도 확인해 볼 수 있는데, 『태평광기太平廣記』에는 원래 『팔조궁괴록八朝窮怪錄』에 있던 흥미로운 내용이 다음과 같이 기재되어 있다.

제 명제齊明帝 건무建武연간에 소악蕭岳이라는 서생이 비릉毗陵에서 연릉延陵에 있는 계자묘季子廟를 방문하여 배를 멈추고 달빛을 감상하고 있었다. 그때 갑자기 열 예닐곱쯤 됨직한 여자가 서너 명의 시녀를 대동하고 나타났는데, 용모가 가히 절색이었다. 감귤을 소악의 품에 던져 마음이 동하는지라 성명을 물으니 갈씨葛氏라고 대답했다. 소악은 배 안으로 청해 술과 가무를 즐겼다. 주연이 새벽에 이르렀을 때 가겠다고 해서 악은 매우 섭섭하여 배 위에 올라보았는데, 계자묘 앞에서 대여섯 명의 여자들이 서로 웃고

---

37) 『南齊書』, 「崔祖思」. 17쪽.

는 일시에 묘로 들어가 이를 매우 기이하게 여겼다. 다음날이 되어 바로 의관을 갖춰입고 계자묘를 방문했는데, 동쪽 벽에 세번째로 모셔진 여신을 자세히 보니 웃는 게 아닌가. 과연 지난밤의 그녀였고, 좌우의 시녀들 역시 함께 따라왔던 자들이었다. 화상에 '동해고의 신'이라는 표제가 붙어 있었다.[38]

위의 예문내용에 근거하면 당시 연릉의 계자묘에서는 순수한 민간의 여신으로 추정되는 동해고東海姑가 높은 풍격과 빛나는 절개의 대명사처럼 추앙되던 계찰季札을 배사配祀하고 있다. 원래 계찰묘는 동한대에 회계수 제오륜第五倫이 음사철폐를 주도할 때만 해도 철폐의 주요표적 가운데 하나였다. 그러나 점차 정신으로 숭배되어 당대 적인걸이 음사를 철폐시킬 때는 하우夏禹 · 오태백吳太伯 · 오원伍員과 함께 정사로 인정받았고, 천보 연간에 발표된 칙령에서는 계자를 역대 의사로 추존하여 단양군丹陽郡에 묘를 세울 것을 명령한 바 있다.

또한 연릉 서북 9리 지점에 있던 계자의 사묘 역시 대종代宗 대력 14년경(779)에 윤주자사 소정蕭定의 명령에 의해 개수되었다는 점을 볼 때 계찰의 사묘는 당대에는 이미 국가와 사인들에 정통의 지위를 인정받은 것으로 확증할 수 있다.[39] 물론 상기내용은 완전히 전기설화에 속하기에 사건 자체는 전혀 신빙성이 없다고 볼 수 있다. 그러나 적어도 위진남북조 시기에 성현과 민간형 신들이 동일한 묘우에서 광범위하게 숭배되던 상황이 발생한다는 점을 확인해 준다는 점에서 커다란 의의가 있다고 할 수 있다.

물론 민간신앙계의 이러한 경향은 두 방면으로 해석이 가능하다. 우

---

38) 『太平廣記』 권296, 「蕭岳」條(『八朝窮怪錄』을 인용), 2357쪽.

39) 『至順鎭江志』, 2733쪽 : 『咸淳毘陵志』, 3071쪽.

선 원래 국가제사의 요구에 부합했던 성현묘가 점차 세속화되어 순수 민
간신앙적인 성분이 증가했다고 추측할 수 있다. 즉 신주가 점차 민간의
제신들과 결합하고, 신앙의 형태에 있어서도 무축의 개입 등 일련의 외
부적인 요인으로 인해 점차 일반적인 민간음사의 특성을 가지게 된 것이
다. 두번째로는 원래 순수민간형의 사묘에 뒤에 성현의 신위가 부첨되었
을 가능성 또한 배제할 수 없다. 이렇게 본다면 위에서 예로 든 사묘는
원래부터 소준신과 동해고신을 숭봉하던 민간형 묘우였을 가능성이 매
우 높다. 이 시기에 이르러 정부나 지방관이 음사철폐를 단행하는 빈도
가 점차 증가하면서 철폐의 명운을 피하고, 또한 정부나 유가관료의 입
맛에 맞추기 위해 원래 묘신의 전면에 성현신을 배치함으로써 당시 환경
에 적응하려는 자구방안으로도 해석할 수 있다.

　　물론 당대에 이르러 음사 철폐조치가 더욱 잦아지고 대형화되면서
이러한 현상은 더욱 보편화된 것으로 추정된다. 이런 점에서 강남도 월
주 회계현에 위치했던 진시황묘에 관한 기록에 주목해 보고자 하는데 『
가태회계지嘉泰會稽志』에 등장하는 내용을 인용해 보면 다음과 같다.

> 『회계기』에서 말하기를 "시황이 붕어하자 읍인邑人들이 나무에 상像을 조각
> 하여 제사를 올렸고, 하우夏禹에 배식配食했다"라고 했다. 후한의 태수였던
> 왕랑王郞이 신상을 강에 던져버렸는데, 신상이 역류를 타고 다시 올라오는
> 지라 사람들이 괴이하게 여겨 다시금 묘우를 세워 모셨다. 당대에 엽천사葉
> 天師가 이를 불질러 버렸다. 개원 19년(731)에 현위였던 오려吳勵가 사묘를 재
> 건했다. 경력 5년(1045)에 지현이었던 구중사寇中舍가 이를 허물어버리고, 여
> 기에 회차원回車院을 세웠다. 오늘날에도 원 옆에는 여전히 소묘가 존속해
> 있다.40)

　　진시황은 천보7재(747)에 이르러서야 역대 '개국지군'의 명목으로 국가
로부터 정식으로 제사를 받게 되는데, 이사李斯와 왕전王勇을 배신으로 함
양咸陽에 묘우가 설치되었다. 하지만 위에 보이는 진시황묘는 형식적으로
는 제왕묘지만 위치로 보나 "읍인들이 나무에 상을 조각했다"는 기록으
로 보나 민간에서 건립한 사묘임을 틀림없다. 그러나 상기 인용문에서
진시황을 하우에 배식했다는 말은 두 인물의 연계관계를 살펴볼 때 아무
리 봐도 상식에 부합치 않음을 알 수 있다. 여기서 적인걸의 음사 철폐사
건 때 하우묘를 정사正祠로서의 지위를 인정하여 남겨둔 사실[41]은 순수
민간차원에서 건립된 진시황묘가 언제 닥칠지 모를 음사에 대한 박해를
피하기 위해 당 조정으로부터 대표적인 성왕으로 추존된 하우를 영접하
게 한 것이 아닌가 하는 추정을 가능하게 해준다.

　　위 인용문에서 또 한 가지 주목할 만한 부분은 당대에 있어 도교세력
에 의해 분훼된 묘우가 개원 19년에 지방관에 의해 중건되었다는 사실이
다. 당시 적지 않은 지방관들도 음사와 성현묘가 결합된 형태에 대해 반
감을 갖기보다는 이미 습관적으로 적응하여 모신 것은 아닌가 하는 추정
을 가능하게 해준다.

　　당대에 있어 성현묘의 대명사처럼 불리는 하우묘와 민간사묘와 결합
은 신선 혹은 은자를 섬기는 사묘에서도 확인된다. 『가정적성지嘉定赤城志』
에 보이는 내용을 인용해 보면 다음과 같다.

---

40) 『嘉泰會稽志』, 6808쪽.
41) 『新唐書』 卷115, 「狄仁傑傳」, 4208쪽 : 『舊唐書』 卷89, 「狄仁傑傳」, 2887쪽. 이와 관련된
　　내용은 『唐語林校正』 卷3, 「方正」, 489쪽에도 보이는데, 이 조목은 원래 『封氏聞見記』 卷
　　9, 「剛正」에 있던 내용을 옮긴 것임. 『新唐書』, 「狄仁傑傳」은 "[狄仁傑] 入拜冬官侍郎, 持節江
　　南巡撫使. 吳楚多淫祠, 仁傑一禁止, 凡毁千七百房, 止留夏禹・吳太伯・季札・伍員四祠而已"
　　이다.

백학산白鶴山 서편에는 서진의 주청周淸을 제사하는 묘우가 있다. 민간에 전하기를 당시 주청은 온주溫州와 태주台州를 왕래하며 행상을 하고 있었는데, 사람들은 주칠랑周七郎이라 불렀다. 뒤에 임씨녀林氏女를 처로 맞은 뒤에 용으로 화하여 그녀와 함께 사라졌다. 뒤에 그를 팽공서彭公嶼에서 만난 자가 있어 제사를 드리기 시작했다.… 민간에서는 또한 이를 하우묘夏禹廟라 불렀다.[42]

앞에서도 언급한 바 있지만 원래 국가에서 정한 지방제사는 종류가 엄격히 제한되어 그 수가 많지 않다. 그러나 위의 몇몇 사례에 보이는 바와 같이 준국가제사형나 민간형으로 분류할 수 있는 정식인가를 받지 않은 사묘들이 국가제사를 모방하게 됨에 따라 자연히 그 수가 폭증하였다. 앞에서 언급한 바와 같이 조린趙璘이 비록 악해진독·명산대천·제왕선현의 사묘일지라도 국가에서 지정한 장소에 세워진 것이 아니거나 정식으로 사전祀典에 기록된 것이 아닌 것은 음사이므로 철폐해야 한다고 적극적인 어조로 음사에 대한 엄밀한 판별과 강경한 대처를 주장한 것은 모두 이러한 맥락에서 연유하는 것이다.

물론 민간에서 형성된 사묘의 입장에서 본다면 성현의 이름을 빌림으로써 음사로 판정되어 철폐될 운명을 피할 수 있을 뿐 아니라, 정신正神의 권위에 의지하여 다양한 계층의 신도들을 끌어들일 수 있다. 이러한 상황은 송대에 이르러서도 여전히 지속되었는데, 『명공서판청명집名公書判淸明集』의 한 판결문은 참고할 가치가 있다.

개략적인 내용은 작금에 이르러 어리석은 무리들이 마음대로 사묘를 건립하고 신상을 세우는데, 무격이 실제로 받드는 것은 음혼한 귀신으로

---

42) 『嘉定赤城志』, 7521쪽.

민심을 현혹하기 위해 정신의 명호를 빌린다는 것이다. 만세의 공적이
빛나는 하우묘라 할지라도 사묘에 칙액이 없으면 섬기는 신이 무엇이든
가리지 말고 마땅히 불살라버려야 된다고 예리하게 지적하고 있다.[43] 정
신正神은 철폐의 위기를 모면키 위해 명목상으로 모신 것이고, 사묘의 실
질적 운영자인 무축이 떠받드는 것은 음신이라는 것이다.

　당대 이래 국가예제에 있어서 봉호封號와 묘액廟額을 하사하는 제도가
출현하여 송대에 이르면 제도로 확립되는데, 위의 판문 내용에 보이듯이
점차 국가에서 인정하는 묘액이 없으면 사묘에서 앞에 내세운 신이 정신
이든 음신이든 철폐의 대상이 된 것이다. 이렇게 묘액의 유무가 음사 여
부를 판정하는 주요한 근거가 된 부분에 관해서는 주희의『주자어류』를
통해서도 확인되는데, 그는 "주·군의 장관이 되면 마땅해 음사를 철거해
야 되지만, 만일 칙액을 가지고 있으면 함부로 할 수 없다"고 언급한 바
있다.[44]

2) 음사의 토지묘화

　당대에 있어 국가권력의 민간신앙에 대한 개입이 향후 민간신앙의
전개에 미치는 영향은 음사의 토지묘화 과정에 더욱 명확하게 나타나게

---

43) "夏禹爲古帝王, 功被萬世, … 載在祀典, 冠於群神, 齊明盛服, 以承其祭祀. 臨之在上, 質之在
旁, 誰敢侮之. 狄梁公毁淫祠一千八百餘所, 獨存四廟, 禹其一焉, 蓋以彝倫攸叙之功不可忘耳.
當職豈念不到此哉? 但以今世蚩蚩之氓, 知事神之禮, 擅立廟宇, 妄塑形像, 愚夫愚婦, 恣意褻瀆,
女巫男覡, 實祀淫昏之鬼, 以惑民心, 姑假正直之神, 以爲題號. 若今所謂禹廟, 其名雖是, 其實則
非也, 豈可墮於小人之奸哉! 應非敕額, 並仰焚毁, 不問所祀是何鬼神. 仍榜地頭."(『名公書判淸明
集』卷14, 胡石壁, 「非敕額者並仰焚毁」, 541쪽)
44) 朱熹,『朱子語類』卷第3, 「鬼神」, 53쪽: "人做州郡, 須去淫祠. 若繫敕額者, 則爲不可輕去."

된다. 당시 강남도 상주 무석현에는 동해신랑왕사東海信郞王祠라는 사묘가
있었는데, 『무석지』는 우효공虞孝恭이 지은 『남서기』를 인용하여 "…당 수
공연간(685~688)에 적인걸狄仁傑에 의해 분훼되었는데, 뒤에 토사土祠로 묘의
명칭을 바꿔 현재까지 상존한다"45)는 구절이 보인다. 동해신랑왕東海信郞王
을 주신으로 모시는 사묘가 수공연간에 단행된 적인걸의 음사 철폐조치
에 의해 불살라졌기 때문에 앞으로 또다시 닥칠지 모를 철폐의 화살을
피하면서 새로운 활로를 모색코자, 마치 토지신을 숭배하는 사묘처럼 묘
명 자체를 토사土祠로 개명했고, 이로 인해 송대에까지 명맥을 유지할 수
있었다는 내용이다.

앞 장에서 살펴보았지만 『함순비릉지咸淳毘陵志』와 『무석지無錫志』에 보
이는 상주 무석현의 춘신군[황헐]묘에 관한 기록에서도 이와 유사한 상황
이 출현하는데, 그 내용을 살펴보면 다음과 같다.

초나라 공자였던 춘신군 황헐黃歇이 이원李園이라는 자에 의해 살해되자 주
민들이 그의 영혼을 위로하고자 사묘를 세워주었는데, 적인걸이 강남의 음
사들을 근절시킬 때 함께 철폐되었다. 지금은 혜산惠山 아래에 토신사土神祠
라는 곳이 있는데, 훼멸된 장소에 다시 세워진 것으로 이런 까닭으로 이름
도 바꾸었다.46)

당시 춘신군 묘는 소주나 상주 등 강남지역에서 상당히 유행했던 사
묘 가운데 하나로 추정된다. 유속劉餗은 『수당가화隋唐嘉話』에서 적인걸에

---

45) 원문의 내용은 "在無錫縣東, 今其祠廢, 不復痕跡, 後邑人爲立祠. 唐垂拱年間, 爲狄仁傑所
毁, 後易以土祠爲名. 今尙存.…"[『無錫志』, 2249쪽]

46) "在州西惠山下, 卽楚公子黃歇也. 楚孝烈王常以歇爲相, 封於古吳邑. 歇後爲李園所殺, 吳人遂
立祠於其地, 以祀之. 唐垂拱間, 狄仁傑毁江東淫祀, 亦見廢. 今惠山下有土神祠, 卽春申君也. 蓋
爲毁祠置, 故易其名耳."[『咸淳毘陵志』, 3076쪽] 같은 내용이 『無錫志』, 2249쪽에도 보임.

의해 철폐되었던 음사중에도 주난왕周赧王·초왕항우楚王項羽·오왕부차吳王
夫差·월왕구천越王勾踐·오부개왕吳夫槪王·조타趙佗·마원馬援·오환왕吳桓王
묘와 함께 춘신군 묘를 직접적으로 거명한 바 있다.[47]

　이런 까닭에 적지 않은 춘신군 묘가 몇 차례에 걸쳐 분훼의 철퇴를
피할 수 없었을 것으로 추정되는데, 중당시대 시인인 장계張繼 역시 시문
중에 폐허로 변해 버린 춘신군 묘의 처량한 정경을 읊은 바 있다.[48] 그러
나 국가가 음사에 대한 강경한 철폐정책을 시행했다고 해서 일순간에 춘
신군 묘가 강남지역에서 완전히 사라진 것은 당연히 아니다. 위의 예문에
서 살펴본 바와 같이 적지 않은 사묘들은 토지사의 형태로 바꾼다든지
혹은 기타 정신의 명의를 빌리는 방법을 통해 여전히 기층사회에서 숭앙
을 받았다.

　토지라는 것은 고대인에게 있어서는 경제활동의 가장 중요한 자원이
자 생활공간이기에 종종 신격화되어 신앙의 대상이 되었다. 특히 농업
국가적 성격이 강했던 중국에 있어서는 주대 이래로 토지신이 점차 신력
을 증가하여, 기본적으로 농업생산을 보호한다는 토지수호신으로서의
일차적 특징 이외에 때로는 사회적인 활동을 비호해 주고, 각기 다른 사
회계층에 대해서 통제와 조절의 역할까지 담당하는 등 점차 수호신으로
서의 기능까지 수행하게 된다.[49]

　또한 토지에 대한 숭배를 국가차원으로까지 끌어들여 국가제사의 일
부로 삼았는데, 중앙의 사직제사社稷祭祀와 지방의 춘·추 2사二社가 그 대
표적인 예라고 할 수 있다. 이처럼 고대 중국에서는 토지신을 정통제사

---

47) 劉餗撰, 程毅中點校, 『隋唐嘉話』「唐宋史料筆記叢刊本」(北京:中華書局, 1997). 40쪽.

48) "春神祠寸空山裡, 古柏陰陰石泉水, 日暮江南無主人. 彌令過客思公子…"[『全唐詩』卷242,「張
　繼」, 2724쪽]

49) 張鶴泉, 『周代祭祀硏究』(臺北:文津出版社, 1993). 94~98쪽.

로서 받들던 전통이 있었고, 또한 당대에 이르면 지방차원의 사社에 대한 중앙의 관리가 매우 느슨해져 있었기 때문에 사묘의 무축들은 바로 이 점을 이용해 토사土祠 혹은 토신사土神祠로 가장하게 된 것이다.

물론 여기서 우리는 토지신앙이 국가제사화되면서, 특히 교사제도의 일부로 편입되면서 인격신적인 특징보다는 추상적인 신격이 강조된다는 점을 의문으로 제기할 수 있을 것이다. 즉 인격신적 성격이 강한 음사가 어떻게 제단祭壇에서 거행하는 토지신과 결합이 이루어질 수 있겠는가 하는 점이다. 그러나 행정조직과 밀접하게 연계되어있던 '사社'가 한대 이래로 기층의 행정조직인 '이里'로부터 점차 분리되었고, 사신의 신성 자체에도 변화가 일어난다는 점은 주목할 만하다.

지방차원의 '사'에서 봉사奉祀하는 대상은 이미 존귀한 신격을 상실하고 점차 친밀하게 세속화된 사공社公의 모습으로 변해 가거나50), 혹은 더욱 저급한 사귀社鬼51)의 모습으로까지 추락하여 무축도 손쉽게 주무를 수 있는 대상처럼 변하는 현상까지 발생했다.52) 이뿐 아니라 한대 이후에는 각지의 민간에서 현지의 영향력있는 인물들을 사제社祭의 숭배대상으로 삼거나 직접적으로 특정한 인물을 숭배하기 위해 '사'를 세우는 상황도 발생했다. 예를 들면 『태평어람太平御覽』 권532의 사직조는 『진류풍속전陳留風俗傳』을 인용하여 "진평陳平은 젊어서 '사'의 하재下宰였는데, 지금에 이르러서는 백성들이 위패를 세우고 제사를 모셨다"53)라 언급하고 있다.

---

50) 『禮記』, 「郊特性」: "社祭土而主陰氣也" 부분에 대해 疏는 "오늘날의 사람들은 社神을 社公이라 일컫는다〔今人謂社神爲社公〕"고 언급하고 있다.

51) 『漢書』 卷99, 「王莽傳(下)」: "分敕城中諸獄囚, 皆授兵, 殺豨, 飮其血, 與誓曰有不爲新室者, 社鬼記之."

52) 『後漢書』, 「方術列傳」·「費長房傳」에는 費長房이 神仙術을 배워 중병을 치유할 뿐 아니라 귀신들을 견책하고 社公조차 쫓아낼 수 있었다고 기재하고 있다〔遂能醫療重病, 鞭笞百鬼, 驅使社公〕. 당시 이런 社神의 신격변화에 대해서는 寧可의 「漢代的社」, 9쪽을 참조함.

이밖에 백성들에게 공덕이 있는 인물들을 사신社神께 배사하는 경우도 출현한다. 『진서晉書』 육운전陸雲傳에도 "백성들이 그리워하여 그의 형상을 그려서 현사縣社에서 배사했다"는 내용이 출현한다.54) 이러한 사실들은 후대에 민간에서 사묘를 세우던 상황과 매우 흡사한데, 필자는 이처럼 백성들에게 긍정적인 영향력을 발휘한 인물을 사신社神께 배사하거나 그들을 위해 직접적으로 '사'를 세워주던 상황이 한말·위진 이래 민간에서 폭넓게 전개된 입묘활동과 밀접한 관련이 있을 것으로 추정한 바 있다.55)

그런데 이렇게 이미 민간화되기 시작한 '사'조직의 사신社神이 점차 인격신적인 형상으로 변화하게 된다는 점과 더불어 더욱 시선을 끄는 것은 당대 이르러 국가차원에서 실행이 추진된 지방제사에 있어서도 이러한 변화의 조짐이 발견되기 시작한다는 점이다. 주지하다시피 당대 정기적으로 거행된 지방제사의 핵심은 역시 주·현의 사직과 석전제사이다. 이밖에 『당육전唐六典』에서는 언급되지 않았지만, 영휘연간에 반포된 사령祠令과 『대당개원례大唐開元禮』에 "제신사諸神祠 역시 소사에 준한다"56)는 내용이 출현하는 것으로 보아 우사雨師·풍백風伯·뇌신雷神57)에 대한 제신제사

---

53) 『太平御覽』卷532, 「社稷」은 『陳留風俗傳』을 인용하여 다음과 같이 언급하고 있다: "少
爲社下宰, 今民祀其位."

54) 『晉書』, 「陸雲傳」: "出補浚儀令, … 去官, 百姓追思之圖畵其形象, 配祀縣社."

55) 졸고, 「地方祭祀體系와 民間信仰의 관계-唐代를 중심으로」, 『中國史硏究』 제19집, 2002,
8), 95~96쪽.

56) '永徽祠令'에서는 "令州縣社稷·釋奠及諸神祠, 亦准爲小祀"라 했고, 『大唐開元禮』에서는
"州縣社稷·釋奠及諸神祠, 並同小祀"라고 언급하고 있다.

57) 당대의 諸神祭祀에는 원래는 風師와 雨師만이 포함되어 있었으나 『大唐郊祀錄』에 의
하면, 天寶5載(746)에 雷神제사가 첨가되었다. 이밖에 岳·鎭·海·瀆, 山·林·川·澤 등의 자
연신 제사도 지방제사에 포함되지만 각각의 소재지에서 행하기 때문에 전국단위의 지
방제사로 볼 수는 없다.

역시 지방제사의 일부로 간주할 수 있다.

돈황문서 P.2005호는 당시 사주沙州에서 지방제사가 실시된 것을 공간적으로 증명해 준다는 측면에서 주목할 가치가 있다.58) 이 문서에는 당시 주학州學·현학縣學과 주·현 단위의 사직단, 그리고 토지신·풍백신·우사신·요신祆神 등 네 종류 잡신묘의 소재위치가 명확하게 기재되어 있다. 기존 제사체계와의 차이점은 우선 사소잡신四所雜神조에 '풍백신風伯神'과 '우사신雨師神' 외에 '토지신土地神'과 '요신'이 새롭게 편입된 것이 주목된다.

이 가운데 본문의 내용과 직접적인 관련이 있는 부분은 토지신의 지방제사 편입이다. 특히 후반부에 등장하는 "집을 세우고 신주의 화상을 그렸다[立舍畵神主]"는 내용은 이제까지 단제壇祭의 형식으로 진행되던 지방제사에 변화가 발생되었다는 점에서 의미가 있다.59) 사실 화상과 묘우가 출현했다는 자체도 토지신이 묘사가 가능한 구체적 형상을 지닌 존재로 변모했고, 아울러 인간이 생활하는 장소와 유사한 고정적인 거주공간을 필요로 하는 인격신적인 존재로 변했다는 것을 상징한다.

이것은 사신의 세속화와 함께 발생하기 시작한 토지신의 변화가 당대에 이르러서는 국가차원의 지방제사에도 반영되었음을 보여주는 것이다. 이 점은 당대 대다수의 지방관들은 기본적으로 제단에서 숭배하는 사신 외에 또다른 인격신적인 토지신에 대해서도 기본적으로 '정사正祠'

---

58) 李正宇의 『古本敦煌鄕土志八種箋證』(臺北:新文豐出版公司, 1997), 11쪽 : 唐耕耦·陸宏基編. 『敦煌社會經濟文獻眞蹟釋錄』(北京:書目文獻出版社, 1990), 12~13쪽.

59) 사실 周代 이래로 雨神[雨師]과 風神[風師] 역시 줄곧 천상의 星辰인 '畢'과 '箕', 즉 자연신으로 여겨져 왔다. 周代에 이미 雨神을 '雨師'라 칭했는데, 『周禮』 春官大宗伯에는 다음과 같은 내용이 보인다: "燎祀司中·司命·風師·雨師." 그런데 여기서 말하는 雨師는 천상의 星座가운데 하나를 가리키는데, 위의 구문에 대해 鄭玄注는 鄭司農을 인용하여 "風師, 箕也: 雨師, 畢也"라고 언급하고 있고, 『尙書』 洪範에도 "星有好風 星有好雨"라는 구절이 보인다.

의 이미지를 가지고 있었을 가능성을 암시해 준다고 볼 수 있다. 이렇게
볼 때 앞에서 언급한 바와 같이 적지 않은 음사들이 철폐를 당할 때마다
토지신으로의 변모를 꾀한 것은 바로 이러한 당대의 문화적인 토대와 긴
밀한 관련을 맺고 있는 것이다. 매 묘우마다 각기 다른 인물들을 주신主神
으로 섬기고 있는 토지공 신앙의 확장은 이처럼 국가권력의 민간신앙에
대한 규제와 이에 대한 민간신앙의 활로모색이라는 관계 속에 점차 기층
의 수호신으로 자리잡게 된 것이다.

4. 맺음말

　　당대 후기에 추진된 음사 철폐조치는 몇 가지 공통점을 지닌다. 우선
적으로 주목되는 것은 음사 철폐조치가 강남지역에 집중되었다는 점이
다. 또한 해당지역의 호구수가 증가하는 시기에 음사철폐가 시행된 경우
가 많았는데, 이는 당시의 음사 철폐조치가 강남개발과 긴밀한 관련을
맺고 전개되었음을 보여주는 것이다. 특히 이덕유와 우적이 음사 철폐활
동을 펼쳤던 소주·윤주·호주·상주 등 절서4군 지역은 당조 말 이래로
국가의 명운을 좌우하는 핵심지역으로 성장하였다. 국가권력의 입장에
서는 개발과 함께 부상된 지역문화의 성장을 억제하기 위하여 음사철폐
를 단행하였다.
　　두번째로 주목되는 것은 음사철폐 뒤에 지방관들은 하나같이 학교의
설립과 지방제사의 보급을 추진하였다. 이는 중화제국이 장기적으로 발

전시켜온 예제문화를 강남현지에 이식시키는 작업이라고 볼 수 있다. 당 조는 이를 통해 문화적 가치를 일원화시킴으로써 사회통합의 효과를 극 대화시키고자 했다.

그러나 민간에서 기원한 사묘들은 수 차례의 음사철폐에도 불구하고 굳건한 생명력을 보여주었다. 오히려 강남과 내륙으로 개발이 확산되면 될수록 사묘신앙은 더욱 발전하는 추세를 보였다. 또한 측천정권과 당 현종시대 이후 국가제사정책에 있어서 정부가 성왕·현신 유형의 사묘식 제사를 중시하고 보호한 것도 지방의 사묘를 확산시키는 계기가 되었다. 이에 따라 당대 말기에는 음사를 판정하는 기준이 전대에 비해 훨씬 개 방적으로 변했다. 아울러 사묘의 확장으로 음사의 판별도 어려워져서 더 이상 중앙정부의 예전이 아니라 각 지방마다 개별적인 사전祀典을 작성하 여 음사를 결정짓는 방식으로 바뀌어 가게 되었다.

그렇다고 해서 음사철폐가 전혀 효과가 없었던 것은 아니다. 지방관 들에 의해 그들의 임지 곳곳에서 부단히 시행된 철폐조치는 무엇보다도 민간신앙의 발전방향에 지대한 영향력을 미치게 되었다. 적지 않은 사묘 가 정부의 철폐조치를 피하고자 현신묘나 토지묘로 가장해 갔다. 이는 사묘가 국가권력이 원하는 기준에 따라 변화를 기도했음을 의미하는 것 이다. 향후 일부 사묘는 제사권을 확장하면서 유가화되는 경향을 보이는 데 이러한 음사 철폐조치와 밀접한 관련이 있다. 당대 말기의 국가권력 과 민간 사묘신앙은 이처럼 긴장관계를 통해 상호 영향을 주고받으며 중 국인의 신앙관을 형성해 갔다.

제5장
지방제사와 민간신앙

1. 머리말

　중국문화에 있어서 예禮의 가치에 대해 이케다 온池田溫은 "한민족 수
천 년 정신문화와 물질문화 정수의 결정이라 불러도 조금도 과하지 않
다"[1]고 설명한 바 있다. 강백근姜伯勤 역시 "동·서양 중세사회사는 여러 공
통과제를 가지고 있지만, 중국의 중세사회사는 나름대로 독특한 범주를
가지고 있는데 그 가운데 가장 중국적인 특색을 지니는 것으로 '예'를 능
가할 것이 없다"[2]고 지적하였다.

　그러나 종전의 '예'에 관한 연구는 경학經學분야에 집중되어 주로 사상
-철학적 분야에 초점을 맞춰왔다. 근년에 들어서는 많은 학자들이 예의
역사적인 기능에 관심을 갖게 되었고 적지 않은 연구성과를 축적하게 되
었다. 다만 아쉬운 점은 주제가 정치사 부분에 편중되어 의례 가운데 교
사郊祀·종묘宗廟·명당明堂·봉선封禪 등 삼사례三祀禮 중의 대사大祀와 황권

---

1) 池田溫解題, 『大唐開元禮(附大唐郊祀錄)』(古典硏究會, 東京:汲古書店, 1972).
2) 姜伯勤, 『敦煌社會文書導論』(臺北:新文豊出版社, 1992), 引言부분 참조.

皇權과의 관계를 규명하는 작업에 집중되어 왔다는 점이다.3) 물론 진·한 이래 황권이 장기적으로 변화되는 추세 하에서 가장 높은 차원의 의례인 대사大祀가 이에 상응하는 민감한 변화를 보여주었다는 사실과 일부 통치 자들이 권력의 정점을 향해 가는 과정에 정치적 권위의 정당성을 강화하기 위해 황제차원의 의례들을 적극적으로 이용했다는 점은 관련사료를 대하는 학자들의 시선을 끌기에 충분한 매력과 의의를 지니고 있다. 뿐만 아니라 황제제사는 정치사를 다각도로 조망할 수 있는 좋은 방법 가운데 하나임에는 틀림없을 것이다.

그러나 예전禮典에 의해 하층제사로 분류되었다는 것이 이에 상응하는 사회적인 영향력을 반영하는 것은 결코 아니다. 사실 의례ritual라는 것은 정치적 지위를 상징하는 부호로서의 의미를 지닐 뿐 아니라, 사회적으로 가치를 확산시키는 중요한 의사소통의 구실을 할 수 있다. 또한

---

3) 이 방면의 주요한 성과는 아래 저작을 참조할 수 있으며, 이에 관한 연구사 정리는 拙稿, 「唐代 祠廟信仰硏究의 回顧와 展望」(『中國史硏究』 제14집, 2001.8)을 참조할 것.

西嶋定生, 「皇帝支配の成立」(『岩波講座』 世界の歷史』 第4卷 『古代4』, 1970) ; 西嶋定生, 「漢代における卽位儀禮—とくに帝位繼承のばあいについて」(『山本博士還曆紀念東洋史論叢』, 東京: 山川出版社, 1972). 이 논문들은 뒤에 『中國古代國家と東アジア世界』(東京: 東京大學出版會, 1983)에 수록됨.

尾形勇, 『中國古代の家と國家—皇帝支配下の秩序構造』(東京: 岩波書店, 1979) ; 金子修一, 「中國古代における皇帝祭祀の一考察」(『史學雜誌』, 87-2, 東京, 1978) ; 동, 「魏晉より隋唐に至る郊祀·宗廟の制度について」(『史學雜誌』, 8-10, 東京, 1979) ; 동, 「國家と祭祀:中國-郊祀と宗廟と明堂及び封禪」(『東アジア世界における日本古代史講座』, 東京:學生社, 1982) ; 동, 「則天武后の明堂について」(『律令制—中國朝鮮の法と國家』, 東京: 汲古書院, 1986) ; 동, 「唐代皇帝祭祀の親祭と有司攝事」(『東洋史硏究』 47-2, 京都大學東洋史硏究會, 1988) ; 동, 「唐後半期の郊廟親祭について—唐代における皇帝郊廟親祭, その(3)」(『東洋史硏究』 55-2, 1996). 상기논문중 대부분이 뒤에 본인의 『古代中國と皇帝祭祀』(東京:汲古書院, 2001)에 수록됨.

Howard J. Wechsler, *Offerings of Jade and Silk: Ritual and Symbol in the Legitimation of the T'ang Dynasty*(Yale University:New Haven and London, 1985) ; 康 樂, 『從西郊到南郊—國家祭典與北魏政治』(臺北: 稻禾出版社, 1995) ; 高明士, 「皇帝制度下的廟制系統—秦漢至隋唐爲考察中心」(『文史哲學報』 第40期, 1993).

이를 통해 집단의 구성원들을 강력하게 묶어놓을 수 있는 기능을 내재하고 있다. 즉 의례는 반복적이고 일관적인 특징을 갖추고 있어서, 분명한 규정에 따라 참가자들을 일치시킴으로써 동일한 의례를 공유하는 구성원들로 하여금 일정한 정도의 사회통합 속에 놓이게 하는 힘을 지니고 있다.

이렇게 본다면 국가제사 혹은 사전祀典으로 칭해지는 정통의례 가운데 당초 소사小祀로 분류되었던 지방제사 체계는 비록 하층제사에 속하긴 하지만 기층민들의 일상생활, 특히 그들의 정신적인 생활과 끈끈하게 얽혀 있어 자연스레 기층내부의 민간적인 문화요소들과 '접촉接觸'·'마찰摩擦'·'상호영향相互影響' 등 실제적인 관계를 발생시킬 수 있기 때문에 기층의 문화를 연구하는 데 있어서는 한번쯤은 반드시 짚고 넘어가야 할 필요가 있다.

이러한 면모는 한말·위진남북조 때 이래로 민간신앙의 전개와 이에 대한 국가권력 측의 대응방식에도 명확하게 반영되었다. 우선 몇몇의 사례를 살펴보면, 동한 명제明帝시기에 진양辰陽·구강九江지역에서 지방관을 역임했던 송균宋均은 당시 민간에 음사淫祠가 창궐하는 원인을 교육의 보급과 관계가 있다고 보고 음사를 대대적으로 철폐한 연후에 즉각적으로 학교의 건립을 추진한 바 있다.[4] 동한 말년의 병원邴原은 음사를 철거시킨 뒤 백성들이 바쳤던 헌금[香火錢]을 당시 가장 중요한 국가권력 측의 지방제사라고 할 수 있는 '이사里社'에서 사용하도록 제공하였다.[5] 조위曹魏 때에 서막徐邈은 양주涼州지역에서 음사철폐를 주도하고, 그 대응조치로서 역시 학교를 세운 바 있다. 손오孫吳시기에 예장豫章태수를 역임

---

4) 『後漢書』卷41,「第五·鍾離·宋·寒列傳」, 1412~1413쪽.
5) 『三國志』,「魏書」卷14, 邴原傳, 350~353쪽.

하였던 고소顧邵는 경내의 음사를 근절시킨 연후에 친히 선현에 대한 제
사를 주재하고 그 후손들을 우대하였다.[6] 송 무제 때 사람인 두혜도杜慧
度는 학문에 대한 개인적인 성향은 노·장을 선호했지만, 지방관이 되어
서는 음사를 근절하고 학교를 세우는 일에 진력하였다.[7] 북위北魏 때 균
전제均田制로 잘 알려진 이안세李安世 역시 상주相州자사로 취임했을 때 음
사를 근절시키고, 백성들로 하여금 공덕을 베풀었던 선현들에게 제사를
올리게 하였다.[8]

사실 국가의 입장에서 고래로 민간에 전승되어 온 사적인 사묘신앙祠
廟信仰을 음사로 이단시하여 배격하고 엄금하였다면, 그들과 대체될 수 있
는 어떠한 새로운 구조와 기능에 대한 배려가 필요했을 것이다. 이런 점
에서 동한과 위진남북조의 유교관료들은 기본적으로 교육의 보급과 백
성의 생활에 가장 밀착해 있는 지방제사의 추진을 음사의 만연을 방지하
는 예방책이자 치료약으로 삼았던 것이다. 즉 교육과 지방차원의 의례儀
禮를 기층민중들의 정신적인 공허감을 메워주고, 유가의 이데올로기를
전파해 주는 대체물로 판단하고 보급을 추진했던 것이다.

물론 당시 전국각지에서 난립하던 민간의 비합법적인 사묘신앙을 단
속하는 방법 가운데 가장 적극적이고 강력한 방법은 역시 무력을 동원하
여 이미 음사로 판명된 제소祭所들을 강제로 불살라 철거시키는 것이다.
그러나 음사를 철폐시키는 근원적인 이유는 민간에서 임의로 신계神界로
연결하던 통로를 차단함과 아울러 국가의 일원적 이데올로기를 주입하
고 보급하는 것이기 때문에 이들은 음사를 철거시킴과 아울러 국가 정통

---

6) 『三國志』 卷52, 1229쪽.
7) 『梁書』 卷39, 556쪽.
8) 『魏書』 卷53, 1176쪽.

제사의 정비와 실천에 관심을 쏟았던 것이다. 즉 '폐거음사廢去淫祀'와 '숭명정례崇明正禮'를 동시에 추진한 것이다.9)

당대는 예제禮制가 이론과 실천 두 방면에 있어 커다란 진전이 이루어지는 시기이고, 이러한 점은 후대의 전범이 되었다. 그러나 당대에 단행된 적인걸狄仁傑10)·이덕유李德裕11) 등의 대규모 음사 철폐조치는 예제의 건너편 민간 통속문화의 세계에서 동한과 위진남북조를 거치면서 지속적으로 발전해 온 사묘신앙이 당대에 이르러서도 여전히 성장하는 추세를 보이고 있었음을 반증해 주고 있다.

그렇다면 흔히 예제의 완성기로 칭하는 당대의 유가관료들은 음사철폐라는 직접적이지만 일시적으로 보이는 수단 이외에 어떠한 장기적인 적절한 조치를 통해 민간신앙에 대처하고자 했을까? 이 점에 대해 백거이白居易는 책문策文의 내용에서 "…存其正, 抑其邪, 則人不惑矣"라고 지적하고 있는데 이는 당대의 지식인들이 기본적으로 한말·위진남북조 이래의 관념을 계승하고 있음을 보여주고 있다.12) 직접적인 음사 철폐조치 이외에 사전祀典에 수록되어 있는 정사正祀를 정확히 보존하고, 시행을 추진하는 것을 통해 민간의 임의적 신앙행위를 통제해 보고자 한 것이다.

이러한 지식인들의 생각은 실례를 통해서도 증명되는데, 앞 장에서

---

9) 『三國志』 卷24, 「韓暨列傳」, 678쪽.

10) 적인걸은 垂功 4년(688)에 강남안무사에 취임하여, 강남지역에서만 무려 1,700여 개소의 음사를 폐기시켰다.[『舊唐書』 卷39, 「狄仁傑傳」, 2887쪽 : 『新唐書』 卷115, 「狄仁傑傳」, 208쪽] 적인걸의 음사 철폐조치에 관해서는 졸고, 「國家禮制와 民間信仰의 충돌-唐初 狄仁傑의 淫祠撤廢措置를 중심으로」(『中國史研究』 제17집, 2002.2)를 참조.

11) 長慶 2년(822)에 李德裕는 절서관찰사로 부임하여 절서4군 내에서만 1,010여 개소의 음사를 폐지시켰다.[『舊唐書』 卷174, 李德裕傳, 4511쪽]

12) 朱金城箋注, 『白居易集箋校』(上海古籍出版社, 卷第65, 「策林」, 3543~3544쪽에 보이는 원문의 내용은 다음과 같다. "崇設人防, 申明國典. 蒸嘗不經者, 示之以禮 ; 禳禱非鬼者, 糾之以刑. 所謂存其正, 抑其邪, 則人不惑矣. 斯以齊風俗, 和人神之大端也."

언급한 바와 같이 고종연간에 장문종張文琮은 건주建州자사를 역임할 때 건주주민들이 음사를 맹신하여 사직제사를 받들지 않자 "춘추이사春秋二社는 원래 농사를 위한 것이거늘, 유독 이 주에서만 폐하여 〔단을〕 세우지 않았도다. 예전禮典이 이미 지켜지지 않으니 풍속이 어디 볼 것이 있겠는가?…"라는 교서를 내리고 사직제사社稷祭祀의 시행을 적극적으로 추진하였다.13)

개원 17년(729)에 방주房州자사로 임명된 위경준韋景駿은 당시 방주가 문화적 변경지대로서 학교도 없고 주민들은 음사를 맹신하였기 때문에, 즉각적으로 음사를 근절시킴과 아울러 이 지역에서 공거貢擧를 실시하기 시작했다.14) 나향羅珦은 덕종연간에 여주廬州자사를 역임한 바 있는데, 당시 여주백성들은 질병을 얻게 되면 의원을 찾기보다는 전적으로 음사에 매달렸기 때문에 나향 역시 음사의 엄금과 함께 학교의 건립을 명령했다고 한다.

이상의 사례들은 당대의 지방관들 역시 음사철폐를 시행한 뒤의 대체조치로서 춘추2사春秋二社를 중심으로 한 지방제사체계의 확립과 교육의 보급에 주력했음을 보여주고 있다. 물론 여기에서 말하는 교육의 의미는 지식의 전수라는 단순한 기능만을 의미하는 것은 아니다. 예서에 보이는 도통道統과 치통의 관계는 "군주가 통치하길 희망하면 반드시 학學으로부터 시작해야하고, 학문을 세우려면 반드시 공자孔子를 제사드려야 한다"15)는 말처럼 교육教育과 전사奠師의 양면적인 의미를 공유하고 있고,

---

13) 『舊唐書』卷85, 張文琮傳, 2816쪽에 보이는 상기원문의 내용은 다음과 같다: "春秋二社, 蓋本爲農, 惟獨此州, 廢而不立, 禮典旣闕, 風俗何觀?…"이 내용은 『冊府元龜』卷680, 8161쪽에도 보임.

14) 『舊唐書』卷185, 韋景駿傳, 4797~4798쪽 : 『新唐書』卷197, 韋景駿傳, 5627쪽.

15) 君欲治, 必由學: 欲立學, 必祭聖師.

이런 까닭에 동아시아 유교국가의 학교는 강학과 함께 성현에 대한 숭배를 동시에 실현할 수 있는 묘학廟學의 구조로 세워진 것이다.16)

이렇게 음사 철폐행동과 관련된 예방이나 후속대응 조치가 대체로 지방 사직제사와 학교의 보급으로 귀결된다는 점과 아울러 위에서 언급한 바처럼 주·현에 설치된 관학의 제사적 기능[釋奠]을 함께 고려한다면 사실 이 두 항목 자체가 우사雨師·풍사風師·뇌사雷祀에 대한 제신제사와 함께 지방제사 체계의 핵심을 이룬다는 점을 쉽게 이해할 수 있다. 이 점에서 출발하여 본고는 우선 당대 기층민들의 일상생활과 가장 밀접한 관련을 맺고 있었을 것으로 추측되는 지방제사 체계의 내용과 운용실태에 대해 살펴보고자 한다.

물론 당대에 이르면 수 차례에 걸쳐 예전禮典의 편수사업이 진행되어, 지방제사의 기본적인 체계뿐 아니라 각 의례의 시행규칙이 상세하게 완비된다. 그러나 이러한 규정으로서의 문자기록 자체가 지방제사의 실질적인 운용과 이를 통한 기층민중의 일상생활에 대한 영향력을 의미하는 것은 아니기 때문에 시詩와 돈황문서敦煌文書 중에 일상생활과 연관된 사료를 통해 이러한 부분을 보충해 보고자 한다. 또한 당대라는 한 시대에 한정시키기보다는 전대 사료와의 비교를 통해 기층 행정조직과의 관계, 제사대상과 신격神格에 있어서의 변화 등 미묘한 내부적 변화를 장기적으로 관찰하여 국가권력 측의 통치이념이자 신앙으로서의 성격까지 내포하고 있는 지방제사의 생명력, 즉 실질적인 민간사회에 대한 규제효과에 관해서도 추정해 보고자 한다.

이러한 기초 하에서 국가의 지방제사 체계와 민간사회 자체에서 형

---

16) 高明士, 「隋唐廟學制度的成立與道統的關係」(『國立臺灣大學歷史系學報』 第九期, 1982.12), 367쪽 : 「唐代的釋奠禮制及其在敎育上的意義」(『大陸雜誌』 第61卷 第5期, 1980.11).

성된 신앙전통과의 실제적인 상호 영향관계를 고찰해 보고, 아울러 이러한 미묘한 쌍방관계의 변화가 향후 정부의 대처방식과 민간신앙의 전개에는 어떠한 영향을 미치게 되는지를 고찰해 보도록 하겠다.

2. 당대 지방제사체계와 운용실태

당대에 있어 정부차원에서 매년 정기적으로 거행한 지방제사를 살피기 위해 당대의 전장제도典章制度를 상세히 기록한 『당육전唐六典』에 보이는 관련내용을 살펴보면 다음과 같다.

무릇 제사의 명칭에는 네 종류가 있는데: 첫번째로 천신天神께 드리는 것을 사祀라 일컫고, 두번째로 지기地祇를 제사하는 것은 제祭라 부르며, 세번째 인귀人鬼를 제사하는 것을 향享, 네번째로 선성선사先聖先師를 제사하는 것을 석전釋奠이라고 칭한다. 제사의 등급은 셋으로 분류할 수 있는데: 호천상제昊天上帝・오방제五方帝・황지기皇地祇・신주神州・종묘宗廟와 같은 것들을 대사大祀로 삼고, 일・월・성・진・사직・선대제왕・악岳・진鎭・해海・독瀆・제사帝社・선잠先蠶・공선부孔宣父・제태공齊太公・제태자諸太子 묘를 중사中祀로 하며, 사중司中・사명司命・풍사風師・우사雨師・중성衆星・산림山林・천택川澤・오룡사五龍祠 등과 주・현의 사직・석전제사를 소사小祀로 삼는다.[17]

원래 이 조목은 상서성 예부의 사부낭중祠部郎中과 사부원외랑祠部員外郎

---

17) 〔唐〕李林甫 等撰, 陳仲夫點校, 『唐六典』, 尙書禮部 卷4(北京:中華書局, 1992), 120쪽.

의 직무를 규정한 부분이다. 하지만 제신祭神의 신성神性에 따라 제사의 명
칭을 명확히 확정하고, 신들의 위상과 제국의 정치적 권위를 밀접하게
연계시켜 그 중요도에 따라 대·중·소 3사三祀로 분류하여 당제국의 국
가제사 체계를 일목요연하게 설명하고 있어 자주 인용되고 있다.*

□* 이밖에 당대의 국가제사에 관한 기록은 영휘연간과 개원연간에 반포된 사령사
령18)과 『대당개원례』·『대당교사록大唐郊祀錄』 등에도 보인다. 영휘·개원사령과 『당육
전』·『대당개원례』의 관련내용은 비록 세세한 방면에 있어서는 약간의 차이를 보이
지만 대체적으로 그 내용이 일치한다. 이에 반해 예관 왕경王涇이 정원 9년(793)에 수
찬한 『대당교사록』은 천보연간 이후에 달라진 예의 내용을 포함하고 있어서 몇 가
지 현저한 차이점을 보여준다. 우선 국가제사의 대사 가운데 도교적 성격이 강한
구궁귀신과 태청궁 제사가 편입되었고, 『당육전』·『대당개원례』에서 중사로 첨가된
공선부孔宣父·제태공齊太公의 호칭이 문선왕文宣王과 무성왕武成王으로 더욱 격상되었
다. 또한 중앙차원의 영성靈星·풍사·우사 제사가 중사로 격상되었고, 뇌신雷神에 관
한 제사도 제신의 하나로 첨가되었다.19)

이 내용에 근거하면 국가차원에서 정기적으로 거행하는 지방제사에
는 악·진·해·독, 산·임·천·택 등의 자연신 제사와 주·현의 사직·석
전 제사가 포함됨을 알 수 있다. 물론 『당육전』에서는 언급되지 않았지만
영휘永徽연간에 반포된 사령祠令과 『대당개원례』에 "제신사諸神社 역시 소
사에 준한다"20)는 내용이 출현하는 것으로 보아 우사·풍백·뇌신21)에 대
한 제신제사 역시 지방제사의 일부로 간주할 수 있겠다. 이밖에 『당육전』

18) 永徽祠令은 仁井田陞著·池田溫編輯代表. 『唐令拾遺補』, 祠令 第八(東京: 東京大學出版會,
   1997) 初版. 488쪽에 보이고, 開元祠令은 仁井田陞, 『唐令拾遺』, 祠令 第八(東京: 東京大學出
   版會, 1964), 159쪽에 보임.
19) 이 부분에 관한 상세한 토론은 高明士의 「唐代敦煌官方的祭祀禮儀」(『1994年敦煌學國際
   硏討會論文集-紀念敦煌硏究院成立50周年』, 蘭州: 甘肅民族出版社, 2000.6), 36~38쪽 참조.
20) '永徽祠令'에서는 "令州縣社稷·釋奠及諸神祠, 亦准爲小祀"라 했고, 『大唐開元禮』에서는
   "州縣社稷·釋奠及諸神祠, 並同小祀"라고 언급하고 있다.
21) 당대의 제신제사에는 원래는 풍사와 우사만이 포함되어 있었으나, 『大唐郊祀錄』에
   의하면, 天寶5載(746)에 뇌신제사가 첨가되었다.

상서예부의 후반부에는 3년에 한번씩 제곡씨帝嚳氏·당요唐堯·우순虞舜·
하우夏禹·은탕殷湯·주문왕周文王·주무왕周武王·한고조漢高祖 등 역대성왕
을 제사한다는 기록이 보인다.[22] 이러한 성현제사는 현종의 개원·천보
연간을 거치면서 제사의 대상과 제사장소가 크게 확대되어 역시 각지의 지
방행정 단위에 의해 거행되는 지방제사로서 자리매김하게 되었다.

특히 앞서 몇 차례 언급한 천보7재(748)에는 역대 창업제왕이 왕조의
기틀을 닦은 땅 가운데 아직까지도 제사장소가 없는 곳에는 묘廟를 세우
라는 조령이 내려졌고,[23] 또한 덕행이 높은 충신·의사·효부·열녀 등
총 57인을 선정하여 이들을 모시는 사묘祠廟의 입묘立廟지점까지 공포하게
되는데, 이렇듯 성현제사의 대상과 지리적 범위가 확대된 것은 분명 성
현제사가 지방제사에서 차지하는 비중이 전에 비해 제고되었음을 시사
해 준다.[24]

그러나 우리가 간과할 수 없는 점은 아무리 성현제사가 전국각지로
팽창되었다고 하더라도 결국은 성현들의 전설·행적 등과 밀접한 관련이
있는 몇몇 장소로 제한된다는 점이다. 사실 이 점은 자연신에 대한 지방
제사에 있어서도 공통적으로 보이는 한계인데, 매년 사시영기일四時迎氣日
에 중사의 예로 지내는 악·진·해·독의 제사와 소사로 분류되어 있는
산·임·천·택의 제사 역시 각각의 소재지에서만 해당지역 지방관들의
주재하에 진행될 뿐이었다. 일례로 음양오행설에 따르면 목木은 방향에

---

22)『唐六典』, 尙書禮部, 123쪽에는 帝嚳氏는 頓丘에서, 唐堯는 平陽에서, 虞舜은 河東에서,
夏禹는 安邑에서, 殷湯은 偃師에서, 周文王은 酆에서, 周武王은 鎬에서 그리고 漢高祖는
長陵에서 각각 3年1享한다는 기록이 보인다.

23)『舊唐書』,「玄宗本紀」, 221~222쪽.

24)『舊唐書』,「玄宗本紀」, 222쪽 ;『唐會要』권22, 429~432쪽 참조. 당시 국가제사, 특히
성현묘의 전개에 관해서는 졸고,「唐代祠廟信仰의 類型과 展開樣相」(『中國學報』第44輯,
2001.12), 226~232쪽 참조.

있어서는 동쪽을 상징하기 때문에 목기운木氣運이 충천하기 시작하는 입춘일이 되면 동악 태산東嶽泰山·동진 기산東鎭沂山·동해東海·동독 회수東瀆淮水에 대한 제사를 거행하였는데, 제장祭場은 당연히 이들 지표의 근처에 있는 연주兗州·기주沂州·내주莱州·당주唐州로 국한되었고, 해당 주의 지방장관에 의해 거행되었다.*

□* 입춘일에 동악 태산은 연주에서, 동진 기산은 기주에서, 동해는 내주에서, 동독 회수는 당주唐州에서 제사를 드리듯이, 입하일에는 남악 형산衡山은 형주에서, 남진南鎭 회계산은 월주越州에서, 남해는 광주에서, 남독南瀆 [장]강[長]江은 익주에서 각각 제사를 올린다. 계하토왕일季夏土王日에는 중악中嶽 숭산嵩山을 하남부에서 제사한다. 또한 입추일에는 서악 화산華山은 화주에서, 서진 오산吳山은 농주隴州에서, 서해와 서독[황]하는 동주同州에서 제사를 드린다. 입동일에는 북악 항산恒山은 정주에서, 북진 의무려산은 영주營州에서, 북해와 북독 제수濟水는 하남부에서 각각 제사를 거행한다. 제사는 경내에서 본주의 장관에 의해 주재된다.25)

이렇게 본다면 매년 정기적으로 전국의 주·현에서 거국적으로 거행되는 지방제사는 사직과 석전 그리고 우사·풍백·뇌신로 구성되는 제신제사 세 종류로 한정해 생각해도 대과는 없을 것이다. 그런데 앞에서도 언급했다시피 이들 제사는 기본적으로 소사례小祀禮에 준하여 거행되었다. 천보3재天寶三載(744)에 이르면 중앙차원의 사직제사가 대사大祀로 격상된 점과 주·현 사직제사의 제품祭品이 석전이나 제신제사에 비해 2배 많다는 점을 고려하여 지방제사 체계에 있어서 골간을 이룬다고 볼 수 있는 사직제사 역시 이 시기에 중사中祀로 승격되었던 것이 아닌가 조심스럽게 추정되기도 한다. 그러나 송대에 이르러서도 지방 사직제사가 여전히 소사로 분류된다 점은 이러한 추정에 회의를 갖게 한다.26)

어쨌든 사직·석전·제신제사를 축으로 하는 지방제사는 『대당개원

---

25) 『唐六典』, 尙書禮部 卷4, 123쪽.
26) 高明士, 앞의 글, 45~47쪽.

례』에 이르러 더욱 상세하게 정비되는데, 「서례序例」 오례편목五禮編目조의
길례吉禮 부분 가운데 이들과 관련된 규정에는 제43조 제주제사직諸州祭社
稷, 제44조 제주석전어공선부諸州釋奠於孔宣父, 제45조 제주기사직諸州祈社稷ㆍ도
제신禱諸神ㆍ영성문禜城門, 제46조 제현제리제사직諸縣諸里祭社稷, 제47조 제현
석전어공선부諸縣釋奠於孔宣父, 제48조 제현기사직급제신諸縣祈社稷及諸神 등이
있다.27)

그런데 『대당개원례』에는 이들 가운데 제45조와 제48조가 시한기태묘時
旱祈太廟ㆍ시한기태사時旱祈太社ㆍ시한기악진이하어북교時旱祈嶽鎭以下於北郊ㆍ
시한취기악진해독時旱就祈嶽鎭海瀆ㆍ구우영제국문久雨禜祭國門 등 조와 함께 분
류되어 있다.28) 또한 이들 제사는 제사 전에 반드시 행해야 하는 재계齋戒
에 관한 규정에 있어서도 자사나 현령이 '산재 2일, 치재 1일'의 제계의식
을 갖는 일반적인 규칙과는 달리 제관[祈官]이 직접 제사장소에서 하루 동
안만 청재淸齋하면 된다'고 규정되어 있다.29)

이런 점으로 볼 때 이들 제사는 한재나 홍수 등 자연재해가 발생할
때 임시적으로 행해졌던 제사의 성격이 중요했던 것으로 추정된다. 그러
나 임시적인 것이든 정기적인 것이든 『대당개원례』에는 이들 제사의례의
시행세칙이 모두 상세하게 기재되어 있다. 심지어는 가장 기층의 행정단
위인 이里에서 행해지는 사직제사에 관해서도 하루 전 사정社正과 사인社
人들의 목욕재계[淸齋]를 시작으로, 신수神樹를 중심으로 한 제장의 준비, 희
생과 제품祭品의 배열, 축문의 내용과 의식의 구체적인 진행과정 등이 '제
리제사직諸里諸社稷'조에 세세하게 기록되어 있다.30)

---

27) 『開元禮纂類一』, 「序例(上)」(『通典』 卷第106, 中華書局, 1992), 2762쪽.
28) 『開元禮纂類一』, 「序例(上)」(『通典』 卷第106), 2762쪽.
29) 『開元禮纂類一』, 「吉禮十二」(『通典』 卷第120), 3071~3083쪽.
30) "前一日. 社正及諸社人應祭者各淸齋一日於家正寢. 應設饌之家先修治神樹之下. 又爲瘞坎於

　　국가예전상에 보이는 지방제사에 관한 규정은 이처럼 말단 행정단위
에 이르기까지 상비되어 있지만, 어쩌면 더욱 중요한 것은 당대에 있어
서 이러한 의례가 실제적으로 행해졌는가, 즉 이러한 국가제사체계가 지
방의 행정조직에 의해 실질적으로 운용되었는가의 문제일 것이다. 그러
나 지방지가 본격적으로 출현하는 송대 이전의 지방사회에 관한 기록은
극히 소략하고, 설사 존재한다고 해도 중요한 인물 혹은 주목할 만한 정
치사건과 연계된 것이 대부분이어서, 지방제사의 실행여부를 살펴볼 수
있는 자료는 거의 전무한 실정이다. 다만 당대에 가장 유행한 문학장르
인 당시唐詩에서 약간의 관련내용을 발견할 수 있는데, 이를 통해 전통사
료의 미흡한 부분을 보충해 보고자 한다.

　　주지하다시피 봄·가을 두 차례 거행되는 정기적인 사직의례社稷儀禮
가운데 춘사일春社日의 제사는 주로 1년 내내 비와 바람이 순조로워[風調雨
順] 풍년이 들게 해달라고 신께 기원하는 기년제新年祭적인 성격을 담고 있
다. 추사일秋社日의 제사는 풍년을 신께 감사하고 성원간에 추수를 서로
축하하는 감사제感謝祭적인 성격을 띠고 있다.

　　우선 장연張演의 「두일촌거杜日村居」라는 시에는 "아호산鵝湖山 아래에는
오곡[稻粱]이 풍성하고, 우리 속의 돼지와 한 무리 닭들이 문짝마저 가린다.

神樹之北, 方深取足容物. 掌事者設社正位於稷座西北十步所, 東面, 諸社人位於其後, 東面南
上.… 祭日未明, 烹牲於廚, 夙興, 掌饌者實祭器. 掌事者以席入, 社神之席設於神樹下, 稷神之席
設於神樹西, 俱北向. 質明, 社正以下服其服.… 贊引者引社正詣社神座前, 跪奠爵於饌右, 興, 少
退, 南向立. 祝持版進社神座東, 西面跪讀祝文曰: "維某年歲次月朔日, 子某坊(村者云某村, 以下
准此) 社正姓名合社若干人等, 敢昭告於社神: 唯神載育黎元, 長茲庶物, 時屬仲春(中秋), 日惟吉
戊, 謹率常禮, 恭用特牲清酌, 粢盛庶品, 祇薦於社神, 尙饗.", 祝興, 社正以下及社人等俱再拜.…
訖, 祝以血置於坎, 坎東西各一人瘞土. 牛坎, 贊禮者少前, 白: 「禮畢」, 遂引社正等出. 祝與執樽
者復當社神位再拜. 訖. 出其餘饌, 社人等俱於此餕, 如常會之儀. 其祝版燔於祭所."[『開元禮纂類
一』, 「吉禮十三」(『通典』 卷第121), 3082~3083쪽]

뽕나무 그림자가 기울 무렵 춘사春社가 파하니, 가가호호 취한 자들을 업
고는 집으로 돌아간다'라는 내용이 보이는데 춘사일의 제사활동이 끝나
고 술에 취해 정겹게 부축하며 귀가하는 정경이 사실적으로 표현되어 있
다.31)

두보杜甫 역시 사제社祭와 관련된 「사일시社日詩」라는 시문을 남겼는데,
"각종 농사활동이 덕업을 이루어, 백사百祀가 〔더욱〕 빛을 발한다. 감사의
기도는 신이 옆에 있듯이 드리니, 형향馨香은 예나 다름이 없다.…"라는 시
구에 보이듯이 추수에 감사하는 엄숙한 의례의 분위기가 잘 묘사되어 있
다.32)

백거이白居易는 원화 15년(820)에 충주忠州자사를 역임할 때 「한제풍백인
회리십일사인旱祭風伯因懷李十一舍人」라는 시 한 수를 쓴 적이 있는데, 내용
중에 가뭄으로 인해 임시로 거행된 풍백제사를 그려내고 있다.33)

물론 그들이 읊은 시의 주제가 반드시 제사祭社나 제풍백祭風伯의 의식
내용에 맞추어졌던 것은 아니다. 그러나 이로부터 우리는 적어도 예전禮
典에 보이는 지방제사의 체계가 당대에 지방사회에서 실제적으로 운용되
었음과 국가의 지방제사가 당나라 사람들의 일상생활과 긴밀하게 연계
되어 있었음을 발견할 수 있다.

당시에 보이는 내용 외에도 금세기 초 돈황의 막고굴莫高窟에서 출토

---

31) "鵝湖山下稻粱肥, 豚柵雞棲對掩扉. 桑柘影斜春社散, 家家扶得醉人歸." 시의 세번째 구절에
   서는 분명히 춘사春社를 언급하고 있지만 전단의 내용은 풍성한 가을을 연상케 한다.
   저자 장연張演의 생졸년은 잘 알려져 있지 않지만, 함통 13년(872)에 진사에 급제한 것
   으로 보아 대략 이 시기 전후에 활동했던 것으로 사료된다. 이 시는 『全唐詩』卷600(北
   京:中華書局), 6938쪽에 남아 있다.

32) 『全唐詩』卷231, 2536쪽.

33) 시문의 내용은 다음과 같다. "遠郡雖褊陋, 時祀奉朝經. 夙興祭風伯, 天氣曉冥冥. 導騎與從
   吏, 引我出東坰. 水霧重如雨, 山火高於星.…"〔朱金城箋注, 『白居易集箋校』卷第11), 595쪽〕

된 몇몇 잔권은 『대당개원례』에 보이는 지방제사 체계가 당대에 있어 지방각지에서 실제적으로 운용되었음에 더욱 확신을 갖게 한다. 즉 돈황문서는 당시 장안長安에서 실크로드로 향하던 서북 변경의 통로에 위치하고 있었던 사주沙州(돈황)지역에서도, 주·현이 관장하는 국가제사가 국가예전에 의거해 시행되었음을 증명해 주는데, 제장·제문·구주역일 具注曆日[34] 그리고 판문判文 등 다양한 종류의 문서를 통해 검증하여 볼 수 있다.

우선 당시 사주에서 지방제사가 실시된 것을 공간적으로 증명해 줄 수 있는 제장祭場과 관련된 자료를 돈황문서에서 찾아보면, P.2005호 문서는 주목할 가치가 있다. 이케다 온池田溫의 고증에 의하면 이 문서는 「사주도독부도경沙州都督府圖經」 권제3 부분에 해당되는데, 『사주도독부도경』은 당 영태연간(765)에 무주武周 때에 편찬된 『사주도경沙洲圖經』을 기초로 증보하여 완성한 것이라고 한다.[35] 이 문서에는 당시 주학州學·현학縣學과 주·현 단위의 사직단 그리고 토지신·풍백신·우사신·요신祆神 등 네 종류 잡신묘의 소재위치가 명확하게 기재되어 있다. 석전례釋奠禮를 행하는 주학과 현학에 관한 「주현학州縣學」조, 춘추2사를 행하는 사직단에 관한 '이소사직단二所社稷壇'조, 잡신단의 위치를 알려주는 '사소잡신四所雜神'조의 원문내용을 차례로 예로 들면 다음과 같다.

---

34) 국가 천문기구에서 편찬한 曆註를 주요내용으로 한 民曆으로, 당대의 것은 돈황문서에서 발견되었는데, 대부분 鄧文寬이 채록하고 교주를 단 『敦煌天文曆法文獻輯校』(江蘇古籍出版社, 1996.5)에 수록되어 있다.

35) P.2005호 문서 역시 다른 펠리오 문서와 마찬가지로 1900년에 돈황 莫高窟 藏經洞에서 출토되어 파리로 보내졌으며, 원 문건은 현재 프랑스 파리국가도서관의 東方寫本部에 보관되어 있다. 여기 보이는 '沙州都督府圖經卷第三'에 관해서는 池田溫의 「沙洲圖經考略」(『榎博士還曆記念東洋史論叢』, 東京:山川出版社, 1975), 36쪽과 李正宇의 『古本敦煌鄉土志八種箋證』(臺北: 新文豐出版公司, 1997), 11쪽을 참조.

'州學'條: 右, 在城內, 在州西三百步. 其學院內, 東廂有先聖·太師廟堂, 堂內有素
(塑), 先聖及先師·顏子之像, 春秋二時奠祭.

'縣學'條: 右, 在州學西, 連院. 其院中東廂有先聖·太師廟堂, 內有素(塑)先聖及先
師·顏子之像, 春秋二時奠祭.

州社稷壇各一, 高四尺, 周迴各廿四步. 右, 在州城南六十步. 春秋二時奠祭. 敦煌
縣社稷壇各一, 高四尺, 周迴各廿四步. 右, 在州城西一里, 春秋二時奠祭.

土地神. 右, 在州南一里, 立舍, 畵神主. 境內有災患不安, 因以祈焉. 不知起在何
時.

風伯神. 右, 州西北五十步, 立舍, 畵神主. 境內風不調, 因卽祈焉. 不知起在何代.

雨師神. 右, 在州東二里. 立舍, 畵神主, 境內亢旱, 因卽祈焉. 不知起在何代.

祅神. 右, 在州東一里, 立舍, 畵神主, 總有廿龕. 其院周迴一百步.[36]

위에 보이는 사주와 돈황현의 지방 제사제장祭祀祭場 이외에도『사주
도경沙洲圖經』권5(P.5034)에는 "□(一)所社稷壇, 週回各廿四步. 右在縣西南一里州
步. 唐乾封二年(667)奉□'이라는 내용이 보이는데, 이것은 당시 수창현壽昌縣
에 설치되었던 사직단에 관한 기록으로 추정된다. 이처럼『사주도경』은
당시 사주주성沙州州城과 돈황현·수창현 등에 설치되었던 지방제사 제장
의 위치와 크기 등에 대해 자세히 묘사하고 있다. 이 가운데 당시 사주
사직단 가운데 성城의 남쪽에 위치했던 사단社壇은 이미 유실되었지만 성
의 서쪽에 위치했던 직단稷壇은 현재까지도 사주고성沙州古城 서북 1㎞ 지점
에 남아 있어[37] 당시의 지방제사가 변경인 이곳에서도 시행되었음을 실

36) 唐耕耦·陸宏基編『敦煌社會經濟文獻眞蹟釋錄』第一輯(北京:書目文獻出版社, 1990), 12~13쪽 :
李正宇, 『古本敦煌鄕土志八種箋證』(臺北:新文豐出版公司, 1997), 11쪽.

37) 李正宇, 『敦煌鄕土志八種箋證』(臺北:新文豐出版社, 1998), 86쪽.

증해 주고 있다.

덧붙이자면 앞에서 잠시 언급한 바와 같이 『대당개원례』에 보이는 지방제사 가운데, '기祈'로 시작하는 것은 임시적인 제사를 지칭하고, '제祭'로 시작되는 것은 정기적인 제사를 의미하는데, 우사신雨師神과 풍백신風伯神 등 잡신제사는 사직이나 석전과는 다르게 『개원례』에서는 임시제사의 축문만을 기재했을 뿐 정기적 제사에 관해서는 전혀 언급치 않고 있다.[38]

그런데 주의할 것은 위에서 인용한 「사소잡신四所雜神」조의 토지신·풍백신·우사신 부분에서도 "境內有災患不安", "境內風不調", "境內亢旱" 등 비정상적인 자연재해를 언급하고 있다는 점이다. 이것은 제신諸神에 대한 제사가 원래부터 우발적이고 엄중한 재해를 상정하여 건립된 임시적 비상적인 특성이 강한 제사임을 시사해 주는 것이다. 이렇게 볼 때 P.2005호 『사주도독부도경沙州都督府圖經』 잔권은 비단 당시 사주沙洲의 지방제사 제장의 존재와 정확한 위치를 통해 당대 지방제사의 실질적인 운용실태를 알려주고 있을 뿐 아니라 『대당개원례』의 세목과 당대 지방 각지에서 운용되던 지방제사 사이에 분명한 연계관계를 존재했음을 보여주고 있다.

두번째로 돈황문서에 보이는 제문을 통해 당대 지방제사의 운용을 확인해 보자면, S.1725호 문서에는 「석전문釋奠文」·「제사문祭社文」·「제우사문祭雨師文」·「제풍백문祭風伯文」 등 직접적으로 지방제사와 관련된 제문祭文들이 수록되어 있다. 그 가운데 「석전문」과 「제사문」은 비록 단어의 사용에 있어서는 『대당개원례』와 약간의 차이를 보이지만 전반적인 내용은 『개원례』에 부합한다.

---

38) 『開元禮纂類十五, 十六』, 「吉禮十二, 十三」(『通典』) 3053~3071쪽.

그러나 『대당개원례』 권70 길례吉禮에서는 사직과 석전을 제외한 기타 제신에 관한 부분에 대해서는〔諸州祈諸神條〕제문을 기재치 않고, "축문내용이 사제社祭와 동일하다〔祝文與祈社同〕"는 말만 언급하고 있는데, 이에 비해 S.1725호 문서는 우사·뇌신·풍사의 제문내용을 상세히 기록하고 있다. 물론 제문 자체가 커다란 의미를 가지는 것은 아니지만 적어도 『개원례』를 보충한다는 점에서 가치를 지닌다고 볼 수 있다. 또한 뇌신이 제신제사에 포함된 것이 천보연간 이후의 일이기 때문에 본문서 속에 뇌신에 대한 제문이 포함된 사실은 S.1725호가 천보연간 이후 예禮의 변동사항을 포함하고 있을 것으로 추정해 볼 수 있다.[39]

사실 이러한 제문 자체보다 더욱 주의를 끄는 것은 이 문서 뒷면에서 앞에서 예로든 각종 제문의 후반부에 기록한 사주제관沙州祭官의 첩문牒文이 발견되었다는 점이다. 이것은 전술한 제사활동에 필요한 인력과 물자를 기록하여 보고한 관문서官文書이다. 앞에 예를 든 「석전문」·「제사문」·「제우사문」·「제풍백문」 등이 실제적으로 활용되었을 가능성을 더욱 제고시켜 주는 것이다.[40] 사실 『대당개원례』에는 이러한 지방제사 활동에서 필요로 하는 물품을 전혀 언급하지 않고 있는데 이 문서는 이런 점에서 전통문헌 자료의 부족한 부분을 보충해 주는 의의를 지닌다.[41]

---

39) 보충의 의미에서 S.1725號에 보이는 제문내용을 기재해 보면 다음과 같다: "祭雨師文: 敢昭告於雨師之神, 惟神德含元氣, 道運絪縕, 百穀仰其膏澤, 三農籍以成功. 倉(蒼)生是依, 莫不咸賴, 謹以致幣禮薦, 粢盛庶品, 恒奉舊章, 式陳明薦, 作主侑神." "敢昭告於雷神惟神德煙元氣, 道運絪縕, 將欲雨施震行, 先殷轟而隱隱, 陰凝結, 乃震響以雄雄. 黎元是依, 莫不咸賴, 謹以幣禮薦, 粢盛庶品, 恒奉舊章, 式陳明薦." "祭風伯文: 敢昭告於風伯神, 惟神德含元氣, 體運絪縕, 百穀仰其結實, 三農籍以成功. 蒼生是依, 莫大咸賴, 謹以致幣禮薦, 粢盛庶品, 恒奉舊章, 式陳明薦, 伏維尙饗."

40) 姜伯勤은 당시 沙洲地區에서 『大唐開元禮』에 게재된 의례규정에 따라 주 단위의 지방제사가 확실히 실행되었음을 명증해 준 것이 이 문건의 중요한 의의라고 지적한 바 있다. 牒文의 내용과 의의에 관해서는 姜伯勤, 『敦煌社會文書道論』(臺北: 新文豊出版社, 1992), 7~8쪽을 참조.

이밖에 S.5745호 문서에는 천복天復 5년(905) 당시 귀의군歸義軍 절도사였던 남양장공南陽張公의 「제풍백문祭風伯文」이 보이는데 본건의 내용은 이미 S.1725호의 제문내용과는 상당한 차이를 보인다. 일종의 지방화된 제문으로 볼 수 있는데, 어쨌든 귀의군 시대의 지방정권도 기본적으로 당대의 지방제사 체계를 계승하고 있음을 보여주는 사례이다.42)

당대 지방제사가 사주沙州에서 실시된 증거는 당시의 민력民曆이라고 할 수 있는 구주역일具注曆日을 통해서도 확인된다. 정보매체가 결핍되어 있던 고대사회에 있어 민력[具注曆日]은 현대의 달력에 나타나는 연·월·일·요일 등 단순한 시간적인 정보 외에 음양오행의 운행과 기후변화에 따른 만물의 반응과 징조, 농사·장례·결혼·치병·이사·배관拜官·집수리 등 일상생활과 깊은 관련이 있는 활동들의 길흉 여부 등 다양한 정보를 제공해 주었다.

물론 국가에서 추진하는 이념과 신앙의 상징적 의미를 내포할 뿐 아니라, 당시에 있어 절일節日로서 민중의 일상적인 생활과 밀접한 관련을 맺고 있었던 지방제사는 당연히 현재의 캘린더에 공휴일이나 국경일이 다른 색깔로 표시되듯이 날짜 바로 밑에 표시되어 충분히 시선을 끌 수 있도록 배려된 것 같다.

돈황에서 출토된 구주역일에 보이는 관련 자료들을 살펴보면 P.3900 문서의 뒷면에는 "唐元和四年 己丑歲 具注曆日"이 보이는데 809년의 것으로 사료되는 이 구주역일에는 "[三月]二十五日, 壬申, 金平, 祭雨師"라는 기록이

---

41) S.1725문서는 寧可·郝春文 輯校, 『敦煌社邑文書輯校』(江蘇古籍出版社, 1997), 695~696쪽과 姜伯勤, 『敦煌社會文書導論』, 7~8쪽에서 참조. 이밖에 지방제사의 제문과 관련된 기록은 P.3896호 문서에도 보이는데 「祭后稷氏文」과 「祭雨師文」이 보인다.

42) S.5745호 문서의 정식명칭은 「天復五年歸義軍節度使南陽張公祭風伯文」으로 이 부분에 관한 내용은 姜伯勤, 앞의 책, 3~6쪽.

보인다.43) 또한 P.2765는 "唐大和八年 甲寅歲 具注曆日"로서 834년의 구주역일로 생각되는데 "二月六日, 丁亥, 土成, 〔釋〕奠", "二月七日, 戊子, 火收, 社", "三月二十一日, 壬申, 金平, 祭雨師, 立夏 四月節…" 등의 기록이 확인된다.44) S.1439문서의 뒷면에는 "唐大中十二年 戊寅歲 具注曆日"이 보이는데 858년 정월부터 5월까지의 기록으로 보이는 이 구주역일에도 "正月二十日, 癸丑日, 木弲, 祭風伯", "二月五日, 丁酉, 火破, 〔釋〕奠", "二月六日, 戊戌, 木危, 社, 雷乃發聲", "三月二十二日, 甲申, 水平, 蚯蚓出, 下弦, 祭雨師" 등의 기록이 나타난다.45)

기록에 나타나듯이 구주역일에는 사직·석전에서 우사·풍백 등 제신제사에 이르는 지방제사들이 명확하게 기록되어 있다. 적지 않은 사주 백성들이 날마다 이 민력民曆을 본다는 것을 가정하면 국가권력에 의해 주재되던 지방제사가 개인들의 생활 속으로 한 걸음 더 다가가는 데 일정한 역할을 했을 것으로 추정된다. 다만 제신제사 가운데 천보연간에 첨가되었던 뇌신제사에 관한 기록이 보이지 않는 것은 뇌신에 대한 제문자체도 제우사문祭雨師文에 부속되어 있었고, 또한 P.2005호 문서에 보이는 『사주도독부도경沙州都督府圖經』에서도 뇌신의 독립된 제사장소를 언급하지 않는 것으로 보아 우사雨師를 제사하는 날에 같은 제사지역에서 종속적 지위로 함께 제사되었기 때문일 것이다.46)

물론 당 덕종 흥원興元 원년(784)을 전후로 돈황은 토번吐蕃에 의해 점령되고, 60년 뒤에는 독립된 지방정권의 시대인 귀의군歸義軍 시대가 열리게

---

43) 鄧文寬 錄校, 『敦煌天文曆法文獻輯校』(江蘇古籍出版社, 1996.5), 114~122쪽 참조.
44) 鄧文寬 錄校, 『敦煌天文曆法文獻輯校』, 140~154쪽.
45) 鄧文寬 錄校, 『敦煌天文曆法文獻輯校』, 160~174쪽 참조.
46) 高明士는 S.1725V에 보이는 제사용품의 세목을 적은 牒文에서 "祭雨師二座"가 출현하는데 원래 一座인 雨師의 祭地에 二座가 언급된 것은 바로 그 중의 하나가 뇌신의 것에 해당되기 때문이라고 설명하였다.〔高明士, 앞의 글, 61쪽〕

된다. 이미 당 중앙정부의 세력이 미치지 않던 이 시기의 구주역일 자료를 가지고 어떻게 당대의 지방제사를 논할 수 있겠는가 반문할 수도 있다. 그러나 토번의 점령기와 귀의군 시기에도 중국식 구주역일具注曆日이 사용되었다는 것은 다른 형식의 캘린더가 이미 이 지역주민들, 특히 한인漢人들의 일상생활에 있어서의 다양한 요구를 충족시켜 줄 수 없었다는 것을 의미한다.

물론 정치적인 환경으로 인해, 당조의 중앙 천문기구에서 발행하는 구주역일이 매년 때에 맞추어 송달될 수 없었기 때문에 돈황의 구주역일은 거의 변하지 않았다.47) 이런 연유로 구주역일이 긴박하게 변화하는 당대 후기 이후의 상황을 정확히 대변할 수는 없을 것이다. 그러나 변화가 거의 없었다는 자체는 적어도 전대의 상황을 잘 간직하고 있다는 의미로 받아들일 수 있는 것이다. 오히려 이러한 자료들이 적어도 토번이 이곳을 점령하는 784년 이전 사주인들의 일상생활을 개략적이나마 반영하고 있다고 말할 수 있을 것이다.

마지막으로 당대의 사주지역에서 지방제사가 실제적으로 운용되었음을 직접적으로 증명해 주는 또 다른 자료로, P.2942에 보이는「사주제사광파용판沙州祭社廣破用判」판문을 들 수 있다. 이 판문判文은 "각종 곤경과 우려가 닥쳐 모든 일에 아끼고 절약해야 하는데, 사주는 사신社神을 제사하는데, 어찌 유독 그리도 풍성할 수 있는지? 세금이라는 것은 각각 쓸 용도가 구분되어 있거늘, 사社를 제사키 위해 낭비하는 일은 결코 합당치 않도다. 소값은 어떻게 보충해 메우겠는가?"48)라는 내용이 나타난다. 사

---

47) 鄧文寬 앞의 책 前言부분(1~14쪽) 참조. 당대의 具注曆日에 관해서는 黃一農,「敦煌本 具注曆日新探」(『新史學』 3卷4期, 臺北, 1992.10) 참조.

48) "艱虞已來, 庶事滅省. 沙州祭社, 何獨豐濃? 稅錢各有區分, 祭社不合破用........酒肉菓脯, 已費不追, 布絹資身, 事須却納. 更責州狀, 將何塡培(賠)牛直(值)? 將元案通" P.2942에 보이는 '沙州

주관청이 제사활동에 쓸데없이 많은 낭비를 했음을 엄중하게 힐책하고 이에 대한 해결방안을 모색하는 내용이다.

이 가운데 주의를 끄는 것은 '소값[牛値]'에 관한 언급이다. 원칙적으로 소를 희생물로 삼는 태뢰예太牢禮는 대사나 중사에서만 적용될 수 있다. 그럼에도 불구하고, 주·현의 지방사제에서 소를 희생물로 받쳤다는 것은 앞에서 언급한 바처럼 중앙차원의 사직제사가 대사로 승격됨에 따라 이에 편승하여 지방의 사직제사도 이미 중사 혹은 중사에 준하는 지위로 승격된 것이나, 아니면 판문의 견책譴責내용처럼 도에 지나치게 낭비하여 월례越禮한 것 등 두 가지로 추정을 할 수 있겠다.[49] 이 판문의 내용은 적어도 안사安史의 난이 막 끝나고 토번의 하서河西점령이 멀지 않은 전란이 계속되는 상황 하에서도[50] 지방제사가 지방정부의 주재하에 여전히 거행되고 있었음을 시사해 주었다는 데 커다란 의의가 있다.

지금까지 당시唐詩와 돈황잔권에 남아 있는 기록을 통해 국가예전에 보이는 지방제사의 실제적인 운용에 대한 종적을 더듬어 보았다. 자료의 한계를 완전히 극복할 수 없겠지만, 이를 통해 국가차원의 지방제사가 기층의 사회에서 일상의 정신적·물질적 생활과 긴밀한 관계를 맺으며 운용되었음을 확인해 볼 수 있었다. 이런 측면에서 본다면 당대의 지방관들이 민간음사의 만연을 방지하기 위한 예방조치나 음사철폐 뒤의 대응조치로서 지방제사의 보급을 선택한 것은, 정부가 평소 국가제

祭社廣破用判'의 판문내용은 寧可·郝春文 輯校, 『敦煌社邑文書輯較』, 742~743쪽 참조.

49) 이 부분에 대해서는 高明士, 앞의 글, 50쪽과 譚蟬雪, 『敦煌歲時文化導論』(臺北:新文豊出版公司, 1998), 104~106쪽 참조.

50) 판문집에 周逸과 僕固懷恩의 글이 보이는 것으로 보아, 연대는 대략 안사의 난이 끝날 무렵에서 토번이 하서를 점령하기 이전의 기간으로 추정된다.[寧可·郝春文 輯校, 『敦煌社邑文書輯較』, 743쪽 참조]

사 체계를 기층의 행정단위까지 철저히 보급시켜 인민의 일상생활을 장악하려 했던 노력과 부합된다는 것을 발견할 수 있다. 바꿔 말하면 당 정부는 국가의 예전을 정비하고 이에 따라 지방제사를 지속적으로 시행함으로써 예제에 부합치 않는 지역적인 문화의식의 성장을 통제하려 한 것이다. 소위 음사로 불리는 민간의 신앙활동에 철퇴를 가한 연후에 '지방제사의 보급'을 추진한 것도 바로 이러한 연유에서 기인한 것이다.

그렇다면 민간의 사적인 신앙의 성장을 규제하면서 동시에 국가의 통치이념을 일방적으로 주입시키기 위해 추진된 역대 이래 이러한 조치들의 실효는 어떠했을까? 물론 이것은 관념적인 문제와 얽혀 있기 때문에 결과를 예측한다는 자체가 기본적으로 불가능할 수도 있다. 그러나 적인걸狄仁傑이나 이덕유李德裕 등의 음사 철폐조치에 보이듯이 철폐의 규모가 점점 대형화되는 경향은 국가의 의도가 직접적인 효과를 거두지 못하고 있음을 반증해 준다. 즉 정부가 추진하고자하는 예적禮的 세계의 외연에서 민간신앙이 부단히 성장해 온 것인데, 이는 기본적으로 민중의 생활과 직접적인 관련 속에서 성장해 온 민간문화 자체의 생명력이 표출된 것이다.

그러나 이와 함께 결코 간과할 수 없는 점은 지방제사 특히 고대 이래 기층의 사회조직과 긴밀한 관계를 지니고 있었던 사직제사 자체가 원래의 기능을 상실했을 가능성인데, 다음 부분에서는 이러한 지방제사 자체의 내부적인 변화를 상세히 관찰해 보고 그 원인과 변화양상 그리고 이러한 변화와 동요가 지니는 의의를 토론해 보도록 하겠다.

3. 지방제사의 내부동요와 민간 사묘신앙의 관계
― '사社'를 중심으로

민간문화의 변화와 성장은 우선적으로 민간사회 자체가 지니고 있는
내부적 동력과 밀접한 관련을 맺고 있겠지만, 기층사회에 대한 통제와
간섭이 다각적으로 이루어지고 있었던 제국시대에 있어서는 국가권력과
의 관계를 결코 무시할 수 없다. 이런 점에서 가네이 노리유키金井德幸가
내놓은 일련의 연구성과는 시대적 대상이 다르긴 하지만 주목할 가치가
있다. 그는 남송대에 이르러 사묘祠廟의 수가 급증한 것은 민간사회에 있
어 귀신에 대한 숭배가 확대된 것과도 관련이 있지만, 무엇보다도 가장
큰 원인은 지방제사로 운용되던 사직제사가 쇠미하게 된 점이라고 지적
하였다.[51]

그러나 '사社'의 쇠미가 결코 송대에 이르러 시작된 것은 아니다. 주지
하다시피 이里·사社·종족宗族이 하나로 긴밀하게 얽혀 있던 봉건체제가
전국戰國에서 진·한에 이르는 시기 동안에 전면적으로 와해되므로 향리
사회의 구조에도 커다란 변화가 생겨나기 시작하는데, 이에 따라 '사'도

---

51) 金井德幸,「南宋の祠廟と賜額について―釋文珦と劉克莊の視點」(宋代史研究會編,『宋代
の知識人―思想·制度·地域社會』, 東京:汲古書院, 1992);「宋代の村社と社神」(『東洋史研究』
38-2, 1979.9);「宋代の村社と宗族―休寧縣と白水縣における二例」(『歷史における民衆と文
化―酒井忠夫先生古稀祝賀記念論文』, 東京: 國史刊行會, 1982.9);「宋代浙西の村社と土神―
宋代鄕村社會の宗敎構造」(『宋代史研究會研究報告』第二集, 東京: 汲古書院, 1986.10);「南宋
における社稷壇と社廟について―鬼の信仰を中心として」(酒井忠夫主編,『臺灣の宗敎と中
國文化』, 東京:風響社, 1992).

이미 쇠미의 징조를 보이기 시작한다.*

□* 춘추전국시대 이전에는 종법질서와 토지와의 관계가 기본적으로 안정되어 있었
기 때문에 향리관계가 비교적 고정적이었으며, 이里마다 사社를 설치하고 사와 이가
완전히 통일되어 있었다. 즉 1리의 장이 곧 사의 수뇌이자 사제社祭의 주재자이며
또한 종족의 종장이라 할 수 있었다.52)

　물론 한대에 이르기까지는 외형적으로 이·사가 통합되어 있는 체제
가 유지되므로 이里의 명칭이 곧 사의 명칭이 되어 모모리사某某里社라고
칭하는 것이 습관화되어 있었으며, '사의 활동에는 같은 '이'의 주민이라
면 빈부를 불문하고 참가하는 것을 당연하게 여겼다. 매년 춘2월과 추8월
상순의 무일戊日에는 전체 이민들이 모여 사제를 거행했는데, 제사 뒤에
는 사수社樹 아래에서 먹고 마시면서 모처럼 일상에서 이탈하여 해방된
하루를 즐겼다. 비용은 전체 이의 주민들이 분담했을 것으로 추정된다.53)
당시 '사와 관련된 직무도 여전히 이정里正과 부로父老가 책임지고 있었고,
제사활동 역시 이정의 직무 가운데 하나로 당연히 국가의 인가와 지지를
얻고 있었다.54)

　그러나 자세히 검토해 보면 한대를 기점으로 이와 사의 관계가 점차
분리되고, 사에서의 활동에 있어서도 점차 개인화·자원화하는 경향이
출현했음을 알 수 있다. 이러한 이·사 내부의 변화 외에도 구성원이 특
정한 목적을 위해 임의로 결합한 '사사私社'의 출현 역시 주목할 필요가
있다. 이것은 전통적인 이사里社와는 다른 성격을 지닌 조직으로서 관부官

---

52) 馬新, 『兩漢鄕村社會史』(濟南:齊魯書社, 1997.6), 222~223쪽.
53) 전국시대에 있어 이민들이 사제社祭의 경비를 공동으로 분담하던 상황과 이러한 경
비가 소농민의 생활에 있어 차지하던 비중과 의의에 대해서는 李成珪, 「戰國時代 國家
와 小農民生活」(『古代中國의 理解』, 지식산업사, 1994), 131~138쪽의 세밀한 연구를 참조
할 수 있음.
54) 寧可, 「漢代的社」(『文史』第九期, 北京:中華書局, 1980.6).

府의 통제에서 벗어난 것이기 때문에 금지되었다. 서한 원제시기에 연주
兗州자사 호상浩賞은 "민간에서 사사로이 사를 세우는 것을 금지한다"는
명령을 내린 바 있다.55) 이러한 경향은 한말·위진시기가 되면 더욱 가속
화된다. 당시는 전란이 빈번하여 인구가 각지로 유산流散되고, 호족들의
토지겸병이 더욱 확대되어 소농들은 호족의 보호 아래 의지하게 되거나,
거주지를 잃고 각지로 흩어져 유민流民으로 변해 갔다. 이러한 추세에 따
라, 한대의 엄격한 이제里制는 이미 이사합일里社슴―의 국면을 유지할 수
없었고, 전체 이민이 참가하는 이사제도里社制度 역시 와해되는 것을 막을
수 없었다.

위진시기 이·사의 쇠미에 대해, 영가寧可는 낙양에서 출토된 서진시
대의 「당리리사비當利里社碑」에 대한 분석을 통해, 당시의 사社는 이미 더
이상 이里의 전체주민이 모두 참가하는 조직이 아니고, 원하는 주민들만
자유롭게 참가할 수 있으며, 이런 까닭에 참가자들은 이미 '사민社民'이라
고 하는 전문적인 호칭을 갖게 되었다고 지적한 바 있다.

또한 한대 이사에서는 사와 관계된 일을 처리하는 사람들을 사재社
宰·사축社祝 등 종교무술宗敎巫術과 관련된 듯한 호칭으로 불렀는데, 앞에
서 언급한 서진의 '당리리사當利里社'에서는 '사'의 일을 처리하는 사람을
사로社老·사정社正·사사社史·사연社掾 등 당시 향관의 칭호를 모방하여
불렀다. 호칭에 있어 종교적 색채가 사라졌다는 점은 '사'와 관련된 일을
완전히 이정과 부로에 맡겨 처리하던 한대의 이사합일제도의 유습을 보
여주는 것이라고 해석 할 수도 있겠지만, 실은 이제는 '사'가 순수한 토지
신과 곡물신에 대한 제사, 즉 신앙의 차원을 넘어 기타 세속적인 목적을

---

55) 『漢書』卷七, 「五行志」七에는 "禁民間私所自立社"라는 말이 출현하는데 주에는 당시 私社
에 대한 설명이 보인다. "臣纂注曰: '舊制二十五家爲社, 而民或十家, 五家共唯一社, 是私社.'"

가진 활동으로 변해 감을 암시해 주는 것으로도 파악할 수 있다.56)

한말·위진 시기를 거치면서 점차 발전하고 있던 사사활동私社活動의 주요한 유형에는 당시 시대상황을 반영하여 종족과 지망地望 관계를 기초로 함께 모여 서로를 보호한다는 명목으로 결성된 '종사宗社'가 있었고, 또한 직업과 계층을 중심으로 결성된 '사'도 있었다. 그러나 여러 사사私社 가운데 가장 성행했던 것은 불교도들을 중심으로 이루어진 '읍의邑義'와 '법사法社'로서 이 또한 당시 사회의 불교숭배 분위기를 반영해 주는 것으로 볼 수 있다.57)

앞에서도 언급했지만 상고시대부터 진·한에 이르는 장시간 동안 제사활동祭社活動은 이공동체의 주민들에게 있어서는 매년 봄이면 한해농사가 잘 되기를 기원하고 가을엔 풍작에 감사하는 정기적인 제사였을 뿐 아니라 수시로 복록과 치유와 기우 등을 비는 제사장소로서 기층민중들의 정신생활에 있어 관건적인 역할을 수행해 왔다. 이 때문에 이공동체 자체의 와해로 인해 발생한 '사'의 내부적인 변화는 이들에게 정신생활에 있어 공허와 혼란을 불러왔을 가능성이 매우 높다. 이렇게 본다면 마침 이 시기를 전후로 출현한 도·불의 급격한 세력확장과 민간 사묘신앙의 성장은 필연적으로 이러한 '사'의 내부변화와 관련을 가지고 있을 것이다.

외부환경의 변화에 따른 '사'조직에 있어서의 변화와 와해의 조짐은 사신社神의 신성神性과 신격神格에도 영향을 주었다. 원래 '사'에서 제사하는 대상은 추상적인 토신土神이나 원고遠古시대에 백성들에게 커다란 공업을 주었다고 생각하는 구룡句龍·후토后土·대우大禹와 같은 전설 속의 인물들이었다. 그러나 한대 이후 이러한 존귀한 신기神祇들이 점차 친밀

56) 寧可, 「記'晉當利里社碑'」(『文物』 第12期(總283期), 1979), 59쪽.
57) 寧可, 앞의 글, 60쪽.

하게 세속화된 사공社公의 모습으로 변해 가게 되었다.58) 혹은 더욱 저급
한 사귀社鬼59)의 모습으로 추락하여 무축들이 마음대로 손쉽게 주무를 수
있는 대상처럼 변해 갔다.60)

　　이뿐 아니라 한대 이후에는 각지의 민간에서 현지의 영향력있는 인
물들을 사제社祭의 숭배대상으로 삼거나 직접적으로 특정한 인물을 숭배
하기 위해 '사'를 세우는 상황도 발생했다. 예를 들면 『태평어람太平御覽』
권532의 사직社稷조는 『진류풍속전陳留風俗傳』을 인용하여 "진평陳平은 젊어
서 사社의 하재下宰였지만, 지금에 이르러서는 백성들이 위패位牌를 세우고
제사를 모신다"61)라고 언급하고 있다. 『한서』 난포전欒布傳에도 "오초吳楚
의 반란이 일어났을 때 공을 세워 유후鄃侯에 봉해졌고, 다시 연燕의 상相
이 되었기에, 연·제 지방에선 모두 그를 위해 '사'를 세워 난공사欒公社라
고 불렀다"는 기록이 보인다.62) 『한서』 서경전敍慶傳에는 당시 제나라 지역
에는 경사慶社가 있었다고 언급하고 있는데, 그 주석에서는 등전鄧展의 말
을 인용하여 당시 "경慶이 제상齊相을 지냈기 때문에 제齊사람들이 그를
위해 '사'를 세운 것"이라고 언급하고 있다.63)

---

58) 『禮記』, 「郊特性」, "社祭土而主陰氣也" 부분에 대해 疏는 "오늘날의 사람들은 社神을 社
　　公이라 일컫는다〔今人謂社神爲社公〕"고 언급하고 있다.
59) 『漢書』 卷99, 「王莽傳(下)」: "分赦城中諸獄囚, 皆授兵, 殺豨, 飮其血, 與誓曰有不爲新室者,
　　社鬼記之."
60) 『後漢書』, 「方術列傳·費長房傳」에는 비장방이 신선술을 배워 중병을 치유할 뿐 아니
　　라, 귀신들을 견책하고 사공社公조차 쫓아낼 수 있었다고 기재하고 있다.〔遂能醫療重
　　病, 鞭笞百鬼, 驅使社公〕 당시 이러한 사신社神의 신격변화에 대해서는 寧可의 「漢代的社」,
　　9쪽을 참조.
61) 『太平御覽』 卷532, 「社稷」은 『陳留風俗傳』을 인용하여 다음과 같이 언급하고 있다: "少
　　爲社下宰, 今民祀其位."
62) 『漢書』 欒布傳는 다음과 같이 언급하고 있다: "吳楚反時, 以功封爲鄃侯, 復爲燕相, 燕齊
　　之間皆爲立社, 號曰欒公社."
63) 『漢書』 敍慶傳에도 "慶社於齊, 不言動民"라는 구절이 보이는데 이 부분에 대한 주는

이밖에 백성들에게 공덕이 있는 인물들을 사신社神께 배사하는 경우
도 출현한다. 『후한서』 공융전孔融傳에는 관내 사람 견자연甄子然은 효심이
남달랐으므로 요절하자 공융이 현사縣社를 배식配食케 했다"는 내용이 보
인다.[64] 또한 『후한서』 송등전宋登傳에는 "그대가 여음령汝陰令이었을 때 정
치가 밝고 유능하여 신부神父라고 칭했는데,… 어가漁家에서 죽자 여음汝陰
사람들이 '사'에서 배사를 올렸다"는 내용이 출현한다.[65] 『진서晉書』 육운
전陸雲傳에도 유사한 내용이 출현하는데 "백성들이 그리워하여 그의 형상
을 그려서 현사에서 배사했다"는 내용이다.[66]

이러한 사실들은 후대에 민간에서 사묘를 세우던 상황과 매우 흡사
하다. 필자는 이처럼 백성들에게 공덕이나 긍정적인 영향력을 발휘한 인
물들을 사신과 배사하거나 혹은 그들을 위해 직접적으로 '사'를 세워주던
상황이 한말·위진 이래 민간에서 폭넓게 전개된 입묘[사묘]운동과 밀접한
관련이 있을 것으로 생각한다.

그런데 여기서 한 가지 더 주목되는 점은 현사縣社 가운데 전통의 '제
단'형식 외에 묘우廟宇형태의 제사장소가 등장했을 가능성이다. 위의 몇
가지 사례에서 언급된 바처럼 영향력있는 인물들을 사신社神과 함께 배사
했거나 『진서』 육운전陸雲傳에 보이는 바처럼 제사대상의 화상畵像까지 그
렸다면 이들을 모실 사우가 존재했을 가능성도 매우 높은 것이다.[67]

당대에 이르러 당 고조는 무덕 9년(626)에 친히 사직의 의례를 행한 바

鄧展의 말을 인용해 "慶爲齊相, 齊爲立社也"라고 언급하고 있다.

64) 『後漢書』, 「孔融傳」: "郡人甄子然, 臨孝存, 知名早卒, 融恨不及之, 乃命配食縣社."

65) 『後漢書』 宋登傳에 보이는 관련기록은 다음과 같다: "爲汝陰令, 政爲明能, 號爲神父, … 卒漁家, 汝陰人配社祀之."

66) 『晉書』, 「陸雲傳」: "出補浚儀令, … 去官, 百姓追思之圖畵其形象, 配祀縣社."

67) 勞榦, 「漢代社祀的源流」(『中央硏究院歷史語言硏究所集刊』 第11本, 1947), 58~59쪽 참조.

있다.68) 또한 조칙을 내려 토지신과 곡물신께 제사를 올리는 사제社祭[엄밀
히 말하자면 社稷祭]의 중요성을 강조하고, 천하의 백성들도 지방마다 사단社
壇을 세우고 춘추2사를 행할 것을 명령하였다.69) 앞 장에서도 언급했다시
피 당대는 국가예전이 완벽하게 정비됨에 따라 중앙으로부터 지방의
주·현까지 심지어는 이 단위의 이사里社에 이르기까지 구체적인 제사의
례가 완벽하게 갖추어진 시기이다. 또한 돈황문서에서 보이는 바와 같이
당시 전국 각지의 주·현 소재지에는 대부분 사단社壇을 중심으로 하는
지방제사의 제장이 갖추어져 있었고, 정기적으로 의례를 거행해 왔다.

이러한 사실은 당이라는 왕조가 고대국가의 특성상 농업생산에 대해
각별한 관심을 가지고 있었음을 보여주는 것이기도 하지만, 또한 '사'를
중심으로 하는 지방제사 체계를 통해 기층민중에게 국가권력의 일방적
인 통치이념을 주입시키고 그들의 정신생활까지도 통제하려고 한 강렬
한 의지를 표현해 준 것이라고도 볼 수 있다.

그러나 위에서 지적한 바처럼 한말·위진남북조 이래로 '사'의 내부
조직이 점차 느슨해졌고, 이사 자체가 완전히 다른 목적을 지닌 사사私社
에 의해 대체되는 경향을 보였으며, 이에 따라 사신의 신격도 세속화되
는 경향이 더욱 심해졌다. 돈황에서 발견된 대량의 당대 사읍문서社邑文
書70)와 『방산석경제기房山石經提記』71) 역시 사사私社가 당대 기층민중들의 결

---

68) 『舊唐書』, 「高祖本紀」, 16쪽.
69) 『冊府元龜』 卷33, 「帝王部·崇祭祀二」, 356쪽.
70) 唐耕耦·陸宏基가 편집한 『敦煌社會經濟文獻眞蹟釋錄』 第1輯의 제5부분에는 149건의 사
읍문서가 수록되어 있고, 寧可와 郝春文이 편찬한 『敦煌社邑文書輯校』에는 343건의 돈황
문서와 2건의 吐魯蕃문서[社條], 총 345건의 사읍문서가 수록되어있는데, 이 책은 현재
가장 완정하게 敦煌寫本 社邑文書를 집록한 서적으로 평가할 수 있겠다. 이러한 사읍문
서의 종류와 개괄적인 설명은 『敦煌社邑文書輯校』의 前言부분을 참조할 만하다.
71) 이와 관련된 연구로는 唐耕耦의 「房山石經題記中的唐代社邑」(『文獻』 第1期 總第39期,

사활동結社活動 가운데 가장 보편적인 형태임을 확증해 주고 있다.

이러한 자료에 의하면 당나라 사람들의 사사私社활동 역시 위진남북조 때의 전통이 계승 발전되어 불교도들에 의해 결성된 '사'와 경제와 생활에서 서로 도울 목적으로 세워진 '사', 그리고 종족과 같이 혈연관계를 매개로 유대를 도모키 위해 결성된 '사' 등을 중심으로 전개되었음을 발견할 수 있다.

물론 당 정부측에서도 사사私社가 이미 기층 민간조직의 주류로 성장했음을 감지하고 있었다. 고종 함순咸淳 2년(674) 5월에는 "춘추2사가 원래 풍년을 기원하는 것이거늘, 듣자하니 〔백성들이〕 이밖에 다른 읍회邑會를 연다고 한다. 이후에는 〔춘추〕2사 외에는 따로 모일 수 없으니 해당관리는 엄격히 금지시킬지어다"라는 사사엄금私社嚴禁의 조령이 내려지기도 했다.72) 그러나 이 시기를 제외하고는 당 정부는 대체적으로 사사에 대하여 비교적 관대한 태도를 취했다. 현종 천보 원년(742)에 발포된 칙문에서도 사사에 대해 "반드시 관사官社와 동일한 날짜에 제사를 올릴 것"을 명령한 것 이외에는 금지를 예시하는 어떤 다른 처벌도 언급하지 않고 있다. 사실 사사를 관사일과 동일한 일자에 맞추어 시행토록 했다는 점은 당시 적지 않은 지역에서 춘추2사의 의례가 이미 혼란스러워졌음을 시사해 주고 있다. 사단社壇도 제대로 관리되지 못해 황폐하게 되었던 상황과 함께 고려한다면 이제는 지방에 있어 관사보다 사사가 주요한 조직임을 인정했다고 볼 수 있다. 더 나아가 관사를 보완할 수 있는 유용한 조직으로 파악하고 통치에 이용하려는 기도로도 생각할 수 있다.73) 이런 점에서 본

1989)를 참조.

72) 『舊唐書』, 「高宗本紀」, 98~99쪽에 보이는 사사私社 금지조령의 내용은 다음과 같다: "春秋二社, 本以祈農, 如聞此外別爲邑會. 此後除二社外, 不得聚集, 有司嚴加禁止."

73) "社爲九土之尊, 稷乃五穀之長. 春祈秋報, 祀典是尊. 而天下郡邑所置社稷等, 如聞, 祭事或不

다면『태평광기太平廣記』녹인걸逯仁傑조에 보이는 관련내용은 참고할 만한
가치가 있다. 원래『조야첨재朝野僉載』에서 인용한 원문내용을 살펴보면
다음과 같다.

> 〔무측천의〕무주武周시기에 녹인걸이라는 하양사람이 있었다. 그는 지관령
> 사[地官은 상서호부에 해당됨]로서 상서에게 건의해서 천하의 〔조세관련〕회계
> 방식을 바꾸자고 했다. 그 방식이 너무 번거롭고 자잘했는데, 법령에 많은
> 세칙들이 추가되었다. 각 마을마다 사관社官을 두고, 거기에다 평平·직直·
> 노老 3명을 두어 장부를 관장하고 자물쇠를 설치하게 했다. 〔이런 방식대로〕
> 하자 10마리의 양에 9명의 목자가 있는 꼴로 백성은 적고 관리는 많았으므
> 로 사람들이 모두 흩어져 도망갔다. 그러나 재상은 견식이 얕아 이런 방식
> 이 만대에 이르도록 시행될 수 있다고 생각하고서 녹인걸을 지관낭중地官
> 郎中으로 제수했다. 수년간 백성들이 고통스러워하여 결국 그 법이 폐기되
> 었다.74)

위에서 설명한 바와 같이 당시 향촌에는 관사官社는 이미 쇠락해 가고
사사私社가 주류로 성장했기 때문에 도히 요시카즈土肥義和는 위의 인용문
가운데 '매촌립사관每村立社官' 이하의 부분에 대해 원래 이정里正과 촌정村
正이 책임지던 일부 업무를 사사의 주사자主事者인 '사관社官'과 기타 향촌
의 집사인원[平直老三員]에게 분담시키려던 시도로 해석하였다.

물론 마지막 행에 보이는 것처럼 이와 관련된 법령은 불과 시행된 지
몇 년이 안되어서 철폐되었다. 하지만 무주武周정권이 당시 향촌에 광범

備禮. 苟崇敬有虧, 豈靈氣所降, 慾望和氣豐年焉可致也. 朕永惟典故, 務在潔誠, 俾官吏盡心, 庶
蒼生蒙福. 自今已後, 應祭官等庶事臨陪, 加精潔以副朕意. 其社壇側近, 仍禁樵牧. 至如百姓私
社, 宜與官社同日致祭."[『冊府元龜』卷33, 「帝王部·崇祭祀二」, 363쪽.

74)『太平廣記』卷第258, 「逯仁傑」[원래 출전은『朝野僉載』임], 2013쪽.

위하게 존재했던 사사조직까지도 공권력을 기층민중에게 전달하여 국가
의 철저한 향촌지배를 관철시키는 수단으로 이용했던 것으로 이해할 수
있다.75)

당대의 국가권력과 결사로서의 '사社'와의 관계에 대해 좀더 심도있게
분석하기 위해 자주 인용되는 대곡大谷2838호 「장안3년(703)전후돈황현첩長
安三年前後敦煌縣牒」 문서를 원문의 배열순서대로 인용해 보면 다음과 같다.

〔前缺〕鄕, 耕耘最少. 此由社官·村

正, 不存農務, 卽愈加決, 正屬

農非, 各決貳十. 敦煌·平康·龍勒·

慈惠肆鄕, 兼及神沙, 營功稍

少, 符令節級科決, 各量決

拾下. 洪池鄕, 州符雖無科責,

檢料過非有功, 各決五下.

其前官執祭, 諮過長官,

請量決罰訖神諮. 意(?)示.

　十六日.

〔紙背〕二月十六日, 社官·村正到.

〔中空約十行〕

縣泉鄕

合當相見社官村正到.76)

위의 문서는 돈황현의 현승縣丞이 농정에 태만했다는 이유로 돈황현

---

75) 土肥義和, 「唐·北宋間の"社"の組織形態に關する一考察─敦煌の場合を中心に」(堀敏一先
生古稀記念. 『中國古代の國家と民衆』, 東京:汲古書院, 1995.3), 694~695쪽.

76) 日本京都龍谷大學圖書館藏大谷文書2838. 參見寧可·郝春文輯校. 『敦煌社邑文書輯校』(江蘇
古籍出版社, 1997.8), 753~754쪽.

에 예속된 11개 향鄕의 사관社官과 촌정을 처벌하는 판결문이다. 이에 대
해 강백근姜伯勤은 당 고조 무덕 9년(626)에 발포된 『입사조立社詔』에서 이미
도읍과 주州·이里마다 관사를 설립할 것을 명령하고, 사관社官의 주요한
직능이 "농업을 권장하여 본업에 충실케 하고, 기년祈年과 추수감사의 제
사를 주재하고, 교육을 권장하며, 풍속을 바르게 잡는 것이다"[77]라고 선
포한 바 있기 때문에 대곡문서에 보이는 '사관社官'은 당연히 정부에서 세
운 '관사'의 '사관'이라고 주장하였다. 또한 당시 사관의 주요한 직무는 권
농과 춘추2사를 주재하는 일이고, 이 문서가 당시 돈황에 관사가 존재하
여 위의 목적에 따라 운영되었음을 시사해 주는 명확한 증거라고 설명했
다.[78]

그러나 도히 요시카즈土肥義和는 이 문서에 보이는 '사社'를 '사사私社'라
고 생각했다. 그는 위의 문서를 앞에서 인용한 바 있는 『태평광기』의 녹
인걸狄仁傑조에 연계시켜서 무주武周시대에는 향촌의 사사와 그 가운데 선
발된 사관社官이 이미 국가의 기층 행정조직에 있어 일련에 직무를 책임
지고 있었기 때문에 국가가 기층의 향촌사회에 있어 개인에 대한 인신지
배를 철저히 실행하기 위해서는 사사의 조직을 홀시할 수 없었다고 주장
하였다.[79]

주제와의 직접적인 관련성을 고려하여 당시 돈황에서 농정과 제사를
주재했던 사관은 관사官社의 사관일까, 아니면 사사의 책임자였을까 하는
문제에 대한 집중적 토론은 차치하겠다. 그러나 당 고조의 『입사조立社詔』
와 『태평광기太平廣記』 녹인걸전, 그리고 대곡2838 문서의 내용은 당대 전

---

77) 權農務本, 修始報功, 敦序教育, 整齊風俗.
78) 姜伯勤, 앞의 글, 『敦煌社會文書導讀』, 231~232쪽.
79) 土肥義和, 앞의 글, 694~698쪽.

기의 정부가 향촌사회에 있어서 '사'의 중요성을 충분히 인식하고 있었음을 반영해 준다. '사'를 기층 행정조직에 편입시키기 위해 적극적으로 시도한 바 있으며, 사관이 당시 기층 행정조직의 책임자라고 할 수 있는 이정과 촌정에 협조하여 함께 권농·교화 등의 업무를 주지하고 있었음을 시사해 주고 있다. 물론 매년 춘추2사를 정기적으로 주도하는 것은 여전히 사관의 가장 중요한 임무였다.

이상 위에서 살펴본 자료들은 주로 '사'에 대한 정부방면의 관심과 노력을 집중적으로 조명해 주고 있다. 그러나 이렇게 정부측 행동에 일방적인 시선을 집중하다 보면, 오히려 당대 '사'의 실제적인 운용실태를 객관적으로 파악하기 힘들지도 모른다. 사실 정부가 지대한 관심을 갖고 인위적으로 사社의 유지를 위해 신경을 쓰며, 심지어 사사私社를 관사官社와 같은 방식으로 운용하기 위해 동작을 취한다는 것은, 이미 기층사회의 '사社'가 당초 정부가 원하던 형태로부터 멀어져 가고 있음을 의미할 수도 있다. 즉 당대의 '사'는 정부측의 관심과는 달리 더 이상은 기층 행정조직이자 제사공동체로서 끈끈하게 얽혀 운영되던 '사'가 아님을 반증해 주는 것이다. 사실 앞에서 언급한 현종 천보 원년(742)의 「식경사사직조飾敬祀社稷詔」역시 당시 관사와 사사의 제사기일이 다르다는 문제와 아울러 의례의 결손과 혼란 등에 보이는 '사'의 쇠퇴를 지적해 주고 있다.

앞 장에서 당대 돈황지역에서 지방제사 체계가 주·현 정부에 의해 실제로 운영되었음을 증명해 주는 근거의 하나로 제시했던 P.2005호『沙州都督府圖經』卷三 문서의 잔권 역시 좀더 상세하게 고찰해 보면 기존의 제사 체계와는 차이가 있는 몇몇 새로운 변모를 파악해 볼 수 있다.

우선 첫번째로 시선을 끄는 것은 '사소잡신四所雜神'조에 '풍백신'과 '우사신' 외에 갑자기 '토지신'과 '요신祅神'이 새롭게 편입되었다는 점이다.

그 가운데 국가예제에 있어 요신의 출현은 이미 강백근姜伯勤에 의해 연구
된 바 있는데, 그는 P.2748호 「돈황입영敦煌卄咏」 문서를 이용하여 8세기 중
엽 사주 안성安城의 요사祅祠가 당조 국가권력의 기우제에 참여했던 사실
과 P.3552호 「아랑위儿郎偉」 문서에 보이듯이 소구드인에 의해 신봉되던 요
신이 5례五禮 가운데 군례軍禮에 해당하는 나례儺禮의 신기로 편입된 사실
에 근거하여 중화예제의 '통합력'이라고 지적한 바 있다.80)

이 문제는 당시 장안에서 실크로드로 향하던 길목에 위치한 돈황특
유의 지리환경과 한인·소구드인·돌궐인 등 복잡한 민족구성 그리고 비
교적 탄력이 있었던 당대의 정치적·문화적 상황 등을 종합적으로 고려
해서 이해할 수 있다.

토지신의 지방제사 편입 역시 상당히 중요한 의미를 지니는데, 지방
제사에 있어 가장 중요한 위치를 차지하는 사신社神과 신성神性이 매우 흡
사한데다가 대략 한대 이후 '사' 자체에 변화가 생기면서 출현한 신기神祇
라는 점에서 더욱 주의를 끈다. 그러나 비록 '사신'과 토지라고 하는 공통
분모는 가지고 있지만, 토지신은 흙이나 땅보다는 방위方位나 지역수호신
적 의미가 더 강하고, 신성神性 역시 사신이 추상적인데 반해 인격신적
특성이 강하다.

토지신의 국가제사화와 함께 이 문서에서 또 한 가지 주목하지 않을
수 없는 문제는 지방의 국가권력 측의 제사장소에 '묘우廟宇'와 '화상畵像'
이 등장하기 시작했다는 것이다. '사소잡신四所雜神'조의 토지신·풍백신·
우사신과 관련된 조문마다 모두 "입사화신주立舍畵神主[집을 세우고 신주의 화상
을 그렸다]"를 언급하고 있다. 사실 주대 이래로 우신[雨師]과 풍신[風師]은 줄

---

80) 姜伯勤, 「高昌胡天祭祀與敦煌祅祀」(『敦煌藝術宗敎與禮樂文明』, 北京:中國社會科學出版社,
   1996), 494~501쪽.

곧 천상의 성진인 '필畢'과 '기箕', 즉 자연신으로 여겨져 왔고[81], 이 때문에 제사역시 모두 단제壇祭의 형식으로 진행되어 왔다. 그러나 화상과 묘우 형태의 제사장소가 출현했다는 사실은 토지신·풍백신·우사신 자체가 묘사가 가능한 구체적인 형상을 지닌 존재로 변모했고, 아울러 인간이 생활하는 장소와 유사한 고정적인 거주공간을 필요로 하는 존재로 변했다는 것, 즉 신성이 이미 상당히 인격화되었다는 것을 의미한다. 이러한 현상은 이미 사신社神의 신격변화에 나타나기 시작한 세속화 현상이 당대에 이르러서는 국가권력 측의 지방제사제도에 좀더 다각적으로 반영되고 있음을 보여주는 것이다.

사실 추상적인 토지나 전설 속의 성왕聖王처럼 존귀한 신격을 지녔던 사신이 한대 이후 때로는 친밀한 사공社公의 모습으로 때로는 좀더 저급하고 두려운 사귀社鬼로 변해간 예는 이미 앞에서 지적한 바 있다. 그런데 이러한 사신의 세속화 경향은 당나라 사람들의 집단적인 심성 속에 더욱 확대되어 갔음이 당대 저명문인들의 작품 속에서 뚜렷하게 묘사되고 있다. 이 또한 당대 후기 이래 지방제사의 내부에 적지 않은 변화와 동요가 발생하고 있음을 상징적으로 보여주는 것이다. 우선 원진元稹의 「고사古社」 시를 보면 마치 이웃집 아저씨를 대하듯이 사신社神에게 정감어린 부탁을 하는 장면이 보이는데 "… 농작물들을 수확하고 나니 촌락이 기운차다. 사수社樹 아래 새로이 다함께 모이니, 사공社公이시여, 천만세를 누려 영원히 마을 사람들을 보호해 주소"라는 내용이다.[82]

---

81) 주대에 이미 우신雨神을 '우사'라 칭했는데, 『주례』春官大宗伯에는 다음과 같은 내용이 보인다. "燎祀司中·司命·風師·雨師." 그런데 여기서 말하는 우사는 천상의 성좌 가운데 하나를 가리키는데, 위의 구문에 대해 鄭玄 注는 鄭司農을 인용하여 "風師, 箕也; 雨師, 畢也."라고 언급하고 있고, 『尙書』洪範에도 "星有好風 星有好雨"라는 구절이 보인다.
82) 시의 전문내용은 다음과 같다. "古社基阯在. 人散社不神. 惟有空心樹. 妖狐藏魅人. 狐惑

사신의 세속화 현상은 당대에 많은 사람들이 사일주社日酒를 귀가 먹는 증세를 치료하는 특효약처럼 믿었다는 점에서도 발견할 수 있다. 『운급칠첨雲笈七籤』에 보면 "사일社日에 술 한 잔을 마시면 귀가 먹는 것을 치료할 수 있다"[83]는 내용이 출현하고, 두보杜甫 역시 그의 시에서 "치롱주治聾酒 한 잔을 신세져야겠다"[84]고 읊조린 바 있다. 혹자는 사공 자체를 귀머거리[聾子]로 보기도 하는데, 사람들이 그를 제사하면서 사주社酒를 올리는 것 역시 그의 귓병을 치료하기 위한 목적 때문이었다고 한다. 물론 사주가 사공의 귓병을 치료할 수 있다면 일반평민들의 병이야 말할 필요가 없다고 믿어졌다.[85]

이처럼 사일社日의 정경을 묘사한 시 속에서 의인화된 '사공'의 형상이 출현하고, 민간의 사묘祠廟나 별반 다름없는 사옥社屋도 발견되며, 민간무축들이 사제社祭에 개입하는 예 또한 적지 않게 보인다. 또한 위에서 살펴본 바와 같이 사주가 귓병을 고칠 수 있고 사공 자체도 귀머거리였다는 전설까지 널리 유행했던 것을 보면, 당대 말기 지방에 있어서 국가제사가 지니는 권위 역시 분명 동요되었음에 틀림없고, 지방제사의 핵심인 사신의 신격도 자연스레 격하되어 갔을 것이다. 만약 '사'의 경우가 이 정도라면 지방제사에 있어 잡신류에 속하는 풍백과 우사의 경우는 불 보듯

意顚倒. 朦腥不復聞. 丘墳變城郭. 花草仍荊榛. 良田千萬頃. 占作天荒田. 主人議芟斫. 怪見不敢前. 那言空山燒. 夜隨風馬奔. 飛聲鼓鼙震. 高談旗幟翻. 逡巡荊棘盡. 狐兎無子孫. 狐死魅人滅. 煙消壇墠存. 繞壇舊田地. 給授有等倫. 農收村落盛. 社樹新團圓. 社公千萬歲. 永保村中民."『全唐詩』卷396,「元稹一」, 4450쪽] 백거역의 「和古社」는 이 시의 和作으로『白居易集箋校』卷第2,「諷諭二」, 125~126쪽을 참조할 수 있다.

83) 社日飮酒乙杯. 能治聾疾.

84) 爲寄治聾酒一杯.

85) 이러한 내용은 송대 張泊의 『賈氏談錄』, 彭乘. 『墨客揮犀』卷10과 葉夢得의 『石林詩話』 등에도 언급되어 있음.

뻔한데, 우선 한유韓愈의 『송풍백訟風伯』 중 몇 구절의 내용을 살펴보면 다음과 같다:

지금 이렇게 가뭄이 든 것이, 도대체 누구로부터 비롯되었단 말인가? 나는 그 단서를 알고 있나니, 바로 풍백風伯 네 탓이니라. 산이 구름을 일으켜 상기上氣를 축축하게 적시고, 우레가 수레를 두들기니 번개가 기세를 올렸다. 〔마침내〕 비가 점점 떨어지려고 하는 형국에, 풍백이 노하여 〔바람이 부니〕 구름이 멈출 수 없어 〔흘러가고 말았도다〕… 비를 구하고자 제사를 올릴 때, 희생 양은 통통하게 살이 쪘었고, 술 또한 무척이나 향기로 왔건만. 배불리 족히 먹고는 도망쳐 버렸네, 술을 잔뜩 마시고는 취해 버렸네. 풍백이 노했으니 누구를 보내 〔해결할까나〕?… 상천上天은 공명孔明과 같도다. 기강이 있고 법도가 있도다. 내가 오늘 상송上訟를 하려니, 그 죄가 누구에게 돌아가겠느뇨? 하늘이 주살을 가해도 후회해야 소용없다. 풍백이 비록 죽는다 하여 그 누가 너를 위해 슬퍼하겠는가![86)

이 글은 사문박사四門博士를 역임하던 시절의 한유韓愈가 당시 권력을 장악하고 있었던 배연령裴延齡·이제운李齊運·이실李實 등을 비판하기 위해 작성한 현실풍자적인 시문이다. 가뭄에 괴로워하고 있는 백성들은 전혀 고려치 않고 주구에만 여념이 없어 황제의 은택이 백성들에게 골고루 미치는 것을 막고 있는 이들의 모습이 마치 풍백이 구름을 날려 상천上天의

---

86) 全文의 내용을 引用하면 다음과 같다: "維茲之旱兮, 其誰之由? 我知其端兮, 風伯是尤. 山升雲兮澤上氣, 雷鞭車兮電搖幟, 雨寢寢兮將墮, 風伯怒兮雲不得止. 暘鳥之仁兮, 念此下民: 閟其光兮, 不斸其神. 嗟風伯兮, 其獨謂何! 我於爾兮, 豈有其他? 求其時兮修祀事, 羊甚肥兮酒甚旨, 食足飽兮飲足醉, 風伯之怒兮誰使? 雲屛屛兮吹使釀, 氣將交兮吹使離之; 鏷之使氣不得化, 寒之使雲不得施: 嗟爾風伯兮, 欲逃其罪又何辭? 上天孔明兮, 有紀有鋼: 我今上訟兮, 其罪誰當? 天誅加兮不可悔, 風伯雖死兮人誰汝傷!"〔韓愈, 馬其昶校注. 『韓昌黎文集校注』 第一卷(上海古籍出版社), 64쪽.

은혜를 막는 모습과 같다고 신랄한 비판을 가하고 있다.[87]

지방제사에 있어 매년 기우제를 올려 간절히 풍조우순風調雨順을 빌었던 신의 형상이 간신배를 비유하는 대상으로 왜곡되었다. 원래 하늘의 성신으로 상징되었던 풍백신이 인격신人格神으로 변하는 과정은 앞에서 이미 지적했지만, 당대 후기 지식인의 심리 속에서는 추악한 정치모리배를 빗댈 수 있을 정도로 신격이 추락한 것이다.

물론 당대 지방의 국가제사에 의해 숭앙되던 제신祭神의 추락은 사신社神과 풍백에만 국한된 것이 아니다. 사공도司空圖 역시 『이우신移雨神』에서 "우신雨神 즉 우사[雨師]가 천하에 대한 직무에 태만하여 가뭄이 들게 하고도 오로지 천天의 권력을 기탁해 백성을 우롱할 뿐이니, '천'의 덕을 어지럽혔다"고 견책했다. 한유와 유사한 비유를 통해 정단政壇의 권력자들을 비판한 것인데, 주목할 만한 것은 그가 심지어는 "천하의 일에 태만했는데, 어찌 경배할 필요가 있겠는가? 멸시하는 사람이 여럿이거늘 어찌 신으로 삼을 수 있겠는가?"[88]라며 신의 존엄을 무시할 뿐 아니라, 신성神性까지도 완전히 부정하는 격렬한 발언을 서슴지 않고 있다는 점이다.

주지하다시피 국가의 행정조직과 긴밀하게 맞물려 사회적·이념적·신앙적 공동체의 역할을 했던 '사'는 한대 이래 행정조직으로부터 서서히 이탈하는 모습을 보이며 이미 새로운 변화가 생겨나기 시작했다. 비록

---

87) 馬其昶校注, 앞의 글, 63쪽.
88) 전문의 내용은 다음과 같다: "夏滿不雨, 民前後走神所, 刲羊豕而跪乞者凡三, 而後得請. 民大喜, 且將報祀. 愚獨以爲惑. 何者? 天以神乳育百揣, 必時旣豐, 然後民相率以勞神之勤, 於是而祀焉. 今始各施之, 以愁疲民, 是神忘天之職也. 必希民之求而遂應, 是神玩天之權也. 旣應而俾民輸怨於天, 歸惠於己, 是神攘天之德也. 推怨, 何以爲義? 利腥羶之饋, 何以爲仁? 忘天下之事, 何以爲敬? 蔑是數者, 何以爲神? 假曰: '非吾所得瑞'. 然知民之情, 而不時請於上, 是亦徒偶於位. 此愚所以惑也. 噫! 天不可終謾, 民不可久侮. 竊爲神危之, 奈何!" 司空圖의 글은 孫望, 郁賢皓主編, 『唐代文選』(江蘇古籍出版社, 1994), 2386쪽.

7세기 초에 새롭게 건립된 당이라는 대제국은 새로운 예전을 마련하고 지방제사 체계의 실질적인 운용에 주력하게 된다. 그러나 행정조직과 철저히 연계되지 못한 관사官祀의 조직은 수시로 정비되고, 제민지배齊民支配에 적극적으로 이용하려는 시도가 있었음에도 불구하고 지속성을 유지할 수 없었다. 또한 정기적으로 혹은 임시적으로 지방정부와 기층의 민중들에 의해 숭배되던 '사'를 위시한 풍백·우사 등의 신기神祇들도 당대 후기 지식인들의 집단적인 기억 속에서 그려진 형상을 보면, 왜곡되고 세속화된 신격이 더 이상은 타락이 불가능한 경지에 이른 듯하다.

　예전禮典이라는 이론적인 측면에서나 지방제사의 운용이라는 실제적인 측면에 있어 전대의 예제를 집성하여 종합적으로 완성의 면모를 보여주었던 당제국 지방차원의 국가제사는 이렇게 동요하는 모습을 보여주고 있었던 것이다. 이러한 상황은 민간사회에서 새롭게 떠오르고 있었던 사묘祠廟를 중심으로 하던 신앙과의 관계에 있어 새로운 차원의 관계정립을 요구하게 되었을 것이다.

4. 맺음말

　당대는 국가예제의 전개과정 있어 매우 중요한 시기이다. 『정관례貞觀禮』·『현경례顯慶禮』·『개원례開元禮』 등 국가예전이 차례로 완성되어 후대의 제국들이 모범으로 삼게 되었다. 그 가운데에서도 길례 즉 국가제사에 있어서는 제사가 대·중·소 3등으로 정리되어 제사의 중요성에 따른

순서가 더욱 분명해졌고, 정기적인 제사와 비정기적인 제사의 종류와 의
례절차도 명확히 통일되었다. 특히 천신天神에 제사를 드리는 교사郊祀의
지위가 황가의 조상신께 제사를 올리는 종묘의 지위를 넘어 천天이 황제
권력의 직접적인 근원임을 밝히게 된 것도 당대 국가제사의 전개에 있어
서 커다란 변혁 가운데 하나이다. 이러한 제도상의 변화는 천신론天神論의
이론적 전개추세와도 맥락을 같이한다. 즉 왕숙王肅의 '일천설一天說'이 점
차 정현鄭玄의 '육천설六天說'을 능가하는 지위를 차지하게 되었고, 호천상
제昊天上帝가 유일한 지상신至上神의 위치를 독점하여 대부분의 교사제도에
서 주신主神으로서의 지위를 확고히 하게 된 것이다. 이러한 변화에 대해
학자들은 당대 초기 이래 날로 공고해지는 황권의 모습이 국가예제에 반
영된 것이라고 설명하고 있다.

　　중앙차원의 국가제사 이외에 당 정부는 지방제사의 정비와 보급에도
상당한 관심을 기울였는데, 조정은 이를 통해 민간사회의 문화가 다기화
多岐化되는 것을 방지하고, 단일화된 문화적 통로를 통해 정부측의 유가적
통치이념을 주입시키기 위해 노력하였다.

　　그러나 사社를 중심으로 한 지방제사 자체가 한대 이래로 다방면에
걸쳐 변화가 발생했다는 점은 주의해야 하는데, 원래 고대 이래로 행정
조직과 밀접하게 연계되어 있던 '사'가 기층의 행정조직인 '이'로부터 점
차 분리되었다. 이에 따라 '사'의 조직 또한 특정한 목적을 지닌 민간결사
적인 특성을 지니게 되었다. 또한 사신社神의 신성 자체도 점차 세속화되
어 '토지'나 '전설의 인물'이 아닌 인격신적인 성격이 증가되었고, 때로는
신격이 희극화 되어가는 경향까지도 출현하게 되었다.

　　이러한 상황 아래 기층공동체에 있어 주민들이 정기적으로 공동숭배
하는 대상일 뿐 아니라 개인적 차원에서도 일상적으로 복록을 빌던 신앙

의 대상은 서서히 공동체로부터 이탈되어 갔고, 신격 자체도 세속화되어 갔다. 이에 따라 불교와 도교뿐 아니라 여러 잡신을 모시는 사묘신앙도 민간에서 서서히 팽배하게 발전하는 배경을 제공해 주었고, 이와 같은 추세는 당대에 이르면 더욱 확대된 것으로 추정된다. 이에 위협을 느낀 당 정부는 한편으로는 수 차례에 걸쳐 강제적인 수단을 동원 예제에 위배된다는 구실 아래 민간의 음사들을 대거 철폐시켰고, 다른 한편으로는 지방제사 체계의 적극적인 보급을 추진하여 국가 이데올로기의 주입을 통해 인민의 정신생활까지도 완벽하게 통제하고자 하였다.

그러나 위에서 살펴본 바와 같이 이미 행정조직으로부터 분리된 '관사官社'는 이미 응집된 역량을 발휘할 수 없었고, 이에 따라 민간세계에 대해서도 이전과 같은 통제력을 미칠 수 없었다. 또한 지방제사에 의해 받들어지던 신기神祇들 역시 점차 민간사묘의 신주들과 별반 다름이 없는 모습으로 바뀌어 갔다. 이와는 반대로 민간의 사묘는 누차에 걸친 음사 철폐조치를 겪으며, 생명의 존속을 위해 정통의 국가제사형 사묘를 모방하거나 유가에서 현자로 떠받드는 신상이나 산천신 등 소위 예제에 부합하는 정통신들을 원래 모시던 민간신기들의 전면에 배치하는 방법 등을 통해 유기화되는 양상을 보여주었다.

이러다 보니 이들 정·음 양자간의 차이 역시 점차 줄어들고 모호해졌으며, 정부 역시 숭명정례崇明正禮를 통해 민간음사를 통제하는 방법 이외에 새로운 환경에 적합한 새로운 통제모식을 고려하게 되었다. 이처럼 당대에 있어서 보이는 지방제사체계의 동요는 당대 이래로 정부가 봉작의 원리를 신계神界에까지 확대 적용하는 추세와 밀접한 관련을 맺고 있는 것이다.

제 **2** 편

당대 국가예제의 완성과 운용

제1장
주술에서 의례로
기우제의 예제화와 그 문화적 의의

1. 머리말

이 장에서는 '기우제'를 사례로 원시주술이 정부에서 관리하는 국가제 사체계로 편입되는 궤적을 장기적으로 추적해 봄으로써 '예제禮制'의 형성 과정과 의의에 대해 고찰해 보고자 한다. 아울러 예제가 완성적 면모를 보인다는 당대唐代를 중심으로 이미 예제화된 기우제가 중앙과 지방에서 운용되던 정황을 검토해 봄으로써 예제가 어떻게 사회생활에 침투하고 영향력을 발휘하게 되는지도 살펴보도록 하겠다.

물은 생명의 존속을 위해 필수불가결한 물질로서 지구상의 대다수 지역은 물의 원천적 공급을 비에 의존하고 있다. 비가 내리지 않으면 동식물뿐 아니라 인간 역시 갈증과 기아의 위협을 겪다가 결국은 사망이라는 절대적인 공포에 직면하게 된다. 이런 까닭에 원시사회에 있어서 기우사祈雨師는 매우 중요한 위치를 차지했고, 정부에는 하늘에서 내리는 '천수天水'의 공급을 조절할 수 있다고 믿어지는 특수한 무사巫師계층이 상시 존재하고 있었다. 그들은 간단한 동종주술homoeopathic-magic이나 모방주술imitative-magic의 원리에 입각해 기우祈雨의 임무를 수행하였다.

이러한 주술은 왠지 아프리카나 오스트레일리아 내륙사막처럼 열사의 토인사회에만 있을 것 같지만, 유럽처럼 비교적 다습하고 외견상으로는 이미 상당히 문명화된 민족에게도 널리 존재해 왔다.*

□ * 프레이저Frazer의 조사에 의하면 러시아의 한 촌락에서는 가뭄이 심할 때면, 세 명의 남자가 성인聖人들 무덤가의 나무위로 기어올라가서, 한 명은 망치로 수통이나 주전자를 두드리며 천둥소리를 내고, 한 명은 두 개의 횃불을 부딪쳐 불꽃이 튀게 해서는 번개가 치는 모습을 흉내내며, 기우사祈雨師로 칭해지는 세번째 사람은 얇은 나뭇가지로 용기 속의 물을 적셔서는 마치 비가 내리는 것처럼 사방팔방으로 뿌려 댄다고 한다.[1] YTN뉴스의 외신보도에 따르면(2002.7.30), 인도 중부 차티스가르주 라이푸르 지역의 주민들은 가뭄이 너무 심해지자 개구리 한 쌍의 결혼식을 성대하게 거행했다고 한다. 개구리는 힌두교에 있어 비의 신인 인드라의 사신으로 여겨지기 때문이다. 이러한 관념은 아마도 범신론에 근거한 힌두교가 고대에 있어 기우와 관련된 주술의식을 흡수하면서 형성된 것으로 추정된다.

물론 과학기술의 발달과 산업구조의 변화로 인해 이전의 농업사회보다는 어느 정도 비로부터 자유로워졌다고 말할 수 있을지도 모른다. 그러나 막상 심한 가뭄이 들 때면 과학만능시대의 대처방안도 여전히 무력하기 짝이 없다. '인공강우人工降雨'라고 것도 과연 결과에 대한 확신을 가지고 하는 건지, 아니면 '위안慰安'과 '기구祈求'의 차원에서 행하는 상징적인 행위인지조차 의심이 들 정도이다. 거대한 대자연의 위엄 앞에서 동서고금을 불문하고 기우의 주술呪術과 제사祭祀가 보편적으로 존재해 왔다는 것은 어쩌면 매우 당연한 일인지도 모르겠다.

그러나 '기우제祈雨祭'가 인류사회에 보편적으로 존재한다는 점과 상

---

1) J.G. Frazer, 장병길 역, 『황금가지(The Golden Bough-A Study in Magic and Religion)』(삼성출판사, 1990), 102~129쪽.

당한 정도에 있어서 이와 관련된 주술적 요소를 공유한다는 것이 각 지역의 기우제가 지니고 있는 문화적 개별성을 완전히 상쇄시키는 것은 아니다. 기본적으로 농업사회에 속하였던 중국사회에 있어 기우제의 역사는 매우 오래 되었는데, 중국에서 가장 오래된 문자기록인 상대商代 갑골문甲骨文에 관련기록이 출현하고 있다. 중국의 기우제는 나름대로의 독특한 특성을 갖추면서 전개되었는데, 순수하게 강우를 기원하던 주술적 행위의 외연에 중국 자체의 사회-문화적인 특징서 연유했을 제사외적인 목적이 부가되면서 독특한 특색을 지니게 되었다.

이 가운데에서도 가장 두드러진 점은 기우제가 예제의 길례吉禮에 편입되어 국가제사 체계의 일부분을 형성하게 되었다는 점이다. 이에 따라 기우의 대상, 제사의 등급, 제사기간 등이 국가제사의 제반규정에 의거하여 엄밀하게 운용되었다. 물론 이러한 국가권력 측의 기우제 외에 '반국가권력' 혹은 '민간사회'가 주재하는 기우제도 광범위하게 존재하였다. 그러나 중국 전통정치의 구조 속에서는 이러한 민간의 기우제라는 것도 어느 정도는 국가 기우제의 영향을 받았으며, 민간제사가 적어도 규정상으로는 국가가 허락하는 범위 내에서만 거행될 수 있기 때문에 기본적으로 국가예제의 통제 하에 있었다고 볼 수 있다.[2]

면연한 생명력 역시 중국 기우제의 또 다른 특징으로 볼 수 있다. 물론 시대환경의 변화에 따라 기우제의 종류와 내용에 있어서도 약간의 변화가 생겨나게 되었고, 정기화·규범화 등의 의례화 과정을 거치면서 성격 자체도 변하게 되었다. 그러나 상대 갑골문과 선진先秦 문헌자료에 출현하는 기우의 방식이 중화제국의 말기에 이르기까지 국가나 민간사회

---

2) 洪德先, 「俎豆馨香—歷代的祭祀」(『中國文化新論宗敎禮俗篇·敬天與親人』, 臺北:聯經出版有限公司, 1982).

에 의해 기본적인 형태가 유지되었다. 일례로 상주商周시대에 무당[巫]들이 빗소리를 흉내내어 '위위(yuyu)' 소리치며 춤을 추고 신께 강우를 기원하던 '우雩'라는 의식은 위진남북조와 수당시기를 거치면서 국가제사체계 가운데 가장 높은 차원의 제사인 '대사大祀'에 편입되었고, 명·청에 이르기까지도 그 명칭과 지위를 유지하게 된다.

『청사고淸史稿』에는 "1년 동안 거행하는 대사에는 13가지가 있는데, 정월 상신上辛의 기곡祈穀과 맹하의 상우常雩, 동지의 원구제사는 모두 호천상제昊天上帝께 제사를 드린다3)*라고 규정되어 있다.

□* 청대에 있어 황제가 처음으로 상우례常雩禮를 거행한 것은 건륭 8년이다. 당시 어사였던 서이승徐以升은 이 의례가 한대에 잠시 폐기되었지만, 당 태종에 의해 복구되어 송·명을 거치면서 지속적으로 시행되어 왔는데, 청조에 이르러 제단도 세워지지 않고 사전祀典에도 기록되지 않았으니, 고례古禮에 따라 제단을 세우고 정기적으로 제사지내야 한다고 상주문을 올린 바 있다.4)

일반적으로 역사학자들은 종교나 신앙활동의 생성과 발전에 대해 연구할 때 그 종교의 교리나 의식자체가 지니고 있는 전파력 혹은 동란과 같은 급격한 사회환경의 변화에 습관처럼 관심을 집중해 왔다. 물론 이러한 요소들 모두 개개의 중요성을 지니지만 종교나 신앙체계가 성장할 수 있는 정신적 토양 즉 그 사회 자체가 가지고 있을 신앙적인 성향과 장시간에 걸쳐 누적되어 온 전통적이고 집단적인 '종교적 심성'에 대해서

---

3) "大祀十有三: 正月上辛祈穀·孟夏常雩·冬至圜丘, 皆祭昊天上帝"[『淸史稿』, 「禮儀二」, 2728~2729쪽]

4) 春秋傳: "龍見而雩, 爲百穀祈膏雨也"… 西漢始廢, … 唐太宗復舊制. 宋時孟夏雩祀上帝. 明建壇泰元門東, 制一成, 旱則禱. 我朝雩祭無壇, 典制似闕, 應虔地建立, 以府古義"] 본 상주문 「請立雩壇疏」는 邵之棠輯, 『皇朝經世文統篇』(臺北:文海出版社), 204~205쪽. 雩祀는 전대인 명대에도 대사로 분류되었는데 이에 관한 내용은 『명사』예지에 보인다.["每歲所常行者, 大祀十有三: 正月上辛祈穀·孟夏大雩·季秋大享·冬至圜丘皆祭昊天上帝, …"][『明史』卷47, 「志第23, 禮一(臺北:鼎文書局, 197.12), 1225쪽]

는 경시해 왔음을 부정할 수 없다.5)

전장에서 이미 언급했지만 중국적인 신앙전통에 관해 장광직張光直은 중국 고대문명은 샤머니즘적Shamanism 문명으로서 이러한 특징은 단지 하夏·은殷·주周 3대뿐 아니라 중화제국의 말기까지 심원한 영향을 미쳤다고 지적한 바 있다.6)

샤머니즘은 중국문명의 진전에 있어 지속적으로 중대한 작용을 일으켰기 때문에 본격적인 연구가 이루어져야 할 과제라는 장광직張光直의 주장은 매우 거시적이고 충분한 설득력을 지닌다. 특히 '고도문명'이라는 포장 속에서 은폐되기 쉬운 정신적·문화적 실체를 재차 새롭게 인식할 수 있는 시각을 제공해 준다. 그러나 샤머니즘을 통한 단면적인 접근은 복잡한 전통 중국사회의 사회-문화적인 구조와 그 전개양상을 파악하는 데 있어 여전히 부족한 면을 노출시킬 수 있다.

물론 민간사회에 있어 샤머니즘이 집단적인 심성으로 자리 잡아 일상생활과 통속문화에 무의식적으로 발휘해 온 영향력에 대해서는 충분히 긍정하는 바이다. 그러나 이와 아울러 국가와 사회의 진전에 따라 적지 않은 샤머니즘적 요소들이 예제화禮制化되었다는 점과 또한 이것이 전반적인 중국문명의 전개에 미친 영향력에 대해서도 섬세한 고찰이 필요하다. 즉 샤머니즘적인 전통의 상당부분은 원형 그대로 민간에 남아 있게 되지만, 적지 않은 부분이 일련의 의례화·규범화 과정을 겪게 되고, 점차 예악문화禮樂文化라는 또 다른 차원의 중국적인 특성을 형성하여 사회 전반에 걸쳐 영향을 미치게 되기 때문에 반드시 주의를 기울일 필요가 있다.7)

---

5) 『追尋一己之福—中國古代的信仰世界』(臺北: 允晨, 1995.10).

6) 張光直, 『美術·神話與祭祀』(臺北: 稻鄕出版社, 1993.2), 3쪽.

특히 주목되는 것은 중국에 있어서는 상층부를 점유하는 예악문화禮樂文化가 점차 전체 문명의 가치표준을 형성하여 기층의 통속적인 문화요소들에 대해 통제력을 지니게 된다는 점이다. 종교의식〔특히 조상제사〕으로부터 출발하였던 예禮가 점차 종교의식의 범주를 넘어 정치문화·행위준칙·신분체제·습관과 제도 등 다 범주적인 의의를 지니게 되며, 사회전반적인 문화의 전개에 대해 제어하고 인도하는 기능을 하게 되었다.

이상에서 고대중국 기우제의 전반적인 특징과 전통 중국사회의 신앙적 성향에 대해 개략적으로 살펴보았다. 양자의 관계 속에서 우리는 간단하면서도 중요한 의문에 봉착하게 되는데 중국의 역대정부는 왜 인류사회에 보편적으로 존재하는 기우의식祈雨儀式까지도 국가 제사체계의 범주로 끌어들여 예제의 일부분으로 편입시키고자 했는가? 그 내면에는 도대체 어떤 원리와 의도가 숨겨져 있는가 하는 점이다. 앞서 언급한 바와 같이 이 장에서는 우선 중국 기우제의 원시적인 형태를 살펴보고 기우의식의 국가제사화國家祭祀化 과정도 함께 고찰해 보고자 한다.

다음으로 예제가 개략적인 완성을 보게 되는 당대에 국가제사로 편입된 기우제가 어떻게 구체적으로 운용되었는지를 살펴보고자 한다. 마지막으로 기우제의 예제화 과정 속에 보이는 시대적인 의의와 국가제사화된 기우제의 이면에 숨겨져 있는 정치적인 의도를 분석해 보고자 한다. 시간적으로는 기우제의 원시적 형태를 고찰해 보기 위해 상한선을 상주商周시대로 삼았으며, 이론이나 실제에 있어 고대제국의 국가예제가 개략적인 완성을 보게 되는 수·당 시기를 하한선으로 삼았다.

---

7) 이 부분에 대해서는 陳來, 『古代宗敎與倫理-儒家思想的根源』(北京:生活·讀書·新知三聯書店, 1996.3), 10~11쪽.

2. 기우제의 원시적 형태와 초보적인 변화

1) 상주시기 기우의 대상과 방식

생산력이나 수리시설·유통체계 등을 고려해 본다면 상고시대에 있어서 자연재해의 영향력은 현대인의 상상을 훨씬 초월할 것으로 여겨진다. 적기에 비가 내리지 않아 한발旱魃이 들면 농업생산뿐 아니라 수렵·군사행동 등에도 심각한 영향을 미쳤고, 심지어는 이로 인해 국가의 안위에까지 직접적인 위협을 미쳤을 것으로 추정된다. 하夏의 우禹임금이 치수治水에 전념하느라 13년간 집 앞을 지나면서도 들어가지 않았다거나, 7년에 걸친 심각한 가뭄에 상商의 탕湯임금이 자신의 몸을 희생犧牲으로 삼아 기우제를 올리려 했다는 등 한재旱災의 해결을 위해 제왕이 직접 분투하는 내용의 전설이 적지 않게 전해지는 것도 이러한 사정을 반증해 준다고 볼 수 있다.

갑골문甲骨文과 금문金文으로 대변되는 상주시대 초기 문자기록의 적지 않은 부분이 비가 언제 오려나 점을 치고, 간절히 비가 내리길 기원하는 복우卜雨나 기우祈雨에 관한 내용으로 채워졌다는 사실도 당시사회에서 기우활동祈雨活動이 차지했던 비중을 시사해 주는 것이다.

초기에 거행된 기우제의 내용과 의의를 좀더 심도있게 분석하기 위해 우선 기우의 대상에 대해 검토해 보면 대략 세 종류 정도로 분류해 볼 수 있다. 첫번째는 비의 신 우신雨神에 대한 제사를 살펴보면 갑골문에

는 "경자庚子일에 점을 치고 우신께 요제燎祭를 올렸다"[8], "운신雲神과 우신
雨神께 요제를 올렸다"[9] 등의 기록이 보인다. 주대에 이르면 우신의 신성
神性을 더욱 명확히 보여주는 자료가 나타나는데, 『주례』 춘관대종백春官大
宗伯에 보면 "以槱燎祀司中·司命·風師·雨師"라는 내용이 출현한다. 여기
에 보이는 우신인 우사는 천상의 성좌 가운데 하나로서 정현鄭玄은 정사
농鄭司農의 설에 따라 "풍사는 기箕성좌이고, 우사는 필畢성좌이다"[10]라고
주를 달았다. 『상서』 홍범洪範편에도 "별 가운데 바람을 좋아하는 것과 비
내리는 것을 좋아하는 것이 있다"[11]는 기록이 나타난다.

  두번째로 중시되었던 기우의 대상으로는 토지신·산천신·지방신 등
지신류地神類를 들 수 있다. 이들에 대한 제사활동은 원시종교의 토지·산
천·방위 등에 대한 자연숭배의 전통에서 연원한 것으로 생각된다. 갑골
문에는 "계사癸巳일에 점을 치고, 동방과 남방의 신께 비를 갈구했다"[12],
"비를 그쳐줄 것을 방향의 신께 기구祈求했다", "계사일에 정인貞人이 10개
의 산신께 요제燎祭를 올려 비를 기원했다" 등 지신에게 강우降雨 혹은 영
우寧雨를 기원하는 적지 않은 복사卜辭자료가 출현하고 있다.[13] 이러한 전
통은 주대에도 계승 발전되는데, 『좌전』 희공僖公19년조에는 "가을에 심각
한 가뭄이 들어 산천신께 제사를 올리려 점을 쳤는데 불길하다"라는 내

---

8) "庚子卜, 燎雨"[許進雄, 『明義士收藏甲骨釋文篇』, Canada Onterio: Royal Onterio Museum
   Press, 1977), 2508. 이후에는 간략하게 『安明』이라 칭함.

9) 『小南屯地甲骨』, 770: "其寧雨於方." 이후의 부분에서는 『屯南』이라 약칭함.

10) "風師, 箕也: 雨師, 畢也."

11) "星有好風, 星有好雨."

12) "癸巳卜, 其求雨於東. 於南方求雨."[『安明』, 2481]

13) 郭末若 主編, 『甲骨文合集』, 32992: "其寧雨於方." 이후에는 『合集』으로 약칭함. "寧雨於
    土"[『合集』, 34088] : "癸巳貞, 其燎十山, 雨."[『合集』, 33233].

용이 보이기도 한다.14)

상대商代의 복사자료 가운데에는 '제帝'와 '상제上帝'께 직접 기우제를 올리는 기사 또한 적지 않게 출현한다. 사실 복사의 내용에 근거하면 상대의 상제는 천지와 인간의 화복을 주재하고, 농업생산·전쟁·도시건설을 주관하는 최상의 권위를 지닌 신일 뿐 아니라, 기근·질병·홍수 등 재앙을 내릴 수 있는 무서운 존재로 인식되었다.15) 이 때문에 강우 여부를 결정하는 최고의 권위자로 상제를 직접적으로 언급하는 기록도 나타난다. 예를 들면 "제帝께서 비를 충족히 내리라는 명령을 내리셨다"16), "금년 3월에 제께서 비를 많이 내리라고 명했다"17)는 내용이 보인다. 그러나 학자들의 연구에 의하면 은왕殷王은 자신의 요구를 직접 상제에게 전달할 수는 없고, 보통 '제'의 수하신手下神이나 이미 고인이 된 선왕을 중개로만 소통이 가능한데, 아마도 기우제의 경우에 있어서도 이렇게 수하신이나 선왕의 중개를 통해 제사가 진행되었을 것으로 추정된다.18)

다음으로 상주시대에 주로 행해진 기우제의 종류와 방식에 관해 논해보자면, 대략 '교烄〔焚·暴〕'·'식룡飾龍'·'무舞〔雩〕' 등 세 가지 종류로 분류할 수 있다.

이 가운데 '烄·烄' 혹은 '烄'자는 사람을 불 위에 세워놓은 모양을 형상화한 것인데, 『설문해자說文解字』나 『옥편玉篇』의 설명에 따르면 인간이나 동물을 장작더미 위에 희생물로 올려놓고 불을 붙여 신령께 강우를 기원

---

14) "秋,… 於是大旱, 卜有事於山川, 不吉."

15) 張光直, 『中國靑銅時代』(臺北:聯經, 1991.6), 300쪽 ; 朱天順, 『中國古代宗敎初探』(臺北:谷風出版社, 1986), 35~36쪽.

16) "帝令雨足."〔明義社, 『殷虛卜辭(初編)』, 1382〕

17) "今三月帝令多雨."〔羅振玉, 『殷虛書契前編八卷四』, 3.18.5〕

18) 陳夢家, 앞의 글, 579~582쪽 ; 張光直, 앞의 글, 300쪽.

하는 의식임을 알 수 있다.19) 이러한 방식은 갑골문에도 상당히 자주 나타나는데, 예를 들면 "오늘 교囊로써 기우제를 올렸다"20) "교제囊祭를 높이 올리니 또 비가 내렸다[其囊高又雨]" 등의 내용이 보인다.21) 앞에서도 잠시 언급한 바 있지만 『회남자淮南子』에는 "상商의 탕왕湯王시기에 7년여간 심한 한발이 계속되자 탕은 상림桑林에서 기우제를 드리고 자신의 몸을 희생물로 태워 제사를 올리려 준비했는데, 이때 하늘이 감동하여 사해의 구름을 불러모아 널리 비를 내려 주었다"는 설화가 보인다.22)

이 설화를 갑골문에 보이는 내용과 비교해 보면 탕이 기우를 위해 자신의 몸까지 희생하려고 했던 것이 일시적이고 개인적인 발상이 아니라 전통적인 기우의식을 계승하고 있음을 발견할 수 있다. 이러한 의식은 주대에는 '분焚'이라는 용어로 계승되고 춘추전국시대에 이르러서도 빈번하게 출현한다. 『좌전』 희공 21년조에는 "여름에 심한 한재가 들자, [희]공은 무당을 태워 [기우제]를 지내려 했다"는 기록이 보이고23), 『장자莊子』에도 "옛날 송 경공景公 때에 심한 한발이 들었는데, 점을 쳐보니 반드시 사람으로 제사를 드려야 비가 내릴 것이라고 해서 경공이… 스스로 제물이 되겠다고 했는데, 말이 끝나기도 전에 큰비가 내렸다"24)는 기사가 출현한다.

사실 이러한 제사방식은 기본적으로 원시주술原始呪術의 한 유형에서

---

19) 『說文解字』에서는 "囊, 木然也"라고 언급하고 있고, 『玉篇』 역시 "囊木之以燎柴天"이라 해석하고 있다.

20) "今日, 囊雨." 〔羅振玉, 『殷虛書契後編六卷六』, 4·18·5〕

21) 郭末若, 『殷契粹編』, 657쪽.

22) 劉文典撰, 『淮南鴻烈集解』 卷9, 「主術訓」(北京: 中華書局), 276쪽.

23) "夏大旱, 公欲焚巫."

24) "昔宋景公時大旱, 卜之必以人祠乃雨. 景公… 將自當之, 言未卒, 大雨."〔『藝文類聚』 卷66, 『太平御覽』 卷10·卷832에서 인용.

진전된 것으로 볼 수 있다. 즉 사람들은 기구祈求대상의 아량과 동정을 구할 때 종종 자기 자신을 처벌하는 방법이나, 재난이 엄습해 옴을 상징하는 극단적인 표현을 사용했다. 신령께 기구의 간절함을 더욱 강하게 어필하려고 했던 것이다. 분무焚巫나 폭무暴巫 역시 비가 내리지 않음으로 인해 인간이 견디기 힘든 고통을 겪고 있음을 자기 체벌의 극단적 방법을 통해 표현하고 있는 것이다.

그러나 시대가 점차 진전되면서 의식儀式의 구체적인 세부내용에 변화가 생기는데, 춘추전국시대에 이르면서 한발로 인해 무당을 태워버리겠다는 언급은 여전히 자주 출현하지만 실제로 무격巫覡을 희생으로 삼아 태워죽이는 장면은 문헌자료상에서 서서히 사라지게 된다. 이는 분무·폭무가 점차 요식적인 행위로 변해 가서 정작 장작에 불을 붙일 때에는 희생역할을 했던 사람이 자리를 피했기 때문인 것으로 추정된다.[25] 아무튼 사람을 희생양으로 삼는 분인기우焚人祈雨의 방식은 춘추전국시대이래 문헌자료상에서 급격히 줄어들게 된다.* 한대에는 유가가 국가 통치이념으로서 지위를 확고히 하게 됨에 따라 기우의식祈雨儀式 자체에 인성을 무시하는 잔혹성을 간직하고 있는 이런 류의 주술은 더욱 쇠락의 길을 걷게 된다.

□* 물론 한대에 이르러 분인기우의 방식이 순식간에 완전히 사라진 것은 아니다. 사람을 직접 태웠다는 기록은 거의 없어졌지만, 형식은 여전히 사람들의 의식에 남아 있었다. 『후한서』에 의하면 양보諒輔가 광한군廣漢郡의 오관연五官掾을 맡고 있을 때 군태수가 친히 산천신에게 기우제를 올려도 비가 내리지 않자 사람들에게 명하여 자신의 둘레에 장작과 마른풀들을 가득 쌓아놓게 하고, 분신할 준비를 했다고 한다. 정오에 가까웠을 때 갑자기 청명하던 하늘에 구름이 몰려들며 단비가 내리기 시작했는데, 군 전체를 흡족히 적셔주었다고 한다.[26]

---

25) 朱天順, 앞의 글, 38~39쪽.
26) 『後漢書』 卷81, 「諒輔傳」, 2694쪽.

상고시대에 있어 또 하나의 중요한 기우방식으로는 식룡飾龍, 즉 용의 형상을 모방하고 이를 매개로 시행한 의식을 들 수 있다. "乙未, 卜, 龍, 亡其雨27), "□□龍□□田, 有雨"28) "其乍龍於凡田, 有雨"29) 등의 기사가 갑골문에 출현하는 것으로 보아 상대에 이미 상당히 유행했음을 알 수 있다. 이 가운데 세번째 예문에 보이는 '사룡乍龍'에 대해 허진웅許進雄은 용신龍神으로 분장하고 강우를 기원하는 화장무도化裝舞蹈의 행위로 해석했고30), 구석규裘錫圭는 "作土龍" 즉 흙으로 용의 모형을 만들어 제사를 드리는 내용으로 파악하였다.31)

물론 갑골문에 보이는 이러한 내용은 후대의 문헌자료에서도 빈번하게 확인된다. 『산해경山海經』대황동경大荒東經에 보이는 "가뭄이 들어 용을 만들어 제사하니 큰비를 얻을 수 있었다32)"라는 부분에 대해 곽박郭璞은 "오늘날의 토룡土龍이 바로 이것을 본뜬 것이다[今之土龍本此]라고 설명했다. 『회남자淮南子』지형훈地形訓에도 "토룡이 비를 가져왔다"33)라는 부분이 있는데, 고유高誘 역시 "탕임금이 한발에 직면했을 때, 토룡을 만들어 용을 본뜬 적이 있는데, 구름은 용에 의해 생성되는 것이기에 비를 가져올 수 있었다"34)라는 설명을 덧붙였다.

이렇게 용의 형상을 이용한 기우제는 한대에 가장 유행하게 되는데,

---

27) 『合集』, 13002쪽.
28) 『合集』, 27021쪽.
29) 『安明』, 1828쪽.
30) 許進雄 『明義士收藏甲骨釋文篇』(Canada Onterio: Royal Onterio Museum Press, 1977), 137쪽.
31) 裘錫圭, 「說卜辭的焚巫尫與作土龍」(『甲骨文與殷商史』, 上海古籍出版社, 1983).
32) 『山海經』, 「大荒東經」: "旱而爲應龍之狀, 乃得大雨."
33) 『淮南子』, 「地形訓」: "土龍致雨."
34) 湯遭旱, 作土龍以像龍, 雲從龍, 故致雨也.

시대사조의 영향으로 이러한 기우의식에도 음양오행적인 색채가 진하게 베어나는 특색을 보여준다. 주지하다시피 한대의 유교국교화에 있어 주도적인 역할을 한 동중서董仲舒는 금문학今文學적인 배경으로 인해 음양오행설의 깊은 영향을 받았다. 그의 저서인 『춘추번로春秋繁露』 구우求雨편에는 당시의 기우풍속이 상세하게 묘사되어 있다. 그 가운데 봄철 기우법의 내용을 인용해 보면 다음과 같다.

봄날에 가뭄이 심하게 들어 기우제를 올릴 때는 현읍縣邑의 장관으로 하여금 수일水日을 선택해 사직과 산천신께 기도를 올리게 한다. 일반민중들은 호신戶神께 제사를 받들게 하며, 고목古木과 산상의 삼림을 남벌치 못하게 한다. 〔하늘의 연민과 동정을 구하기 위해〕 쨍쨍 내려 쬐는 햇볕 아래에 무당을 잡아놓고, 또한 다리를 저는 사람들도 모이게 한다. 8일이 지나면 성읍 동문 밖에 사방으로 연결되는 제단을 쌓고, 길이가 각각 8척인 청색비단으로 만든 8개의 깃발을 꽂고 공공신共工神께 제사를 올린다. 8마리의 생어生魚와 현주玄酒〔물〕 그리고 청주淸酒와 마른 육포를 준비해 제물로 드린다. 또한 무당 가운데 정결하고 말주변이 있는 자를 뽑아 3일간 〔목욕〕재계하게 하고, 청색의 복장을 입힌 뒤 우선 두 번 엎드려 절을 올리고, 다시 엎드려 제문을 읽게 하고, 낭독이 끝나면 다시 두 번의 절을 하고, 그 다음에야 일어나게 한다.…〔비가 내리기를 기원하는 제문의 내용임〕… 갑일甲日과 을일乙日에는 길이가 8장丈의 커다란 청룡〔여름엔 赤龍, 가을엔 白龍, 겨울엔 黑龍〕 한 마리를 만들어 중앙에 세우고, 다시 4장 길이의 소룡小龍 일곱 마리를 만들어 동방을 향하도록 해서 세워두는데, 매 용들의 사이간격도 8척으로 한다. 그리고 여덟 명의 어린이들로 하여금 3일간 재계하게 하고 역시 청의靑衣를 입혀서 춤을 추게 한다.…35)

35) "春旱求雨, 令縣邑以水日禱社稷·山川, 家人祀戶, 無伐名木, 無斬山林, 暴巫, 聚尪, 八日於邑東門之外, 爲四通之壇, 方八尺, 植蒼繒八, 其神共工, 祭之以生魚八, 玄酒, 具淸酒·膞脯, 擇巫之

『춘추번로』의 내용에 따르면 한대에는 춘계뿐 아니라 하계·추계·동
계의 기우의식에 있어서도 각각 용을 이용하였다. 이렇게 기우제에 적극
적으로 용을 끌어들인 것은 그 시대 사람들의 관념 속에 용이 비와 바람
을 일으키는 존재로 인식되었기 때문이다.[36] 이러한 관념은 후대에까지
이어져 지속적으로 전승되고 다양화되는데, 직접 흙으로 용을 소조하는
방법 외에도 용의 형상을 그림으로 그려 강우를 기원하는 의식[畫龍祈雨],
용왕묘를 방문해 기우제를 거행하는 방식 등[赴龍王廟祈雨] 다양한 방법이
출현하게 된다.[37]

무당이 괴성을 지르면서 악기를 연주하고 춤을 추며 강우를 기원하
는 주술을 '우雩'라고 일컫는데, 상고시대에 가장 보편적으로 거행되었던
기우의식이다. 갑골문에는 "辛卯奏舞, 雨. 癸巳奏舞, 雨. 甲午奏舞, 雨"[38], "貞, 我
舞, 雨"[39], "乎舞, 出雨. 乎舞亡雨"[40] 등의 내용이 보인다. 진몽가陳夢家는 상대商
代의 무巫와 무舞·우雩의 관계에 대해 문자학적인 접근을 통해 "무당[巫]의
주요한 임무는 춤을 추며[舞], 소리를 지르고 신께 비를 내려달라고 기구
하는 것인데, 이런 까닭에 긴소매의 옷을 입고 춤을 추는 모양에서 연원
한 상형문자 '무巫'자로서 무당을 표기하게 되었고, 그 구체적인 동작을

潔淸縝利者以爲祝, 祝齋三日, 服蒼衣, 先再拜, 乃跪陳, 陳已, 復再拜, 乃起.… 以甲·乙日爲大蒼龍
一, 長八尺, 居中央, 爲小龍七條, 各長四丈, 於東方, 皆東鄕, 其間相距八尺, 小童八人, 皆齋三日,
服靑衣而舞之.…"[『春秋繁露今譯今注』卷74, 「求雨」(臺北:臺灣商務印書館, 1984), 399~340쪽]

36) 동한시기 桓譚의 『新論』중에는 당대인의 이러한 관념이 잘 드러나고 있다:"劉歆致雨,
具作土龍, 吹律, 及諸方術無不備設. 譚問:'求雨所以爲土龍何也?', 曰:'龍見者, 輒於風雨興起,
以迎送之, 故緣其像類而爲之.'"

37) 이 부분에 대해서는 劉志雄·楊靜榮, 『龍與中國文化』(北京:人民出版社, 1992), 245~255쪽
참조.

38) 『合集』, 12819쪽.

39) 董作賓, 『殷虛文字乙編上·中·下輯』, 7171쪽.

40) 方法斂, 『金璋所藏甲骨卜辭』, 638쪽.

'무舞'라고 불렀으며, 이러한 기우의식을 '우雩'라고 부르게 되었다"고 분석하였다.[41]

『주례周禮』 춘관春官편도 무의 주요한 기능에 대해 "사무司巫는 군무群巫들에 대한 정령을 관장하는데, 만약 국가에 심한 가뭄이 들게 되면 무당들을 거느리고 무우舞雩를 거행한다"고 언급하고 있다.[42] 사실 기우제를 올릴 때 상제의 환심을 사기 위해서는 당연히 주악奏樂과 무용舞踊을 빼놓을 수 없을 것이다. 그러나 특이한 것은 '우雩'제사에서는 단순히 춤을 출 뿐만 아니라 반드시 소리를 지른다는 점이다. 한대의 대학자인 정현鄭玄도 "우'는 우차吁嗟라고 소리치며 강우를 구하는 제사"라고 설명한 바 있으며, 곽박 역시 "우'는 무자舞者가 우차吁嗟를 소리치며 비가 내리기를 청하는 제사"라고 규정한 바 있다.[43]

이에 대해 하휴何休는 『공양전』 환공 5년조에 대해 "우'는 가뭄에 비를 청하기 위해 드리는 제사의 이름으로… 춤을 추면서 '우(yu)'라고 소리치기에 '우'로 명명되었다"고 설명하였다. 이렇게 본다면 '우'와 우차의 관계를 규명할 필요가 있는데 황간黃侃은 『논어의소論語義疏』에서 "비를 청하는 제사를 '우'라고 일컫는데, '우雩'가 곧 '우吁'다 백성들이 비를 얻을 수 없어 '우차'라고 소리쳤다. 제사를 드리며 동시에 무당(巫)이 춤(舞)을 추니 이런 까닭에 무우舞雩라 일컫는 것이다"라고 상세히 해석하였다. 이렇게 볼 때 '우雩'라고 소리치는 것과 '우차'라고 소리치는 것이 기본적으로 같다는 것

---

41) 陳夢家, 앞의 글, 600~601쪽.

42) "司巫, 掌群巫之政令. 若國大旱, 則帥巫而舞雩." 이밖에 『周禮』 春官에는 "女巫들은 가뭄이 심해지면 舞雩를 행한다.〔女巫,… 旱暵, 則舞雩〕 등등의 내용도 언급하고 있다.

43) 雩에 대해서 『예기』 월령의 鄭玄注는 "雩者, 吁嗟求雨之祭"라고, 『爾雅』 郭璞注는 "雩之祭, 舞者吁嗟而請雨"라고 설명하고 있다. 또한 『周禮』 地官·舞師에도 "敎皇舞, 帥而舞旱暵之事"라는 언급이 보인다.

을 알 수 있는데, 현재는 발음이 달라졌지만 양자 모두가 빗소리를 모방하는 음가音價로서 추정해 볼 수 있다.[44] 즉 '우雩'라는 기우의식은 원시주술 가운데 사물의 모양이나 소리 등 주요한 특징을 흉내내는 모방주술模倣呪術:imitative-magic에서 기원한 것이다.

그러나 '우'가 어떠한 기원을 갖는가? 어떠한 형태의 주술에서 출발했는가의 문제보다 더욱 우리의 관심을 불러일으키는 것은 이처럼 주술에서 출발한 기우의식인 '우'가 주대 이래로 점차 제왕의 제사의식으로 자리 잡게 된다는 점이다. 다음절에서는 기우제의 이러한 초보적인 변화과정을 중점적으로 살펴보도록 하겠다.

2) 기우제의 초보적인 변화

주대周代의 기우제는 기본적으로 상대商代의 의식형태를 계승하고 있다. 갑골문에 빈번히 출현하던 '烄〔焚〕'·'飾龍'·'雩' 등이 주대의 문헌자료에도 적지 않게 나타나고 있는 것으로 보아 이들을 상고시대의 가장 유행했던 기우제로 간주해도 큰 과오는 없을 것 같다. 이들 제사들이 의식의 내용에 있어서는 여전히 상당수준의 주술적 요소들을 간직하고 있었는데, 주목할 만한 것은 점차 의례적인 행위로 전이되는 변화상을 보여준

---

44) 『公羊傳』 桓公五年 何休 注의 내용은 다음과 같다: "雩, 旱請雨祭名… 舞而呼雩, 故謂之雩." 또한 『周禮』 春官·司巫에는 "若國大旱, 則帥巫而舞雩." 내용이 『爾雅』에는 "舞號, 雩也"라는 내용이 각각 보인다. 黃侃은 『論語義疏』에서 '舞雩'라는 단어에 대해 "舞雩, 請雨之壇處也. 請雨祭謂之雩. 雩, 吁也. 民不得雨, 故呼嗟也. 祭而巫舞, 故謂爲舞雩也"라고 상세히 설명하고 있다. 이 방면에 대한 상세한 고증으로는 劉曉南, 「"雨·羽也"音訓語源辨正」(『大陸雜誌』 第91卷 第4期, 臺北:大陸雜誌社, 1995), 35~36쪽 참조.

다는 점이다. 만약 이러한 사실들이 예제와 직접적인 연계관계를 갖는 것으로 확인되면 중국의 주술적인 신앙전통이 예제라고 하는 또 다른 차원의 문화적인 메커니즘으로 전환되는 데 있어 주대가 상당히 중요한 시기임을 확인할 수 있을 것이다. 본 절에서는 특히 우제雩祭를 중심으로 제사기일의 정기화, 제신祭神의 등급화 등 의례화 현상을 중심으로 이러한 문제에 접근해 보고자 한다.

우선 주대 제사기일의 정기화 문제에 있어 『좌전』 환공 5년조에 보이는 "龍見而雩" 부분은 매우 중요한데, 이에 대해 두예杜預는 주를 달아 "龍見建巳之月, 蒼龍宿之體, 昏見東方, 萬物始盛, 待雨而大, 故祭天遠爲百穀祈膏雨"라고 설명하고 있다. '견見'자와 '현現'자는 고대에는 서로 통하는 자로서 '용견龍見'이라는 말은 7숙宿중에 각숙角宿·항숙亢宿이 황혼녘에 동방에 출현하는 것을 의미하는 것인데, 시기적으로는 바로 음력 4월, 즉 초여름 사월巳月에 해당된다고 할 수 있다.[45]

원래 기우제라는 것은 기상불순으로 인해 정상적인 비가 적기에 내리지 않아 임시로 거행하는 의식이다. 그런데 이제는 매년 각숙과 항숙이 나타나는 4월 무렵에 정기적으로 우제雩祭를 거행했던 것이다. 이러한 사실은 우제가 가뭄과 직접적인 관계없이 지상신에 대해 풍년제를 거행하는 차원의 상징적·의례적 행위로 변해 간 것임을 반영해 주는 것이다. 당시의 이러한 경향은 『시경』 주송周頌 희희서噫嘻序에 보이는 "春夏祈穀於上帝也"에 의해 재차 확인할 수 있다. 정현은 이 부분에 대해 전주를 달아 "기祈라는 것은 도禱와 같은 것으로 갈구한다는 의미이다. 「월령」에 의하면 3월에는 곡식의 풍년을 상제께 기원하고[祈穀於上帝], 여름[4월]이 되어 용

---

45) 이 부분에 관해서는 楊伯駿, 『春秋左傳注』, 桓公五年條(北京:中華書局, 1993)에 대한 楊伯駿의 해설 주를 참조.

이 나타나게 되면[龍見] 우제雩로 상제께 제사를 올린다'라고 설명하여 주대에 기곡祈穀과 우제雩祭가 이미 지상신을 제사하는 중요한 정기제사로 성장했음을 시사해 주고 있다.*46)

□* 주대 이래 점차 정기화되었던 우제雩祭는 춘추시기 이래로 분열의 국면이 가속화되며, 정기제사로서의 면모 역시 점차 시들해진 것 같다. 『춘추』에서는 '대우大雩'라는 말이 21차례에 걸쳐 언급되고 있는데, 대우는 주로 임시적으로 거행되는 우제를 지칭한다.

물론 기우제가 정기화되기 시작했다는 말이 가뭄과 연계되어 있는 기우제 자체의 원초적인 특징에 완전한 변화를 가져왔다는 의미는 아니다. 비록 의례화되었다고 해도 우제는 여전히 기우제적인 특징을 지닐 수밖에 없고, 일단 심각한 한재에 직면하게 되면 비상조치로 우제를 거행할 수밖에 없을 것이다. 『주례』 춘관春官 사무司巫조에 "만약 국가에 심각한 한발이 닥치면, 무당들을 이끌고 춤을 추면서 소리를 지른다[舞雩]"라는 말이 보이고 『주례』 춘관 여무女巫조에도 앞의 내용과 마찬가지로 "旱暵而舞雩"라는 구절이 보이는데, 모두가 이러한 정황을 반영해 주는 것이다.

두번째로 주대에 있어 기구祈求의 대상 즉 제신祭神이 등급화되기 시작했다는 점도 매우 주목할 만하다. 그 중에서도 가장 눈길을 끄는 것은 역시 기우제와 지상신 숭배의 결합이다. 사실 중국에 있어서 지상신적인 개념은 앞에서도 언급한 바처럼 이미 상대에 출현하게 되는데, 당시의 '상제上帝'는 비록 '제帝'라는 개념이 '상上'에 소재하고 있다는 것을 의미하지만 복사卜辭에 상제와 하늘 혹은 추상적인 천天의 관념이 직접적으로 연계되는 내용이 거의 없는 것으로 보아 '선조의 통칭'이나 혹은 "선조의

---

46) 예를 들면 『春秋』 僖公10年: "秋八月, 大雩" : 『春秋』 僖公13年, "秋九月, 大雩" 등이 출현한다. 張鶴泉, 『周代祭祀研究』(원래는 1989년 吉林大學의 박사논문, 臺北:文津出版社, 1993), 36~37쪽 참조.

개념이 추상화된 것"으로 추정된다.47)

이렇게 '천'과 조상신이 분리되지 않은 관념형태는 상조商朝로 하여금 독립적인 지상신 숭배를 어렵게 했고, 비록 존재한다 하더라도 전체 제사체계 가운데 극히 일부분만을 차지하게 했다. 이와 비교할 때 주대에는 상제관上帝觀에 있어 커다란 진전이 생기는데, 상제의 개념이 조상신의 범주로부터 명확하게 분리되고, 더 나아가 '천天'이라는 관념과 밀접하게 결합하므로 신격神格을 제고할 수 있게 되었다. 주왕도 지상신 '천'을 자신의 부모와 같이 공봉하고, 천자天子 즉 '천'의 원자元子임을 자처하게 되는데, 이는 원칙적으로 제천을 행할 수 있는 유일한 사람이 주왕 한 사람임을 확정하는 것이기도 하다.*

□* 실제적인 운용상황을 고찰해 보면, 주대의 제천의식 역시 종종 조종祖宗을 천天과의 중개인으로 삼고 있음을 발견할 수 있는데, 이러한 관념은 '체제諦祭' 즉 종묘에서 드리는 제천의식에 반영되었다. 당시 체제는 제천과 제조祭祖의 양면적인 특성을 지니고 있었다.48)

또한 주의해야 할 것은 당시의 교천의식을 천자 1인만의 완전한 특권이라고 말하기 힘들다는 점인데, 특별히 예외로 취급되던 노국魯國을 제외하고도 상국商國·진국秦國 등 각 제후국들이 서주시기부터 스스로 제천의식을 거행했다. 이러한 상황은 춘추전국시대에 이르면 더욱 보편화되었다. 구체적으로 설명하면 『예기』 권31, 「명당위明堂位」에는 "성왕은 주공이 천하를 위해 몸을 바쳤기에,… 노공에게 세세에 걸쳐 천자의 예로써 주공에게 제사를 올리라고 명했다.… 제帝를 교외에서 제사하고, 후직을 배사하니 천자의 예로다[成王以周公爲勳勞於天下,… 命魯公世世祀周公, 以天子之禮樂. 是以魯君… 祀帝於郊, 配於后稷, 天子之禮也]"라는 기록이 보이는데, 이것은 노국에서 상제를 제사드리는 것은 이미 서주 초기부터 시작되었고, 이것은 하나의 특례였음을 설명해주고 있다. 진국秦國에서 진양공 8년 초에 서치西畤에서 상제를 제사드린 사실은 더

---

47) 張光直, 앞의 글, 300쪽. 곽말약 역시 이 부분에 대해서 殷人의 帝라는 것은 곧 帝嚳을 의미하는데, 이는 지상신과 조종신을 겸하는 성격을 지녔던 것으로 파악했다. 이 부분에 관해서는 張光直, 『中國古代社會硏究』(『郭末若全集』卷第1, 北京: 人民出版社, 1982), 329쪽.
48) 池田末利, 「中國における至上神儀禮の成立」(『中國古代宗敎史硏究』, 東京: 東海大學出版會, 1981), 445~474쪽.

욱 주목할 만하다. 『사기』 권15, 육국년표에는 "太史公讀秦記, 至犬戎敗幽王, 周東徙雒邑, 秦襄公封爲諸侯, 作西畤用事上帝, 僭端見矣…"라는 구문이 보인다. 이에 대해 일부의 학자는 비록 이 해에 평왕平王이 동천을 하게 되지만, 만약 서주시대에 등급이 분명한 제사예의가 확실히 효과적으로 실시되었다고 본다면, 비록 평왕이 난을 피해 수도를 동천했다고 해도, 이제 막 제후로 분봉된 진국이 공공연하게 참월할 필요는 없었을 것이라고 해석하고 있다. 이렇게 본다면 천자의 특권을 상징하는 교천의식은 진한제국의 성립 뒤에 정식으로 발전을 했을 것이고, 이미 지상신 숭배와 결합되기 시작한 기우제인 '우' 역시 이 시기에 이르러서야 자연스럽게 군왕만이 독점하는 특권제사로 변모하게 되었을 것이다.49)

이렇게 천과의 연계를 통해 지상신에 대한 관념이 확고해진 것은 당시 가장 유행했던 기우의식이 이러한 지상신 신앙과 결합하는 것을 자연스럽게 했을 것으로 여겨진다. 이런 면에서 『예기』 월령편에 보이는 "仲夏之月,… 命有司爲民祭山川百源, 大雩帝, 用盛樂, 乃命百縣雩祀百辟卿士, 有益於民者, 以祈穀實" 구문은 주목할 가치가 있다. 이 부분에 대한 주소注疏는 "우雩는 소리를 지르며 비가 내리기를 기원하는 제사로서 남교의 옆에서 선왕을 배사配祀로 하여 상제께 제사를 올린다"고 설명했다. 후대의 상황을 참조한 흔적이 역력하지만 적어도 '우'라는 기우의식이 중하월仲夏月에 정기적으로 상제께 제사를 드리는 전례典禮로 성장했음을 명확하게 보여주고 있다. 또한 앞에서 설명한 천자와 상제와의 관계를 고려한다면, 때로는 사정에 따라 대행인[有司]을 통한 제사도 거행했겠지만, '우사'가 기본적으로 이미 주왕의 특권제사로 성장했음을 반영해 준다. 이후 시대적 상황에 따라 '우雩'의 지위도 약간의 등락을 겪게 되고, 시행세칙 또한 변화가 생겨나지만 통치자의 제사의식으로서 지니는 위치는 점차 공고해지는 추세를 보인다. 이런 점에서 주대에 발생한 일련의 변화는 우제의

---

49) 王靑, 『漢朝的本土宗敎與神話』(臺北:洪葉, 1998), 92~93쪽 참조.

예제화 과정에 있어서 중요한 전기가 되었다고 볼 수 있겠다.

이밖에 이러한 추세와 더불어 주시해야 할 사실은, 지상신 '천天'에 대한 숭배가 확립된 뒤, 현실세계의 위계질서를 반영하여 천상의 신계神界에 있어서도 점차 상·하 계층구조가 수립되기 시작했다는 점이다. 천신의 체계에 있어 성진星辰은 지상신 '천'과 비교할 때 종속신적 지위에 불과하다. 앞에서 잠시 언급했지만 당시 주나라 사람들은 이미 원시종교 가운데 자연신 우신〔雨師〕과 풍신〔風師〕을 천상의 성진인 '필畢'과 '기箕'에 대응시킨 바 있다. 이러한 까닭에 기우제 가운데 우신에 대한 숭배는 지상신과 결합한 우사雩祀에 비해 차등적인 제사의식으로 전개되었다.

위의 사실을 종합적으로 고려해 보면 비록 주대의 기우제는 의식의 내용 중에 아직도 주술적인 유흔을 간직하고 있지만 이를 단순하게 순수한 주술행위로 간주할 수는 없다. 왜냐하면 점차 정기화·등급화 등의 전례화 조치가 강구됨에 따라 이러한 행위들도 원래 지니고 있던 기우의 목적 이외에 자연스레 외재적인 목적이 부가되었기 때문이다. 즉 정기적으로 거행되기 시작한 '우제雩祭'는 백성들을 위해 금년에도 적당한 비가 내려 풍년이 들게 해달라는 원초적인 기우의 특성 외에 천명을 받은 통치자의 지위를 주기적으로 천하에 선포하는 또 다른 의미를 지니게 된 것이다. 이를 통해 천자는 백성의 풍요로운 생활을 기원하는 유덕자有德者의 형상을 강화함과 더불어 자신의 통치권력에 신성성과 정당성을 더할 수 있게 되는 것이다.

그렇다면 주대에 국가제사체계의 일부로 편입된 기우제는 분열의 시기인 춘추전국시대를 거치면서 어떻게 변모하고, 또한 황제를 중심으로 성립된 새로운 중앙집권적 제국체제 하에서는 어떻게 발전해 나가게 되는가? 또한 제도나 문화적 측면에 있어 고대국가 체제의 완결성을 보여준다는 당대에는 어떠한 모습으로 변모하여 시행되었을까? 기우제가 국가의 문화적 기제라 할 수 있는 예제에 편입되어 운용되었다는 것은 어떠한 의의를 지니는 것일까? 다음 절에서는 이 부분에 대해 집중적으로 토론해 보겠다.

3. 기우제의 국가제사화 과정과 의의

1) 기우제의 국가제사화 과정

기원전 221년 진시황은 중국 최초의 중앙집권적인 통일대제국을 완성했다. 이에 걸맞은 제사체계를 건립코자 사관祠官들로 하여금 민간과 제후제사의 권위를 회수해 황제의 권력을 기초로 제신諸神들의 질서를 다시금 정비하게 했다.[50] 그러나 황권과 긴밀한 연계를 가지는 지상신 제사를 들여다보면, 진秦은 새로운 신계神界를 창조해냈다기보다는 기본적으로 전국시대 진국의 지역적 신앙형태를 계승하고 있음을 알 수 있다. 진국 고유의 청제青帝·백제白帝·황제黃帝·염제炎帝에 대한 신앙을 여전히 황권의 근거로 삼고 있었다.

한조는 건국 초 장기적으로 지속된 전란의 영향과 이러한 상황을 충분히 고려한 한조의 안정위주의 소극적인 정책으로 인해 1백 년에 가까운 기간 동안 새로운 황권皇權에 상응하는 지상신의 개념과 이와 관련된

---

50) "及秦幷天下, 令祠官所常奉天地名山大川鬼神可得而序也."[『史記』, 「封禪書」, 1371쪽.

제사제도를 건립하지 못했다. 다만 당시에 매우 유행하던 음양오행설의
영향으로 진조秦朝의 상제上帝제사제도 위에 흑제黑帝를 증가시켜 5제제사
五帝祭祀로 발전시켰을 뿐이다. 제국시대의 위상에 걸맞은 제사제도가 완
성된 것은 한 무제 시기인데, 태일신太一神을 지상신으로 삼는 교사제도가
개략적인 모습을 갖추게 된다.

그러나 국가제사 체계에 태일신을 끌어들인 것은 정통관료들이 아니
라 황제와 사적인 친분관계를 맺고 있던 방사方士들로서 태일신 제사는
의례적 차원뿐 아니라 정신적인 면에 있어서도 전통 유가의 신앙적인 관
념과는 충돌하는 부분이 많았다. 원제元帝 이후 유생들의 정치적인 지위
가 점차 제고됨으로써 이 방면에 대한 개혁의 의견이 개진되기 시작했다.
한대에 있어 지상신 숭배와 관련된 교사제도郊祀制度의 완성은 왕망王莽시
기에야 이루어지게 된다. 그는 성제成帝시기 광형匡衡에 의한 국가제사의
개혁을 계승하여 교사郊祀의 제사장소를 장안 남·북 교외로 이전하고, 또
한 태일신을 지상신의 보좌輔坐에서 끌어내림과 동시에 다시금 전통유가
의 지상신인 황[호]천상제黃[昊]天上帝를 신계의 최상부에 배치하였다. 동한
광무제 이후 역대왕조의 교사제도는 기본적으로 왕망에 의해 주도된 원
시 5년(AD 5)의 이러한 개혁방안을 따르고 있다.51)

앞에서 잠시 언급되었지만 주대에는 기우제인 '상우常雩'가 이미 교郊
에서 거행됨으로써 교사제도의 일부로 편입되기 시작했다. 하지만 한조
는 서한 말기에 이르러서야 교사제도가 확립할 수 있었기 때문에 이 점

---

51) 『後漢書』祭祀志에는 "建武元(25)年, 光武卽位於鄗, 爲壇營於鄗之陽, 祭告天地, 採用元始中
郊祭故事"라고 했다. 한대 교사제도의 전개에 관해서는 金子修一, 「國家と祭祀: 中國−郊
祀と宗廟及び明堂及び封禪」(『東アジア世界における日本古代使講座』, 東京:學生社, 1982) ; 張寅
成, 『西漢的宗廟與郊祀』(國立臺灣大學歷史硏究所, 1985) ; 王靑, 앞의 글, 94~118쪽을 참조
할 수 있음.

은 당연히 우제의 존립에 영향을 주었을 것이다. 이 때문인지 서한의 기우제 관련 사료중에는 '우제'에 관한 기록이 거의 출현하지 않으며, 심지어 『통전通典』과 『문헌통고文獻通考』는 서한시기에는 우제가 거행된 바 없다고 단정짓는 기록까지 담고 있다.52)

이밖에 주대 말기 이래 주천자의 왕권추락과 두우杜佑의 지적에 보이는 바처럼 진시황의 분서갱유 역시 한대 우사의 실전失傳에 영향을 주었을 것이다. 춘추전국 이래 지방의 제후들이 각국의 실질적인 군주로 자리 잡게 됨에 따라 제후들은 천자만이 유일하게 거행할 수 있었던 상제제사까지 공연하게 참월하여 시행하게 되었고, 이에 따른 봉건질서의 와해는 주왕조에 의해 완성된 국가제사의 의미를 상실케 하였다.

또한 진시황에 의해 단행된 분서갱유는 유가의 경전들이 대부분 파기시켰는데, 이미 유가적인 의례제도에 진입되었던 '우사'에 관한 관련 규정들도 이에 따라 상당부분이 유실되었다. 이런 까닭에 한漢 정부도 초기에는 제사의례를 확립하지 못하고, 진대의 제도를 계승했기 때문에 '우사' 또한 거의 실행되지 못한 것으로 추정해 볼 수 있는 것이다.53)

'우사'가 재차 빈번하게 출현하는 것은 동한 이후*의 일로서 『후한서』의 본기부분에는 여러 차례에 걸쳐 '대우大雩'라는 말이 출현하게 된다. 『속한서』 예의지禮儀志는 "비가 적게 내리면 각각의 군현은 사직단을 정비하고, 공경과 지방장관들이 차례로 우례雩禮를 거행하여 강우를 기원한다"54)고 규정하고 있다. 그러나 여기에서 말하는 '우례'는 내용으로 볼 때,

---

52) 杜佑, 『通典』 卷第43, 禮3, 沿革2, 「郊天下大雩」(北京:中華書局本, 1988), 1200쪽 ; 馬端臨, 『文獻通考』(臺北:商務印書館本, 1987).

53) 『通典』에서는 "漢承秦滅學, 正雩禮廢"라고 언급하고 있다.〔『通典』卷第43, 1200쪽〕

54) "自立春至立夏盡立秋, 郡國上雨澤. 若少, 郡縣各掃除社稷, 公卿官長以次行雩禮以求雨."

정기적인 상우례常雩禮가 아니고 아마도 심한 가뭄이 들 때 임시적으로 지내는 제사의 성격이 강하고, 제사의 차원도 군현의 지방제사로 추정된다.

□＊『한구의漢舊儀』에는 서한시기에도 우단雩壇이 존재했다는 언급한 바 있다. 이에 대해 청대에 예학대사로 불리던 진혜전秦蕙田에 따르면, 한인들은 전대의 제사장소를 상용했기 때문에 우단 역시 노나라 기수沂水 우단의 옛 자리를 재차 사용했을 가능성이 높다.55)

위진남북조 때는 우사雩祀의 국가제사화 과정에 있어서 주목할 만한 시기로서 일련의 중요한 변화가 발생한다. 그 가운데 무엇보다도 주목되는 것은 우사를 황제가 친히 주재하기 시작했다는 점이다. 『진서晉書』 원제기元帝紀는 "〔大興元年(318)〕六月 旱, 帝親雩"라고 명기하고 있다. 사실 이 시기는 교사제도의 전반적인 전개에 있어서도 매우 중요한 전환의 시기이다. 동진 이후 황제가 친히 교사를 주재하는 사례가 명확하게 증가되었고, 2년에 한번씩 정기적으로 천신天神에 대한 제사를 거행하는 '2년1교二年一郊'의 제도가 점차 확립된다.56)

이렇게 본다면 『진서』에 보이는 황제가 직접 우사雩祀를 거행한 사실은 하나의 독립된 사건보다는 전체 교사제도의 발전을 반영하는 것으로 파악할 수 있다. 교사제도의 발전은 당연히 황제가 천天에 대한 제사에 대해 더욱 강렬한 관심을 가지게 되었음을 표현하는 것이다.57)

---

55) 秦蕙田, 『五禮通考』 卷第22, 吉禮22(臺北:聖環圖書公司, 未經窩初刻試印本, 1994), 19쪽.
56) 『隋書』 禮儀二에 보면 "春秋龍見而雨, 梁制不爲恒祀.… 陳氏亦因梁制"라는 내용이 보이는 것으로 보아 남조에서는 이루어지지 못하였고, 북조의 북제시기에 가서야 완성되는 것으로 추정되는데 『수서』 卷7, 禮儀三, 127쪽에 보이는 관련 내용을 들어 보면 다음과 같다: "北齊以孟夏龍見而雩, 祭太微宮五精帝於夏郊之東.…"
57) 金子修一, 「魏晉より隋唐に至る郊祀·宗廟の制度について」(東京:『史學雜誌』 8-10, 1979), 50~51쪽.

동진시기에 전문적으로 우사를 거행하는 제사장소로 우단雩壇이 건립
되었다는 사실 역시 주목할 만하다.『통전』의 기록에 의하면 동진 영화연
간(345~356)에 제단이 남교 옆에 설립되었다고 한다.58) 원래 북교北郊가 '제
지기祭地祇' 즉 지신들을 제사하는 제사장소이라면 남교는 '사천신祀天神'
즉 천신인 상제께 제사를 올리는 성지다. 이런 면에서 본다면 우사제단
이 남교에 설치되었다고 하는 것은 우사雩祀가 정식으로 제천행사의 일환
으로 채택되었다는 것을 의미하는 것이다. 그렇다면 남북조시기에 우사
의 대상이 되었던 천신은 구체적으로 어떤 것일까? 이 문제는 향후 전개
되는 천신론天神論 논쟁과 관련이 있기에『남제서南齊書』예지와『수서』예
의지禮儀志의 원문내용을 인용해 보면 다음과 같다.

> 『南齊書』,「禮志」: "建武二(495)年, 旱.… 設五帝之位, 各依其方, 如在明堂之儀. 皇
> 齊以世祖配五精於明堂, 今亦宜配響於雩壇矣."

> 『隋書』,「禮儀志」: "後齊以孟夏龍見而雩, 祭太微五精帝於夏郊之東, 爲圓壇.…
> 以顯宗文宣帝配."59)

앞의 사료는 남조, 그 가운데에서도 남제南齊의 우사雩祀에 대한 설명
이고, 두번째 것은 북조의 북제北齊에 관한 기록이다. 남조와 북조 모두
우사의 가장 중요한 제신祭神으로 천신인 오정제五精帝를 받들고 있음을

---

58) "東晉穆帝永和年, 有司議, 制雩壇於國南郊之旁, 依郊壇近遠, 祈上帝百辟."[『通典』卷第43,
　　1203쪽]
59)『통전』은 당시 梁朝의 우사와 제사의 대상[祭神]에 대해서도 언급하고 있는데 그 내
　　용을 인용하면 다음과 같다. "梁武帝天監元年, 有司雩壇.… 大同五年… 大雩禮於壇, 用黃牡
　　牛於一, 祈五天帝及五人帝, 各依其方, 以太祖配, 位於靑帝之南, 五官配食於下."[『通典』卷第43,
　　1204~1205쪽]

발견할 수 있다. 이는 남북조 시기의 우사가 기본적으로 정현의 천신론天
神論에 의거해 진행되었음을 보여주는 것이다. 이밖에 우사를 지낼 때 황
가皇家의 조상신이 배사되기 시작했다는 점도 주목할 만하다.

수대의 제사의례는 상당부분 북제의 제도를 계승하고 있는데, 우사
에 있어서도 여전히 정현鄭玄의 육천설六天說을 원용하여 오정제를 제신으
로 삼고 있다. 수대에는 전반적으로 기우제가 더욱 정연하게 완비되었다.
정기적인 우사의례뿐 아니라 극심한 한발이 닥쳤을 때 시행되는 임시적
인 기우제 역시 산천·악진岳鎭·해독海瀆·사직社稷·종묘宗廟·조토룡造土龍
을 포함하여 면밀한 체계를 갖추게 되었다.

이밖에 제사적인 기우행위 외에도 억울하게 옥살이를 하는 자가 없
나 재심해 보고, 과부나 홀아비·고아·가족이 없는 자들에게까지 관심
을 기울였으며, 현량을 선발하고 직언을 받아들이는 상징적인 조치들을
제도화하였다. 이는 한발을 정치에 대한 '천'의 경고로 받아들이는 재이
설災異說이 여전히 영향을 미치고 있는 사회분위기를 반영하는 것이다.60)

당대는 국가예제의 전개과정에 있어 매우 중요한 시기이다. 『정관례
』·『현경례』·『개원례開元禮』 등 국가예전이 차례로 완성되어 후대 제국들
의 모범이 되었다. 그 가운데에서도 길례吉禮는 제사가 대·중·소 3등으
로 정리되어 중요성에 따라 순서가 분명해졌고, 정기적인 제사와 비정기
적인 제사의 종류와 의례절차도 명확히 통일되었다. 이러한 특징은 『당육
전』 사부낭중원외랑조에도 보이는데 그 내용은 인용하면 다음과 같다:

凡祭祀之名有四: 一曰祀天神, 二曰祭地祇, 三曰享人鬼, 四曰釋奠於先聖先師.
其差有三: 若昊天上帝·五方帝·皇地祇·神州·宗廟爲大祀, 日月星辰·社稷·

---

60) "理冤獄失職, 存鰥寡孤獨,… 進賢良, 擧直言."[『隋書』 卷7, 「禮儀三」, 128쪽]

先代帝王・嶽・鎭・海・瀆・帝社・先蠶・孔宣夫・齊太公・諸太子廟爲中祀,
司中・司命・風師・雨師・衆星・山林・川澤・五龍祠等及州縣社稷・釋奠爲小
祀.… 孟夏之月, 大雩於圓丘, 祀昊天上帝, 以太宗配焉; 又祀五方帝於壇之第一
等…61)

　　예문의 뒷부분에 보면 음력 4월에 정기적으로 거행하는 우사雩祀는 호
천상제昊天上帝를 주신으로 제사하고 아울러 태종을 배사한다고 기록하고
있다. 그런데 앞부분에 보이는 바처럼 호천상제에 대한 제사는 대사大祀
로 분류되기 때문에 우사는 당연히 여타의 교사제도・종묘제사와 함께
명실상부한 최상급의 국가제사에 속하게 된 것이다.

　　또한 이 시기에는 우신雨神에게 강우를 기원하는 '기우사祈雨師'의식과
궁내의 오룡단五龍壇에서 거행되는 용신에 대한 제사도 국가제사 체계중
의 소사小祀로 정식으로 진입하게 되었다. 이밖에 임시적인 기우제 역시
국가의 통제하에 제도로서 체계를 갖추게 되는데 이 부분에 대해서는 이
러한 문서상의 규정이 실질적으로 운용되었는가를 살펴보는 다음 절에
서 다루어 보도록 하겠다.

　　2) 당대의 기우제체계와 운용실태

　　역대 예전禮典의 모범이 된 『대당개원례』의 오례편목五禮篇目은 152조로
구성되었는데, 이 가운데 국가제사와 관련된 길례부분이 55조를 차지한
다. 이 가운데 기우제와 직접적인 관계를 가지고 있는 것에는 3) 孟夏雩祀

---

61) 李林甫 等撰, 陳仲夫 點校, 『唐六典』, 「尙書禮部」 卷4(北京:中華書局, 1992), 120쪽.

於圜丘. 13) 祀風師·雨師·靈星·司中·司命·司人·司祿. 29) 興慶宮祭五龍壇. 39)
時旱祈太廟. 40) 時旱祈太社. 41) 時旱祈嶽鎭以下於北郊, 報儀同. 45) 諸州 祈社稷,
禱諸神, 禜城門 48) 諸縣 祈社稷及諸神 등이 있다. 물론 고대중국은 전형적인
농업사회였기 때문에 이러한 조항 이외에도 정월의 첫번째 신일辛日에 원
구단에서 거행하는 풍년제62), 하지일에 방구단方丘壇에서 올리는 토지신
[社神]에 대한 제사63), 음력 정월의 길한 해일亥日을 선택해 농업의 신인 선
농씨先農氏에게 올리는 제사와 황제가 직접 밭을 갈며 농업을 독려하는
경적의식耕籍儀式64) 등에도 1년 내내 알맞은 양의 비를 내려달라는 기원이
담겨 있을 것이다.

하지만 전문적인 기우제에 대해서만 논하자면 상기 여덟 항목의 제
사가운데 맹하우사孟夏雩祀와 사우사祀雨師는 정기적인 제사에 속하고, 앞
에 '시時'자가 붙는 '시한기태묘時旱祈太廟'·'시한기태사時旱祈太社'·'시한기악
진이하어북교時旱祈嶽鎭以下於北郊' 등은 모두 임시적인 제사에 속한다.65)

물론 정기적 제사 가운데 가장 중요한 것은 '맹하우사'로서 매년 4월
용성龍星이 출현한 뒤 길일을 선택하여 원구단에서 제사를 올리게 된다.
앞에서도 잠시 살펴보았지만 이 의례는 제사의 등급에 있어 최상급에 해
당하는 대사의 범주에 속하고, 지상신 호천상제와 황가의 조상신의 신력
에 의존해 드리는 기우제이다. 물론 최상급의 제사이기 때문에 예전의
규정에 따라 황제가 초헌을 맡아 친제를 올리게 되고, 태위太尉가 아헌을,
광록경光祿卿이 종헌을 맡게 된다. 만약에 황제에게 부득이한 사정이 생겨

---

62) "2) 正月上辛祈穀於圜丘."
63) "14) 夏至祭皇地祇於方丘, 后土同."
64) "24) 孟春吉亥享先農, 耕籍."
65) 『通典』 卷106, 開元禮纂類一, 2761~2762쪽.

제사를 주재할 수 없을 때에는 태위가 초헌을, 태상경이 아헌을, 그리고 광록경이 종헌을 맡아 거행된다.

'사우사祀雨師' 의식 역시 중요한 정기적 기우제로서 앞에서 언급한 바처럼 우신雨神숭배에서 기원하는데, 매년 입하 후 신일申日에 국도 서남에서 거행된다. '사우사'는 등급상 소사에 속하고, 제사를 담당하는 전문관원 1명을 파견하여 거행하게 하는데, 예전에는 구체적인 의례규정뿐 아니라 제문의 일정한 격식과 내용까지 기재되어 있다.[66)

다음으로 당대에 실행된 임시적 성격의 기우제에 대해 살펴보겠다. 우선 주의해야 할 것은 위에서 예로 든 『대당개원례』 제39·40·41·45·48조의 기우제가 단독제사가 아니라 연속적으로 거행되는 일련의 활동이라는 점이다. 만약 수도 부근지역[京師]에서 맹하 이후에 심한 한발이 발생하게 되면 우선 북교에서 망제의 형식으로 악·독·진·해와 모든 산천의 신에게 구름을 일으켜 비를 내려달라고 기원하게 된다. 그리고도 비가 내리지 않으면 사직신에게 제사를 올리고 그 뒤에 종묘에 제사를 올리는데, 매번 7일을 한 주기로 반복하게 된다. 그래도 비가 내리지 않으면 다시 악독嶽瀆으로부터 처음부터 다시 시작하게 된다. 가뭄이 너무 심할 경우에는 임시적인 우사雩祀라고 할 수 있는 '대우례大雩禮'를 올리는데, 의식의 구체적 내용은 당대사료에는 나타나지 않지만 전대와 후대의 기록들[67)을 참조해 볼 수 있다. 개략적인 의례상황을 추측해 보면 임시로 설

---

66) 『大唐開元禮』에 보이는 축문의 내용은 다음과 같다. "維某年歲次月朔日, 子嗣天子謹遣具位臣姓名, 敢昭告於雨師: 百昌萬寶, 式仰膏澤, 率遵典故, 用備常祀. 謹以制幣犧齊, 粢盛庶品. 明薦於神, 尙饗."(『通典』 卷106, 開元禮纂類六, 2784~2785쪽]

67) 『通典』에는 梁 대동 5년(539)에 거행된 의례절차가 소개되어 있는데 그 내용은 다음과 같다. "大雩禮於壇, 用黃牡牛於一, … 又遍祈社稷·山林·川澤, 就故地處大雩. 國南除地爲墠, 舞童六十四人, 皆依玄服, 爲八列, 各執羽翳. 每列歌雲漢詩一章而畢…"(『淸史稿』, 禮二, 2728~2729쪽]에도 大雩禮가 묘사되어 있는데 규모는 작아진 듯하지만 의례의 내용은 대략

치된 제사장소에서 검은 옷[玄依]을 입은 무동舞童 64인이 8열로 늘어서서 깃털로 만든 양산 같은 것을 흔들며 춤을 추고, 간절히 기우를 축원하는 노래를 불렀을 것으로 생각된다. 물론 초기 주술에 보이던 바처럼 춤을 추면서 비가 내리는 소리를 모방하며 소리를 지르는 광기어린 모습은 사라지고, 노래도 운한시雲漢詩를 읊는 모습으로 대체되었지만 의례의 골격은 상주시대에 무당들이 행했던 주술행위에서 연유되었음을 분명히 보여주고 있다.

물론 이렇게 제사를 드린 뒤에 만족할 만한 강우량을 얻게 되면 반드시 감사의 제사인 보사報祀를 올려야 한다. 이밖에 앞에서도 소개한 바처럼 고대 중국인의 관념 속에는 한발이나 수해, 곤충의 기습 등 자연재해의 발생은 반드시 현실정치와 밀접한 관계가 있다고 생각되기 때문에 기우제를 실행함과 아울러 왕도정치의 실행을 상징적으로 표출할 수 있는 정치적인 조치를 취하게 된다. 일례로 억울한 재판이 없었는지 재차 살피고[審理冤獄], 궁핍한 백성을 구제했으며[賑恤窮乏], 흩어진 해골들을 매장하여 귀혼들을 위로[掩骼埋胔]했다. 아울러 도살을 금지하고[禁屠殺], 대형의 토룡을 만드는[造大土龍] 상징적인 조치도 함께 시행하게 된다.68)

이렇듯 중앙정부와 수도 부근지역을 중심으로 거행된 기우제 외에 지방차원에서 거행된 기우제에 관한 검토도 필요한데, 지방의 기우제는 기층민중의 일상생활과 더욱 밀접하게 맞닿아 실제적인 파급효과를 지닌다고 볼 수 있다. 『대당개원례』 서례序例 오례편목五禮編目의 길례 부분 가운데 지방제사와 관련된 규정에는 제43조 제주제사직諸州祭社稷, 제44조

상통하는데 인용해 보면 다음과 같다: "又行大雩, 用舞童十六人, 衣玄衣, 分八列, 執羽翳, 三獻, 樂止, 乃按舞, 歌御制雲漢詩八章, 畢, 望燎, 餘同常雩…"
68) 『通典』 卷43, 「禮3」, 吉禮2, 1203~1204쪽.

제주석전어공선부諸州釋奠於孔宣夫, 제45조 제주기사직諸州祈社稷·도제신禱諸神·영성문禜城門, 제46조 제현제리제사직諸縣諸里祭社稷, 제47조 諸縣釋奠於孔宣父, 제48조 제현기사직급제신諸縣祈社稷及諸神 등이 있다.69)

그런데 『대당개원례』의 관련규정을 상세히 고찰해 보면 제45조의 제주기사직諸州祈社稷·도제신禱諸神·영성문禜城門과 제48조의 제현기사직급제신諸縣祈社稷及諸神조가 시한기태묘時旱祈太廟·시한기태사時旱祈太社·시한기악진이하어북교時旱祈嶽鎭以下於北郊·시한취기악진해독時旱就祈嶽鎭海瀆·구우영제국문久雨禜祭國門조와 구분되어 있음을 발견할 수 있다.70) 또한 이들 제사는 제사 전에 반드시 행해야 하는 재계齋戒에 관한 규정에 있어서도 차이를 보여준다. 앞의 제사가 자사나 현령이 산재散齋는 이틀, 치재致齋는 하루만 지내는 데 반해 후자의 제사는 제관[祈官]이 직접 제사장소에서 하루 동안만 청재淸齋를 드리는 형태로 간소화되어 있다. 이런 점으로 미루어 볼 때 후자의 제사는 한재나 홍수 등 자연재해가 발생할 때에 임시적으로 거행하는 제사의례로 파악할 수 있고, 그 나머지 것만이 정기적인 지방기우제라는 점을 알 수 있다.71)

어쨌든 임시적인 것이든, 정기적인 지방제사이든 간에 제사의 준비과정과 재계 및 제사당일의 예의과정, 제문 등의 제반규정이 『대당개원례』에 모두 상세하게 기재되어 있음을 알 수 있다. 심지어는 가장 기층의 행정단위라고 할 수 있는 이里에서 행해지는 의례에 관해서도 상세한 기록이 남아있다.72) 그러나 중앙차원에서 수찬된 자료의 특성상 지방기우

69) 『開元禮纂類一』 卷第106, 「序例(上)」(『通典』, 中華書局, 1992), 2762쪽.

70) 『開元禮纂類一』, 「序例(上)」(『通典』 卷第106), 2762쪽.

71) 『開元禮纂類一』, 「吉禮十二」(『通典』 卷第120), 3071~3083쪽.

72) 『開元禮纂類一』, 「吉禮十三」(『通典』 卷第121), 3082~3083쪽.

제의 실행에 관한 내용은 거의 남아 있지 않은데, 앞 장에서 살펴본 바와 같이 다행히 당시唐詩의 내용은 우리에게 정사正史에 보이지 않는 부족한 부분을 보충해 준다.

백거이白居易는 원화 15년(820) 충주忠州자사 재임시에 쓴 「한제풍백인회 리십일사인旱祭風伯因懷李十一舍人」라는 시 한 수를 쓴 적이 있는데, 그는 심한 가뭄으로 인해 거행했던 풍백제사를 그려낸 바 있다.[73] 예전에 보이는 지 방제사체계가 당대에 있어 실제적으로 운용되었음과 국가예제 차원에서 규정되었던 기우제가 기층민의 일상생활과 긴밀하게 연계되어 있었음을 반영한다는 점에서 중요한 가치를 가진다.

앞에도 언급했지만 돈황에서 출토된 몇몇 잔권殘卷 역시 『대당개원례』 에 보이는 지방기우제체계가 이론적 차원에서 그친 것이 아니라 지방정 부에 의해 실행에 옮겨졌음을 확증해 준다. 돈황문서에 남아 있는 당대 지방기우제의 운용실태는 대략 제문祭文의 내용과 제사장소의 실재적 존 재 등을 통해 고증해 볼 수 있다. 우선 제문에 대해 들어보면 S.1725호 문서에는 기우의식과 관련있는 「제사문祭社文」·「제우사문祭雨師文」·「제풍백 문祭風伯文」 등이 남아 있다. 그런데 『대당개원례』 권제70 길례吉禮 부분에 서는 사직과 석전의 제문만 기록하고, 기우와 깊은 관련이 있는 우사와 풍 백에 관해서는〔諸州祈諸神〕 내용이 사제社祭와 동일하다〔祝文與祈社同〕는 말만 언급해 놓았다. 이에 반해 돈황에서 발견된 S.1725호 문서에는 우사와 풍 백에 대한 제문내용도 상세히 기록되어 있다.[74] 아무리 제문의 내용이 같

---

73) 시문의 내용은 다음과 같다: "遠郡雖編硿, 時祀奉朝經. 夙興祭風伯, 天氣曉瞑冥. 導騎與從 吏, 引我出東坰. 水霧重如雨, 山火高於星.…"

74) S.1725號 문서에 보이는 「祭雨師文」와 「祭風伯文」의 내용을 기록해보면 다음과 같다: 祭雨師文: "敢昭告於雨師之神, 惟神德含元氣, 道運陰陽, 百穀仰其膏澤, 三農粢以成功. 倉(蒼) 生是依, 莫不咸賴, 謹以致幣禮薺, 粢盛庶品, 恒奉舊章, 式陳明薦, 作主侑神. 敢昭告於雷神惟神

다고 하더라도 기우제를 실행에 옮길 때에는 매 제사마다 제사대상에 부
합하는 적절한 제문이 상비되어 있어야 하기 때문일 것이다.

이밖에 P.3896호 문서에는 「제후직씨문祭后稷氏文」이 보이는데 이 문서
에도 제우사문祭雨師文이 보인다. 또한 S.5745호 문서에는 천복天復 5년(905)에
당시 귀의군歸義軍절도사였던 남양 장공南陽張公의 「제풍백문祭風伯文」이 보
이는데, 귀의군 시대의 지방정권도 계속해서 당대 이래의 지방기우제체
계를 계승하고 있음을 보여준다.[75]

다음으로 돈황문서에 보이는 지방기우제의 제사장소에 대해 언급해
보겠다. P.2005호 문서에는 기우제와 직접적인 관계가 있는 잡신단雜神壇
의 위치를 알려주는 '사소잡신四所雜神'조의 내용이 보이는데, 앞서도 사례
를 든 바 있지만 위치와 형태에 대해 다음과 같이 기록하고 있다.

> 土地神. 右, 在州南一里, 立舍, 畵神主. 境內有災患不安, 因以祈焉. 不知起在何時.
> 風伯神. 右, 州西北五十步, 立舍, 畵神主. 境內風不調, 因卽祈焉. 不知起在何代.
> 雨師神. 右, 在州東二里. 立舍, 畵神主. 境內亢旱, 因卽祈焉. 不知起在何代.
> 祅神. 右, 在州東一里, 立舍, 畵神主. 總有廿龕. 其院周迴一百步.[76]

德煙元氣, 道運숲陽, 將欲雨施雲行, 先發聲而隱隱, 陰凝結, 乃震響以雄雄. 黎元是依, 莫不咸賴,
謹以致幣禮薦, 粢盛庶品, 恒奉舊章, 式陳明薦."祭風伯文: "敢昭告於風伯神, 惟神德含元氣, 體
運숲陽, 百穀仰其結實, 三農粢以成功. 蒼生是依, 莫大咸賴, 謹以致幣禮薦, 粢盛庶品, 恒奉舊章,
式陳明薦, 伏維尙饗."

75) S.5745호 문서의 정식명칭은 「天復五年歸義軍節度使南陽張公祭風伯文」으로 이 부분에
   관한 내용은 姜伯勤, 앞의 책, 3~6쪽.

76) 唐耕耦·陸宏基, 『敦煌社會經濟文獻眞蹟釋錄』「第一輯」(北京:書目文獻出版社, 1990), 12~13
   쪽 ; 李正宇, 『古本敦煌鄕土志八種箋證』(臺北:新文豐出版公司, 1997), 11쪽. 위에 보이는 沙
   州와 敦煌縣의 지방제사 제사장소 이외에도, 『沙洲圖經』 권5(P.5034)에는 당시 壽昌縣에
   설치되었던 사직단에 대해서도 언급하고 있는데, "□(一)所社稷壇, 週回各廿四步. 右在縣
   西南一里州步. 唐乾封二年(667)奉□'라는 내용이 보인다. 이처럼 『沙洲圖經』은 당시 沙州
   州城과 敦煌縣·壽昌縣 등에 설치되었던 지방 제사장소의 위치와 크기 등에 대해 자세

　주목되는 점은 위에서 인용한 「사소잡신」조의 토지신·풍백신·우사신 부분에서 "境內有災患不安", "境內風不調", "境內亢旱" 등 우발적인 재해상황을 강조하고 있는데, 이는 『대당개원례』에서 이들 제사에 대해 임시제 사용 제문만 기록하고 있는 원인을 규명해 주는 것이다.

　이처럼 돈황문서는 『대당개원례』를 위시한 국가예전의 기우제에 관한 규정이 지방차원에서도 실행에 옮겨졌음을 확증해 준다는 점에서 중요한 의의를 지닌다. 당대 기우제는 이처럼 국가예전의 일부로서 중앙과 지방에서 규정에 따라 면밀하게 운용되었던 것이다.

4. 맺음말

　동서고금을 막론하고 초기 원시사회에 있어서의 기우제祈雨祭:rain making cults는 기본적으로 샤머니즘적 요소를 가지고 있다. 은허殷墟를 중심으로 발견된 상대商代 갑골문과 선진 문헌자료들도 상고시대의 기우제가 이러한 성향을 지니고 있었음을 강하게 반영해 주고 있다. 그런데 주대에 이르게 되면 이러한 기우의식에 일련의 변화가 나타나기 시작하는데, 일부 기우제가 천天의 대행자적 권위를 지니고 있었던 주왕의 국가제사에 편입되기 시작하였다. 그 가운데서도 가장 중요한 제사가 우雩인데, 원래는

히 묘사하고 있는데, 이 중 당시 사주 사직단 가운데 성의 남쪽에 위치했던 사단은 이미 없어졌지만, 성의 서쪽에 위치했던 稷壇은 현재 사주공성 서북 1㎞ 지점에 남아있다. [李正宇, 『敦煌鄕土志八種箋證』(臺北:新文豊出版社, 1998), 86쪽]

무당들이 대오를 지어 비가 내리는 소리를 흉내내며 소리지르고, 춤과 음악을 바쳐 신이 강림하기를 기원하던 모방주술imitative magic이었던 것이 상제上帝를 제사드리는 제천의식인 교사郊祀에 포함되어 천자의 특권제사로서의 성격을 가지게 되었고, 가뭄에 관계없이 정기적으로 행해지게 되었다.

그러나 춘추전국시대 이래 국가제사 체제 자체가 동요하게 되고, 이후 유가식의 교사제도郊祀制度는 서한 말에나 다시 복구되기 때문에, 진·한 시기의 우사雩祀는 지방에서 행해지는 단순한 기우의식으로 그 지위가 추락되었다. 우사가 황제제사로서의 성격을 가지게 된 것은 남북조시대 이래 진척된 교사개혁과 관련이 깊다. 이 시기에는 황제가 친히 제사를 주도하게 되었고, 제천의식을 거행하는 제사장소인 남교에 전문제단으로서 우단雩壇이 설립되기도 했다. 북조에서는 본격적인 제사의 정기화도 이루어지는데, 이러한 개혁조치들은 국가적으로 황제의 제천의식에 대한 관심이 점차 고조됨을 반영해준다. 그러나 남북조시대의 우사는 여전히 정현鄭玄이 주장한 육천설六天說에 근거해 성신星辰으로 상징되는 오정제五精帝를 숭배하는 제사에 머물렀다.

당대는 예제의 발전에 있어 매우 중요한 시기이다. 『정관례』를 필두로 『현경례』·『개원례』 등 국가예전이 연속적으로 정리 편찬되었는데 특히 『대당개원례』는 후대왕조들에 의해 국가의례의 모범으로 받들어졌다. 예제 가운데 가장 중요시되는 길례吉禮 즉 국가제사도 대·중·소 3사祀로 나뉘어 완벽하게 정리되었는데, 천신을 숭배하는 교사제도는 조상신을 제사하는 종묘의 지위를 넘어서 전적으로 황제권력의 상징적인 배경역할을 담당하게 되었다.

또한 이론적으로도 왕숙王肅의 일천설一天說의 지위가 정현이 주장한 육천설六天說을 능가하게 됨으로써 지상신 호천상제昊天上帝가 유일한 천제로서 교사에 의해 숭배된다. 이는 현실세계 황제지위의 상승이 국가제사에 반영된 것으로 볼 수 있다. 이와 같은 국가제사의 정비에 따라 일부 기우제도 국가제사로서의 위치를 더욱 공고히 하게 되고, 정부에 의해 엄격하게 운영되었다. 우사雩祀는 대사大祀로서 지상신 호천상제를 숭배하는 교사의 일환으로 확립되고, 우사雨師와 용왕묘龍王廟제사도 소사小祀로서 자리잡게 된다. 지방에도 우사단雨師壇이 있어 기우제가 국가전역에서 공적인 제사로 엄격하게 실행되는데, 돈황에서 발견된 문서는 이러한 점을 실증해 주고 있다.

우리가 일반적으로 예제라는 것은 생각하면 우선 계층이나 연령에 기초한 사회적인 질서체계를 생각하는 것이 보통이다. 그렇다면 인류역사에 있어 보편적으로 존재해 온 기우제까지도 고대중국에 있어서는 예제의 일부로 흡수하여 엄밀하게 운용한 까닭은 무엇일까? 국가제사 체계로 대변되는 길례가 예제 가운데서도 가장 중요하게 다루어진 까닭은 무엇인가? 이러한 질문에서 우리는 예제라는 것이 단순히 지상세계의 질서의식만을 포함하는 것이 아니라는 사실을 깨달을 수 있다.

고대중국에 있어서의 예제는 바로 황제를 중심으로 한 지상의 질서에 근거해 천상세계天上世界에 까지도 질서의 기제를 확대 적용하였다. 천상세계와의 어떠한 교류도 국가가 독점하려는 의도가 숨겨져 있는 것이다. 이러한 국가의 통제와 제약을 무시하는 행위는 음사淫祀로 취급되어 가혹한 처벌을 받게 되는 것이다. 이로써 국가는 백성의 물질적 생활뿐 아니라 정신적 세계까지도 완벽히 지배하게 되며, 약간의 일탈도 방치하지 않게 된다. 이러한 보이지 않는 예禮의 기제機制는 분명 2000년 중화대제국을 유지시킨 동력 가운데 하나일 것이다.

제2장
시령과 당대 예제

1. 머리말

이 장에서는 '시의時宜'·'시금時禁'의 시간 금기의식이 고대 중국사회에 미친 영향을 예제라는 제도적 차원에서 규명해 보고, 금기의식이 지니는 구속력의 미세한 이완과정을 추적해 봄으로써 시대성의 변화와 의의를 고찰해 보고자 한다.

고대 중국사회에서는 시간 금기의식이 정치강령화 되어 통치자에 의해 계절 혹은 달마다 주기적으로 반포되어 '시령時令'* 혹은 '월령月令'이라 칭해졌다. 시령은 자연의 질서에 순응하여 천도天道를 체현한다는 이상정치를 모색하는 과정 속에 성립되었다. 전국시대를 거치며 그 시대를 풍미한 음양오행사상과 결합하면서 더욱 풍부한 내용을 갖춘 실천적 정령으로서의 특성을 강화해 왔다. 이에 "순응하는 자는 창성하고 거스르는 자는 망한다"는 사마천司馬遷의 경고[1]처럼 한대에 이르면 '상서祥瑞'와 '재

---

1) 史記太史公自序: "夫陰陽, 四時, 八位, 十二度, 二十四節, 各有敎令, 順之者昌, 逆之者不死者亡."

이災異'를 주요한 소통의 수단으로 삼는 천인감응의 세계관이 정연한 이론체계를 갖춤으로써 시령은 천도를 구현하는 정치적 수단이자 국가와 사회의 통념으로서 지위를 더욱 확고히 한다. 아울러 이렇게 통치구조의 중요한 일축을 형성하게 됨에 따라 시령서 가운데 일부가 채택되어 유가 경전에 편입되는데, 바로 『예기禮記』 월령편으로 향후에 통치의 전범으로서 영향력을 발휘하게 된다.

□* 당대의 관련사료에 의하면 현종 천보5재天寶五載에 『예기』 월령편의 명칭을 시령으로 바꾼다.〔『唐會要』, 1410~1411쪽〕 그러나 시령이라는 용어는 한대 이래 이미 광범위하게 통용되어 왔는데, 『예기』 월령의 내용가운데에 이미 [季冬之月] 天子乃與公卿大夫共施國典, 論時令'이라는 말이 보이고 『한서』 예문지에는 시령을 제목으로 하는 『음양오행시령陰陽五行時令』이라는 도서명이 보인다. 월령·시령이라는 용어 외에 시금時禁·시정時政·시칙時則·시훈時訓 등의 말도 함께 사용되었는데, 『한서』 원제기에는 "冬十一月, 詔曰: '乃者已丑, 地動, 中冬雨水, 大霧, 盜賊並起, 吏何不以時禁'에 대해 안사고는 "時禁, 爲月令所當禁斷也."〔『漢書』 卷9, 29쪽〕이라고 주석을 달았고, 또한 같은 책 「성제기成帝紀」의 "二年春, 寒, 詔曰: "… 今公卿大夫或不信陰陽, 薄而小之, 所奏請, 多違時政" 부분에 대해 이기李奇는 주에서 "時政, 月令也"라고 해석한 바 있다.〔『漢書』 卷10, 31쪽〕 하지만 '월령月令'이 주로 『예기』 월령편을 연상시키기 쉽고, 본 연구가 비교적 광범위한 정치문화적 차원에서 시간금기를 다루고 있기 때문에 '시령'을 제목으로 채택했다.

시령에 관한 초기연구는 이러한 기본적 고려에서 출발하여, 시령의 기원문제와 『주서周書』 시훈時訓, 『관자管子』 사시四時, 『여씨춘추呂氏春秋』 12기十二紀, 『회남자淮南子』 시칙時則, 『예기』 월령 등 시령서時令書들의 전승관계에 집중되었다.

시령의 기원에 대한 견해는 대략 음양오행설의 강력한 영향을 주장하는 부류와 상고기원설을 주장하는 부류로 나눌 수 있다. 전자의 예로서 호적胡適은 월령을 "이면에 종교·정치·도덕·농상어목·천문·율력·음양오행 등을 포함하고 있는 대규모의 조직적 사유체계"로 파악하고, 이러한 복합적 사유체제의 운영은 완전히 음양오행의 원리에 따른다고 주장하였다. 용조조容肇祖와 왕몽구王夢鷗의 견해도 흡사한데 그들은 월령편이 유가 정통경전인 『예기』에 편입되어 주의하지 못하고 있지만, 실제로는 전국시대 추연鄒衍의 월령이 모든 월령의 원시적 형태라고 지적했다. 『주서』월령편이나, 『소대예기小戴禮記』월령편, 『여씨춘추呂氏春秋』12월기, 『회남자』시칙편도 모두 추서鄒書의 영향하에 이루어졌다고 주장했다. 이러한 견해와는 달리 일군의 학자들은 시령이 이미 은대에 출현한 것으로 파악하고 있다. 곽말약郭沫若은 갑골문 중 간지표로 추정되는 내용 가운데 "月一日食麥"이 바로 『예기』 월령의 "孟春之月食麥與羊"에 해당되는 것으로, 향후에 내용이 풍부해지면서 후대 시령서의 내용과 흡사하게 변화해 간 것이라고 주장했다.[2]

시령의 정치적 영향력에 초점을 맞추어 새로운 차원의 연구를 개시한 것은 고힐강顧頡剛인데, 그는 서한시기에 명당례明堂禮조차 확정되지 못한 점과 서한 말기에 이르러서야 예악고제禮樂古制가 겨우 재현될 수 있었던 점 등을 들어 시령도 동한 이후에야 본격적으로 정치에 영향을 미치게 되었다고 주장했다.[3] 그러나 새로운 간독簡牘자료들이 속속 발견되면서 시령이 이미 진대秦代의 법령에까지 광범위한 영향을 미쳤고, 서한시기에는 여러 계통의 시령이 제도화되었음이 밝혀지게 되었다.[4]

또한 다양한 시령의 개별적 특성에 대한 면밀한 검토과정 중에 시령이 음양오행설 이외에도 그 내면에 여전히 주술적 사유와 제사의 전통을

---

2) 시령의 연원과 계승에 대해서는 容肇祖, 「月令的來源考」(『燕京學報』 18, 1935, 뒤에 『容肇祖集』, 齊魯書社, 1989에 수록됨), 王夢鷗, 「鄒衍遺說考」 : 「讀月令」(『國立政治大學學報』 21, 1970) : 楊寬, 「月令考」(『齊魯學報』 2, 1941) : 郭末若, 「釋干支(『甲骨文研究』) : 陳鐵凡, 「略論月令與禮記」(『孔孟學報』 第18期) : 黃沛榮, 「論周書時訓篇與禮記月令之關係」(『孔孟月刊』 17- 3) 등을 참조할 수 있음.

3) 顧頡剛, 『漢代學術史略』 第18章 「祀典的改定與月令的實行」(北京: 東方出版社), 108~109쪽.

4) 邢義田, 「月令與西漢政治-從尹灣集簿中的'以春令成戶'說起」(臺北: 『新史學』 9-1, 1998.3).

충실히 계승한 일면을 포함하고 있음도 드러나게 되었다. 즉 당시까지도 주술적 사유에 익숙했던 민들을 효율적으로 통치하기 위해 시령서時令書 자체가 원시적 금기의식이나 민간차원의 제사전통을 상당부분 흡수했다는 것이 해명되었다.[5]

그러나 이상에서 개략적으로 살펴본 바와 같이 시령에 관한 연구는 시기적으로 한대 이전에 집중되어 있고, 내용상에 있어서도 제도의 실제 운영에 미친 영향에 대한 검토는 여전히 미흡한 편이다. 가네코 슈이치金子修一가 당대의 '독시령례讀時令禮'와 '고삭례告朔禮'에 대해 면밀한 검토를 시도한 바 있지만, 정치-문화적 기제의 일부로 자리잡은 시령에 대한 집중적 토론이 아니고, 무측천 시기 명당례의 일부로 접근하고 있기 때문에 내용상에 있어서 여전히 한계를 지닌다.[6]

그렇다면 이념적으로 원시사유의 주술적 전통과 음양오행설을 계승하고 있는 시령이 중세에 이르러서는 어떻게 제도에 반영되고 현실정치에 영향력을 미쳤을까? 시령이 정치에 미치는 구속력이 한계를 드러내며 이완의 징후를 보이는 것은 언제일까? 이러한 변화가 혹시 고대적 전통의 한계를 드러냄과 동시에 전통 중화제국의 정치문화에 있어서 새로운 차원의 질적 변동을 예견하고 있는 것은 아닐까? 필자는 이러한 의문에서 출발하여 흔히 사가들에 의해 '승전계후承前啓後'의 시기로 일컬어지는 당대를 중심으로 통치강령으로서 시령의 위상과 정치제도에 대한 영향력 그리고 실질적인 운용의 차원에서 나타날 수 있는 변화양상 등을 집중적으로 토론해 보고자 한다.

---

5) 李成九, 『中國古代의 呪術的 思惟와 帝王統治』, 제4장 「時令的 支配의 지향」(一潮閣, 1997), 248~268쪽.
6) 金子修一, 「則天武后の明堂について」(『律令制-中國朝鮮の法と國家』, 東京: 汲古書院, 1986. 2).

'시령'이 보이지 않는 사회적 가치로서 뿐만 아니라 제도로서 구체화 되어 실질적인 규제력을 행사하는 부분에 접근하기 위해서는 전통중국 의 양대 규범체계라고 할 수 있는 법제와 예제에 대한 영향력을 함께 고 찰해 보는 것이 효과적인 방법일 것이다. 그러나 법제에 관한 부분은 어 느 정도 연구가 진척되었고, 필자도 이미 시령과 행형규정과의 관계를 중심으로 검토해 본 바 있기 때문에[7] 이 글에서는 예제를 중심으로 살펴 보겠다. 전술했다시피 당대 전기는 국가예제의 전개과정에 있어 매우 중 요한 시기이다. 『정관례』·『현경례』·『개원례』 등 후대에 지대한 영향을 미 치는 국가예전이 차례로 완성되었고, 이러한 이론적 체계의 정비와 발맞 추어 교사郊祀나 종묘宗廟로 대표되는 정기적인 제전祭典뿐 아니라 봉선封 禪·명당明堂 등 광세대전曠世大典들이 모습을 드러내는 시기이다. 이런 점 에서 예제를 중심으로 한 분석은 해당시기의 시대성을 부각시키는 데 있 어서도 유효한 수단이 될 것으로 사료된다.

이러한 문제를 해결하기 위해서 대략 세 방면에서 주제에 접근하고 자 한다. 첫번째로는 이론적 차원에서 당대에 편수되는 국가예전과 『어 산정예기월령御刪定禮記月令』의 출현배경을 살피고 아울러 관련내용을 비교 분석해 봄으로써 당대에 있어 시령이 경전으로서 지니는 위상과 영향력 에 대해 고찰해 보겠다. 시행의 부분에 대한 논의없이 이론적 접근만으 로 당대 시령의 실질적인 영향력 변화를 평가한다는 것은 근본적으로 불 가능하다. 이런 까닭에 두번째로는 황제면전에서 시령을 낭송하는 의식 을 거행하여 천도天道에 의거한 시령정치가 황권을 통해 구현됨을 상징적 으로 표출하는 '독시령례讀時令禮'의 전개과정에 대해 주목해 보고자 한다.

---

7) 金相範, 「時令與禁刑」(高明士主編, 『唐律與國家社會硏究』 第12章, 臺北:五南圖書出版公司, 1999.1).

세번째로는 많은 국가의례 가운데 군사퍼레이드에 해당하는 강무례講武禮를 사례로 시령정신이 예제의 시행차원에서는 직접적으로 어떤 영향을 미쳤는지, 당대 전·후기를 거치며 어떠한 변화의 양상을 보여주고 있는지 검토해 보겠다.

　물론 장기간에 걸쳐 형성된 이러한 심성적 전통의 변화는 매우 완만해서 일정한 시간을 기준으로 사멸과정을 재단한다는 것은 불가능한 일이다. 또한 변화의 양상 역시 매우 복잡하고 점진적인 것이어서 어느 한 시기를 전후로 그 모습을 확연히 드러내는 것도 아니다.

　이런 까닭에 시령의 핵심원칙이라고 할 수 있는 시의時宜·시금時禁의 규정이 무시되거나 의례의 순수성이 그 시대의 현실적인 정치목적에 이용되는 경우와 같이 미세한 단서에 대해 면밀히 주시해 보고자 한다. 이러한 징조들이 시령의 효용성, 즉 시령이 정치적으로 지니고 있던 규제력이 쇠미해지고 있음을 반영해 줄 수 있기 때문이다. 이밖에 당대 후기 지식인들의 시령관時令觀을 함께 검토하여 시령으로 대변되는 주술적 사유의 정치, 제도적 영향력의 추락곡선을 가늠해 봄으로써 또 다른 각도에서 당대의 시대성을 추정해 보는 것도 이 장의 주요한 목적이다.

2. 시령의 경전적 위상과 국가예전에 대한 영향

　본절에서는 우선 『예기』 월령편의 경전적 위상을 살펴보고 『정관례』를 중심으로 당대 초기 국가예전의 편수과정에 미친 영향을 검토해 보겠다. 아울러 『예기』 월령편과 『대당개원례大唐開元禮』·『어산정예기월령御刪定禮記月令』의 관련조목을 비교해 봄으로써 시령이 국가예전의 형성에 미친 전범적 작용을 이론적으로 검토해 보겠다.

시령時令이 당대에 편찬된 예전에 어떻게 영향을 미쳤는가에 대한 토론에 앞서 이해를 돕기 위해 월령편이 들어가 있는 『예기』, 즉 유가경전인 '예경禮經'과 '국가예전國家禮典'이 성격과 기능에 있어 어떠한 차이를 보이는지 살펴보겠다. 예경이라는 것은 유교경전으로서의 지위를 확고히 한 예서를 의미한다. 권력으로부터 이미 행위나 사고의 근거로서 공인되었기 때문에, 후대의 유가지식인들에게는 함부로 다룰 수 없는 신성한 지위를 가지게 되었다. 이러한 사실은 당대 관료들의 언설에서도 확인되는데, 개원연간에 장열張說은 "『예기』는 대성戴聖에 의해 편집되어 역대를 거치며 전습된 지 이미 1천 년에 이르렀고 경교經敎에 대해 기록한 것이므로 함부로 간삭刊削할 수 없다"[8]고 예경의 존귀한 불가침성에 대해 엄숙하게 강조한 바 있다.

『예기』의 경전적 지위와 비교해 볼 때 국가예전은 시효성과 현실성을 중시한다. 물론 국가예전 역시 기본적으로 예경을 참조하여 역대 이래 누적된 내용을 계승해 이루어진 것이다. 국가예전을 제정하는 주요한 목적은 시대적 요구를 만족시키기 위한 것으로서 동일한 조대朝代의 군주라 할지라도 현실적인 필요에 따라 예전의 내용을 수정해 왔다. 사실 예제라는 것도 시대적 환경의 변화에 따라 권력주체들에게 각기 다른 의미를 지닐 수 있기 때문이다. 그러나 『예기』는 이미 간삭이 불가능한 신성한

---

8) 『舊唐書』(北京:中華書局의 新校本) 卷102, 「列傳」 第52, 元行沖, 3178~3181쪽 ; 『新唐書』 卷200, 「列傳」 第125 儒學(下), 5690~5693쪽 ; 「禮儀一」, 81쪽 ; 劉肅撰·許德南 等點校 『大唐新語』 卷7, 「識量」(唐宋史料筆記叢刊, 北京: 中華書局, 1984), 103쪽 ; 『唐會要』 卷77, 「貢擧下」, 論經義(臺北:世界書局, 1989.4), 1410쪽.

지위를 확립했기 때문에 일반적으로 통치자들은 예전을 수보修補하는 방법을 통해 좀더 현실적으로 정권의 공적과 합법성을 현창해 온 것이다.

물론 양자간에는 내용면에도 일정한 차이를 보여준다. 예경이 국가의례 외에 가족과 개인차원의 예절과 윤리의식을 포함하는 모든 예학관련 내용이 집성되어 있는 데 비해, 국가예전은 주로 국가와 황실의 의례를 중심내용으로 삼는다.

당대에는 예경 가운데에서도 예기를 언급하는 부분이 특별히 많다는 점이 주목된다. 당대 초기에 편찬된 『오경정의五經正義』도 3례三禮 가운데 『예기』를 선택했는데, 『의례儀禮』·『주례周禮』의 지위를 누르고 예서 가운데 최고 지위를 확보하게 된다. 당대는 이처럼 예경 가운데에도 『예기』가 가장 중요한 지위를 확보하게 되는데, 『예기』의 내용중에서도 월령편은 천도天道를 체현하기 위한 정령으로서의 특성을 지니고 있기 때문에 국가의례를 중요한 내용으로 삼는 국가예전에 중대한 영향을 미치게 되는 것이다.

물론 『예기』 월령이 완성되는 시기와 당대는 이미 시대적 환경이 달라졌고 예제가 통치체제에 있어 지니는 의미도 차이를 보인다. 황제를 권력의 정점으로 삼는 고도의 관료조직이 점차 완비됨에 따라 예학 자체도 현실적인 국가권력을 구체적으로 표현하기 위해 변화를 거듭해 왔다. 이에 따라 국가예전 속에 표현된 예의의 내용 역시 점차 정밀화·체계화되는 특징을 지니게 된다.

그러나 위에서 언급한 바처럼 일단 경전적 지위가 확립되면 또 다른 차원의 생명력과 전범으로의 지위를 가지게 된다. 특히 시정월령時政月令 부분에는 천자가 매월 행해야 하는 정기적인 의례에 대해 상세한 규정이 기록되어 있어 국가제전을 주요한 내용으로 삼는 국가예전의 편수를 위해서는 참고가 불가피한 것이다.

『예기』월령편의 당대 예제에 대한 구체적인 영향력은 우선『정관례』
의 일문佚文 가운데 발견할 수 있다. 정관 11년 방현령房玄齡은 예관학사禮官
學士들과의 새로운 예전의 편찬을 위한 토론과정에 납제臘祭는 월령편에
근거하여 천종天宗만을 제사해야 한다는 의견을 개진한 바 있다. 당시에
는 납제시에 오천제五天帝 · 오인제五人帝 · 오지기五地祇를 함께 제사했는데,
이러한 제도가 고전에 부합하지 않기 때문에 월령에 의거해 개수가 필요
하다고 건의한 것이다. 손희단孫希旦은 같은『예기』에 들어 있지만 월령편
에 보이는 '납'은 주제周制를 계승한 교특생郊特牲편과는 달리 진제秦制를 계
승한 것이라고 설명했다.9) 이런 까닭에 월령편에는 "祈天宗, 祠公社 · 門
閭 · 臘先祖 · 五祀" 등의 제사가 명기되어 있지만, 교특생 편에는 팔사八蜡
의 신에 대한 제사만 기록되어 있고, 천종天宗 · 공사公社 등의 제사에 대해
서는 언급치 않고 있다는 것이다.10)

그러나 이러한 계승문제를 차치하고 그 해 계동 인일寅日에 시행된 의
례에서는 신례新禮의 규정에 따라 남교에서 백신百神에 대한 납제를 거행
하였다.11)『정관례』가 국가의례에 관한 부분에 있어서는 월령편에서 상
당부분을 참고했을 가능성을 시사해 주는 부분이다. 이러한『정관례』의
편찬과정에 보이는 것처럼『현경례』의 편수과정에도 적지 않은 영향을
미쳤을 것이다.

그러나『정관례』·『현경례』는 현재 전문이 전하지 않고 일부 방증사
료를 통해 추정해 볼 수밖에 없기 때문에, 월령편이 당대 국가예전의 편

---

9) 『예기』월령의 내용은 다만『呂氏春秋』十二紀의 내용과 중복되는데, 음양오행의 관념
   에 따라 천지만물의 움직임을 규범화하고 10월을 세수로 삼은 점〔季秋之月"合諸侯, 制百
   縣, 爲來歲受朔日"〕등으로 미루어 볼 때 월령의 구체적인 내용이 전국 말기의 진대 사
   람들에 의해 유래되었음을 증명해 준다.〔楊天宇,『禮記譯註』(上海古籍, 1992.3)〕

10) 孫希旦,『禮記集解』卷17,「月令」第6之3, 491쪽.

11) 『舊唐書』卷21,「禮儀一」, 81쪽 ;『通典』卷第44,「吉禮」3, 大臘, 1239~1240쪽.

찬에 미친 영향은 역시 『개원례』를 통해 고찰해 볼 수밖에 없다. 『대당개
원례』는 현존하는 가장 오래된 국가예전으로서 완벽한 체례를 갖춘 것으
로 평가된다. 정관·현경 2례가 상호 저촉되는 부분을 원만하게 해결했을
뿐 아니라 내용과 규모에 있어서도 더욱 상세하고 완벽하게 보강되었다.
구양수歐陽修는 "이로부터 당의 오례가 완비되어 후세에 들어서도 전범典
範으로 받들어지는데, 때때로 가감이 있었지만 이를 완전히 뛰어넘을 수
는 없다"12)고 상찬한 바 있다.

　　그런데 『대당개원례』의 편찬과정을 보면 찬수가 건의되는 시점부터
『예기』 특히 월령편을 어느 정도 염두에 두고 토론이 전개되었다. 개원
14년(726) 당시 통사사인이었던 왕암王嵒의 상주는 『개원례』 편찬의 기폭제
가 되는데, 그는 주문奏文에서 『예기』에 있어서 현실에 맞지 않는 구문舊文
들은 삭제하고, 당시의 제도적 변화를 반용해서 개정해야 한다고 주장했
다. 이 문제를 놓고 집현전 학사들이 상론을 전개하는데, 결국 장열張說이
『예기』는 "역대에 손대지 않았던 경전"13)이기에 개삭하기보다는 국가예
전을 수보해 사용하는 것이 낫다고 건의하였고, 현종은 이를 받아들여
『대당개원례』의 편찬명령을 하달하게 된다.

　　『예기』는 경전으로서의 지위를 생각해 그대로 두고, 현실에 있어서의
변화는 새로운 예전의 수찬을 통해 흡수해 보자는 것이다. 당시 현종은
집권 초기의 위기를 극복하고 안정된 권력기반을 확립하게 되면서 국가
의례의 시행에 적극적인 관심을 갖기 시작한다. 이 점을 감안한다면 왕암
의 개정요구는 『예기』 가운데에서도 의례와 긴밀한 연관을 지니고 있는
월령편에 집중되었을 것이다. 이러한 추정은 현종 천보5재(746)에 출현하게

---

12) 『新唐書』, 「禮樂志」, 309쪽.
13) 『舊唐書』, 「禮儀志一」, 818~881쪽.

되는『어간정예기월령御刊定禮記月令』을 통해서도 재확인할 수 있다.14) 현종
은 일부학자들의 건의를 수용해 결국 역대 '불간지서不刊之書'로 추존된『
예기』월령편의 개수를 주도하였고, 현실에 맞추어 월령의 내용을 변경
시킴과 아울러 원래 제5권[6편]에 있던 월령을 '시령時令'이라 칭하고『예기』
의 첫머리[제1권]에 배치하였다.15)

월령이 당시에 있어 얼마나 중시되었는지 여실히 반영해 주는 것으
로서『개원례』라는 국가의례의 찬수에 있어서도 전범으로 작용했을 가능
성을 강력히 시사해 준다. 어쨌든 현종은 새로운 국가예전의 편찬에 만
족하지 않고 경전인『예기』자체에 손을 댄 것이다. 이를 통해 황제의 권
력을 가장 직접적으로 표출하는 국가의례가 현실적 상황을 반영하여 상
징적 기능을 극대화할 수 있는 조건을 확립하려 했던 것이다.

월령편을 예기의 첫부분에 전진 배치한 것도 전체적인 예기 개삭작
업의 중심에 월령이 있음을 시사해 주는 것이고 그만큼 국가의례의 기능
적 측면을 중시했음을 반영해 주는 것이다. 물론 지금까지 권력의 기준
으로서 사용했던 유교경전을 황제의 의지로 개정까지 단행했다는 점은
수당제국 성립 이후 강화되기 시작한 황제권력이 절정에 이르렀음을 반
영해 준다. 하지만 장기지속적인 관점에서 보면『예기』월령편이 담고 있
는 고전적인 시금時禁・시의時宜의 기능이 현실권력에 의해 훼손되어 영향
력의 한계를 보여주었다는 점에서 미세한 시대적 변화를 예시하고 있다
고 볼 수 있겠다.

---

14) 『御刊定禮記月令』은 개성연간(836~840)에 石經에 새겨져 보존되었다. 본문은『景刊開
成石經』(北京:中華書局) 第2冊을 참조하였다. 당대『御刊定禮記月令』의 출현과 그 의의 에
대해서는 金正植이『唐 玄宗朝(禮記)月令의 改定과 그 性格』(성균관대학교 대학원 사학
과 석사논문, 2003)에서 상세히 토론한 바 있다.
15) 『舊唐書』卷5, 「玄宗本紀(下)」, 219쪽 ;『唐會要』卷75, 「明經」, 1374쪽.

이는 국가전례의 시행과 관련된 월령과 『개원례』·『어간정예기월령』 등의 내용을 직접적으로 비교해 봄으로써 더욱 명확하게 드러나는데, 정기적인 의례를 중심으로 삼자가 관련된 국가제전을 비교하여 표로 작성해 보면 다음과 같다.

	『예기』 월령에 보이는 국가제전	『대당개원례』에 보이는 국가제전	『어간정예기월령』에 보이는 국가제전
正月 (孟春)	立春迎春於東郊. 元日祈穀於上帝. 元辰, 天子親載耒耜. 祀山林川澤.	〔吉〕立春祀靑帝於東郊. 〔吉〕正月上辛祈穀於圜丘. 〔吉〕亥享先農·耕藉. 〔嘉〕皇帝於明堂(太極殿)讀春令. 〔吉〕立春後丑日祀風師於國城東北. 〔吉〕迎氣日祭五嶽·四鎭·四海·四瀆. 〔吉〕時享太廟.	立春迎春於東郊(祀靑帝).¹⁾ 元日祈穀於上帝.²⁾ 元辰, 天子親載耒耜, 躬耕藉田. 立春後, 祭風師 祀嶽·鎭·海·瀆.
二月 (仲春)	上丁, 行釋菜之禮. 擇元日, 命民社. 以太牢祠於高禖. 開啓水窖, 獻於寢廟.	〔吉〕上丁, 釋奠於太學(孔宣夫). 〔吉〕釋奠於齊太公. 〔吉〕春分朝日於東郊. 〔吉〕仲春之月享先代帝王. 〔吉〕仲春興慶宮祭五龍壇. 〔軍〕仲春祀馬祖.	上丁, 釋奠於國學(孔宣夫). 上戊, 釋奠於太公廟(齊太公). 春分之日, 朝日於東郊. 擇元日, 命人社. 以太牢祠於高禖. 祭馬祖.
三月 (季春)	天子后妃親自采桑. 天子祈求春麥結實於寢廟. 行禓祭.	〔吉〕皇后季春吉巳享先蠶·親桑.	后妃齊戒, 享先蠶而躬桑以觀蠶事. 國儺, 九門磔攘.
四月 (孟夏)	迎夏於南郊. 新麥獻於寢廟. 天子飮酎.	〔吉〕立夏祀赤帝於南郊. 〔吉〕孟夏雩祀於圜丘. 〔嘉〕皇帝於明堂(太極殿)讀夏令. 〔吉〕立夏後申日祀雨師於國城南. 〔吉〕迎氣日祭五嶽·四鎭·四海·四瀆. 〔吉〕時享太廟(五年一禘).	立夏迎夏於南郊.(祀赤帝)³⁾ (孟夏)大雩帝. 祀雨師 祭山川, 古之鄕士有益於人者. 新麥獻於寢廟. 天子飮酎.

月			
五月 (仲夏)	祈山川百源·大雩帝. 新收的黍獻於寢廟.	〔吉〕夏至日祭皇地祇方丘. 〔吉〕上戊祭太社·太稷. 〔軍〕仲夏祀先牧.	(夏至)祀皇地祇於方丘. 祭先牧.
六月 (季夏)	祭祀皇天上帝·名山大川·四方之神及宗廟·社稷之犧牲·祭品及禮服等.	〔吉〕季夏土王日祀黃帝於南郊. 〔嘉〕季夏土王日讀季夏令. 〔吉〕薦新於太廟·季夏中霤於太廟.	祀黃帝於南郊. 祀中霤.
七月 (孟秋)	立春, 迎秋於西郊. 新收的穀類獻於寢廟.	〔吉〕立秋祀白帝於西郊. 〔嘉〕皇帝於明堂(太極殿)讀秋令. 〔吉〕立秋後辰日祀靈星於國城東南. 〔吉〕迎氣日祭五嶽·四鎮·四海·四瀆. 〔吉〕時享太廟.	立秋迎秋於西郊(祀白帝).4) 天子嘗新, 先薦寢廟.
八月 (仲秋)	行養老禮. 享寢廟.	〔吉〕上丁, 釋奠於太學(孔宣夫). 〔吉〕釋奠於齊太公. 〔吉〕上戊祭太社·太稷. 〔嘉〕皇帝親養三老五更於太學. 〔吉〕秋分夕月於西郊. 〔軍〕中秋祭馬社.	上丁, 釋奠於國學(孔宣夫). 上戊, 釋奠於太公廟(齊太公). 擇元日, 命人社. 養衰老, 授几杖. 祀夕月於西郊. 享壽星於南郊. 祭馬社. 天子嘗麻, 先薦寢廟. 天子乃儺, 以達秋氣.
九月 (季秋)	大饗帝. 頒布來年朔日. 享寢廟. 天子田獵. 祭四方之神.	〔吉〕季秋大享於明堂.	大享帝於明堂. 天子嘗稻, 先薦寢廟.
十月 (孟冬)	立冬, 迎春於北郊. 天子祈來年於天宗,祈於公社及門閭, 臘先祖五祀. 講武. 大飮蒸.	〔吉〕立冬祀黑帝於北郊. 〔吉〕孟冬祭神州於北郊. 〔吉〕孟冬祭司寒·納水開水附. 〔吉〕立冬後亥日祀司中·司命·司人·司祿於國城西北. 〔嘉〕皇帝於明堂(太極殿)讀冬令. 〔吉〕迎氣日祭五嶽·四鎮·四海·四瀆. 〔吉〕時享太廟(三年一祫).	立冬迎冬於北郊(祀黑帝).5) 祀神州地祇於北郊. 祭司寒. 祭司中·司命·司人·司祿. 大飮蒸.
十一月 (仲冬)	命有司祈四海·大川·名源·淵澤·井泉.	〔軍〕皇帝講武. 〔禮〕皇帝田狩之禮. 〔軍〕仲冬祭馬步.	祀四海, 大川, 名源, 井泉. 祀昊天上帝, 社稷丘 祭馬步

十二月 (季冬)	祭山川之神·先帝·大臣及 天地神祇. 享寢廟. 大儺. 論時令.	[吉]冬至祀圜丘. [吉]臘日, 蜡百神於南郊. [吉]時享太廟. [軍]大儺.	講武 敎田獵以習五戎. 爲來年祈福於天宗 蜡百神於南郊. 大儺以送寒氣. 論時令.

※『개원례』에 보이는 제전 가운데 앞에 [吉]이 붙은 것은 吉禮, [嘉]가 붙은 것은 嘉禮, [軍]이
붙은 것은 軍禮에 속함을 나타낸다.
1) "立春迎春於東郊" 의례에 있어서 방위신 靑帝에 대한 제사가 의례의 핵심이다. 『禮記正義』에
도 迎春에 대해 "祭倉[蒼]帝靈威仰於東郊之兆也"라고 주를 달고 있다.[『禮記注疏』 卷第14 :
『禮記正義』, 535쪽 참조]
2) "元日祈穀於上帝"는 上辛日의 郊祀를 의미한다. 『禮記正義』에서도『春秋左傳』의 "夫郊祀后稷
以祈農事. 是故啓蟄而郊, 郊而後耕"을 인용해 "謂以上辛, 郊祭天也"라고 주를 달고 있다.[『禮記
注疏』 卷第14 : 『禮記正義』, 539쪽 참조]
3) "立夏迎夏於南郊"의 '迎夏'에 대해서도 『禮記正義』는 "祭赤帝赤熛怒於南郊之兆也"라고 언급하
고 있다.[『禮記注疏』 卷第15 : 『禮記正義』, 577쪽 참조]
4) "立秋迎秋於西郊"의 '迎秋'에 대해 『禮記正義』는 "祭白帝白招拒於西郊之兆也"라고 언급하고 있
다.[『禮記注疏』 卷第16 : 『禮記正義』, 609쪽 참조]
5) 『禮記正義』는 '迎冬'에 대해서도 "祭黑帝葉光紀於北郊之兆也"라고 언급하고 있는데, 祭黑帝
의식이 迎冬儀禮의 주행사임을 반영해 준다.[『禮記注疏』 卷第16 : 『禮記正義』, 609쪽 참조]

위의 세 책에 보이는 국가제전國家祭典을 비교해 보면 기본적으로 일
맥상통함을 발견할 수 있는데, 이는 당대에 편수되거나 개삭된 내용이
기본적으로 『예기』 월령편을 골격으로 삼고 있음을 반영해 주는 것이다.
다만 『대당개원례』는 국가예전의 특성상 시대적인 변화와 시행의 측면을
충분히 고려해 정밀하고 실용적으로 설계되었음을 감지할 수 있다. 현종
의 명령에 의해 불간지서不刊之書인 『예기』 월령편을 개정한 『어간정예기
월령御刊定禮記月令』은 『예기』 월령과 『대당개원례』의 전례를 혼용한 느낌을
갖게 하는데, 제사를 올리는 시간규정은 『대당개원례』와 유사하다.
　　이러한 이유와 그 의의에 대해 살피기 위해 잠시 『어간정예기월령』이
『예기』 월령편의 내용을 어떻게 개정했는가 하는 문제를 고찰하여 보겠

다. 이임보李林甫는 『어간정예기월령』의 서문에서 "월령은 『여씨춘추呂氏春秋』를 차용한 것인데 『여씨춘추』는 맹춘孟春의 태양위치를 영실營室에 고정시켰다. 이것은 천기天氣도 변한다는 사실을 전혀 반영하지 못한 것이다"라고 개정의 변을 밝혀놓았다. 시령은 천도를 체현하는 강령이기 때문에 그 근거가 되는 천문의 변화를 명확하게 드러내야 하는 것인데도 불구하고 『예기』 월령편은 이러한 천문학적 성과를 전혀 반영하고 있지 못하다는 것이다.

이 점은 두 책의 내용을 직접적으로 비교해 보면 더욱 명확히 드러난다. 두 책은 대략 세 방면에 있어서 차이를 보인다. 첫번째로는 삼공三公이 공경公卿으로, 재축宰祝이 유사有司로, 단旦이 효曉 등으로 개정되는 데 보이듯이, 관직이나 시각을 표현하는 말들이 당대의 제도와 현실에 부합하는 적절한 용어로 변경된다는 점이 주목된다. 두번째로는 천문관련 기록이 두드러지게 세밀해진다는 점이 눈길을 끈다. 내용 중에 두건斗建의 위치, 매월 중기中氣 때 태양의 위치 등이 추가되었다. 또한 계절의 변화에 맞게 발생하는 자연적인 현상을 표현하는 물후物候도 24절기를 중심으로 매 5일마다 상세히 기록하고 있다. 이 점은 당대 천문학의 급속한 발전을 반영하고 있는 것으로 볼 수 있다. 세번째로는 『예기』 월령편에 비해 국가제전에 관한 규정도 차등을 두어 세밀하게 기록하고 있다는 점이 주목된다. 가령 2월의 '상정석전어국학上丁釋奠於國學'의 후반부에는 천자가 공경·제후·대부를 거느리고 친히 주재한다는 내용이 추가되어 있다. 석전례라도 국학에서 거행되는 것은 황제가 직접 참관한다는 점을 확실히 밝히고 있는 것이다.

지금까지 살펴본 세 책의 차이점을 종합해 보면 국가제전의 운용에 있어서 천문학의 진전과 현실권력의 변화를 면밀하게 반영하는 추세로 변화되고 있음을 발견할 수 있다. 이는 기본적으로 시령의 현실화를 통해 국가의례가 지니는 상징성을 더욱 강화함으로써 의례의 기능성을 좀더 제고해 보겠다는 시도인 것이다. 시령이 추구하고 있는 시의時宜·시금時禁의 정신은 여전히 당대 예전의 편찬에 있어서는 중요한 기제로 영향을 미치고 있는 것이다.

그러나 이론적 차원에서의 계승을 확인하는 작업만으로는 당대에 있어 시령의 위상과 시령에 대한 진정한 태도 그리고 시령의 실질적 규제력 등을 파악하는 데 한계가 있다. 다음 장에서는 황제 자신이 천도天道를 상징하는 시령정신에 의거해 지상세계를 통치하는 덕치자임을 과시하는 독시령례가 당대에 어떻게 시행되는가? 의례의 순수성이 얼마나 지켜지고 있는가 등 실행차원의 문제에 대해 접근해 보도록 하겠다.

3. 시령정치의 상징 '독시령례'의 전개

독시령례讀時令禮는 예관이 시령서(월령)를 천자에게 봉독해 주는 의례로서 『대당개원례』의 규정에 의하면 1년에 5차례에 걸쳐 각각 명당과 태극전에서 거행된다.[16] 의식 자체만을 염두에 둔다면, 독령讀令의 대상 즉 청중은 의례에 참가하는 천자와 황족 그리고 고급관료군으로 제한된다. 의식의 목적 역시 천자와 관료군으로 하여금 순시의행順時宜行해야 하는

---

16) 『通典』, 「開元禮纂類十九」 嘉禮三, 3172~3182쪽.

시정강령時政綱令 즉 시령의 내용을 숙지시키는 의식이라고 규정할 수 있을 것이다.

그러나 천자는 이를 통해 자신의 통치가 계절이 순환하는 자연질서에 순응하여 천도를 구현하는 행위임을 다양한 경로를 통해 백성들에게 알릴 수 있게 된다. 의례의 시행 자체가 권력의 합법성을 재확인 해줄 뿐 아니라, 천도와의 연계를 통해 더욱 신성해진 황권을 대사면이나 조세감면 등의 상징적인 조치를 통해 백성들에게 전달하게 되는 것이다. 자연질서에 순응하여 정치를 구현한다는 의례의 순수성을 넘어 의례로서의 강한 정치적 상징성을 내포하고 있는 것이다.

'독시령讀時令'이라는 단어와 관련된 예의규정이 명확하게 나타나기 시작하는 것은 동한시대에 이르러서이다.17) 두우杜佑도 "독시령례는 고대의 제전이 아니다. 동한 때부터 시작되어 후대에 계승되었다고 기록한 바 있다.18) 그러나 위진남북조에서 수대에 이르는 시기에도 때로는 독사오시령讀四五時令이 출현하고, 때로는 독춘동령讀春冬令만 언급되는 것으로 보아 일률적인 의례규정이 존재했던 것은 아닌 것 같다.

당대에 있어서 첫번째로 독시령례가 출현하는 것은 당 태종 정관 14년(640)의 일로서 『구당서』에는 "[태종]이 유사로 하여금 춘령春令을 봉독케 하고, 백관의 장들을 불러 태극전에 올라 열을 지어 앉게 하고는 이를

---

17) 『後漢書』, 「禮儀志」 참조. 이 부분에 대한 논문으로는 王夢鷗, 「讀月令」(『國立政治大學學報』 第21期).

18) "讀時令, 非古制也. 自東漢始焉. 其後因而治襲."(『通典』 卷第70, 1426쪽 ; 『唐會要』 卷26, 讀時令條]의 내용에 의거하면, 무측천 장안 4년에 최융崔融은 표를 올려 讀時令禮의 철폐를 주장하면서 "讀時令禮라는 것이 위진 이래 창제되어, 매해 입춘·입하·대서·입추·입동에 5시령을 강독한다[魏晉以來, 創有此禮, 每歲立春·立夏·大暑·立秋·立冬常讀五時令]"고 언급한 바 있지만, 『후한서』 예의지에 이미 상세한 관련규정과 실질적인 운용정황이 나타나기 시작한다.

듣게 했다"는 기사가 보인다19). 정관 11년(637)에 방현령房玄齡과 예관학사禮官學士들이 『정관례』를 편찬하는 과정 중에 북주·수조의 예전에 결여되었던 '사맹월독시령四孟月讀時令'·'황태자입학皇太子入學'·'농극강무農隙講武' 등 29개 항목을 추가로 보충했다20)는 내용이 출현하는 점으로 미루어 볼 때 정관 14년에 거행된 독시령례는 『정관례』의 이론적인 기초 아래 시행되었음을 알 수 있다.21)

당대에 있어 독시령례가 가장 집중적으로 시행된 것은 무측천 시기로 명확한 관련기사가 출현하는 것은 명당이 중건되는 만세통천 2년(696)의 일이다. 그 내용을 열거해 보면 다음과 같다.

> 천책만세天冊萬歲 2년(696) 3월에 명당이 재건되었는데, 통천궁通天宮이라 칭했다. 4월 1일에는 친향지례親享之禮를 행하고 이를 기념해 대사면령을 공포했으며, 만세통천으로 개원했다. 다음날 무측천은 통천궁의 단의전端扆殿에 행차했고, 유사에게 군후群后 앞에서 독시령讀時令하고 포정布政할 것을 명했다.22)

무측천 시기 독시령례의 거행 횟수와 정황에 대해 살펴보기 위해 위

---

19) 『舊唐書』, 「禮儀四」, 914쪽: "〔太宗〕命, 有司讀春令, 詔百官之長, 升太極殿列坐而聽之."
20) 『舊唐書』, 「禮儀一」, 817쪽.
21) 이밖에 『通典』에는 "大唐貞觀十一年, 復修四時讀令"이라는 내용이 언급되고 있지만, 『冊府元龜』·『舊唐書』·『新唐書』·『玉海』 등에는 다만 정관 14년의 사례만 언급되어 있다. 金子修一도 이 부분에 대해서 杜佑가 정관 14년의 사실을 잘못 기록한 것으로 판단하고 있다.〔金子修一, 「則天武后の明堂について」(『律令制·中國朝鮮の法と國家』, 東京: 汲古書院, 1986.2), 375쪽〕
22) 『舊唐書』, 「禮儀二」, 867쪽: "自陛下御極, 創建明堂, 舊本缺本, 莫不補輯, 每至元日, 受朝布政, 因以時令之禮, 附於元日行之. 今布政等禮以停, 不合更讀時令, 所司因循, 去年元日尚讀, 有怪古典, 事須停廢. …"

의 예문 외에 698년 벽려인서[辟閭仁諝]가 명당에서 고삭례[告朔禮]를 실시하는 것에 반대해 올린 상주문과 704년에 사례소경 최융[崔融]이 독시령례의 정지를 건의한 주문의 내용은 참조할 가치가 있다. 사실 『신·구당서』 본기를 위시한 기타 대부분의 자료에는 명당의례를 황제의 친향을 중심으로 기록하고 있어 대부분 독시령례의 시행이 생략되어 왔다.

먼저 벽려[辟閭]의 상주문에는 "올해(698) 첫날에 통천궁에서 조례를 받고 시령을 읽은 뒤 정사를 선포했는데"[23]라고 언급하고 있는데, 명당의례가 친향 이후에 신년조례-독시령-포정[布政] 순으로 연속적으로 거행된 것임을 밝혀주었다.

두번째로 704년 최융의 상주문에는 "폐하가 등극한 후 명당을 창건하시고, … 매해 초하루가 되면 수조포정[受朝布政]한 뒤 독시령례를 거행하였다"고 기록되어 있다. 이것은 독시령례가 장안 4년 장간지[張柬之] 등이 우림군[羽林軍]을 거느리고 장창지[張昌之]·창종[昌宗] 형제를 주살하여 무측천 정권의 통치에 종지부를 찍기 한 해 전까지도 지속적으로 시행되었음을 보여주는 것이다. 만약 우리가 좀더 대담하게 가정한다면 위의 상주문에서 명당을 주목할 필요가 있는데, 여기에서 가리키는 명당은 위의 예문에 등장하는 '통천궁[通天宮]'이 아니라 옛날의 명당이었던 '만상신궁[萬象神宮]'일 가능성이 높다.

만상신궁은 무측천이 국호를 바꾸고 정식으로 즉위하기 2년 전인 수공 4년(688) 11월에 완공되었다. 다음해인 영창 원년(689)의 사료에는 "정월 초하루에 처음으로 명당[萬象神宮]에서 친향하고, 대사면령을 선포했으며 개원을 단행하였다. 같은 달 4일에는 명당[明堂]에서 포정한 뒤 구조[九條]를

---

23) "… 今每歲首元日於通天宮受朝, 讀時令, 布政事…"[『舊唐書』, 「禮儀二」, 868~869쪽]

반포하여 백관을 훈계하였다[24)"]는 내용이 출현한다. 비록 여기에서는 독령讀令의 사실을 직접적으로 언급하고 있지는 않지만 매년 정월에 명당에서 친향親享-수조하受朝賀-독시령례讀時令禮 등 일련의 의례를 연속적으로 거행되었던 사실을 알 수 있다. 이를 최융의 상주문과 함께 참작하여 보면 무측천은 689년 혹은 정식으로 즉위하여 690년부터 704년까지 대략 15년간에 걸쳐 계속해서 독시령례를 거행했음을 추정하여 볼 수 있다.[25)]

무측천이 이처럼 독시령례의 거행을 고수한 것은, 당연히 독시령례에 내재된 고도의 정치적 상징성을 이용하기 위함이다. 앞에서 언급했다시피 명당 자체가 천의天意에 순응하는 이상적인 통치를 상징하고 있다. 천자가 이곳에서 독시령의 의식을 거행한다는 것은 바로 자연질서의 변화에 따라 경전에 나타나는 시정강령에 의거해 천인합일天人合一의 이상통치를 시행한다는 것을 의미한다. 여성의 신분으로 대당제국의 황권을 탈취한 무측천에게 있어서는 정권을 비호하기 위한 무력수단 외에도 당연히 이러한 의례적 행위의 도움이 절실했던 것이다.

위의 예문에서 독시령례를 시행한 뒤 '포정어군후布政於群后'했던 사실도 이러한 측면에서 재고하면 쉽게 이해할 수 있을 것이다. 새로운 명당에서 거행하는 독시령례에서 그녀가 포정례를 군신들이 아닌 군후群后들 앞에서 거행한 것인데, 사실 재초載初 원년(690) 즉 국호를 주周로 고치고 정식 즉위하는 중요한 시점에도 그녀는 이미 포정례를 동일하게 군후들

---

24) "永昌元年正月元日, 始親享明堂(萬象神宮), 大赦改元. 其月四日, 御明堂仿政, 頒九條以訓於百官.…"(『舊唐書』, 「禮儀二」, 864쪽)

25) 金子修一도 무후가 매년 정월에 명당에서 親享-受朝賀-讀時令禮 등 일련의 의례를 시행했지만, 대부분의 사료에서는 그 가운데 친향을 중심으로 기록했다는 점을 지적한 바 있다.[앞의 책, 375~376쪽]

앞에서 거행한 바 있다.

무측천은 이미 고종 건봉 원년(666)의 봉선전례封禪典禮에서 사수산社首山에서 거행하는 선례禪禮는 음기를 상징하는 황지기皇地祇를 제사하기 때문에 아헌과 종헌은 당연히 여성이 주재해야 한다고 주장하였고, 고종의 양해 아래 이 의례를 주관한 바 있다. 마음 같아서는 직접 초헌관이 되어 선례를 주도하고 싶었겠지만, 당시까지만 해도 국가의례에 여성이 참가한 사례가 없었기 때문에 참여 자체에 만족했을는지도 모르겠다.

어쨌든 향후 무측천은 정권의 정당성을 강화하기 위해 역대 그 어느 황제보다도 적극적으로 의례를 빈번하게 이용하게 되는데, 선천적으로 결여된 통치권위를 정당화하기 위해 가능한 의례와 상징적인 행위를 총동원하는 느낌마저 준다. 앞에서도 언급했지만 우선 수공 4년(688) 5월에는 낙수洛水에서 자신의 등극을 예견하는 서석瑞石이 발견된 것에 감사하기 위해 남교에서 천자만이 드릴 자격이 있는 제천의식을 거행했다. 또한 다음해(689) 정월에는 명당에서 대제사를 거행했다. 또다시 초헌의 신분으로 호천상제를 위시한 제신들께 제사를 올렸는데, 황제와 황태자는 오히려 아헌과 종헌을 담당함으로써 자신이 이미 실권자임을 만천하에 과시했다.

정식으로 즉위한 뒤에는 황실 조상신들을 섬기기 위해 무씨칠묘武氏七廟를 신도神都 낙양에 세웠고, 사직社稷 또한 낙양으로 옮겨왔다. 건봉봉선에서 선례에 아헌관으로 참석했던 것이 못내 아쉬웠는지, 만세통천 원년(696)에는 마침내 숭산嵩山에서 직접 봉선대례를 거행하였다.26) 무측천은 국가의례를 거행할 때마다 주밀한 계획에 따라 다양한 계층의 관중들을

---

26) 졸고, 「唐 前期 封禪儀禮의 展開와 그 意義」(『역사문화연구』 제17집, 韓國外大歷史文化研究所, 2002.12), 51~57쪽.

불러모음으로써 의례의 효과를 더욱 극대화시키기도 했다. 여성관중들
도 수차례에 걸쳐 초청했는데, 유교의례의 남성적 성격을 희석시키기 위
한 기도로 파악된다. 첫번째 명당이 완성되었을 때에도, 무측천은 여러
주의 부로들 외에 동도의 부인들을 초청해 만상신궁萬象神宮을 참관케 한
바 있다.27) 무측천이 포정례를 군후들 앞에서 시행한 것도 이러한 맥락에
서 이해할 수 있는데, 여성통치자가 정권을 장악한 사실이 결국 전례를
통해 공식적으로 반영된 것이다.

이러한 사실들을 종합적으로 고려해 보면 무측천이 즉위한 뒤 무려
15년간에 걸쳐 독시령례를 거행한 것은 기본적으로 강렬한 정치적 목적
에서 연유했음을 알 수 있다. 물론 수대 이래 통일제국의 성립과 함께
차차 예전이 정비되고, 사회의 안정과 황권의 신장을 반영하듯 각종 의
례가 직접적으로 출현하게 된 시대적인 특징도 독시령례의 출현에 어느
정도 영향을 미쳤다고 볼 수 있다.

무주武周 장안 4년(704) 이래 중단되었던 독시령례가 다시 출현하는 것
은 개원 26년(738)의 일이다. 한해 전인 개원 25년 현종은 매년 입춘에는
'영춘어동교迎春於東郊'의 의례를 거행하고, 매 계절의 맹월孟月 초하루에는
독사시령의 의식을 거행하겠다는 조령을 선포한 바 있다.28)* 현종은 다음
해 정월 우선 동교에 가서 춘기春氣를 맞는 의례를 친히 거행하였고, 산수
滻水 동남 변에 새로이 마련된 청제단靑帝壇에서 동방의 신 청제靑帝에 대한
제사를 올렸다. 사료에는 이때 상서祥瑞를 의미하는 서설瑞雪이 내렸다고
한다.29)

---

27) 『舊唐書』, 「禮儀二」, 864쪽.

28) "[開元二十五年]十月一日制, 自今以後, 每年立春之日, 朕當帥公卿親迎春於東郊, 其後夏及秋,
冬, 當孟月朔, 於正殿讀時令, 禮官卽修撰儀注, 旣爲常式, 乃是常禮, 務從省使, 無使勞煩也."[『文
獻通考』卷78, 郊祀11, 「祀五帝」]

□* 현종은 즉위 초에 무측천 이후 여성 참정자들에 의해 왜곡된 의례를 철폐하고 당대 전기의 의례규정을 회복하였다. 태평공주 간정干政의 직접적인 영향을 경험했던 현종은 실권을 장악한 후 정상적인 국가경영을 위해 치력을 다하면서, 한편으로는 무주시대 이래의 어두운 그림자를 제거하기 심혈을 기울이게 된다. 개원 5년(717) 4월 우선적으로 무측천이 황제에 등극하기 위해 이용했던 '배락수도단拜洛水圖壇'을 철폐했고, 같은 해 7월에는 무주정권을 상징하는 건축물인 명당(通天宮)을 건원전乾元殿으로 개명했다. 계추대향季秋大享 의식도 명당이 아니라 전처럼 원구에서 거행할 것을 명령했다.

점차 황권이 공고해지고 후세에 칭송되는 개원성세에 진입하면서, 현종의 통치 풍격에도 점차 변화가 발생하는데 의례의 시행에도 적극적인 자세를 표방하게 된다. 개원 11년(723) 2월, 현종은 장열張說의 건의를 받아들여 분음汾陰을 방문하여, 오랫동안 폐지되었던 후토后土제사를 주재하였다. 같은 해 11월에는 즉위 이래 처음으로 남교에서 호천상제에 대한 제사를 친히 시행하였다. 다음해인 개원 13년에는 태산에서 '고천성공告天成功'하는 봉선대전을 거행하였고, 개원17년에는 연속적으로 선왕들의 능을 순행했으며, 개원 19년과 23년에는 친경의례親耕儀禮를 주재했다.[30]

같은 해 4월에는 선정전宣政殿에서 독시령례를 거행했는데, 태상경 위도韋縚가 독령讀令을 인도하였고, 군신백료들은 열지어 앉아서 이를 경청했다. 의례를 마친 뒤에는 "사형과 유형이하의 죄는 용서한다"는 대사면령을 선포했고, 또한 위도에게 매월마다 당해 월의 월령을 상진上進하고, 매 계절의 맹월마다 선정전에서 독시령례를 거행하라는 명령을 내렸다. 그러나 그해 연말에 이르렀을 때 현종은 돌연 독시령례의 정지를 명하게 된다.[31]

숙종肅宗 건원 원년(758) 12월 당조 사상 최후의 독시령례가 거행되었다. 태상경 우휴열于休烈이 시령을 강독했고, 황제와 상참관 5품 이상의 관원들

---

29) 『舊唐書』, 「禮儀四」, 913~14쪽.

30) 이 부분과 관련된 내용은 Howard J. Wechsler, *Offerings Jade and Silk: Ritual and Symbol in the Legitimation of the Tang Dynasty*(Yale Univ. 1985)와 金子修一, 「唐代皇帝祭祀の親祭と有司攝事」(『東洋史研究』 47-2, 1988.9, 京都大學東洋史研究會)를 참고.

31) 『舊唐書』, 「玄宗本紀」, 209쪽 : 『新唐書』, 「玄宗本紀」, 140쪽.

이 선정전에서 이를 경청했다.[32] 잘 알다시피 이 때는 안사의 난이 완전히 평정되지 못해 정국이 극도로 불안했던 시기였다. 하지만 숙종은 지덕2 재至德二載(757)에 회흘군回紇軍과 함께 장안과 낙양을 수복하자 일련의 적극적인 조치를 통해 국가제전의 회복에 치력을 다했다. 건원 원년 우선적으로 난중에 소실되었던 태묘를 중건하고 친히 제사를 주재했으며, 원구단圜丘壇에서도 제천의례를 거행한 뒤 대사면령을 공포했다. 또한 6월에는 남교의 원구단 옆에 태일신단太一神壇을 새롭게 건립했고, 그해 12월에는 마침내 선정전에서 독시령례를 거행했다.[33] 정권이 극도로 취약했던 위기상황 속에서, 숙종은 오히려 제사의례의 실행에 강력한 의지를 천명하고 이들 의례를 친히 주도했던 것이다. 황제와 중앙정부의 권위를 되찾기 위해 예제를 적극적으로 이용한 것으로 볼 수 있는데, 이를 통해 지방 세력들을 다시 규합함으로써 반군세력에 대처하려 했던 의도가 내포되어 있다.

이밖에 대종代宗 보응 원년(762)과 덕종 정원貞元 6년(790), 문종 태화太和 8년(834)에도 각각 매년 사맹월 영기지일迎氣之日에 독시령례를 행하겠다는 조령이 공포된 바 있다. 그러나 이후 실행을 확증하는 관련기사가 출현하지 않고 태화 8년에 중서문하에서 올린 상주문에도 "천보연간 이후에 성전이 오랫동안 폐지되어 왔다"라는 내용이 출현하는 것으로 보아 결국 실행에 옮겨지지는 못했던 것으로 추정된다. 태화 8년의 경우에도 비록 태상시에게 의주儀註를 찬수하라고 명령했지만, 관련사료를 살펴볼 때 역

---

32) 『舊唐書』, 「禮儀四」, 914쪽 : 『唐會要』, 492쪽에 보이는 내용과 『책부원구』의 내용은 약간의 차이를 보이는데, 『책부원구』는 于休烈의 관직을 太常少卿으로, 讀時令禮를 거행하던 宣政殿도 宣正殿이라 기록했다.

33) 한 달 후인 건원 2년 정월에는 九宮貴神에 대한 제사를 친히 주지하였고, 다음날에도 藉田儀式을 친히 거행한 바 있다.〔『舊唐書』, 「肅宗本紀」, 251~254쪽〕

시 조령에 그쳤던 것으로 판단된다.

이상의 내용을 종합적으로 고려해 보면 시령정치를 의례를 통해 표방하는 독시령례는 당대전기에 비교적 활발하게 논의되고 시행에 옮겨졌음을 알 수 있다. 당대 전기는 고대제국의 완성을 보여주듯 교사郊祀·종묘宗廟 등 정기적인 의례 이외에 봉선封禪과 명당례明堂禮를 비롯한 모든 고대국가의 국가의례가 재출현하고, 한편으로는 이론적 근거인 예전이 차례로 완성되어 관련규정이 상세하게 완비되는 시기이다. 당 전기에 수차에 걸쳐 독시령례가 활발하게 전개되는 것도 근본적으로 이러한 추세와 긴밀한 관련을 맺고 있다고 볼 수 있다.

그러나 당 전기에 출현하는 많은 의례들이 원래 지니고 있던 의례 자체의 특성보다는 외부의 정치적인 목적에 의해 이용되는 경우가 많았음은 주지하는 사실이다. 독시령례의 경우도 무측천의 사례에 보이듯이 월령을 기조로 한 정치를 시행하겠다는 의례의 본질적인 목적보다는 자신의 정권을 천도天道를 체현하는 이상적인 모습으로 미화함으로써 정치적 정당성을 강화하려는 현실적인 목적에 이용된 측면이 강하다.

의례는 원래 예전禮典에 기록되어 있는 규정보다는 간략하게 진행된 듯하고, 집행인원이나 의례절차에 있어서도 현실적인 필요에 따라 수시로 변통이 있었던 것으로 추정된다. 하지만 의례가 끝나고 나면 사면이나 감세 등의 조치를 통해 의례시행을 만백성이 감지할 수 있도록 선전하는 데 주력했는데, 이 또한 측천정권하에 시행된 독시령례가 정치적인 의례로 변질되고 있음을 시사해 주는 것이다. 당대에 있어서 시령정치의 상징인 독시령례의 시행 이면에는 이처럼 전통의 계승과 의례목적의 변질이라는 양면성이 나타나는데, 이는 향후 정치의례에 있어서의 변화를 예시하고 있다.

4. 시령의 실행정황

-강무례를 중심으로

이 절에서는 당대에 있어 시령이라는 시의·시금의 기제가 예제의 실행에 어떻게 영향력을 발휘하고 있으며, 시대적 변화에 따라 어떻게 변질되고 있는가를 살피기 위해 군례軍禮인 강무례講武禮를 중심으로 접근해 보겠다.

주지하다시피 '강무講武'는 흔히 대열大閱·교열校閱·검열檢閱로도 칭해진다. 고대중국에 있어 통치자가 무사武事를 강습시키고 군대를 검열하던 행위가 점차 의례화된 것이다. 손희단孫希旦은 '강무'의 내원을 주례周禮의 '동대열冬大閱'에서 찾고 있는데, "춘치병春治兵·하발사夏茇舍·추진려秋振旅·동대열冬大閱이 모두 무사武事를 강습하는 것이었지만, 뒤에 동계의 대열만이 성하게 되어, 『좌전左傳』에서 일컫는 '三時務農, 一時講武'의 전통이 수립되었다"고 설명했다.[34] 농업국가적 특성을 고려한 중농적 군사사상이 전국시대를 거치며 중앙집권적 통일국가를 향한 시대적 요구와 당시를 풍미하던 음양오행설과 결합하면서 시령서에 기록된 것이다. 물론 시령서가 유가경전에 편입되면서 강무례도 자연스레 유가예제의 일부분을 형성하게 되었다. 『예기』 월령편 맹동월조에 보이는 "天子乃命, 將帥講武, 習射御, 角力"이 강무례가 시령서를 거쳐 유교경전으로 편입된 것을 보여주는 것이다.

---

34) 孫希旦, 『禮記集解』, 491~492쪽: "此卽周禮冬大閱之禮也. 春治兵, 夏茇舍, 秋振旅, 冬大閱, 皆所以習武事也, 而唯冬之大閱爲盛, 左傳所謂三時務農, 一時講武'也."

당대에 들어 강무례와 관련된 기록이 처음으로 출현하는 것은 고조 무덕 원년(618)의 일이다. 당시 공포된 '열무조閱武詔'에는 백성들을 편안히 안정시키고 오랜 전란으로 피폐해진 본업을 돌보게 하는 것이 가장 시급한 일이지만, 이미 수확도 끝났고 천시天時가 살기가 강해지는 시점에 이른지라 제군을 소집해 친히 교열하고 무력을 진작시킨다는 내용이 보인다.35) 사실 위의 '열무조'에서는 강무 대신 '[대집]교열[大集]校閱'을 언급하고 있는데, 일반적으로 교열·대열·강무 등의 단어가 사료상에 혼용되는 경우가 많기 때문에 명확한 의미를 규명하기 위해 먼저 『당률소의』교열위기校閱違期조[총229조]의 율문律文과 소의疏議 내용을 인용해 보면 다음과 같다.

諸大集校閱而違期不到者, 杖一百, 三日加一等; 主率犯者, 加二等. 卽差發從行而違期者, 各減一等.
[疏]議曰:[A] 春秋之義, 春蒐·夏苗·秋獮·冬狩, 皆因農隙以講大事, 卽今'校閱'是也. [B] 又車駕親行, 是名'大集校閱'. 而有違期不到者, 謂於集時不到卽杖一百, 每更三日加一等. 主帥犯者, 加三等', 謂隊副以上, 將軍以下集時不到者. '卽差發從行而爲限者, 各減一等', 僞證身當時不到杖九十, 每三日加一等, 主帥以

---

35) "安人靜俗, 文敎爲先, 禁暴懲凶, 武略斯重. 比以喪亂日久, 黎庶凋殘, 是用務本勸分, 冀在豐瞻. 而人蠹未禁, 寇盜尙繁, 欲暢兵威, 須加練習. 今農收已畢, 殺氣方嚴, 宜順天時, 申耀威武. 可依別敕, 大集諸軍, 朕將躬自巡撫."[親臨校閱. 『唐大詔令集』卷第107, 「政事」(洪丕謨 등 點校, 『唐大詔令集』, 上海:學林出版社, 1992), 505쪽] 조령이 선포된 시간에 대해 『唐大詔令集』에는 무덕 9년 10월로 기록되어 있다. 『책부원구』와 『구당서』 고조본기 그리고 『당회요』 등의 기록을 참조하면, 무덕 원년을 9년으로 잘못 표기했음을 알 수 있다. 그러나 이 조칙이 시행되었는지에 대해서는 비록 『신당서』 고조본기에 "辛丑, 大閱"이라는 내용이 보이지만, 그밖에 사료에는 관련내용이 전혀 보이지 않아 비교적 회의적인 입장이다. 당대에 들어 실시된 강무례와 관련된 확실히 근거자료는 무덕 8년 11월 10일에 출현하는데, 고조가 참관한 가운데 宜同縣에서 거행되었다. 池田溫이 편집한 『唐代詔敕目錄』에는 『신당서』 고조본기에서 언급하는 "辛丑(同月 30日)大閱"이 10월 4일에 내린 조칙을 잘못 기록한 것으로 파악하고 있다.[池田溫 編, 『唐代詔敕目錄』]

上同上解.〔C〕其折衝府校閱在式有文, 不到者各準違式之罪. 若所司不告者, 罪在所司.36)

위의 율문과 소문의 내용은 대략 세 부분으로 나누어 볼 수 있다. 우선 A단의 내용은 교열의 정의에 관한 부분으로, 원문은『좌전』은공隱公 5년에 보인다. 양백준楊伯峻은 주에서 "수蒐·묘苗·선獮·수狩는 모두 전렵田獵의 명칭으로 이를 통해 '무'를 연마하는데, 사시에 따라 다르다. 농극農隙은 농사가 빈 겨를을 말하는 것으로 농한기를 의미한다. 강사講事는 강습무사講習武事의 준말로서 이른바 백성들에게 전법을 가르치는 것이다"라고 해설하고 있다. 대략 농한기를 이용하여 전술을 익히게 하는 것이 교열校閱이라는 것으로 습무習武와 검열檢閱에 대한 일반적 통칭임을 알 수 있다.

B단의 내용은 '대집교열大集校閱'에 관한 설명과 위기시의 처벌규정이다. 본문의 내용에 따르면, '거가친행車駕親行' 즉 황제가 친히 참석한 교열을 '대집교열'이라 칭하는데 이것이 바로 '강무례'이다. 고조 무덕 원년의 조문詔文에는 비록 '강무'라는 단어를 직접적으로 언급하고 있지는 않지만 내용에 "大集諸軍, 朕將躬自巡撫, 親臨校閱"를 언급하고 있는 것으로 보아 당초 계획했던 교열은 확실히 '대집교열' 즉 '강무례'였음을 알 수 있다.『대당개원례』에서 강무를 더욱 명확하게 '황제강무'라 칭한 것도 바로 황제가 친림하는 중대한 의례이기 때문이며, 당대의 강무례와 관련된 사료에 자주 출현하는 '대열'이라는 말도 바로 '대집교열'의 약칭임을 알 수 있다.

C단의 내용은 '절충부교열折衝府校閱'의 위기자違期者에 대한 처벌규정이다. 조문에서는 당대의 교열을 명확하게 황제친림의 '대집교열'과 '절충

---

36)『故唐律疏議』卷第16,「校閱違期(總229條)」(劉俊文點校,『故唐律疏議』, 弘文館出版社), 30쪽. 이와 관련된 상세한 주해는 劉俊文의『唐律疏議箋解』(北京: 中華書局, 1996), 1181~1183쪽을 참조할 수 있음.

부교열'의 두 가지로 구분하고 있다. 절충부의 교열에 관해서는 『당육전』에 "무릇 부府에 속해 있는 병마는 매해 계동季冬이 되면 절충도위가 5교五校를 거느리고 그들에게 진법陣法과 전법戰法을 가르친다"[37]고 기록되어 있다. 강무례와는 달리 매년 계동월에 시행됨을 알 수 있다.

위의 규정을 분석해 보면 위기불도違期不到 즉 시간에 맞추어 제 날짜에 도착치 못하는 죄행이 발생할 때 대집교열[講武]과 절충부 교열은 처벌규정에 있어 상당한 차이가 있음을 발견할 수 있다. 주수主帥일 경우 강무에서는 1년 반의 유형流刑에 처하게 되지만 절충부 교열의 경우에는 장60에 불과하고, 일반병사의 경우에도 강무례에서는 장100에 해당되지만 절충부 교열은 태笞30에 불과하다. 모든 의례에 있어 역시 황제의례가 가장 중요한 것임이 법령상에 반영된 것이라 하겠다.[38]

앞에서도 언급했지만 당대 국가예전의 분류방식에 따르면 '강무講武'

---

37) "凡兵馬在府, 每歲季冬, 折衝都尉率五校之屬以敎其軍陣戰鬥之法."(『唐六典』卷第25, 「諸衛府」(北京:中華書局, 1992), 644쪽) 『신당서』兵志에는 상세한 내용이 보이는데, 다음과 같다: "每歲季冬, 折衝都衛率五校兵馬之在府者, 置左右二校尉, 位相距百步. 每校爲步隊十, 騎隊一, 皆卷槊幡, 展刃旗, 散立以俟. 角手吹大角一通, 諸校皆斂人旗爲隊: 二通, 偃旗槊, 解幡: 三通, 旗槊擧. 左右校擊鼓, 二校之人合謀而進. 右校擊鉦, 隊少卻, 左校進逐至右校立所; 左校擊鉦, 少卻, 右校進逐至左校立所: 右校復擊鉦, 隊還, 左校復薄站: 皆擊鉦, 隊各還. 大角復鳴一通, 皆卷幡·攝矢·弢弓·匣刃: 二通, 旗槊擧, 隊皆進: 三通, 左右校皆引還. 是日也, 因縱獵, 獲各入其人."(『新唐書』卷50, 「兵志」, 1325쪽)
38) 만약 折衝府의 교열이 있을때 違期不到者는 각각 '違式'의 죄목으로 처벌하게 된다. 『唐律疏議』雜律·違令式條(總449條)에는 "諸違令者, 笞五十. 別式, 減一等" 내용이 출현하는데, 講武(大集校閱)와 折衝府校閱에 있어 위기부도죄가 발생했을 때 처벌의 차이를 간략한 표를 통해 살펴보면 다음과 같다.

	大集校閱(講武)	折衝府校閱
장교(主帥犯)	一年半	杖六十
병사(兵士犯)	杖一百	笞四十
從行犯	杖九十	笞三十
最高刑	每過三日各加一, 罪止流行三千里	每過三日加一, 罪止流行三千里

는 군례軍禮에 속한다. 만약 길례가 현실세계의 최고권력과 신권神權의 결합을 의례를 통해 표출하는 행위라면 군례는 군대를 교열하는 또 다른 방식의 의례를 통해 권력의 직접적인 원천이라 할 수 있는 무력을 과시하는 방법이다. 두 종류의 의례는 형식적인 차이는 있지만 전례를 통해 황권의 지고무상함을 과시하고 권력의 실체를 부각시켜 인간사회의 질서를 재차 확인시킨다는 점에서 황제의례의 공통적인 특성을 보여준다고 볼 수 있다.

강무는 본래에는 나머지 다른 교열의식과 마찬가지로 검열檢閱과 훈련訓練이라는 기본적인 성격을 가지고 있었지만 황제의례로서 위치를 확고히 하게 됨에 따라 본래의 목적보다는 의례적 기능이 강화된 것으로 추정된다. 이런 까닭에 절충부 교열과 대집교열 즉 '황제강무'는 의례의 진행에 있어 분명한 차이를 드러내는데, 특히 『대당개원례』에는 이러한 강무전례의 의례적 특성이 뚜렷하게 드러난다.

우선 관중에 대한 배려가 주목되는데, 알자謁者와 홍려경鴻臚卿이 각각 이 의례를 참관하게 될 지방인사와 외국사절들을 적절한 위치에 배치하는 규정이 발견된다. 또한 의식의 진행과 관련된 조문내용도 선전효과를 최대한 고려하여 설계된 듯한 인상을 준다. 예를 들어 진법을 시범보일 때에 각군은 각각 오행설에 있어 방향을 상징하는 색깔의 깃발을 들게 된다. "동군東軍은 북이 한 번 울리면 청색 깃발을 높이 들고는 직진直陣으로 대열하고, 서군은 또한 북이 울리며 백색 깃발을 쳐들고 방진方陣으로 이에 맞서고, 다음으로 남군은 북이 울리면 적색 깃발을 올리며 예진銳陣으로 배열하고, 북군은 북이 울림과 동시에 흑색 깃발을 들고서 곡진曲陣으로 응한다."[39] 시각적인 효과를 극대화함으로써 황제군의 위용을 최대한 선전할 수 있도록 의례적 기능이 배려되었음을 느낄 수 있을 것이다.

　　강무나 절충부 교열 모두 검열과 훈련이라는 기본목적을 가지고 있
지만, 강무는 황제권력을 표현하는 의식전례의 성격을 강화하는 방면으
로 설계되었고, 절충부 교열은 비교적 순수하게 훈련과 교열이라는 원래
의 목적에 충실함을 발견할 수 있다. 사실 황제강무의 이러한 의례적 특
성은 강무가 현실정치에 의해 이용될 수 있는 개연성을 보여주는 것이기
도 하다. 당대 강무례講武禮가 시령의 규정에 어느 정도 충실했는가와 현
실정치에 의해 어떻게 이용되었는가를 살피기 위해 실행상황을 간단한
표로 작성하면 다음과 같다.

황제	연대	조문의 내용	관련사건	근거자료
高祖	武德 원년 (618) 10.4.	(詔)殺氣方嚴, 一順天時, 申耀爲武. 辛丑, 大閱.		冊124, 1484쪽. 新紀, 8쪽. 會, 501쪽. 詔107, 505쪽
	武德 5년 (622) 11.	幸宜洲簡閱將士.		冊124, 1484쪽
	武德 8년 (625) 11.4.	講武於同官縣.		冊124, 1484쪽. 舊紀, 15쪽. 新紀, 18쪽. 會, 501쪽
太宗	貞觀 8년 (634) 12.29.	皇帝從太上皇閱武於城西.		舊紀, 18쪽. 會, 501쪽
	貞觀 15년 (641) 10.	大閱於伊闕. 及其將來寇也, 先講武於國中, 敎習步戰.		舊紀, 53쪽. 舊鐵勒列傳, 5345쪽. 鑑, 6156~58쪽
高宗	顯慶 2년 (657) 11.11.	講武於滋水之年. 尙書台改爲講舞台. 親講武於許·鄭之郊. 曲赦鄭洲.	次年月, 征伐高 句麗	舊紀, 77쪽. 新紀, 88쪽. 會, 502쪽. 典, 2081쪽
	顯慶 5년 (660) 3.28.	己酉, 講武於幷洲城北. 上御飛閣, 引 臣臨觀. 辛亥, 發神丘道軍伐百濟.	新羅求救. 實行 講武的第二天, 舊派兵救援.	舊紀, 80쪽. 典, 208쪽. 新, 地理二, 1003쪽
	麟德 2년 (665) 4.25.	講武於卭山之陽. 御城北樓觀之.	次年, 高宗實現 泰山封禪.	舊紀, 86쪽. 會, 502쪽

39) 講武禮의 의식진행과 관련규정에 대해서는 『大唐開元禮』, 3394~3398쪽 참조.

武則天	聖歷 2년 (699) 10.	后欲季冬講武, 有司不時辦, 隨用明年春, 方慶曰: 按月令, "孟冬, 天子命將帥講武…"		舊紀, 89쪽. 典, 2082쪽. 新, 王方慶傳, 4224~25쪽.
玄宗	先天 2년 (713) 10. 13.	講武於驪山. 兵部尙書 代公郭元振坐 虧失軍容, 配流新洲: 給侍中·攝太常 少卿唐紹以軍禮有失, 斬於纛下.	同年七月, 革除 太平公主勢力.	冊124, 1486쪽. 舊紀, 171쪽. 新, 郭元振列傳, 4368쪽. 鑑, 6687쪽, 舊, 唐紹傳, 2814쪽
肅宗	至德二載 (757) 8.	帝在御鳳翔. 癸巳, 六軍大閱. 帝御府 城樓, 觀軍陣之容.		冊124, 1487쪽. 舊紀, 246쪽. 新, 郭子儀列傳, 4599쪽
	乾元 원년 (758) 1.	乙酉, 出宮女三千人. 庚寅, 大閱.	肅宗正式即位	冊124, 1486쪽. 新紀, 160쪽. 會, 504쪽.
代宗	寶應 원년 (762) 9.	大閱兵馬於明鳳門街.		冊, 124, 1486쪽
宣宗	大中 6년 (852) 5.	(敕)天下軍府有兵處, 宜選會兵法能 弓馬等人, 充敎練使. 每年依禮敎習, 仍以其數申兵府.		會, 504쪽.

당대 강무례가 시령의 시간규정을 얼마나 준수하고 있는가의 문제를 토론하기에 앞서 우선 『개원례』에 보이는 강무의 시간규정에 대해 좀더 천착해 보겠다. 정현鄭玄은 『주례周禮』에 보이는 "冬, 大閱"과 『좌전』의 "三時務農, 一時講武"에 대해 주를 달아 "중동월仲冬月에 대열을 통해 무를 익힌다"고 밝힌 바 있다. 그러나 『예기』 월령편에서는 강무례를 맹동월孟冬月에 안배했다. 이 부분에 대해 손희단孫希旦은 월령이 진제秦制에서 나온지라 적지 않은 부분에서 『주례』와 시간적인 차이를 보인다고 설명했다.40)

어쨌든 『개원례』에 중동仲冬에 강무를 거행하는 시간규정은 기본적으로 『주례』의 내용에 근접하고 있음을 발견할 수 있다. 그러나 당대 어떠한 자료에서도 『주례』와 『대당개원례』의 규정에 따르기 위해 강무를 반

---

40) 孫希旦, 『禮記集解』, 491~492쪽.

드시 중동에 실시하려고 했다는 기록은 보이지 않는다. 당대의 황제들이 대략 동절기에 강무례를 시행함으로써 농번기를 피하고, 아울러 사시음양의 기에 순응하는 모습을 보여주었다. 『정관례』를 편찬하는 과정에서 당시 북주와 수隋의 국가예전에 결여되었던 29조항의 예제를 첨가할 때에도, "농한기에 강무한다〔農隙講武〕"는 내용만 언급되었을 뿐 구체적인 월분月分은 표명되지 않았다.41)

성력聖曆 2년(699) 10월에 무측천이 계동季冬에 강무례를 계획했다가 준비기간이 너무 긴박한 관계로 다음해 맹춘으로 연기하려고 할 때, 인대감麟臺監 왕방경王方慶은 시령에 위배되고 천도에 역행하는 행위는 재앙을 불러올 수 있다고 극렬히 반대한 바 있다. 계동 역시 『주례』나 『춘추』의 기록에는 위배된다고도 생각할 수 있겠지만 기본적으로 겨울철에 속하기에 강무례를 시행하는 데 아무런 문제가 없다고 파악한 것이다.

물론 춘계에 강무를 단행하게 되면 엄중한 문제가 발생하게 된다. 군사행동〔兵〕이라는 것은 금金기운에 속하는 것이고 음양오행 간상승間相勝의 원리에 따르면, 금승목金勝木하는 것이어서 맹춘으로 넘어가면 봄의 목木기운을 해하게 되고 결국 막 피어오르는 생기를 거스르게 되는 것이다.42) 이는 당대 초기 사인士人들의 심리가 시의時宜·시금時禁의 시령과 천인감응적인 요소에 의해 여전히 지배받고 있음을 반영해 주는 좋은 예인데, 당시 왕방경은 이러한 반대이유의 이론적 근거로 역시 『예기』 월령편의 규정을 들고 있다. 강무례의 시간규정을 엄격히 세분해 보면 『주례』와의

---

41) 『舊唐書』, 「禮儀一」, 817쪽.
42) 『新唐書』, 卷116, 「列傳」 第41, 王綝 4224~4225쪽: 案月令, "孟冬, 天子命將帥講武, 習射御角力." 此乃三時務農, 一時講武, 安不忘危之道. 孟春不可以稱兵. 兵, 金也; 金勝木. 方春木王, 而擧金以害盛德, 逆生氣. 孟春行令令, 水潦爲敗. 雪霜大摯, 首種不入. 今孟春講武, 以陰政犯陽氣. 害發生之德, 臣恐水潦敗物, 霜雪損稼, 夏麥不登. 願陛下不違時令, 前及孟冬, 以順天道.

연관성을 생각해야 되겠지만 사인들의 일반적 심리 속에서는 『예기』 월령편이 시의·시금의 준거로서 관건적인 역할을 하고 있음을 보여주는 것이다.

어쨌든 위의 표를 참조해 보면 당대 전반기의 황제들은 강무례의 시행에 적지 않은 관심을 가지고 있었던 것으로 보인다. 거행시기에 있어서도 현종대에 이르기까지는 기본적으로 시령의 원칙을 준수하여 두 차례의 예외를 제외하고는 대부분 동절기에 해당하는 10월·11월·12월에 시행했다.

그러나 앞에서도 언급한 바 있지만, 강무례 자체가 지니고 있는 의례적 특징은 대외 관계에 있어서, 혹은 국내의 정쟁을 해결하기 위해서 무력시위의 수단으로 이용될 가능성을 시사해 주고 있다. 시령을 위반했던 고종시기 두 차례의 사례는 물론이고, 제때에 거행한 강무례도 이런 연유로 상당히 농후한 정치적 목적을 내포하고 있다.

우선 태종 정관 15년(641) 강무례의 전후 배경을 살펴보면 이번 행사가 원래 당 태종이 계획했던 봉선전례封禪典禮와 관련이 있음을 발견할 수 있다. 원래 태종은 정관 15년 4월에 다음해에 태산泰山에서 봉선을 거행하겠다고 공포하고 낙양을 향해 출발했는데, 도착할 즈음 돌연 혜성이 태미太微에 출현하여 봉선의례를 중단한다고 선언했다. 천자의 궁전을 상징하는 성좌인 태미에 불길한 혜성이 출현했기 때문에 취소 할 수밖에 없었다는 것인데, 천승만기千乘萬騎를 이끌고 낙양까지 갔다가 수년간의 숙원을 순식간에 포기한 데는 분명 배후에 또 다른 이유가 도사리고 있었다. 특히 동돌궐이 당에 귀부한 뒤 서서히 중원을 위협하는 새로운 세력으로 성장하던 설연타薛延陀의 거동이 주목된다. 태종이 봉선을 선포했을 때 진주가한珍珠可汗은 "천자가 태산에서 봉선을 한다니 군사와 병마가 모두 동원되어 변경은 텅 빌 것이다. 이때 사마思摩를 취할 것이니 썩은 나무뿌리를 뽑듯이 쉬울 것이다"[43]라고 엄포를 놓은 바 있다.

설연타의 행동을 예의 주시하던 당 조정은 결국 봉선을 취소했는데, 이적李勣과 설만철薛萬徹 등을 파병하기에 앞서 당해년 10월 이궐伊闕에서 강무례를 거행했다. 당제국의 권위에 도전한 세력에게 무력시위를 벌인 것인데, 당대 초기에 설연타가 서돌궐의 사발라沙鉢羅와 아사나사이阿史那社爾를 공격할 때에 주로 보병전을 이용했기 때문에 당군도 대집교열중에 보병전을 집중적으로 훈련했다고 전한다. 이렇게 볼 때 정관 15년의 강무례는 설연타를 공격하기 위한 실전훈련적인 목적도 내포하고 있었다.[44]

고종연간에 거행된 강무례 가운데 현경 5년(660)과 인덕 2년(665)의 의례는 두 번 모두 시령의 규정을 무시하고, 각각 3월과 4월에 거행되었다. 장소도 수도지역이 아닌 여타지역에서 거행되었다는 점에서 주목된다. 현경 5년 고종이 군신들을 이끌고 의례를 참관했던 비각飛閣은 병주 진양현晉陽縣 서북 45리 지점에 위치하는데, 부근에 있는 호령당號令堂은 바로 고종의 조부 이연李淵이 기의한 장소이다.[45] 그렇다면 고종은 어떤 이유로 시령을 위반하면서까지 만물이 발아하는 봄철에 대규모의 병력을 태원太原까지 동원하여 강무례를 시행한 것일까?

직접적으로 정확한 원인을 언급하는 사료가 없기 때문에 전후의 상

---

43) 『資治通鑑』 권196, 「唐紀12」, 6170~6171쪽 ; 『舊唐書』, 「北狄·鐵勒列傳」, 5345쪽.
44) 『舊唐書』, 「太宗本紀」, 52쪽. 『舊唐書』, 「北狄·鐵勒列傳」, 5345쪽. 설연타의 당에 대한 위협은 향후에도 지속되는데, 정관 19년 태종이 고구려에 원정했을 때에도, 미리 執失思力으로 하여금 돌궐병을 거느리고 夏州에서 薛延陀를 방비하게 했지만, 설연타는 여전히 빈틈을 노려 朔方와 夏州 등지를 공격한 바 있다.[『資治通鑑』 卷198, 6232쪽]
45) 幷洲는 개원 11년에 府가 되는데 바로 하동도 太原府이다. 위의 내용은 『新唐書』 卷39, 地理3, 1003쪽에 보인다. 『책부원구』에는 飛閣이 龍飛閣으로 기재되어 있는데, 이곳이 당조가 처음 발흥한 곳임을 명확하게 보여준다.

황을 주시할 필요가 있다. 그해(660) 2월에 고종은 이곳에 도착하여 우선적
으로 수행관료들과 먼 친척 그리고 부로들을 초대해 향연을 베풀고는 병
주와 관내 여러 주에 대해 사면령을 공포했다.* 건국공신들에게 치제致祭
를 올렸고, 그 후손들에게도 은상을 베풀었다. 또한 이당李唐황실의 조상
들이 기의 전에 주거했던 구택舊宅까지도 제사하는 등 고조의 기의를 기
념하는 일련의 활동을 대대적으로 전개했다.46)

□* 무후 역시 임시조당에서 친족과 문수현文水縣의 이웃사촌들을 초대해 향연을 열
고, 성대한 은상을 그들에게 베풀었다. 또한 지방관들에게 각각 훈급을 올려주었으
며, 나이가 80 이상인 부녀자들에 대해서는 군군郡君의 봉호를 수여했다. 이 부분에
대한 묘사에 있어 사마광은『자치통감』에서 고종의 활동에 대해서는 일언반구도 언
급치 않고 무후와 관련된 조치만을 기재해 놓았다는 것이지만 이러한 필법은 무후
의 참정이 서서히 대두되기 시작했음을 암묵적으로 암시하고 있지만, 유가적 사관
에 근거한 이러한 묘술은 이연李淵의 기의를 기념하는 고종의 의도를 왜곡시킬 수
있다는 우려가 있다. 당시까지의 추세로 보면, 고종은 여전히 이번 강무의례와 백제
정벌의 주도자였음에 틀림없다.47)

무엇보다 주목되는 사실은 3월 28일에 강무례를 거행하고, 전례가 끝
난 바로 다음날 좌위대장군 소정방蘇定方이 이끄는 백제원정군이 이곳으
로부터 출정한다는 사실로서48) 신라新羅병과 백제를 협공하라는 정식명
령이 하달되었다.*

당시 고종의 최종목표는 고구려高句麗로서 소정방이 백제百濟를 평정

---

46) "義旗初職事五品以上身亡歿墳墓在并·州者, 令所司致祭. 佐命功臣子孫及大將軍府僚佐已下
今見存者, 賜階級有差. 量才處分. 起義之徒職事一品已下, 賜物有差. 年八十已上, 版授刺史·縣
令. 佐命功臣食別封身己歿者, 爲後子孫各加兩階, 賜酺三日. 甲午, 祠舊宅, 以武士濩·殷開山·
劉政會配食."[『舊唐書』, 「高宗本紀」, 80쪽]

47) 이 부분에 대해서는『資治通鑑』卷200, 6319~6320쪽과『舊唐書』, 「高宗本紀」, 80쪽을
비교해 볼 수 있다.

48) 『구당서』소정방열전과『책부원구』將帥部 卷384에는 "顯慶五年, 從幸太原, 制授熊津道
大總管, 率師討百濟"가 언급된다.

하면 고구려를 친정하여 부친의 유지를 실현할 계획을 세웠다. 다음해에 동도 낙양의 낙성문洛成門에서 군신과 외국사절들을 청해 '용무지세用武之勢'를 상징하는 '일융대정악一戎大定樂'을 참관케 했던 것도 이러한 시국과 무관치 않다. 이후 고종은 좌효위左驍衛대장군 계필하력契苾何力을 요동도대총관으로, 좌무위대장군 소정방을 평양도대총관으로, 그리고 임아상任雅相을 패강도貝江道대총관으로 임명하여 고구려 친정을 실행에 옮기려 했다.

□ * 『구당서』 소정방열전과 신라전에는 당시 고종이 소정방을 웅진도행군대총관熊津道行軍大總管에 신라왕 김춘추를 우이도행군총관嵎夷道行軍總管에 임명했다는 내용이 기재되어 있다. 그러나 양당서 본기에는 현경 4년 12월에 이미 소정방을 신구도행군대총관神丘道行軍大總管에 신라왕 유백영劉伯英을 우이도행군총관嵎夷道行軍總管에 임명했다는 내용이 출현한다. 『자치통감』의 고이考異에는 당시 소정방은 마침 도만都曼을 토벌하고 있어 아직 신구도총관에 임명되지 않았고 실록의 내용이 소정방전의 내용과 일치한다고 기록되어 있다.

어쨌든 현경 5년에 시령을 전혀 고려치 않고 춘계에 강무의례를 단행한 의도에는 바로 한반도 침략전쟁의 야욕이 숨겨져 있었던 것이다. 이 의례를 통해 당조는 내외에 당제국의 군사적 역량을 과시하고, 아울러 조상이 발흥한 장소에서 창업의 서기瑞氣를 빌어 당시 당조 중심의 국제질서에 대항했던 세력에 대한 전쟁을 선포한 것이다.[49]

인덕 2년(665)에 거행된 강무례는 정관 15년의 경우와 마찬가지로 다음해에 태산에서 거행되는 당대 최초의 봉선전례와 긴밀한 관련을 맺고, 고종이 즉위한 지 얼마 되지 않았을 때 군신들은 당제국이 태평성세를 완성했음을 선포하고 지상신 호천상제께 감사의 기도를 올리는 봉선을 거행할 것을 수 차례에 걸쳐 독촉한 바 있다. 그러나 당시까지만 해도

---

49) 당시 동아제국의 국제관계에 대해서는 韓昇, 「唐平百濟前後的東亞國際形勢」(『唐研究』 第一卷, 北京:北大出版社, 1995.12), 227~243쪽.

당군은 고구려·백제 양국과의 전쟁에 매달려 있는 상황이었기 때문에 시종 여유가 없었다.

백제를 멸망시키고, 인덕 원년 7월 이래 점차 대 고구려전에 있어서도 승세가 확실해 지자 고종은 마침내 인덕 3년(666) 정월에 태산에서 봉선을 거행하겠다는 조령을 반포했다. 다음해 2월에는 거가가 장안을 출발하여 윤월 1일에 동도 낙양에 도착했다. 이때부터 태산을 향해 황제의 대오가 출발하게 되는 10월까지, 약 8개월에 이르는 기간 동안 고종은 이적李勣·허경종許敬宗·육돈신陸敦信·두덕원竇德元 등을 검교봉선사檢校封禪使에 임명하고, 봉선에 대한 본격적인 준비를 시작했다.[50] 바로 이 시기 즉 인덕 2년(665) 4월 25일에 망산邙山에서 강무례가 거행된다.

당시 당 조정은 봉선전례를 중국을 중심으로 형성된 국제적 질서를 재확인시키는 성회盛會로 포장하고자 노력했다. 고종은 태산봉선의 시행을 선포할 때 제주諸洲도독들과 자사들에게는 12월에 태산泰山 아래에서 결집하고, 제왕들은 10월 전에 동도에 모여 함께 출발하라는 명령을 하달한 바 있다. 또한 신라·백제뿐 아니라 탐라耽羅·왜국倭國에까지 사신을 파견하여 태산에서 회합하도록 요구했고, 고구려에게는 태자 복남福男을 보내 제사에 배시陪侍할 것을 명령한 바 있다.[51]

그러나 사료에는 고종이 동도에서 출발할 때에 이미 적지 않은 내외의 사절들이 황제의 대오를 수행하고 있었음이 확인된다.[52] 이렇게 본다

---

50) 『唐會要』卷7,「封禪」, 96쪽. 봉선의 준비과정에 대해서는 『舊唐書』,「高宗本紀」, 82~87쪽 ; 『舊唐書』,「禮儀三」, 884~891쪽 ; 『冊府元龜』卷36, 39쪽.

51) 『資治通鑑』권201,「唐紀17」, 6344쪽.

52) 『冊府元龜』卷35,「帝王部·封禪」, 393쪽 ; 『資治通鑑』卷201, 6346쪽 등에는 당시의 성황이 묘사되어 있다. 여기 자치통감의 기사를 소개하면 다음과 같다: "황제의 거가를 뒤따르는 문무백관의 의장이 수백 리에 걸쳐 끊어져 줄을 몰랐고, 캠프와 막사가 들판에 가득 널려 있었다. 동쪽의 고구려로부터 서쪽의 페르시아(波斯)·유쟈나(烏萇, udyna) 제

면, 동도교외의 망산_{邙山}에서 위무_{威武}를 상징하는 강무례를 거행한 것은 바로 각국 사절과 기타 참관인사들에게 대당제국의 무력을 과시하기 위해 계획된 것임을 알 수 있다. 물론 이런 조치는 주변민족들이 다른 마음을 품는 것에 대해서 경고의 작용도 발휘했을 것이다.

사실 봉선시행 전에 먼저 병력을 동원해 무력시위를 벌이는 것은 정관15년의 경우에 보듯이 이미 상례화된 듯한데, 한 무제는 이미 원봉_{元封} 원년(110 BC)에 봉선례를 시행하기에 앞서 18만 기병을 동원하여 흉노_{匈奴}에 대해 무력시위를 벌임으로써 선례를 남긴 바 있다.

현종 선천_{先天} 2년(713)에 거행된 강무례_{講武禮}에도 강렬한 정치적 의도가 내포되어 있다. 무측천이 물러난 뒤 현종이 여산_{驪山}에서 강무를 시행할 때까지 정국이 매우 불안하여 8년 동안 7차례의 정변이 발생했다. 현종은 이 가운데 세 차례의 정변을 주도하며 결국 황위에 오르게 되지만, 실권을 완전히 장악하지는 못했는데, 3품 이상 대신의 임면권과 중대한 형정_{刑政}의 결정권은 여전히 태상황 예종_{睿宗}이 가지고 있었다. 이에 태평공주_{太平公主}가 태상황의 권세에 기대어 실세로 떠올랐는데, 심지어 재상 7인 가운데 넷이 태평공주 세력에서 나왔을 정도였다.53)

현종과 태평공주는 상대방을 제거하기 위한 치열한 정쟁을 벌였는데, 강무가 시행되는 선천 2년 7월에 이르러서야 마침내 태평공주의 세력이 제거되었고, 예종도 모든 권력을 현종에게 양위한 뒤 백복전_{百福殿}으로 퇴거했다. 현종은 비로소 진정한 황권을 소유하게 된 것이다. 이렇게 본다면 당시의 강무례는 무측천 이래의 어두운 그림자로부터 완전히 벗어났

───────

국에 이르기까지, 조회자들은 각자 수행원들을 거느리고 뒤따랐고, 파오와 양털천막, 그리고 소·양·말·낙타 등도 도로를 가득 메웠다."

53) 汪籛, 「唐玄宗安定皇位的政策和姚崇的關係-玄宗朝政治史發微之一」(『汪籛隋唐史論文集』), 189~195쪽 ; 許道勛·趙克堯, 『唐玄宗傳』(臺北:臺灣商務印書館, 1992), 80~108쪽.

음을 선포하고, 아울러 새로운 황권皇權의 권위를 선양하는 차원에서 설계된 것임을 알 수 있다.

이러한 상황은 현종이 강무례를 끝낸 뒤에 반포한 「여산강무상위장사조驪山講武賞慰將士詔」에도 잘 나타나 있다. 조문詔文의 내용은 당시 위씨세력과 태평공주 세력 등 반대세력의 종사宗社에 대한 위협을 상세히 설명하였고, 이를 극복할 수 있었던 무력의 중요성을 재차 환기시키고 있다.

선천 2년의 대집교열大集校閱에서 또 한 가지 주목되는 사실은 현종이 군례가 엄숙하게 진행되지 못했다는 책임을 물어 지례의사知禮儀事 당소唐紹를 현장에서 참형에 처하고, 태평공주 세력을 제거하는 데 공훈을 세웠던 병부상서 곽원진郭元振마저도 유형에 처해 신주新州로 귀양을 보냈다는 점이다. 곽원진을 파면한 다음날 현종은 자신이 가장 아꼈던 요숭姚崇을 곧바로 병부상서에 임명하였다. 이 점은 위의 세력들을 제거한 것이 강무례의 거행 중에 우연하게 발생한 단순한 군기문란의 사건이 아님을 암시해 준다. 선천 2년의 강무례는 황권을 장악하기까지 몇 차례의 고통스런 시련과 정쟁을 겪었던 현종이 군례軍禮를 이용하여 황제의 권위와 위엄을 선양하고, 아울러 권력을 더욱 공고히 하기 위해 정국을 재조정하려 했던 것이었다.54)

당대 강무례의 전개과정을 종합적으로 고찰해 보면 대략 다음과 같이 요약해 볼 수 있다. 우선 강무례는 황제의례이기에 일반 교열校閱보다 법률에 의해 엄격하게 적용되었고, '위무威武'를 극적으로 선전하는 의례

---

54) 내용을 살펴보면 "往以韋氏構逆, 近又凶魁作禍, 則我宗社危如綴旒, 故斬長蛇, 截封豨, 戮梟獍, 掃欃槍, 使武之不修, 人何克義？"(『唐大詔令集』 卷107, 「驪山講武賞慰將士詔」, 506쪽 : 『冊府元龜』 卷124, 1485쪽)

적 특성을 지니고 있어 종종 현실정치에 이용되었다. 황제의 무력을 과시하는 이러한 행위는 관료들과 외국사절들뿐 아니라 전 인민을 상대로 설계되었다. 현종 선천 2년의 강무에 관한 관련기사에는 "20만의 군사가 징발되었으니 흩날리는 깃발이 50리에 걸쳐 있도다. 빛나는 창들과 금빛 갑옷이 천지를 눈부시게 비추는구나 … 장안의 백성들이 이리저리 뛰어다니며 관망하니, 그야말로 도로가 꽉 찼도다"[55]라는 구절이 보인다. 황제의 무력이 어떻게 인민들에게 확인되고 전달되는지 명확하게 보여준다.

두번째로 당대 전기의 강무례는 전쟁과 봉선례의 수행으로 인한 두 차례의 예외가 있기는 했지만, 기본적으로 시령時令의 관례를 존중하여 동계冬季에 거행되었다. 의례와 관련된 황제의 조칙에서도 수확이 끝나고 살기가 강해지는 천시에 맞추어 강무를 시행해야 한다고 누누이 강조하고 있다. 왕방경王方慶의 사례가 보여주듯이 시령을 어기고 강무를 강행했을 때는 역시逆時가 있게 되고 이것이 가져올 재앙을 경고하는 상주가 올라오기도 했다.

이에 반해 당대 후기에는 표를 통해 확인할 수 있듯이 강무 자체가 거의 시행되지 않았으며, 숙종 이후의 3차례 강무도 모두 시령의 규정을 어기고 다른 계절에 시행되었다. 우선적으로 안사의 난 이후 황제의례를 거행하기 힘들어진 정국을 원인으로 들 수 있겠다. 하지만 이러한 변화를 독시령례의 변화와 함께 고려한다면 당대 후기에는 시령의 규제력 자체가 서서히 쇠약해지고 있었음을 반증해 주는 것으로도 파악할 수 있을 것이다.

---

55) "徵兵二十萬, 旌旗連亘五十里. 戈鋋金甲, 照耀天地. … 長女士庶, 奔走縱觀, 塡塞道路."[『唐大詔令集』 卷107, 「驪山講武賞慰將士詔」]

5. 맺음말

전국시대 이래 주술적 사유에 익숙했던 기층민들을 효율적으로 통치하기 위해 원시사유의 시의時宜·시금時禁 의식과 민간차원의 제사전통, 음양오행설 등을 흡수해 성립된 시령時令은 한대를 거치며 유가경전 속에 편입되어 경전적 지휘를 획득하게 된다. 이런 까닭에 당대 전반기에 대대적으로 전개된 국가예전의 편찬사업에 있어서도 전범적인 준거로서 적지 않은 영향을 미치게 되었다.

또한 당대 초기에는 이러한 이론체계의 정비와 발맞추어 교사郊祀와 종묘宗廟로 대표되는 정기적인 제전祭典뿐 아니라 봉선封禪·명당明堂 등 비상적인 광세대전曠世大典들까지 활발하게 모습을 드러낸다. 이러한 추세에 따라, 천도天道를 체현하는 이상정치가 시행되고 있음을 상징적으로 표현해 주는 독시령례讀時令禮도 당대 초기의 통치자에 의해 적극적으로 수용되었다. 또한 황제의 대집교열大集校閱 의식인 강무례講武禮도 시령의 규정에 따라 비교적 충실하게 동계에 거행되었다.

물론 이들이 때로는 현실정치의 목적을 위해 이용되기도 했지만, 관련조령이나 사인들의 언설에서 시령의 당위성과 시령을 어길 때 발생하는 재앙을 경고하는 내용이 빈번하게 출현하는 것은 그만큼 주술적 사유에서 시원한 시령이 당대 인민들의 집체적인 사유방식에 여전히 제약적 기능을 발휘하고 있음을 증명해 주는 것이다.

당대 후반기 이후에는 시령을 반포하는 독시령례뿐 아니라 강무례도

수적으로 급감하게 되고, 아울러 동계에만 진행해야 하는 강무의 시의時
宜의식도 무시되고 있다. 번진할거로 대변되는 당대 후기의 불안한 정국
이 근본적으로 의례에 신경 쓸 여유를 제공해 주지 못하는 환경적인 요
소도 고려해야 되겠지만, 시령 자체만을 놓고 생각한다면 시령의 영향력
이 쇠미해짐을 의미한다. 특히 당대 후기를 전후로 유종원柳宗元과 같은
일부 지식인들이 시령이나 천인감응설天人感應說과 같은 주술적 사유방식
에 대해 비판을 가하기 시작했다는 점은 함께 주목할 가치를 지닌다.

　　물론 당시 대다수의 사람들은 여전히 이러한 시의·시금의 관념으로
부터 자유로울 수 없었을 것이다. 하지만 상층지식인의 사유방식과 정치
문화의 차원에 있어서는 이러한 원시적 사유구조가 지니고 있던 제약적
기능에 이미 변화가 발생하고 있었던 것이다. 적지 않은 학자들이 당대
의 시대적 특징에 대해서 전대를 계승해 고전적 전통을 완성하는 완결성
의 면모를 보여주면서도 새로운 시대를 열어가는 '승전계후承前啓後'의 시
대로 파악하고 있다. 예제의 운용과정 중에 표출된 시령의 영향력 쇠퇴
도 이런 측면에서 새로운 정치강령, 새로운 사유구조의 등장을 예견해
주는 것이다.

부 록

당대 사묘신앙 개황표

〔元:『元和郡縣圖志』, 舊紀:『舊唐書本紀』, 舊禮:『舊唐書』「禮儀志」,
新志:『新唐書』「地理志」, 要:『唐會要』, 唐令:『唐令拾遺』, 文:『文獻通考』, 太平:『太平廣記』〕

사묘명칭	주 신	원문 주요내용	사묘위치	근거자료
東岳 泰山祠	泰山神	開元十三年冬, 玄宗登封泰山…, 封泰山神爲天齊王.	河南道 兗州 乾封縣	元 p.268 新志 p.995 舊紀 p.188 舊禮 p.934
泰山 府君祠	泰山府君		河南道 兗州 魚臺縣	元 p.266
天齊祠	泰山府君		關內道 京兆府 三原縣	元 p.8 長安志 p.198
泰山 三郎廟 〔炳靈公 廟〕	泰山三郎	越州盧參軍新婚之任, 其妻甚美. 數年罷官還都, 五月五日,… 忽暴心痛, 食頃而卒. 盧升號哭畢, 往見諫大夫明崇儼… 明云: "此泰山三郎所爲"…在泰山下. 後唐長興三年詔以泰山三郎爲威雄將軍. 大中祥符元年十月, 封善畢, 親幸加封, 令兗州增葺祠宇.	河南道 兗州	廣異記〔太平, 卷298〕 p.2373~74. 文 卷90 p.823
南岳 衡山祠	衡山神	漢武帝移於江北至廟. 隋文帝復移於今所. 〔天寶五載封〕南岳爲司天王.	江南道 衡州 衡山縣	元 p.706 新志 p.1070 舊禮 p.934 舊紀 p.219
西岳 華山祠	華山神	〔武德二年冬十月〕上親祠華岳. 玄宗先天二年, 封華岳神爲金天王. 〔開元十二年〕冬十一月庚申, 幸東都, 至華陰, 上制岳廟文, 勒之于石, 立於祠南之道周. 〔天寶九載三月〕西嶽廟災. 時久旱, 制停封西嶽.	關內道 華州 華陰縣	舊紀 p.10 新志 p.964 舊禮4 p.934 舊紀 p.187·224
西嶽 別廟	華嶽金天王	在鶴林門外. 舊號雲勝廟, 卽華嶽金天王之行廟也. 唐天寶六年, 有天使崔明祠醮於新金縣之王梁洞, 夢與神遇. 使還, 具以狀奏, 其年八月, 敕於九仙臺雲錯洞, 置廟. 大和中, 有金陵彭彥規, 使於新金縣, 聞神之靈, 乃畫廟圖而歸. 尋爲丹徒令, 因置廟於此. 紹興初, 因火廟壞, 越二十載, 庚午, 郡人相率重建.	江南道 潤州 丹徒縣	至順鎭江志 p.2728
北岳 恆山祠	恆山神	〔天寶五載〕封北岳爲安天王.	河北道 定州 恆陽縣	元 p.515 新志 p.1019 舊禮 p.934

中岳 嵩山祠	嵩山神	〔天寶五載〕封中岳爲中天王.	河南道 河南府 登封縣	舊紀 p.219 新志 p.983 舊禮 p.934
東鎭 沂山廟	沂山神	〔天寶十載〕太子率更令嗣道王鍊祭沂山東安公.	河南道 沂州	舊禮 p.934 唐令 p.495
南鎭 會稽山祠	會稽山神	〔天寶十載〕吳郡太守趙居貞祭會稽山永興公.　在縣南一十三里. 周禮職方, 楊州之鎭山曰會稽. 隋開皇十四年, 詔南鎭會稽山就山立祠. 其旁巫一人, 主麗掃, 且命多蒔松柏. 天寶十載, 封會稽山爲永興公, 歲一祭以南郊迎氣日.	江南道 越州 會稽縣	舊禮 p.934 唐令 p.495 嘉泰會稽志 p.6804 新志 p.1061
西鎭 吳山祠	吳山神	〔天寶十載〕大理少卿李積祭吳嶽山成德公.	關內道 隴州 吳山縣	新志 p.968 舊禮 p.934 唐令 p.495
北鎭 醫巫閭山祠	醫巫閭山神	〔天寶十載〕范陽司馬畢炕祭醫無閭山廣寧公.	河北道 營州 柳城縣	舊禮 p.934 唐令 p.495 新志 p.1023
西北鎭霍山祠	霍山神	義師之至也, 〔宋〕老生陳兵據險, 師不得進. 忽有白衣老人詣軍門曰: "霍山神遣語大唐皇帝, 若向霍邑, 當東南旁山取路, 我當助帝破之…甚有靈驗. 貞觀五年敕令修理. 〔天寶十載〕潁王府長史甘守黙祭霍山應聖公.	河東道 晉州 霍邑縣	元 p.340 舊紀 p.3 元 p.341 新志 p.1001 舊禮 p.934 唐令 p.495
東海祠 〔海神祠〕	東海神	〔天寶十載〕太子中允李隨祭東海廣德王.…漢以來古廟, 宋開寶六年, 敕	河南道 萊州 掖縣	舊禮 p.934 唐令 p.495 元 p.308 新志 p.995 齊乘 p.598
南海祠	南海神	〔天寶十載〕義王府長史張九章祭南海廣利王.	嶺南道 廣州 南海縣	舊禮 p.934 唐令 p.495 元 p.888
西海祠	西海神	〔天寶十載〕太子中允柳奕祭西海廣潤王.	關內道 同州 朝邑縣	舊禮 p.934 唐令 p.495 新志 p.965
北海祠	北海神	〔天寶十載〕太子洗馬李齊榮祭北海廣澤王.	河北道 懷州	新志 p.1010

海瀆祠	海神		河南道 登州 黃縣	元 p.314
東瀆 淮瀆廟	淮河神	…封淮瀆爲長源公.	山南道 唐州 桐柏縣	舊紀 p.221 元 p.540 新志 p.1031
南瀆 江瀆祠	長江神	…封江瀆爲廣源公.	劍南道 成都府 成都縣	舊紀 p.221 元 p.769 新志 p.1079
西瀆 河瀆祠	河瀆神	〔天寶六載〕五嶽已封王, 四瀆當昇公位, 封河瀆爲靈源公.	關內道 同州 朝邑縣	舊紀 p.221 新志 p.965
河神祠	黃河神	開元九年, 幷州刺史張說奏置.	河東道 代州 雁門縣	元 p.403
北瀆 濟瀆祠	濟水神	…封濟瀆爲淸源公.	河北道 孟州 濟源縣	舊紀 p.221 新志 p.1010
驪山	驪山神	〔開元四年二月〕以關中旱, 遣使祈雨於驪山, 應時霈雨, 令以少牢致祭, 仍禁斷樵採. 〔天寶元年〕改驪山爲會昌山〔天寶七載〕〔改〕會昌山爲昭應山, 封山神爲玄德公, 仍立祠宇.	關內道 京兆府	舊志 p.176 舊志 p.216 舊志 p.222
終南山廟 〔廣惠公祠〕	終南山神	唐開成二年, 冊終南山爲廣惠公, 命長安縣令杜造, 南山下置祠宇, 以季夏土王日致祭.	關內道 京兆府 萬年縣	長安志 p.136
姑射神祠	姑射山神		河東道 晉州 臨汾縣	元 p.337
鉗川神祠	鉗川山神	水, 旱, 人祈請焉.	山南道 扶州 鉗川縣	元 p.577
靑石山祠	靑石山神	上有石池二所, 東西行列, 有類人工, 冬夏澄淸, 初無耗溢, 祈雨輒應, 故今古祀之.	河南道 兗州 龔丘縣	元 p.267
麓臺山祠 〔俗名智伯祠〕	麓臺山神 〔智伯〕		河東道 太原府 楡次縣	元 p.368
石炭堰神廟	石炭堰神	唐貞元十四年置.	關內道 京兆府 長安縣	長安志 p.143
高山 女華神廟	華岳女君	在縣北四十里. 其山, 層峰秀出, 每有大風雷, 多從華岳至此. 舊說, 華岳女君, 在此山上, 人因立祠. 每水旱, 禱祈有驗焉.	關內道 京兆府 同官縣	長安志 p.202
馬鞍山神廟 〔惠應廟〕	馬鞍山神	在縣西北三里, 馬鞍山下, 廟神乃山神, 原無氏名, 大梁天監中, 役鬼公爲慧嚮, 築慧聚寺大殿基, 一夕而成… 王炳	江南道 蘇州	淳祐玉峰志 p.1088

		〈慧應廟記〉…邑尹狀其事以聞, 乃於殿之東, 建之祠, 立神之像, 賜名曰大聖山王. 蓋旌其功而表其美也. 自茲以還, 威靈益著聰明. 正直, 鎖呼百里之境福善禍淫, 庇呼一方之民. 凡猶豫者, 卜之, 如叩靈龜; 疾疫者, 禱之, 如餌良藥.		
緒山廟	緒山神	在縣西二百五十步. 祀典始於東晉, 咸康中有江都李永者作記謂.	江南道 越州	嘉泰會稽志 p.6807
虎候山祠	虎候山神	漢書曰: "秦孝公置."	關內道 京兆府 藍田縣	長安志 p.169
晉陰山廟	陰山神	在城西南一十二里. 晉建中, 丞相王導於岡阜間, 隱約見步騎駐立壟上. 導怪之, 使人致問, 俄失其所. 夜見夢於導曰: "我乃陰神也. 昨隨帝渡江, 寓迫於此. 卿爲我置祠, 當福晉祚." 導以其事聞上, 乃置廟於此, 仍名其岡爲陰山.	江南道 潤州 上元縣	景定建康志 p.2057
壽邱司徒廟	壽邱山神	在上河街普照寺北, 卽壽邱山神. 南唐時, 封爲司徒.	江南道 潤州	至順鎭江志 p.2727
包山廟	包山神	在洞庭. 唐人於此, 有祈而應. 魯望詩曰: "終當以疏聞, 特用諸侯封."	江南道 蘇州	吳郡圖經續紀 p.652 吳郡志 p.785
圓峰祠 〔主山昭應廟〕	主山神	唐會昌中, 王關撰文宣王廟記有云: "自圓峰祠歷城隍廟側, 此祠其來尚矣. 或以爲縣主山形圓, 故名之.	江南道 明州 象山縣	寶慶四明志 p.5272
竹山神廟 〔紫蘀廟〕	竹山神	在縣北五里. 祀竹山神. 唐天寶六年, 建. 先是神夢於明皇謂, 來呈瑞鳳. 已而鳳翔止, 遂以紫蘀名廟.	江南道 台州	嘉定赤城志 p.7525
枕海廟	枕海山神	在縣西六十里. 祀枕海山神. 唐咸通二年建.	江南道 台州 臨海縣	嘉定赤城志 p.7525
廣惠王廟	昭亭山神	唐景福中, 封昭威侯, 僞唐保大中加爲王.	宣州	文 卷90 p.823
福頂廟	福頂山神	縣西北號古靈. 其山之陽, 有神居焉. 唐天復三年, 始降於義興社, 後遷於吳嶼, 乃遷此. 每歲孟春, 土人競祭以祈福. 於是以福頂名山.	江南道 福州 候官縣	淳熙三山志 p.7876
少姨廟	少室山神	〔萬歲登封元年〕則天以爲封禪日爲嵩岳神所祐, 隨尊神岳爲天中王唯神嶽爲天中皇帝,…少室阿姨神爲金闕夫人,…別爲立廟.	河南道 河南府 登封縣	舊紀 p.106 舊禮 p.891
折山廟	折山神 〔神姓王〕	在縣東二十里. 按松山舊記, 吳赤烏二年已有之. 相傳, 神王姓, 漢豫章人. 五兄弟皆剽勇, 遂祠之. 今折山, 松山, 明山, 聖山, 谷〔山〕是也.	江南道 台州	嘉定赤城志 p.7524

谷□廟	谷□山神	縣東三十里. 吳赤烏中建.	江南道 台州	嘉定赤城志 p.7521
谷山廟	谷山神	在縣西五十里, 本龍王祠. 吳赤烏二年建.	江南道 台州	嘉定赤城志 p.7521
焦山廟	焦山神	在縣西南六十里. 吳赤烏二年建.	江南道 台州	嘉定赤城志 p.7521
金山神廟	風后	在縣南十里, 軹谷口, 金山之前. 舊圖經曰:"黃帝時風后滅蚩尤之衆於此, 蓋風后之祠."	關內道 京兆府 藍田縣	長安志 p.169
少華山祠	少華山神	僖宗乾符五年, 敕封少華山爲佑順侯.		文 卷83 p.757
白石廟	白石神	按宋書, 晉咸和三年, 蘇峻亂, 溫嶠等入伐, 立行廟於白石. 告元帝, 元后曰:"逆臣峻, 傾覆社稷, 毀棄三正, 汚辱海內.	江南道 潤州	至正金陵新志, p.5686
石新婦廟	石新婦狀	在縣東南七十里, 以廟山有石新婦狀, 故沿襲祠之. 舊在山下, 唐武德二年, 建.	江南道 台州 臨海縣	嘉定赤城志 p.7521
穿石廟		在縣東南一百里. 隋末時, 建. 舊傳, 有一商舟, 以風濤嶔巖側, 其勢危甚, 欲登巖, 而水急不可繫. 商志, 奮拳穴石, 將以纜舟, 舟竟覆. 衆遂神事之. 廟址舊爲海塗, 後以潮於築其上.	江南道 台州 臨海縣	嘉定赤城志 p.7523
洛水廟〔顯聖侯廟〕	洛水神	〔垂拱四年七月〕…封洛水神爲顯聖, 加位特進盡, 並立廟. 就水測置永昌縣, 天下大酺五日. 〔開元五年〕…顯聖侯廟, 初因唐同泰僞造瑞石文所建, 令卽廢毁.	永昌縣	舊紀 p.119 舊紀 p.177
臺駘神祠	臺駘〔汾水神〕	左傳曰:"晉侯有疾, 卜臺駘爲祟…今晉主汾而滅之, 由是觀之, 則臺駘汾神也."	河東道 絳州 漢絳縣	元 p.333
湫泉祠〔朝那湫祠〕	朝那?	…旱時卽祠之, 以壺沼水, 置之於所在, 則雨, 雨不止, 反水於泉, 俗以爲恆…卽秦漢湫淵祠也.	關內道 原州 平高縣	元 p.58 文 卷90 p.823
要冊湫祠	要冊湫神	按舊記古有五池, 今四渴一. 在山牛遇一百六十步, 衆注不盈, 凡歲旱祈禱無不應. 後人立祠祠旁. 乾符三年, 封應聖侯, 光化二年, 進封普濟王.	寧州 鎭寧縣	文 卷90 p.823
澄源夫人湫廟	澄袁夫人湫神	按, 今縣有顯應夫人廟, 所在與此正同, 當是澄源改封. 在終南山炭於, 去縣八十里. 唐封澄源夫人, 湫池尙在.	關內道 京兆府 萬年縣	長安志 p.136
仙水廟	仙水神〔何氏兄弟〕	縣東北二十里, 九仙山下. 唐景雲間, 有淸源縣仙水廟記. 今亡. 舊傳, 何氏兄弟來憩此山, 其後乘九鯉仙去厥父府君跡而尋之. 因遺香爐, 銅□, 鐵鞭於溪中盤石之上, 雖爆漲不沒, 里人神之, 其地立廟.	江南道 泉州 仙遊縣〔舊淸源縣〕	仙溪志 p.8307

馬目山神廟	層潭神	…唐文宗時, 刺史呂述建. 按述記謂, 先是州之右有潭, 曰: "層潭". 其深無至, 鱗物宅焉. 因立廟潭上, 而馬目顧無之. 每有禱, 則附而祝曰: "告於層潭馬目之神." 開成己未, 歲旱, 請於神曰: "能雨則立廟", 越三日而雨. 乃泝江四十里, 躬擇神居, 依山取勢, 以爲新廟. 至今, 歲時祀焉. 水旱, 祈, 輒應.	江南道 睦州	淳熙嚴州圖經 p.4328
湫水潭神廟〔靈潤廟〕	湫水潭神	在縣東南一百里. 祀湫水潭. 唐元和中建.	江南道 台州	嘉定赤城志 p.7526
禦海潭廟〔靈洽廟〕	禦海潭神	…祠禦海潭. 唐會昌六年, 刺史喬庶建. 按廟記, 先一歲, 禱雨立驗, 故祠之.…	江南道 台州 臨海縣	嘉定赤城志 p.7520
赤頰潭廟〔靈溥廟〕	赤頰潭神	…祀赤頰潭. 吳赤烏中, 建.	江南道 台州 臨海縣	嘉定赤城志 p.7520
靈澤潭廟	靈澤潭神	在縣東南四十里, 蒼山, 祀靈澤潭.…廟有唐刻, 今不存.	江南道 台州	嘉定赤城志 p.7521
白馬三郎廟〔善溪沖濟廣應靈顯孚佑王廟〕	二潭神	鼓山之北, 大乘之南, 山峽間, 有二潭. 下潭廣六丈, 深不可計. 昔聞越王郢第三子有勇力, 射中大鱔於此潭, 其長二丈, 土人因爲立廟號白馬三郎. 唐貞元十年, 觀察使王翃, 旱禱得雨, 崇飾廟貌. 自後太守躬禱則應. 唐太和元年, 觀察使張仲方祈禱, 回屆聖泉寺, 雨已至, 遂題詩曰: "入門池色靜, 登閣雨聲來"…唐咸通六年, 觀察使李瓚奏封龍驤侯.	江南道 福州	淳熙三山志 p.7860
官亭湖神廟	官亭湖神		江南道 江州 潯陽縣	元 p.676
天池祠	天池神	隋陽帝嘗於池南置宮, 每夜風雨吹破, 宮竟不成. 今池側有祠, 謂之天池祠.	河東道 嵐州 靜樂縣	元 p.397 新志 p.1005
河東鹽池池神廟	鹽宗	頃大曆丁巳…詔賜池名曰'寶應靈慶', 兼置祠焉…秩齊四瀆, 禮視三公.	河東道	文苑英華 卷815
陵井祠	〔鹽〕井神	益部鹽井甚多, 此井最大. 以大牛皮囊盛水, 引出之役作甚苦, 以刑徒充役. 中有祠, 蓋井神.	劍南道 陵州 仁壽縣	元 p.862
龍子祠	龍神		河東道 晉州 臨汾縣	元 p.337
五龍祠	五方龍神		河東道 潞州 上黨縣 五龍山	元 p.418
龍母廟	白龍母	在吳縣陽山郡中. 嘗於是祈雨而應, 民所欽奉.…有僧祖照者, 以父老相傳, 述其事於壁云: "東晉, 隆安中, 山下居民繆氏家有女. 及笄, 出行, 風雨暴至, 天地陟暗, 避於今所謂龍塘	江南道 蘇州	吳郡圖經續紀 p.652

〔陽山靈濟廟〕	白龍母	之側. 俄有白衣老人, 曰: "天色如此, 吾無所歸, 欲假館待旦, 而前可呼.…" 遂首肯語, 竟據失老人所在. 女歸有妊, 父母惡之, 逐出, 丐食鄰里. 明年三月十八日, 至今所謂龍塚之上, 産一肉塊.…塊破化而爲龍.…白龍昇騰而去, 衆乃厚葬其母, 自後累降. 巫語: "始祠之於山巓而雨賜失候, 祈禱必應."	江南道 蘇州	吳郡志 p.788
慈感廟	龍母	在縣東南五十里, 卽吳塘龍母祠. 宋紹興戊辰, 賜額, 封嘉惠贊福夫人. 唐獨孤及有吳塘祈雨文.	江南道 潤州	至順鎭江志 p.2732
常熟縣龍堂〔換靈廟〕	龍神	唐咸通中, 縣令周思輯以旱故, 禜龍於破山之潭上, 果雨以應. 於是爲堂以祀之. 記刻今存. 破山卽虞山也.父老以謂每歲有龍往來於陽山,虞山之間, 其雲雨可識. 龍唐記:…若然者, 龍亦能爲風雨, 見怪物, 則其澤之在民厚矣. 神而祀之, 又宜矣.…汝南周君爲令之初年, 夏且旱, 禜其神於破山之上, 果雨以應. 君曰: "受其賜, 徒禜以報, 不可也. 於是命工以土木介〔初〕其像, 爲室以蔭之. 著之於典, 用潔其祀. 於是風雨時, 怪物止, 水旱不爲厲, 連歲以穰. 其神之澤乎, 君之祀乎?…日休嘉其爲志在民, 故從之. 咸通十三年二月十九日, 前攝嶺南東道節度巡官, 試秘書省校書郎 皮日休記.	江南道 蘇州 常熟縣	吳郡圖經續紀 p.652 琴川志 p.1243 吳郡志 p.787
靈澤廟	龍神	在徑山能仁寺, 去縣五十里. 卽唐國一禪師開山時所現龍神也. 每歲雨賜愆期, 邑人禱之, 多應. 紹興八年, 賜靈澤廟額.	江南道 杭州 臨安縣	咸淳臨安志 p.4019
淵德廟	龍神	在響應山下, 碧玉潭側. 潭水淵澂, 神龍居之. 唐元和八年, 縣令劉洧禱雨有驗, 始載祀典.	江南道 湖州 武康縣	嘉泰吳興志 p.4745
五龍堂	龍神	唐刺史李伉, 以天壽院天井, 歲旱禱雨必應, 有金線蜥蜴出而赴感, 乃卽開元宮建五龍堂, 俾郡人咸便香火, 且爲記以著靈異. 其略曰: "在天莫如龍, 龍之德, 佐天養萬物.…四月戾止六月大旱, 俾吏具香酒, 敬祈於五龍之神.…乃建宇爽塏, 依方塑像, 以時薦享, 謂之五龍祠堂云. 時咸通六年季秋之末也.	江南道 明州	寶慶四明志 p.5128 延祐四明志 p.6352
孚澤廟	龍神	在玄武湖側, 去城西北一里. 宋文帝時, 黑龍見, 糊□時人號黑龍潭廟, 祀之. 紹興中禱雨輒應, 張濤以聞賜額.	江南道 潤州 上元縣	至正金陵新志 p.5686
靈波廟	龍神	在縣西廣德湖. 唐賜額靈龍, 特封廣德宣聖王.	江南道 明州	延祐四明志 p.6354
金崎廟		去縣七十里. 晉康帝時, 漁人釣於此, 得金鎖二尺, 因詔立廟.	江南道 福州 閩縣	淳熙三山志 p.7875
黃帝祠	黃帝		關內道 延州 膚施縣	元 p.76

女媧廟	女媧	承注山…女媧生處. 按今山下有女媧廟.	河南道 兗州 任城縣	元 p.270
祝融祠	祝融		河東道 儀州 遼山縣	元 p.383
堯祠	堯		河南道 兗州 瑕丘縣	元 p.265
堯祠	堯	在東北二, 三里, 祈雨頗有靈驗. [840年4月3日, 844年7月15日]	河南道 靑州	入唐求法巡禮行記 p.265
堯祠	堯		河北道 定州 望都縣	元 p.512
堯廟	堯		河東道 晉州 臨汾縣	元 p.337
堯氏廟	堯	在堯氏山下. 皮日休茶詩注云: "有堯氏廟及羿后廟在顧渚山口."	江南道 湖州 長興縣	嘉泰吳興志 p.4744
堯母祠	堯母		河南道 濮州 雷澤縣	元 p.296
羿后廟	羿后	皮日休茶詩注云: "有堯氏廟及羿后廟在顧渚山口."	江南道 湖州 長興縣	嘉泰吳興志 p.4744
舜祠	舜	〔武德〕三年春正月辛巳, 幸蒲州, 命祀舜廟. 貞觀十一年詔致祭, 以時麗埽.	河東道 河中府 河東縣	舊紀 p.10 元 p.326
舜廟	舜	九疑山…舜所葬也, …舜廟在山下.	江南道 道州 延唐縣	元 p.713
舜廟	舜	在縣東南一百里. 『述異記』云: "會稽山有虞舜巡守臺, 下有望陵祠."	江南道 越州	嘉泰會稽志 p.6804
舜廟	舜	濟南府城第二坊. 按圖經, 古舜祠在廟山, 舜井在此. 今廟在井旁, 有宋碑. 城外古舜坊, 卽廟山.	河南道 靑州 濟南府	齊乘 p.598
舜二妃廟	舜二妃	昭宗天祐二年, …舜帝二妃祠爲懿節祠.	?	文 卷103 p.939
大禹祠	禹	隋末摧毀, 貞觀九年奉敕更令修理.	河南道 絳州 龍門縣	元 p.336
禹廟	禹	…其碑是後魏孝文所立.	河東道 慈州 昌寧縣	元 p.344
夏禹廟	禹	〔貞觀十二年 二月〕乙丑, 次陝州, 自新橋幸河北縣, 祀夏禹廟.	河南道 陝州	舊紀 p.49

禹廟	禹	縣東南一十二里. 越絶書云: "少康立祠於禹陵所. 梁時修廟.	江南道 越州	嘉泰會稽志 p.6804
防風氏廟	防風氏	在武康邑境有二. …〔徵異記〕云: "晉元康初, 中夜見有人坐武康縣樓上, 身長數丈, 垂膝至地. 縣令會稽賀循知之曰: 此地本防風氏之國, 其防風氏之神乎, 遂立廟於縣之東." 錢氏封爲靈德王, 號靈德廟. 有石刻存.	江南道 湖州 武康縣	嘉泰吳興志 p.4745
防風氏廟	防風氏	在縣東北二十五里, 禹誅方風氏, 此其遺跡.	江南道 越州	嘉泰會稽志 p.6806.
商湯祠	湯	在縣西北二十里湯祠鄉.	關內道 京兆府 興平縣	長安志 p.153
夏后啓廟	啓	至天冊萬歲二年臘月甲申, 親行登封之禮. …夏后啓爲齊聖皇帝.	河南道 河南府 登封縣	舊禮 p.891
啓母廟	啓母神 〔陽翟婦人〕	『漢書』"武帝祀中嶽, 見夏啓母石", 是也. 應劭云:"啓生而母化爲石." 〔調露二年〕幸嵩陽觀及啓母廟, 並命立碑. 至天冊萬歲二年臘月甲申, 親行登封之禮. …夏后啓爲齊聖皇帝, 封啓母神爲玉京太后.	河南道 河南府 登封縣	元 p.140 舊紀 p.106 舊禮 p.891
后稷祠	后稷		關內道 京兆府 武功縣	元 p.33 長安志 p.156
稷祠	后稷		河東道 絳州 稷山縣	元 p.335
平水大王廟	平水大王 〔后稷庶子〕	在京岷山. 舊傳, 王爲后稷之子, 佐禹平水. 至會稽誨人浚道, 後祀之.	江南道 潤州	至順鎭江志 p.2727
后土祠	后土	〔開元十一年春正月〕祠后土於汾陰之脽上. …改汾陰爲寶鼎. 〔開元二十年〕十一月, 庚午, 祀后土於脽上, 大赦天下.	河東道 河中府 寶鼎縣	舊紀 p.185 舊紀 p.198 元 p.328
姜嫄祠	姜嫄		關內道 京兆府 武功縣	元 p.33 長安志 p.156
太公廟	姜太公		河北道 衛州 汲縣	元 p.460
西王母祠	西王母	〔永淳〕二年春正月甲午朔, 幸奉天宮, 遣使祭嵩岳, 少室, 箕山, 具茨等山, 西王母, 啓母, 巢父, 許由等祠.	河南道 河南府 登封縣	舊紀 p.110
巢父祠	巢父		河南道 河南府 登封縣	舊紀 p.110
許由祠	許由		河南道 河南府 登封縣	舊紀 p.110

晉祠	唐叔虞	晉祠碑, 在乾陽門街. 貞觀二十年, 太宗幸幷州所置, 御製幷書. [王]威[高]君雅見兵大集, 恐高祖爲變, 相與疑懼, 請高祖祈雨於晉祠, 將爲不利. 二十二年, 眞德遣其弟國相, 伊贊子金春秋及其子文正來朝. 詔授春秋爲特進文正爲左武衛將軍. 春秋請詣國學觀釋奠及講論, 太宗因賜以所制溫湯及晉祠碑幷新撰晉書. 將歸國令三品已上宴餞之, 優禮甚稱.	河東道 太原府 晉縣	元 p.366 舊紀 p.2 舊 卷199[上] p.5335
周文王廟	周文王	周文王廟二處, 一在縣西, 一在縣東, 相去各十五里.	關內道 京兆府 咸陽縣	長安志 p.147, 類編長安志, p.316
周武王廟	周武王	[天寶九載]立周武王, 漢高祖廟於京城, 司置官吏.	關內道 京兆府	舊紀 p.224 類編長安志 p.316
周成王廟	周成王	在縣西十五里.	關內道 京兆府 咸陽縣	長安志 p.147 類編長安志, p.316
周康王廟	周康王	在縣北七里.	關內道 京兆府 咸陽縣	長安志 p.147 類編長安志, p.316
吳王 夫差廟	夫差	今村落間有之. 舊廟無考. 『鑑戒錄』云: "世傳, 此廟拆姑蘇臺木創成. 唐陳羽秀才嘗題夫差廟, 時人謂之題破此廟.	江南道 蘇州	吳郡志 p.781 琴川志 p.1244
吳 夫槪王廟	夫槪	〈吳興記〉云: "吳王闔閭使其弟夫槪, 築城於此."	江南道 湖州 長興縣	嘉泰吳興志 p.4744
漢高祖廟	漢高祖		關內道 京兆府	舊紀 p.224
漢高祖廟	漢高祖 劉邦	隗囂自力爲大將軍, 聘平凌人方望爲軍師, 勸囂立高祖廟, 以取信於人.	嶺南道 臨州 上邽縣	元 p.981
漢 呂太后廟	漢呂后	在縣東北三十五里.	關內道 京兆府 咸陽縣	長安志 p.147
漢惠帝廟	漢惠帝	在長安故城, 高祖廟後.	關內道 京兆府	類編長安志 p.316
漢文帝廟	漢文帝		關內道 京兆府 萬年縣	長安志 p.137
漢景帝廟	漢景帝	在縣東北十五里.	關內道 京兆府 咸陽縣	長安志 p.147

漢宣帝廟	漢宣帝		關内道 京兆府 萬年縣	長安志 p.137
漢龍泉〔淵〕廟	漢武帝	武帝廟號也. ,長安志〉稱謂龍淵廟, ,元和郡縣圖志〉可能避唐高祖的諱.	關内道 京兆府 興平縣	元 p.26 長安志 p.153·178
漢世祖廟	後漢 光武帝	卽世祖卽位之千秋亭也.	河北道 趙州 柏鄕縣	元 p.492
光武祠	後漢 光武帝?		河南道 陳州 男頓縣	新志 p.988
魏文帝祠	魏文帝	文帝以漢中平四年生於此宅.	河南道 亳州 譙縣	元 p.185
吳大帝廟	吳大帝	在西門外, 清凉寺之西. 舊傳今廟卽當時故宮. 隸府城西門外, 今廟庭卽當時舊宮. 唐大中初, 邑人永寧周知業以家貲重修.	江南道 潤州 上元縣	景定建康志 p.2053 六朝事跡編類 p.121 至正金陵新志 p.5684
吳文皇帝廟	孫和	在儀鳳橋南, 本名吳太子和廟, 在州西陵旁, 皓祠位後, 別創於今處. 隋季廟毀, 唐初重立. 以和曾封南陽王, 曰 '孫王廟'. 大歷十年, 刺史顏眞卿以嘗追尊立廟, 改爲吳文皇帝廟. 大和八年, 敬所重修, 有碑, 胡季良撰.	江南道 湖州	嘉泰吳興志 p.4741
晉元帝廟	晉元帝	唐天祐二年置. 舊在城内西北卞蔣軍廟側.	江南道 潤州 上元縣	景定建康志 p.2053 六朝事跡編類 p.121 至正金陵新志 p.5684
梁宣帝廟	梁宣帝	在縣西三十里梁王山上. 梁太清末建. 舊傳, 王避地於此, 故祠之.	江南道 台州	嘉定赤城志 p.7526
隋文帝廟	隋文帝	在縣東五里, 唐天寶三載建.	京兆府 藍田縣	長安志 p.188
高祖神堯皇帝廟	唐高祖	在禹廟南絶頂之上, 畫行幸儀衛之像, 蓋義寧初義旗至此也.	河東道 絳州 龍門縣	元 p.336
義帝祠	義帝〔楚懷王〕	郴州…項羽徙義帝之所都也.	江南道 郴州 郴縣	元 p.707·708
先主廟	劉備?		劍南道 成都府 成都縣	元 p.769

琅邪王廟	琅邪王	在縣奔牛鎭東二里. 舊傳, 晉元帝渡江後, 有此祠.	江南道 常州	咸淳毗陵志 p.3075
文孝廟	昭明太子	梁昭明太子也. 在城內西南新橋之西, 面臨淮水.	江南道 潤州 上元縣	景定建康志 p.2057
望帝祠	?		劍南道 彭州 導江縣	元 p.774
比干廟	比干		河北道 衞州 汲縣	元 p.460
比干廟	比干	中宗反正後, 有武當縣丞壽春周憬, 慷慨有節操, 乃與王駙馬同皎謀誅武三思. 事發, 同皎見害, 憬遁於比干廟中自刎.	山南道 均州 武當縣	隋唐嘉話〔下〕 p.41 亦見〔唐語林〕 p.41
假烈士廟	假秀實	〈三輔會要〉, 烈士假秀實廟在臨潼縣斜口鎭南道西. 廟西三里是墓. 德宗御製神道碑, 太子誦書. 丹碑尚存.	關內道 京兆府 臨潼縣	類編長安志 p.317
太白廟 〔聖侯廟〕		原在春明門外. 天祐年, 移於府城東南隅. 人呼爲太白廟.	關內道 京兆府	類編長安志 p.316
吳太伯廟	吳泰伯	在舟東南五里景雲鄕, 臨太伯瀆. 實字記云: "太伯開瀆以備旱澇, 百姓利之, 爲立廟於瀆側."	江南道 常州 無錫縣	無錫志 p.2249 咸淳毗陵志 p.3076
泰伯廟 〔至德廟〕	泰伯	東漢 永興二年, 郡守糜豹建於閶門外. 『辨疑志』載: "吳閶門外有泰伯廟, 廟又有一宅, 祀泰伯長子三郎. 吳越錢武肅王時徙之城中."…皮日休詩云: "一廟爭祠兩讓君, 幾千年後轉淸芬, 當時盡解稱高義, 誰敢敎他莽草分."	江南道 蘇州	吳郡圖經續紀 p.652 吳郡志 p.780
嘉賢廟 〔延陵季子廟〕	季札	按山謙之丹陽誌云: 南廟在晉陵東郭外, 北廟在武進薄落破, 西廟在潤州曲阿, 又云: 墓在進陵縣北七十里, 申浦西,…」在延陵鎭西北九里, 卽吳季子廟也, 不知何時所立. 東漢會稽守第五倫毀之. 其後更復. 唐大曆十四年, 潤州刺史蕭定改修, 仍爲記. 宋元祐戊辰, 敕賜今額.…嘉定間, 重修十字碑亭, 漫塘劉宰爲記. 其文曰: '延陵, 季子之邑. 季子遜國之節高, 天下廟祀爲宜. 故唐狄梁公, 盡毀江南祠, 獨此不廢.	江南道 常州 潤州	咸淳毗陵志 p.3071 至順鎭江志 p.2733
伍員廟	伍子胥	在胥口胥山之上, 蓋自員死後, 吳人剏立此廟.	江南道 蘇州	吳郡志 p.781
伍員廟 〔伍相公廟〕	伍子胥	在縣西九里, 子胥自楚入吳, 過此. 後人爲立祠.	江南道 常州	咸淳毗陵志 p.3076

伍員廟〔忠淸廟〕	伍子胥員	在吳山. 吳氏, 名員. 楚大夫奢之子. 平王以讒殺奢, 子胥奔吳言, 伐楚之利, 欲以報仇. 後十七年, 吳與楚戰而勝, 遂入郢, 平王之子昭王奔. 隨又十年, 吳伐越, 王闔廬傷而卒. 王夫差立, 立三年而入越, 句踐棲於會稽, 使大夫種行成於吳王, 許之. 子胥諫, 不聽. 日: '吳其爲沼呼.' 後九年, 王伐齊, 越率其衆而朝. 子胥日: '是棄吳也, 不如早從事焉.' 又不聽胥. 欲避吳禍, 私使人至齊, 屬其子於鮑氏. 日: 王孫氏王聞之, 賜之屬鏤以死, 將死, 日: 植吾墓檟檟, 可材也, 吳其亡乎. 後十二年, 越果滅吳. 史記云: 吳人憐之, 爲立祠於江上, 因命日胥山. 唐元和十年, 刺史盧元輔修, 並作胥山銘. 唐景福二年, 封惠廣侯.	江南道杭州	咸淳臨安志 p.3995
伍員廟〔英烈王廟〕	伍子胥	在胥嶺, 蓋伍子胥別廟. 舊不載祀典, 紹興九年, 因修圖經, 考正本原, 取吳山本, 廟封爵名之. 歲時遣官致祭焉.	江南道陸州	淳熙嚴州圖經 p.4328 景定嚴州續志 p.4408
尙胥廟	伍尙·伍子胥	…考證, 伍子胥入吳至此後, 以忠死, 邦人憐之, 故幷其尙祠焉, 因日尙胥廟.	江南道蘇州 鹽城縣	至元嘉禾志 p.4497
南雙廟	伍子胥陳果仁	在盤門裏城之西隅. 二廟, 左英烈王伍員也. 右福順王隋陳果仁也. 果仁又稱武烈帝, 或云: "五代初, 常, 潤尙屬淮南, 仁果〔果仁〕廟在常, 潤間. 錢氏得常, 潤, 遂移廟於蘇.	江南道蘇州	吳郡志 p.781
卜商祠	卜商		河東道汾州 西河縣	元 p.378
西門豹祠	西門豹		河北道相州 鄴縣	元 p.453
李冰祠	李冰	楗尾堰, …李冰作之, 以防江決.	劍南道澎州 導江縣	元 p.774 新志 p.1081
王翦廟	王翦	縣東北三里.	關內道京兆府 富平縣	長安志 p.196
白起祠	白起		關內道京兆府 咸陽縣	元 p.14 長安志 p.148
蕭何廟	蕭何	在縣西三十里.	關內道京兆府 三十里	長安志 p.148
蒙恬祠	蒙恬		關內道京兆府 咸陽縣	元 p.15
祖逖祠	祖逖	狄累破石勒軍, 由是黃河以南皆爲晉土, 人皆感悅, 逖卒, 百姓立祠.	河南道汴州 雍丘縣	元 p.178

管輅祠	管輅		河北道 德州 平原縣	元 p.495
季梁廟	季梁		山南道 隨州 隨縣	元 p.542
鄧艾廟	鄧艾	艾爲魏將, 作陂營屯田, 後人賴其利, 因爲立祠.	河南道 潁州 下蔡縣	元 p.190
鄧艾廟	鄧艾		劍南道 成都府 成都縣	元 p.769
鄧艾祠	鄧艾		劍南道 劍州 梓橦縣	元 p.846
鄧艾廟	鄧艾	幽明錄, 鄧艾廟在京口上, 有一草屋. 晉安北軍司馬恬病, 夢一老翁後, 訪之, 爲立瓦屋.	江南道 潤州 丹徒縣	至順鎭江志 p.2727
河候祠	〔漢〕王尊	漢王尊爲東郡太守, 河水盛, 浸瓠子隄, 尊臨決河不去, 後人嘉尊壯節, 因爲立祠.	河南道 滑州 白馬縣	元 p.199·297 漢書·王尊傳
子産廟	子産	〔陘〕山上有子産墓, 墓累石爲方墳, 墳東有廟.	河南道 鄭州 新鄭縣	元 p.206
魯恭廟	魯恭	後漢魯恭爲縣宰, 有善政, 人爲立祠.	河南道 鄭州 新鄭縣	元 p.206
魯肅廟	魯肅		河南道 泗州 宿遷縣	元 p.231
魯肅神祠	魯肅		江南道 沔州 漢陽縣 魯山	元 p.648
太平靈衛 王廟	陳渾	在縣治. 神姓陳, 名渾, 嘗爲令, 詳見廟記. 記文：'熙寧癸丑, 餘杭令扈大亮撰. 王自東漢熹平間, 嘗宰, 是邑百姓爲之立祠, 後唐長興中, 封太平靈衛王.	江南道 杭州 餘杭縣	咸淳臨安志 p.4016
賈君祠	賈彪	…後漢時爲新息長, 時小民多不養子, 彪嚴其制, 所活數千, 僉曰賈父, 後爲立祠.	河南道 蔡州 新息縣	元 p.241
許太尉廟	許馘	後漢許馘也, 義興人. 靈帝時嘗爲是官. 應劭爲廟碑, 歲久字刓. 開元中, 諸孫重立刻八字於碑陰云：'談馬礪畢王田數七'. 邑宰徐延休一見輒解. …蓋謂許碑重立也.	江南道 常州	咸淳毗陵志 p.3078
顯應廟		在縣西四十里, 祠初建於赤烏二年. 神嘗爲令此邑, 有惠政, 廟食於此, 歲久, 失其姓.	江南道 越州	嘉泰會稽志 p.6807
楊君神祠	楊難？		山南道 興州 順政縣	元 p.570

張道陵祠	張陵?	陵開鑿鹽井, 人得其利, 故爲立祠. 陵卽張魯之祖父…故時號米賊, 亦曰五斗米道.	劍南道 陵州 仁壽縣	元 p.862
趙盾祠	趙盾		河東道 絳州 太平縣	元 p.332
李牧祠	李牧		河東道 絳州 太平縣	元 p.332
孫叔敖祠	孫叔敖		河南道 光州 固始縣	元 p.247
介子推廟	介子推		關內道 京兆府 咸陽縣	長安志 p.147
介子推祠	介子推		河東道 太原府 晉陽縣	元 p.366
袁太守廟	袁宏	卽晉袁宏廟. 唐末, 裔孫袁仁敬建.	江南道 潤州	至順鎭江志 p.2736
虞翻廟	虞翻	翻爲孫權騎都尉, 以數諫爭, 徙交州卒.	嶺南道 廣州南 海縣	元 p.888
北廟	尉佗		嶺南道 廣州 南海縣	元 p.888
原公祠	原過	史記曰:'智伯率韓·魏攻趙, …〔趙〕襄子再拜, 受三神之令. 旣滅智氏, 遂祠三神於百邑, 使原過主之.'	河東道 太原府 楡次縣	元 p.367~8
淮南王子廟	東塘神〔淮南王子〕	淮南王安被誅, 其子奔至此城門, 化爲石.	江南道 道州 江華縣	元 p.714
旌儒廟	秦坑儒受難儒生	有旌儒鄕, 有廟, 故坑儒…〔天寶元年〕改驪山爲會昌山, 仍於秦坑儒之所立祠宇, 以祀遭難諸儒.	關內道 京兆府 昭應縣	新志 p.963 舊紀 p.216
辛王廟	辛翼	韓國趙侯辛君, 諱翼, 字大鵬, 灌陽人也.…秦起兵, 破韓…然秦勢勇, 不能守, 泛海而南入閩. 無所知名, 閉門不出, 嘗以家財求客, 爲韓報讎於秦.…聞秦已破. 是年飢, 人互相食啖, 公傾幣藏, 盡救飢民. 漢興, 天下稍定, 公置田千畝, 茅屋數椽以養道修眞. 至漢安五年, 無疾而逝, 卜葬辛塘之南. 至隋立祠於南岡之東, 祈禱無感不通.	江南道 潤州 丹徒縣	至順眞江志 p.2729
銅官廟〔通靈王廟〕	趙姓監官	在甘棠橋相直. 舊謂之銅官山趙監廟.…今俗呼銅官廟. 漢吳王令〔趙〕監, 督胥靡鑿山採銅, 不忍虐用其民, 山覆而死, 因以立廟. 〔後〕唐同光中敕封爲通靈王, 淸泰二年加封福善.	江南道 湖州烏 程縣	嘉泰吳興志 p.4743

銅官趙監廟	趙姓監官	在縣西北十五里銅官山. 吳興記云, 昔漢末吳王鼻鑿山採銅, 監姓趙, 遇山崩壓死, 記以爲神. 因爲立廟, 水旱必禱, 公私皆有.	江南道 湖州 武康縣	嘉泰吳興志 p.4745
漢錢卿廟	錢朔	舊圖經云, 彭祖四十六代孫, 錢卿名朔, 字幼子. 建武中, 爲黃門侍郞, 代郡太守. 卒有靈. 永平七年, 立廟於柯里村, 置吏十六, 供其灑掃. 唐貞觀元年, 重修.	江南道 湖州 長興縣	嘉泰吳興志 p.4744
純孝廟 〔亦謂純德廟或純德徵君廟〕	董黯	東漢孝子董君祠也. 在州東南五十五步. 唐大曆十二年立, 刺史崔殷之記, 徐浩書. 君名黯, 其孝行之大, 已見於徐浩所書之碑. 今祠宇卽其故宅.	江南道 明州	乾道四明圖經 p.4879 **비문내용** p.4963 寶慶四明志 p.5128 延祐四明志 p.6352
蕭王大祖廟	蕭氏大祖	在縣西北. 考證唐贊云, 梁蕭氏興江左, 實有功在民. 故州縣多祠之.	江南道 蘇州 嘉興縣	至元嘉禾志 p.4494
高王菩薩廟	高使君	考證, 高使君也. 晉建武中, 出爲監屯校尉, 領兵三千, 屯給於此. 久而鎭靜, 使君教兵二千耕稼官田. 歲遇豐稔, 公儲有餘. 於官·於私有功有德. 使君累遷黃門侍郞·侍衛. 在長安井侍中征虜將軍授北海·信都二郡太守. 未之鎭, 終於此. 梁大通年, 立廟於縣北二百步. 梁步兵校尉劉顗, 爲之記. 後, 移其廟於此. 地名江涇村.	江南道 蘇州 嘉興縣	至元嘉禾志 p.4494
馬太守廟	馬臻	…永和五年, 創立鏡湖在會稽·山陰二縣界. 築塘畜水, 水高於田, 田高於海各丈餘. 水少, 則洩湖漑田. 水多, 則洩田水入海. 塘周回三百十里, 漑田九千餘頃. 會稽記云, 創湖之始, 多毀冢宅, 有千餘人怨訴, 臻被刑於市. 及遣使按覆, 絶不見人. 閱籍皆先死者出. 唐韋瓘修廟記云, 開元中, 刺史張處深念功, 本爰立祠宇.	江南道 越州	嘉泰會稽志 p.6805
安平公廟	宇文愷	新說曰：隋宇文愷有遷城營建之功, 封安平公, 廟食於此.	關內道 京兆府	類編長安志 p.318
薛長官廟 〔惠政侯廟〕	薛長官	在縣西北三十里. 祀薛長官. 唐武德中, 建. 按廟記, 時有薛其姓者, 令於此. 民愛而祠之. 舊在他所, 會昌中, 徙今地.	江南道 台州 臨海縣	嘉定赤城志 p.7521
劉易從祠	劉易從	武后時, 長史劉易從決唐昌, 施江, 鑿川派流, 合堋口, 埌岐水漑九隴. 唐昌田, 民爲立祠.	劍南道 彭州 濛陽郡 九隴縣	新志, p.1080

王元緯祠 〔它山堰 善政侯廟· 遺德廟〕	王元緯	南二里有小江湖, 溉田八百頃. 開元中 令王元緯置, 民立祠祀 之…蓋唐太中, 邑宰琅琊王侯, 爲元緯之祠也. 先是厥不連 江, 厥田宜稻. 每風濤作沴, 或水旱成災. 侯乃命採石於山, 爲 提爲防. 迴流於川, 以灌以溉. 通乎潤下之澤. 建乎不拔之基. 能於歲時大獲民利. 自它山堰, 溉良田者, 凡數千頃. 故鄕民 德之. 立祠以祀. 後封爲善政侯.	江南道 明州 餘姚郡 鄮縣	新志 p.1061 乾道四明圖經 p.4884 寶慶四明志 p.5165 延祐四明志 p.6354
許遠廟 〔靈惠忠 烈侯廟〕	許遠	在縣一里塔山, 唐許遠廟也. 遠新城人. 乾道三年知縣景秉申 請於朝, 賜額靈惠. 封忠烈侯.	江南道 杭州 新城縣	咸淳臨安志 p.4022
許遠廟	許遠	許遠: 鹽官人, 爲人寬厚, 長者明吏治. 會祿山反, 召拜睢陽 太守. 張巡拔衆至睢陽, 與遠合. 遠位本在巡上, 授之柄, 而處 其下, 無所疑忌. 遠與巡同年生月日, 後於巡呼, 巡爲兄. 至德 二載, 慶緒遣尹子琦, 將十餘萬攻睢陽…城陷與巡具被執. 子 琦送遠洛陽, 至偃師不屈, 死, 詔贈荆州大都督. 子〔許〕玫拜 婺州司馬, 立廟睢陽, 與巡同祀, 號曰雙廟.		咸淳臨安志 p.3933
李泌廟 〔嘉澤廟〕	李泌	…唐相國, 鄴侯也. 德宗興元間, 守杭有風績, 郡地苦斥鹵, 民 日汲鹹水, 侯爲鑿六井, 引西湖水入城中, 始得因淸泉. 郡人 德之, 爲立祠. 〔宋眞宗〕景定五年, 敕以嘉澤爲額.	江南道 杭州	咸淳臨安志 p.4006
康令祠	康令	咸通中大旱, 令以身禱雨赴水死, 天卽大雨, 民爲立祠.	淮南道 揚州郡 江陽縣	新志 p.1052
羅池廟 〔柳宗元 廟〕	柳宗元	羅池廟者, 故刺史柳侯廟也. 柳侯爲州, 不鄙夷其民, 動以禮 法…於是民業有經, 公無負租, 流逋四歸, 樂生興事; 宅有新屋, 步有新船, 池園絜修… 三年孟秋辛卯, 侯降于州之後堂, 歐陽 翼等見而拜之, 其夕, 夢與而告曰: '館我於羅池.' 其月景辰, 廟 成大祭, 過客李儀, 醉酒慢侮堂上, 得疾, 扶出廟門卽死. 明年 春, 魏忠; 歐陽翼使謝寧來京師, 請書其事於石.	江南道 柳州	韓昌黎文集 上 p.492~495.
吳刺史廟	吳謙	大歷年間, 刺史吳謙字德裕, 有善政. 郡民, 歃血而祠之.	江南道 明州	延祐四明志 p.6354
崔騈祠	崔騈	…開成二年, 刺史張怡架水入成, 已紓遠汲. 四年, 刺史崔騈 復增修之, 民獲其利. 後思之, 爲立祠.	關內道 坊州 中部郡 中部縣	新志 p.970
張僕射廟	張營建	事跡編云, 舊經, 唐天祐中, 有淸河張司徒營建, 金陵百姓懷 而祠之. 今呼張僕射廟.	江南道 潤州	至正金陵新志 p.5687
桐川神祠 〔靈濟昭 列王別廟〕	桐川神 〔神姓張 氏〕	蓋自漢以來, 江浙多祠之.	江南道 蘇州 華亭縣	雲間志 p.28

陸司空廟	陸機	今俗傳陸機廟. 按晉史, 機未嘗爲司空, 爲司空者, 機之從兄弟玩也. 又原化紀云: 蘇州華亭縣有陸四官廟. 元和初, 有鹽船泊於廟前. 守船者, 夜於廟中, 獲光明珠, 則又以爲陸四官矣.	江南道 蘇州 華亭縣	雲間志 p.29
築耶將軍祠	袁崧	在沙岡, 有築耶城遺址尙存. 晉左將軍袁崧築也. 有築耶將軍祠, 世傳祀袁崧云. 按晉隆安四年, 崧以吳國內史, 築壘瀆壘, 已備孫恩. 明年恩陷瀆壘, 崧死, 境內祠之宜也.	江南道 蘇州華 亭縣	雲間志 p.29
晉謝將軍廟	謝元	在城西南隅, 戒壇院之側. 唐咸通九年建, 將軍蓋謝元也.	江南道 潤州 上元縣	景定建康志 p.2056
晉梅將軍廟	梅頤	晉梅頤嘗屯營於此. 又名梅嶺岡, 或名梅頤營. 後人卽此立廟.	江南道 潤州 上元縣	景定建康志 p.2057
周將軍廟[英列廟]	周楚	在縣荊溪南, 舊稱周將軍廟, 卽晉平西將軍周孝公楚也.	江南道 常州	咸淳毗陵志 p.3076 有李思義詩文
衛將軍廟	衛逖	將軍諱逖, 爲邑人, 佐唐高祖起義, 汾幷擒竇建德, 扶槊驅憲. 太宗奇之, 第功拜將軍, 宿衛, 以母老丐歸. 及卒, 邑人爲立廟.	江南道 常州	咸淳毗陵志 p.3078
石門將軍祠[濟衆侯廟]	石門將軍	在縣東南五十里, 倒回谷口. 其神名石門將軍. 唐京兆府第五琦·楊知, 至祈雨有應. 至乾符中, 歲旱, 詔使致禱, 應時澍需, 遂封濟衆侯, 增葺廟宇.	關內道 京兆府 藍田縣	長安志 p.169
鹿臺神廟	鹿臺將軍	在鹿臺原上. 郡國志曰: '鹿臺祠', 百姓祈禱, 水旱有感. 俗名鹿臺將軍.'	關內道 京兆府 高陵縣	長安志 p.179
蔡侍郎廟	蔡侍郎?	據通幽紀, 貞元五年, 在嘉興, 監徐浦, 下場種鹽. 官場界今諸場亦有蔡廟場, 未詳何神. 柘林方廣寺有蔡侍郎祠. 按寺紀云: 自古相傳, 蔡侍郎舍宅爲寺, 竟無稽考. 惟菲幢題云: 咸通六年, 蔡贊造. 去父母塋九十步, 去壽塋十六步. 三代皆當世文儒. 貞元中, 已有蔡侍郎祠. 雖稗官小說, 未可盡信, 不應咸通中蔡始造壽塋也. 豈寺之所祠與蔡廟場所祠各不同乎.	江南道 蘇州 華亭縣	雲間志 p.29
四皓廟	四皓	在終南山去縣五十里, 唐元和八年重建.	關內道 京兆府 萬年縣	長安志 p.137 類編長安志 p.316
朱太守祠	朱買臣	在烏龍, 漢會稽太守朱買臣之神也. 又有別廟在朱池. 舊亦不載祀典. 紹興九年, 因修圖經, 知爲會稽郡地, 買臣故鄕爲加增葺, 歲時祭之.	江南道 睦州	淳熙嚴州圖經 p.4326
唐杜相公祠	杜相公	在古城啓夏門內道東, 去縣八里. 咸通六年建…今人呼爲稽康廟.	關內道 京兆府 萬年縣	長安志 p.137 類編長安志 p.316

徐偃王廟	徐偃王	在縣西四十二里, 永春鄉. 舊經以爲偃王失國而亡至膠山, 而終遂立廟於此. 按韓愈記, 徐子章宇, 旣執於吳, 徐之公族, 子弟散之徐·揚二州. 今揚州之境, 多有廟, 豈亦因其公族子弟所至而然乎. 〈史記〉云: '徐偃王作亂, 造父爲繆王御, 長驅歸周, 一日千里以救亂.'〈博物志〉云: '徐偃王旣治其國, 仁義著聞. 欲舟行上國, 乃通陳·蔡之間, 得朱弓矢, 以己得天瑞, 遂因名爲號, 自稱徐偃王. 江淮諸侯皆伏從. 伏從者三十六國. 周王聞, 遣使乘騶, 一日至楚, 使伐之, 偃王仁, 不忍鬪害, 其民爲楚所敗, 逃走彭城武原縣東山下. 百姓隨之者以萬數, 後遂名其山曰徐山. 山上立石室廟, 有神靈, 民人祈禱. 今皆見存.'	江南道 蘇州	琴川志 p.1244 韓昌黎先生集 卷二七〈衢州 徐偃王廟碑〉
徐偃王廟	徐偃王	…考證偃王逃賊之會稽, 嘉興本屬會稽, 人多姓徐, 王之宗族嘗有散在邑者. 故後世, 因有思王功德者, 爲之廟以祀焉. 衢州龍丘亦有廟, 韓退之衢州廟記, 甚詳. 唐開元·元和中, 徐氏三人相繼作衢州刺史, 乃王之遠孫也.	江南道 蘇州 嘉興縣	至元嘉禾志 p.4495
徐偃王廟	徐偃王	在州南開化鄉… 無錫在禹貢爲揚州之域, 故世多徐偃王廟. 膠山鄉, 芙蓉山皆有偃王廟.	江南道 常州 無錫縣	無錫志 p.2249 咸淳毗陵志 p.3076
徐偃王廟	徐偃王	…偃王死, 民號其山曰徐山, 鑿石爲室, 以祠偃王. 偃王雖走死失國, 民戴其祠爲君如初. 其後, 公族子弟散徐, 揚間, 卽所居上立先王廟, 潤之有廟當始此.	江南道 潤州 丹徒縣	嘉定鎭江志 p.2379
徐偃王廟	徐偃王	在縣西十五里. 元和姓纂載, 偃王之後居於潛爲杭, 望族有偃王祠, 皆徐氏所建.	江南道 杭州 臨安縣	咸淳臨安志 p.4020
徐偃王廟	徐偃王	在州東, 地名翁浦, 俗呼爲城隍頭. 十道四蕃志云, 徐偃王誠翁州以居其址.	江南道 明州	大德昌國州圖志 p.6105 延祐四明志 p.6357
徐偃王廟	徐偃王	在縣東南二十五里. 舊傳. 廟前地嘗産六芝. 按韓愈廟記, 徐子章禹, 旣執於吳, 徐之公族子弟而散之, 徐, 揚二州, 台古揚州也. 豈亦因其公族子而廟乎. 今縣南三十五里, 古城亦有廟.	江南道 台州 黃巖縣	嘉定赤城志 p.7521
東海信郎王祠	東海信郎王	在縣東南一里. 不詳其始末. 虞孝恭南徐記云: '在無錫縣東, 今其祠廢, 不復痕跡, 後邑人爲立祠. 唐狄供聞, 爲狄仁傑所毀, 後易以土祖爲名. 今尚存. 祠前有河曰廟涇, 橋曰廟橋, 卽古祠之遺跡也.'	江南道 常州 無錫縣	無錫志 p.2249
		新安之神, 諱華姓汪氏, 績西人. 隋將寶歡之從子. 少以勇俠聞大業之亂, 以土豪應郡募. 平婺源寇有功, 尋爲衆所推, 保		

汪王神廟〔忠顯廟〕	汪華	據郡境. 時四方割據建號者. 衆乃稱以兵取旁郡, 并有宣·杭·睦·婺·饒五州, 帶甲十萬建號. 旲王爲政, 明信與遠近, 愛慕部內, 賴以安全, 凡十餘年. 唐武德4年, 以籍土地, 兵民, 遣使納款於唐. 高祖嘉之…〔貞觀〕二十二年三月三日, 薨於長安. 永徽中, 歸葬歙縣北七里雲郎山. 郡人思慕, 立祠於刺史宅西偏. 大歷中, 遷於烏聊山, 號越國公. 汪王神. 自唐刺史薛邑, 范傳正相繼增葺. 他縣亦處處有祠.	江南道歙州 歙縣	新安志 p.7614
靈濟公廟	陸弼	唐中書舍人陸弼及涪州刺史, 卒, 葬山側. 土人立廟. 水旱禱之, 必應. 僞蜀封洪濟王.	梓州 射洪縣	文獻通考 90 p.823
朱邑祠	朱邑	邑爲桐鄕嗇夫, 廉平有恩, 縣人思之, 爲立生祠.	淮南道舒州 桐城縣	元 p.1080
狄仁傑祠	狄仁傑	爲魏州刺史, 百姓爲立生祠…〔後唐〕庄宗觀霸河朔, 嘗有人醉宿廟廊之下…是歲庄宗分兵討鎭州, 至於攻下, 兩軍所殺甚衆焉.	河北道魏州 貴鄕縣	舊傳·狄仁傑傳 元 p.448 太平廣記 卷313
天王廟	毘沙門天王	在子城上郡圃西偏. 舊傳, 唐太宗從高祖起義, 兵有神, 自號毘沙門天王. 顧力定亂, 將有豬首象鼻者, 故所向成功. 及卽位, 詔天下公府, 皆祀之.	江南道常州	咸淳毗陵志 p.3072
天王堂	毘沙門天王	…唐天寶初, 令州郡於城西北隅, 置北方毘沙門天王像. 又置之, 佛利舊精嚴寺, 亦有此堂.	江南道蘇州	至元嘉禾志 p.4490
天王堂	毘沙門天王	在州治後城西北, 祀毘沙門天王. 唐天寶初, 建.	江南道台州	嘉定赤城志 p.7517
五老仙人祠	五老仙人		河東道河中府 猗氏縣	元 p.327
尹先生祠	尹先生	在老子廟北. 先生內傳曰: '先生性尹, 名喜. 周康王時, 爲大夫領散關長. 遇老君說, 道德五千文付先生. 先生白日上昇於此.'	關內道京兆府 盩厔縣	長安志 p.188
老子廟	老子	在縣界. 華陽子錄記: '秦始皇好神仙, 於尹喜先生樓南, 立老子廟. 晉惠帝元康五年, 更修, 蒔木萬株, 南北連亘七里. 給戶三百, 供酒掃. 隋文帝開皇元年, 復修.'	關內道京兆府 盩厔縣	長安志 p.188
老子祠	老子	〔武德七年十月〕幸終南山, 謁老子廟.	關內道鳳翔府扶風郡郿縣	舊紀 p.15 新志 p.967
老子祠	老子	天寶二年爲太淸宮	河南道亳州 眞源縣	新志 p.990
老君祠	老子	武德三年, 見神於羊角山下. 語曲沃縣人吉善行曰: '報大唐天子, 得理一千年.' 其年, 敕遣通事舍人柳憲立祠, 因改縣爲神山.	河東道晉州 神山縣	元 p.338

眞君廟	老子		河北道 定州 恆陽縣	元 p.514
李母祠	李母[老子之母]	[元]乾封元年, 冊號先天太后. [全]···聖母爲先天太后, 祠堂廟宇並令修創.	河南道 亳州 眞源縣	元 p.188 新志 p.990 全唐文 卷十二 p.60
七賢祠	嵇康, 阮籍		河北道 懷州 獲嘉縣	元 p.447
浮丘先生廟	浮丘先生	在黃山第十三浮丘峰下. 峰上有福丘仙壇, 嘗有至者見樓臺及白蓮華池. 左右有鹽米之嶺, 還率人取之迷, 不知處廟. 在唐嘗爲浮丘觀. 會昌中毁觀, 今有廟存.	江南道 歙州	新安志 p.7614
鬼谷先生祠	鬼谷子	在縣之東六十里太白山, 其祠倚山臨水···夏侯曾先地志云, 鬼谷子廟三面連山, 前有清溪之水, 泉源不竭, 山涯重疊, 雲霧蔽虧. 郭璞曾到有游山詩曰.	江南道 明州	乾道四明圖經 p.4885 寶慶四明志 p.5165
化被王廟	顧凱之	在縣東小井. 舊傳爲顧凱之廟. 側有顧陂.	江南道 常州	咸淳毗陵志 p.3075
赤松子祠	赤松子	···卽赤松子練水玉金丹處.	嶺南道 瀧州 建水縣	元 p.1089
陳聖子廟	陳聖子	舊圖經云, 陳武帝微, 時行息一楓木下. 忽見一人云:'子當富有天下.' 及武帝創位, 不知其人所在, 乃於楓木邊立廟, 享之名曰聖之子. 其廟, 唐末猶存.	江南道 湖州 長興縣	嘉泰吳興志 p.4744
王子晉廟	王子晉	聖曆二年春二月···幸嵩山, 過王子晉廟, 至天冊萬歲二年臘月甲申, 親行登封之禮···王子晉爲升仙太子, 別於立廟.	河南道 河南府 登封縣	舊紀 p.128 舊禮 p.891
惠安明應王廟	王姓隱者	烏石山之西, 王姓陳氏, 舊隱是山, 沒而顯靈. 唐元和後, 始立廟, 凡水旱, 疾疫必禱焉. 大中時, 羅中丞祈雨, 霽立應. 咸通間, 李大夫運餉湖, 湘, 亦獲陰佑.	江南道 福州	淳熙三山志 p.7862
岱石廟		···按舊志, 永初, 景平中, 建, 世傳, 神家婺州, 好游, 觀至黃巖而死. 精爽如在, 父老祠之. 廟山有巨石數株, 聳如人形, 咸以爲神顯異於此.	江南道 台州 臨海縣	嘉定赤城志 p.7522
偃官廟 [利濟廟· 遺德廟]	周鵬擧	···按慶歷甲申, 有李晏如得唐人所撰利濟廟記, 重刻於石···神周氏, 譚鵬擧, 字垂天, 會稽人. 東晉時登第, 初宰上虞, 守雁門. 俄而心思退讓, 志務幽閒, 念昔上虞北, 游魚浦湖, 逐乘白駒泛舟, 全家沒於水. 自是數示靈響, 民遂立祠, 奉之號曰,	江南道 越州 上虞縣	寶慶會稽續志 p.7131

		僊官廟. 初廟於湖壖. 神頻威肅. 民甚畏憚. 血食日盛. 明州天童僧德曇聞之. 以慈力化導. 俾歸正覺. 自是祭奠唯用蔬茹. 且願以廟庭爲僧廬.		
平水王廟	周清	在白鶴山西. 祀西晉周清. 俗傳. 清以行賈. 往來溫台. 俗呼周七郎. 娶臨海林氏女. 俄棄杵化龍. 與女皆不見. 後有遇之彭公嶼者. 遂祠之…俗又云. 此夏禹廟. 廟在江濱. 舊傳. 潮自南來. 雖巨潦至廟下. 必退. 近廟田無水患. 民德而祠之.	江南道 台州 臨海縣	嘉定赤城志 p.7521
白鶴廟	趙炳	縣城内. 神姓趙. 名炳. 字公阿. 東陽人. 能爲越方事見. 東漢書方術徐登傳. 没於章安. 台州人祠之甚謹. 象山舊爲台屬邑. 故亦祠焉.	江南道 明州 象山縣	乾道四明圖經 p.5273 延祐四明志 p.6359
白鶴三仙廟		在縣西十里鍾離村. 土人相傳. 孫種設瓜之地. 此廟最古.	江南道 潤州	至順鎭江志 p.2732
靈濟廟	張澂	…王後漢人. 初居郡之白鶴山. 唐顏眞卿碑載其事. 乾寧中. 邑人避宣城亂. 寓居卞山. 立草祠祀神. 時李師悦爲守. 夢神. 丐授館. 乃建祠於卞山之隅.	江南道 湖州	嘉泰吳興志 p.4742
陳長官廟〔上善濟物侯廟·雰浦顯應廟〕	陳廓	…嘗爲台州永安縣令. 始過此. 目山水之勝絶. 陰有卜居之意. 秩滿考罷. 從忽舟覆. 遂溺死. 自爾靈顯. 民遂祠之. 稱爲陳長官廟…寶泰三年樓公綸修廟記云. 酈道元之註水經出於後魏. 已言雰山北有雰浦浦口. 有廟. 廟甚靈驗. …廟甚靈驗. 行人及樵伐者皆致敬焉. 若有侵竊. 必爲蛇虎所傷. 今雖不聞有蛇虎之異. 而邑有水旱. 必先致禱.	江南道 越州	寶慶會稽續志 p.7130 嘉泰會稽志 p.6807
寧順廟	倪祖夫人	距城隔江二里. 地名夫子隴. 俗稱倪祖夫人. 其神夫倪可耕. 神妃則陳氏. 生子一人倪惇. 媳婦化氏. 先因梁武帝大同年中. 侯景之亂. 軍士恟恟. 坐甲圍衛時. 暑炎熾軍. 渴乏不能水. 無履跣足. 驀逢一嫗一樵寓. 衆兵中. 攜一熱水瓶. 令卒伍傾飲不竭. 復勢以草履. 令均攝之逡巡. 鼓風無蹤. 諸卒驚駭. 梁皇聞其狀. 採訪所居. 迺新定郡南. 傭民倪氏母子有游神攝化之術. 顯保國護境之功. 詢已逝矣. 建立祠祀. 梁太清六年正月甲申. 遣侍中馮道元. 持冊諡以顯應妃. 子封廣利王. 化氏封東林郡君. 廟宇常遭淹寖. 於唐正〔貞〕觀三年. 中書令馬周遷廟徙於夫子隴. 號曰詔山.	江南道 睦州	淳熙嚴州圖經 p.4326
孔相公廟	孔愉	…舊傳. 祀晉孔愉…愉山陰人. 永嘉之亂. 入臨海山中. 嘗位左僕射. 故土人目曰: 相公. 按. 黄巖. 寧海亦有祠. 今不盡載.	江南道 台州 臨海縣 黄巖縣 寧海縣	嘉定赤城志 p.7521

廟名	神名	내용	地域	出典
矴射神廟	矴射神	在顧渚. 唐張文規廟記云, 矴射神圖籍所不載. 會昌二年, 子入山修貢, 先遣押衙, 祭以酒脯. 及到山, 茶芽若抽泉水若傾, 因建祠宇, 繫之, 祝祠. 貢茶院面虎頭巖, 後曰顧渚, 右矴射, 左懸臼.	江南道 湖州 長興縣	嘉泰吳興志 p.4744
九州廟		按宋書, 明帝立九州廟於雞龍山下, 大會群神云.	江南道 潤州	至正金陵新志 p.5686
昭武廟	昭武神?		河北道 孟州 泗水縣	新志 p.1010
卽曠祠	卽曠?		河東道 晉州 洪洞縣	元 p.339
青神祠	青衣神		劍南道 眉州 青神縣	元 p.809
拂雲堆神祠	未詳 〔突厥神〕	…突厥將入寇, 必先詣祠祭酹求福.	關內道 豐州 西受降城	元 p.116
周板王廟 〔高岡福順王廟〕	周板王	在縣東北一十五里. 舊志載, 故老之言云, 周板王廟也. 唐大歷二年, 縣西海塘壞, 邑人大恐, 走錢塘縣崇山鄕觀山, 禱於板王祠, 下水爲絶流, 於是立廟.	江南道 杭州 餘杭縣	咸淳臨安志 p.4016
露臺祠	秦始皇	在縣東南十里, 卽秦始皇祠也. 三秦紀曰: '驪山顚有始皇祠. 不齋戒而往, 風雨迷道, 强卽死之.'	關內道 京兆府 臨潼縣	長安志 p.160
秦始皇廟	秦始皇	在縣東一十五里, 會德鄕, 今石碑尙存.	關內道 京兆府 臨潼縣	長安志 p.160 類編長安志 p.316
秦始皇廟	秦始皇	在縣南一十八里秦住山上. 考證吳地記云: '秦始皇廟失其立廟年代時日. 山有碑, 天監二年八月二十三日樹山上有秦住泉.'	江南道 蘇州 鹽城縣	至元嘉禾志 p.4497
秦始皇廟	秦始皇	在縣西一里, 會稽記云, 始皇崩邑人, 刻木爲像, 祀之, 配食夏禹. 後漢太守王郎, 棄其像江中, 像乃泝流而上, 人以爲異, 復立廟. 唐葉法焚之. 開元十九年, 縣尉吳勵之再建. 慶歷五年, 知縣寇中舍毁之, 改作迴車院. 今院側仍有小廟存.	江南道 越州 會稽縣	嘉泰會稽志 p.6808
隋煬帝廟 〔或稱洋山廟〕	隋煬帝	東北海中. 唐大中四年, 建. 黃洽記云: 海賈有見, 羽衛森列空中者, 自稱隋煬帝. 神遊比山, 俾立祠宇. 建炎四年, 車駕幸海道, 以煬帝不可加封, 特封其二妃爲惠妃, 順妃, 夫人爲明德夫人. 敕藏於廟之近方. … 或謂神遊之說, 不經. 陳陵伐流球國, 廟於岱山, 因其臣而祀其君.	江南道 明州 定海縣 昌國縣	寶慶四明志 p.5238~5254 延祐四明志 p.6357 大德昌國州圖志 p.6105

陳大王廟 〔岱山廟〕	陳稜	在蓬萊山之岱山.… 大業中, 航海伐琉球國俘斬頗衆, 事見隋史. 廟記云, 一夕風雨如晦, 海潮奔湧, 有巨石浮潮而上岱山… 稱曰：吾隋朝陳將軍也. 語竟闃然, 如聞空中隱隱有甲馬聲, 逾時不絶, 鄕民聚觀, 撼之, 莫能動. 因異其事, 卽其地而廟焉.	江南道 明州	大德昌國圖志 p.6106 延祐四明志 p.6356
項王廟	項羽	在州南開化鄕, 故老相傳云, 項羽避仇吳中, 嘗至其地, 故後人祠之.	江南道 常州 無錫縣	無錫志 p.2249
西楚霸王廟	項羽	在北二里. 舊項王廟在子城西北內隅, 以其地爲項王故城也.… 後漢, 吳, 晉時有二廟, 一在卞山, 一在子城內. 宋湧出二年並廢, 尋以其靈驗, 至於州北二里, 今項王寺也.…陳高祖永定二年, 於舊廟西北一里, 更立新廟, 遣中書舍人韋鼎冊拜神爲楚帝. 唐顔眞卿於碑陰述, 王與叔父梁避仇吳中, 蓋今湖州也.…又統記載, 唐狄仁傑承制, 應天下神廟, 非典禮者, 悉除之.…父老以項王廟爲請, 仁傑武齋宿於廟中, 夜見偉人, 曰：'吾西楚霸王也, 自國家起義兵及征遼, 吾常以陰兵, 佐之, 今以功獲焚, 奈何? 仁傑許其完葺, 至曉以牢酒祭尊其廟, 至今存.'	江南道 湖州	嘉泰吳興志 p.4743
項王廟	項羽	在縣東北四里. 唐天祐四年, 建, 卽卞山下祠也.	江南道 湖州 烏程縣	嘉泰吳興志 p.4743
項羽廟	項羽	在縣南十五里, 項里溪上, 以亞夫, 范增配享.… 聚落數十戶, 歲時奉祀.	江南道 越州	嘉泰會稽志 p.6806
蔣子文廟 〔蔣帝廟〕	蔣子文	神蔣姓, 名子文. 漢末尉秣陵死而靈異, 吳大帝爲立廟. 晉家相國之號. 宋加相國, 大都督, 中外大軍事, 封蔣王. 齊進號爲帝, 乃以廟門爲靈光門, 外殿爲帝山, 內殿爲神居. 梁武嘗禱雨有異, 及魏軍圍鍾離, 復見陰助. 南唐諡曰莊武帝, 更修廟于.	江南道 潤州 上元縣	景定建康志 p.2052 至正金陵新志 p.5684
蔣子文廟 〔蔣山明帝府君〕	蔣子文	神諱子文, 姓蔣氏. 梁天監中, 封. 今廟在水南二里, 相傳爲唐貞元十一年立.	江南道 睦州	淳熙嚴州圖經 p.4327
鮑郞祠 〔鮑君祠 或靈應廟〕	鮑蓋	舊云, 永泰王廟, 在州南二里半. 按興地志云, 鮑郞名蓋, 後漢鄞邑人也. 爲縣吏, 縣嘗俾捧牒入京, 留家酣飮, 踰月不行. 縣方詰責, 已而得報, 果果上達, 審究實然, 卽死. 葬三十年, 忽夢謂妻曰：'吾當更生, 蓋開吾冢'… 郡人聚觀, 咸怪神之, 立祠以祀. 梁大通間, 有奴賊名益起唱誘群盜, 有衆三千, 號奴抄兵, 寇會稽, 永嘉, 臨海, 海鹽, 並海郡邑, 咸被其害. 官軍屢邀, 擊不勝賊, 是歲張, 定襄侯藕祇爲刺史. 神忽見形, 因巫語祇, 願助討賊, 祇乃施帷帳迎神, 置於譙門, 形貌隱, 而言與人接. 越三日, 告去語祇曰: 當以八月十三日破賊. 奴抄果以	江南道 明州	乾道四明圖經 p.4878 寶慶四明志 p.5127 開慶四明續志 p.5948 延祐四明志 p.6349

		是日…武帝遣增大祠宇, 日以益盛. 唐聖歷二年, 縣令柳惠古 徙祠於縣, 會昌中, 刺史張次宗嘗撰記.		
鮑郎廟	鮑蓋	前志云, 鮑郎廟在府南二里百四十步. 不言鮑郎爲何時人及立廟 之因. 按輿地志, 鮑郎名蓋, 後漢鄮邑人. 神鄮人而廟亦見於越 者, 蓋唐開元以前, 未創爲明州時, 鄮縣隷越, 故越亦有廟.	江南道 越州	寶慶會稽續志 p.7130
陳果仁廟 〔武烈帝 廟〕	陳果仁	隋大將陳果仁也. 其先潁川人, 十七世祖寔爲太丘令, 長家於 長城, 遂爲晉陵人. 果仁破賊數有大功, 拜大司徒. 後爲沈法 興所害, 屠戮其家. 因舍古宅爲寺, 是具載郡制. 此其別廟云.	江南道 常州 無錫縣	無錫志. p.2250
陳果仁廟	陳果仁	在縣南一里, 始爲陳府君廟. … 唐乾符四年封忠烈公, 中和四 年封感應侯. 淮南大和六年, 冊忠烈王. 江南保大十年, 因與 越兵交戰獲陰兵之助, 援蔣子文故事, 冊武烈大帝.	江南道 潤州 丹徒縣	嘉定鎭江志 p.2378
陳果仁廟 〔忠佑廟〕	陳果仁	在武進縣東.…隨大業間, 仕至司徒, 娶沈法興女. 法興有異 謀, 懼, 帝未發, 潛中以毒, 唐武德三年也. … 後法興中神失 斃. 郡人以帝忠孝, 文武, 信義, 謀辨八絶, 奏於朝, 卽帝兵仗 庫立祠. 垂拱元年, 始創大殿. 乾武(宜是符)四年, 封忠烈公.	江南道 常州 武進縣	咸淳毗陵志 p.3072
陳果仁廟 〔忠佑廟〕	陳果仁?	在東嶽廟後, 卽帝東第. 唐太和七年, 令高榮以禱, 獲驗重建. 一 在武進縣牛頭墅, 地名陳墓, 舊傳帝祖父葬焉, 或曰, 舊居殿 後有小藥磨, 指說故物. 一在武進縣前蕭里. 唐末, 巢賊犯境, 人 望靈. 煙中有紅衣巨人, 賊懼, 而道士郭子成爲築祠焉.	江南道 常州 武進縣	咸淳毗陵志 p.3073
陳果仁廟 〔顯佑廟〕	陳果仁	在仁和縣百萬新倉西. 神姓陳, 名果仁, 常州晉陵人. 仕隋, 至 侍徒, 沈法興謀叛, 忌侍徒威名, 詭召食毒死之. 忠憤林靈, 竟 以神矢斃法興. 唐武德初, 嘉其功, 廟祀焉, 以忠烈公啓封. 後 梁封福順武烈王, 至後周加以帝號.	江南道 杭州	咸淳臨安志 p.4013
陳果仁廟 〔忠烈潁川 陳公新廟〕	陳果仁	…至唐乾符二年, 鎭海軍叛, 牟王到緣海爲寇. 節度觀察處置 使禱謁有應, 置廟郭南門, 具以事聞, 追封忠烈公.	江南道 睦州	淳熙嚴州圖經 p.4327
陳果仁廟 〔隋陳司 徒廟〕	陳果仁	…考證, 唐咸通五年置, 卽隋陳果仁也. 唐封忠烈公, 爲唐冊 武烈帝. 常州亦有是廟, 有碑存焉.	江南道 蘇州 嘉興縣	至元嘉禾志 p.4495
陳果仁廟 〔武烈帝廟〕	陳果仁	在州東南二里, 靖越門內. 祀隋司徒陳果仁. 唐乾符二年, 守 封彥卿建. 乾符四年封忠烈公.	江南道 台州	嘉定赤城志 p.7517
孔大夫廟 〔西殿寧邦 保慶王廟〕	孔大夫	隋大業中, 有孔大夫者, 爲陳果仁裨將, 討東陽賊. 婁世幹降 之. 立廟黃山. 唐光化二年, 吳越武肅王上其事, 封惠人侯, 後 加封今額.	江南道 越州	嘉泰會稽志 p.6809

諸葛使君廟	諸葛琮	在縣南一十四里, 斷山下. 祥符舊志云:「縣人諸葛琮, 有賢德, 後漢時爲河間太守, 居斷山, 卒, 葬其旁, 降神於巫, 能興雲致雨, 邑人廟而祠之. 唐正[原是貞]觀二年, 建. 乾化五年, 封永昌侯.」	江南道 杭州 餘杭縣	咸淳臨安志 p.4016
吳·許二長官廟	吳·許二長官	俗傳云：梁時, 晉陵, 無錫二令, 以陽湖水溢, 遂行湖堰水. 水勢大至, 俱溺死. 鄕人悼之, 立祠以祀云.	江南道 常州 無錫縣	無錫志 p.2249 咸淳毗陵志 p.3075
大小亭廟	黃氏兄弟	縣東江口. 晉時有黃助兄弟二人, 漢黃香之孫也. 舟回自海南, 至是遇風, 兄弟連臂, 浮於江岸. 夜則, 畫沙成字, 表其履歷. 復見夢於鄕人曰, 爲我南山做墳, 北山立廟, 吾能避災, 降福. 如其言, 里無虎豹之患, 建鹽亭獲其利. 號其兄廟爲大亭, 弟廟爲小亭.	江南道 福州 連江縣	淳熙三山志 p.7876
馬郞廟	司馬浮	縣東北. 晉元帝時, 司馬浮入閩後, 爲江夏太守, 溺死, 鄕人思之, 爲立廟.	江南道 福州 長溪縣	淳熙三山志 p.7876
沇口廟		縣東南二里. 姓陳氏, 居烏石山, 兄弟九人, 皆爲奇節, 沒而爲神. 初置永泰之年, 溪潦暴漲, 有若枯木泝而上者數四, 乃沇口祠所刻像也. 邑人柯氏取之, 卽今廟之址, 累石爲室, 奉焉.	江南道 福州	淳熙三山志 p.7877
順佑王廟	漢荊王賈	…澗州圖經云, 漢荊王之廟也. 漢書：高帝族弟, 漢興爲將軍, 有功封爲荊王. 王於此地, 與黥布戰薨, 人爲立廟. 歷吳, 晉, 宋, 齊, 梁, 陳, 俗皆享祀. 隋平陳, 廢州爲鎭, 數經寇賊, 鎭官□瞿禱祈求福助焉…乃於先天二年三月內, 命工人雕刻神儀, 並造王之后妃, 嬪妾及左右侍從. 威儀圖於壁上, 總三十餘軀, 盛矣哉！	江南道 澗州	至順鎭江志 p.2727
靈顯王廟	李靖	在鄭州城東, 僕射破側, 是破本後魏賜僕射李沖. 唐末建廟, 因破爲名. 俗傳李靖神也. 後唐天成二年, 冊贈靖爲太保, 晉加號靈顯王.	鄭州	文獻通考 90 p.823
仁安靈應王廟	邵仁詳	在嘉貺門外二里. 據廟記, 神姓邵, 名仁詳, 字安國. 性倨傲, 不拘小節. 隱烏龍山, 嘗謁縣令, 令怒其無禮, 因笞殺之. 仁詳且死語曰：「吾三日內, 必報之.」至期, 雷電, 晦冥有大白蛇, 長數十丈, 至縣庭中. 令驚怖立, 死神空中與人曰：「立廟祀我, 吾當福汝.」時唐正[宜是貞]觀三年也. 舊經祀載, 梁時封證應王, 後或封護境感應王. 國朝熙寧八年, 封仁安靈應王.	江南道 睦州	淳熙嚴州圖經 p.4326
北廟	劉行全	遺愛門之外, 去州十里. 王姓劉氏, 諱行全. 唐末, 事妻兄王緖爲將, 緖爲秦宗權所逼, 拔其軍南徙, 以王爲兵鋒. 至漳州, 緖忌而殺之. 忠懿有國, 悼其死非罪, 爲立廟州北. 時烏石廟號南山廟, 故指此爲北廟. 乾寧四年, 奏封武寧侯.	江南道 福州	淳熙三山志 p.7859

常將軍廟	常元通	…將軍〔前〕秦昭宣帝時爲大峴戍〔疑爲城〕主, 建元中戰沒. 後人立廟此山, 皆石爲之. 按通鑑, 晉孝武太元九年, 謝元乘秦亂, 遣兵攻青州, 降之. 時符堅建元二十年也. 將軍蓋與〔謝〕元軍戰死. 唐沈亞之, 〈沂水雜記〉又云: '沂水北一百里有將軍峴, 甚靈, 民置祠…'	河南道 青州	齊乘, p.586
蒼山廟	朱剛	在縣南四十里, 祀吳將軍朱剛. 赤烏五年建	江南道 台州	嘉定赤城志 p.7525
築耶將軍祠	袁崧	考證, 築耶城晉左將軍袁崧所築. 遺址尙存, 有築耶將軍祠, 世傳祀袁崧. 按, 晉隆安四年, 崧以吳國內史, 築壘瀆壘以備孫恩. 明年恩陷瀆壘, 崧死境內. 祠之宜也, 築耶之義, 未詳也.	江南道 蘇州	至元嘉禾志 p.4493
蘇大將廟	蘇峻	按南史, 宋明帝卽位, 四方逆命, 與蘇侯神結爲兄弟, 以祈福助事, 平與. 建安王休仁書曰: 此段殊得蘇兄神力, 加峻驃騎大將軍云.	江南道 潤州 上元縣	至正金陵新志 p.5688
蘇驃騎廟	蘇擧	…梁大同間, 立碑. 圖經云: '名擧, 字子羽, 晉驃騎將軍, 封烏程侯, 葬金牛山.'	江南道 蘇州 鹽城縣	至元嘉禾志 p.4496
蘇將軍廟	蘇擧	在臨湖門內. 郭尙書廟碑云, 移置蘇驃騎祠之上, 廟之置, 久矣. 按南史, 宋封蘇侯神, 爲驃騎將軍神, 卽蘇侯.	江南道 湖州	嘉泰吳興志 p.4743
沈將軍廟	沈淸	…唐婺州刺史. 大曆中, 李希烈陷卞州, 浙東西觀察使韓滉使勒嘉興子弟四百人, 翼於潤州, 交點土衆, 發自昇山, 逐逆黨至汴口. 力戰而死, 詔贈衛尉少卿兼左金吾衛將軍, 卽發軍之地立祠. 光啓三年, 再新廟貌, 有記具載其事.	江南道 湖州 烏程縣	嘉泰吳興志 p.4743
烏將軍廟	烏戌	…一名烏戌將軍, 唐烏重胤之族子. 史失其名, 李錡反, 將軍與之戰死, 葬於鎭之普靜寺, 邃廟食於此.	江南道 湖州 烏程縣	嘉泰吳興志 p.4743
支將軍廟	黃巢	在縣東七里. 唐末建. 舊傳, 支乃黃巢, 將爲死而瘞迹, 故祠之.	江南道 台州	嘉定赤城志 p.7525
東平忠靖王祠	張有嚴之子	按王淮陰人, 張有嚴之子. 唐開元元年八月十八日生, 十四年七月二十五日〔十四歲〕, 入滅爲神.	江南道 蘇州	琴川志 p.1242
郭尙書廟	郭璞	…晉元帝時爲尙書郎. 舊傳, 城之初立, 璞相視陰陽, 俾無兵革患, 故得血食. 女預其議, 因以從祀.	江南道 湖州	嘉泰吳興志 p.4741
英顯王廟	梓潼神	梓潼神張亞子, 仕晉戰沒. 人爲立廟. 唐玄宗西狩追命左丞, 僖宗入蜀, 封濟順王.	劍州	文獻通考 90 p.823
二判官廟		事跡云, 舊本延祚土地神. 唐會昌中, 寺廢. 景福二年, 神亡夢里人, 復夜見火光, 連天人潛窺見炬熭焚焚焉, 因就其地建廟.	江南道 潤州	至正金陵新志 p.5686
石龕廟	鄕土神	縣東一十五里. 俗傳, 其鄕土神, 唐時建	江南道 台州	嘉定赤城志 p.7525

趙城明王廟	劉禹	明王蓋城之土地神. 州志, 廟有記. 唐中和二年, 鄕貢進士林雲撰. 神諱禹, 獨立漢廷, 秉持邦憲. 關東, 江南飢民爲盜, 王整師掃蕩. 吳楚晏淸, 再分茅土, 分王東平. 今州有趙城, 卽當時屯軍之地, 後人思之, 立祠. 大歷中, 義興縣委民張度, 聚衆攘竊至趙城東二十餘里, 驚風駭浪, 人溺舟沉, 乃玆神力. 水旱禱祀, 勅日應期.	江南道 潤州	至正金陵新志 p.5690
閩粵王廟〔武烈英護鎭閩王廟〕	閩粵王郢	釣龍臺之西. 昔漢遣使封王爲閩粵王, 授冊命於此. 其後創此立廟…至唐大中十年, 建祠.	江南道 福州	淳熙三山志 p.7859
閩粵王廟〔明德贊福王廟〕	閩粵王郢	西湖之旁. 昔閩粵王郢開州西大路, 備土成丘, 後人, 卽其地立廟, 血食不衰. 自唐大歷以前, 閩城通得祀者, 四, 南臺, 善溪, 城隍與此而已. 累封王, 本朝爲明德贊福.	江南道 福州	淳熙三山志 p.7860
春申君廟	黃歇	在州西惠山下, 卽楚公子黃歇也. 楚孝烈王常以歇爲相, 封於古吳邑. 歇後爲李園所殺, 吳人遂立祠於其地, 以祀之. 唐垂拱間, 狄仁傑毁江東淫祀, 亦見廢. 今惠山下有土神祠, 卽春申君也. 蓋爲毁祠置, 故易其名耳.	江南道 常州 無錫縣	無錫志 p.2249·2259 咸淳毘陵志 p.3076
城隍廟〔春申君廟〕	春申郡廟	在子城內西南隅, 卽城隍神廟也…故宮之內, 故事備聞. 於是大葺堂庭, 廣修偶像, 春申君正陽而坐, 朱英配享其側…宜正名於黃相, 創詭議於城隍.	江南道 蘇州	吳郡志 p.782
城隍顯寧廟	龐玉	…神姓龐諱玉. 武德二年, 召爲監門大將軍, 卒, 太宗爲綴朝贈工部尙書, 幽州都督. 初王鎭越, 惠澤在民, 旣卒, 邦人追懷之, 祠以爲城隍神…自唐初立祠於此.	江南道 越州	嘉泰會稽志 p.6801 寶慶會稽續志 p.7129
城隍廟	城隍神	唐天祐二年置. 舊在城西北, 今在府治南, 御街東, 太廟街內.	江南道 潤州 上元縣	景定建康志 p.1050 至正金陵新志 p.5684
城隍廟	紀信	考證舊在縣西, 宋政和四年遷於此. 唐李陽氷曰:'城隍神祀典雖無, 吳越中多祠之.' 今州縣城隍, 相傳祀紀信云.	江南道 蘇州	至元嘉禾志 p.4492
城隍忠佑廟	紀信	乾道元年, 郡守敷文方滋奏, 城隍祠, 潤人相傳, 實漢高帝將軍紀信廟. 食此方綿歷數千載, 發露靈德, 不可勝紀. 舊廟在府治之西, 紹興七年移在南塘之上.	江南道 潤州 丹徒縣	嘉定鎭江志 p.2378
城隍廟	城隍	廟在縣西五十步, 唐咸通六年, 令李宗申建. 毁於兵火, 至元二十六年尹李天益重建.	江南道 明州 奉化縣	寶慶四明志 p.5178 延祐四明志 p.6356

城隍廟	城隍	廟在縣西南二百四十步. 唐神龍二年建.	江南道 明州 象山縣	寶慶四明志 p.5178.
城隍廟	屈坦	在大固山東北. 唐武德四年建. 初吳尙書屈晃妻, 夢與神遇, 生子, 曰: 坦. 有神變, 能興雲雨, 後與母其隱山中, 及是以屈氏故居爲州治, 祀爲城隍神, 水旱禱祈多驗.	江南道 台州	嘉定赤城志 p.7516
城隍廟		在縣東南一百步. 唐廣德中建.	江南道 台州	嘉定赤城志 p.7526
城隍廟	周苛	府治之東, 古有之.…林通作本縣圖經內, 縣東北城隍廟曰: 廟之神, 西漢御史大夫周苛也. 守滎楊爲項羽所烹, 高祖休兵, 思其忠烈, 乃令天下州縣附城而立之廟, 以時祀之. 晉太康遷城, 卽建今所.	江南道 福州	淳熙三山志 p.7859
屈晃廟 〔靈佑信助侯祠〕	屈晃	在州治後山, 祀吳尙書屈晃.…初, 郡祀屈坦爲城隍神, 故追祠晃焉. 世號聖公. 慶元六年, 封靈佑, 尋加信助.	江南道 台州	嘉定赤城志 p.7516
五顯王廟	五顯王	在運河南, 元豐橋西. 唐天祐三年, 刺史張崇以郡多火葘, 建.	江南道 常州	咸淳毗陵志 p.3073
五顯王廟 〔靈順廟〕	五顯王?	卽五顯王廟, 有二, 其一在唐摠山上, 唐始置.	江南道 潤州	至順鎭江志 p.2727
景氏廟		…俗傳以爲二景本伯仲, 死而爲神, 能福其民. 故至今, 四時祀之.…案, 景氏與昭, 屈同爲楚之望姓, 疑二景非近世人也.	江南道 越州	嘉泰會稽志 p.6806
烏帶廟	烏苴	夏侯曾先地志云, 梁武帝遣烏苴採石英於此山, 而卒. 後人立廟. 帶苴生之誤也.	江南道 越州	嘉泰會稽志 p.6807
顯祐廟	神姓仇	在州南鮚埼鎭. 神姓仇, 廟創於唐, 禱之輒應.	江南道 明州 奉化縣	延祐四明志 p.6356
廣惠廟 〔七里廟〕		…故老相傳, 唐季有欽公者, 以販貨往來常, 潤間. 每行以神像自隨, 一日至此, 擔重如壓, 肩不能勝. 禱, 曰: '神欲廟食於此乎.' 言畢, 荷擔如故, 遂卽其地誅茅草創. 左山右號, 前臨漕河, 一一勝境, 又號七里廟.	江南道 潤州 丹陽縣	至順鎭江志 p.2732
永淸天王廟	白虎神	在廟東廡, 錄意記云, 房州永淸縣, 有一神祠. 唐穆宗時, 邑令之弟之至其處, 徐夢神告曰: '余義興人, 大父卽子隱也. 余受帝命于均, 商, 金, 房四郡, 捕鷙獸, 人爲立廟, 俗號白虎神. 余恥之幸爲正其諡. 宣宗大中間, 襄州判官王士澄刻其事於石.	江南道 常州	咸淳毗陵志 p.3077
蕭將軍廟	蕭闓	在縣東南十四里. 將軍秦人, 諱闓, 與弟闓領兵, 東之上虞植金鞭於地, 而自誓曰: 化爲黃竹, 吾當血食于此.…廟有斷碑云, 吳太元二年, 縣令濮陽興立.	江南道 越州	嘉泰會稽志 p.6812

白石梁顯德王廟		在縣東北三十五里. 失其名. 唐建中二年, 建. 舊傳, 廟有二竹, 頗異.	江南道 台州 臨海縣	嘉定赤城志 p.7521
申將軍廟	〔楚〕申明	在臨平門橋北三十步. 鄕民祈求田蠶. 古祠父老相傳爲楚申明父白公作亂. 楚王命明, 伐之. 白公殺其父, 後人爲立祠.	江南道 杭州	咸淳臨安志 p.4007
蕭長官廟	蕭洽	…按舊經, 祀梁時守蕭洽. 唐貞觀二年建. 洽嘗爲臨海太守, 拜司徒. 左長史, 故云. 廟在浮岡. 土人云, 歲祀之, 則無蚊.	江南道 台州 臨海縣	嘉定赤城志 p.7521
周絳侯廟	周絳侯	在臨平鎭. 晉建武元年, 侯裔孫桌卜居臨平鄕之大姓俞氏, 因卽其地祠侯.	江南道 杭州	咸淳臨安志 p.4008
仰山二王廟	蕭氏二人	…按宜春志, 二神姓蕭氏, 自西漢著靈, 世列祀典. 至我國朝, 靈異尤著, 自大中祥府, 賜以王公之爵.	江南道 杭州	咸淳臨安志 p.4012
祚聖廟〔東門廟〕	天門都督	舊是東門廟, 在縣南一百里. 按圖經舊載, 其神號天門都督, 未詳事跡. 今按東門山在縣南海中…唐貞觀中, 有會稽人金林數往台州買販. 每經過廟下, 祈禱牲醴如法. 獲利數倍, 嘗因祭畢, 解舟十餘里, □然暴風吹, 舟復回, 不得前進. 舟人怖, 甚謂必有忤於神, 果誤持胙物而去, 乃還致廟中, 更加祈謝, 卽得便風安流而去. 永徽中, 又有越州工人蔡藏往泉州造佛像. 獲數百緡, 歸經此廟, 祀禱少, 懈舟發, 數里遂遭覆溺, 所得咸失, 而舟人僅免焉.	江南道 明州 象山縣	乾道四明圖經 p.4899·5272 延祐四明志 p.6359
三聖堂	三聖人	在縣圃西北. 唐永昌元年建.	江南道 台州	嘉定赤城志 p.7526
花樓廟	安仁靜邊董將軍賈中丞	在縣東一百五十步. 祀安仁, 靜邊二侯及董將軍, 賈中丞. 唐廣德中建.	江南道 台州	嘉定赤城志 p.7523
寧陽廟	?	在縣東南二十里, 唐光啓三年置.	江南道 杭州 臨安縣	咸淳臨安志 p.4017
懷柔王廟	懷柔王?	在縣北三十里. 唐咸通十四年置.	江南道 杭州 臨安縣	咸淳臨安志 p.4017
永定王廟	虞府君	在縣西北三里. 唐咸通十四年置. 舊志云: '本東晉虞府君也. 乾寧二年, 吳越武肅王奏乞追贈敕封濟安侯. 梁乾化三年加封永定王.'	江南道 杭州 臨安縣	咸淳臨安志 p.4018
廣信王廟〔柳山靈佑廟〕	柳姓地方官	據廟記, 神姓柳, 本河東人. 東晉時爲新安內史.…梁貞明四年, 贈尙書左僕射, 廣信侯. 後唐淸泰三年, 封鴻仁廣信王.	江南道 睦州	淳熙嚴州圖經 p.4326 景定嚴州續志 p.4408

顧侍郎祠	顧侍郎	在府東南三十五里, 亭林法雲寺. 考證感夢伽藍神記, 開運元年仲春十有一日, 寺成. 僧道中, 智暉夢二靑衣來云: '陳朝侍郎至也」. 後忽見一人紫衣金魚, 儀容淸秀, 曰: '此地, 吾之故宅, 荒已久矣. 師今於上, 造佛立寺, 請立吾形像, 吾當護此寺也. 可尋舊寺基, 水際古碑爲據.' 明日二人各言其所夢不異, 就求之, 果得古碑, 文字破滅, 云: '寺南高基, 顧野王曾於此, 修與地志.' 二僧於寺東偏, 建屋立像, 至今祠焉.	江南道 蘇州	至元嘉禾志 p.4493
蔡侍郎廟	蔡侍郎?	考證據通幽記, 唐貞元五年, 在嘉興, 監徐浦下場禮鹽官場界, 今諸場亦有蔡廟, 獨未詳何神. 柘林方廣寺有蔡侍郎祠…雖稗官小說, 不可盡信, 不應感通中, 蔡始造壽塋也. 豈寺之所祠與蔡場所祠各不同乎.	江南道 蘇州	至元嘉禾志 p.4493
楚菩提王廟	靳尙	舊在攝山前, 今徙棲霞寺內. 稽神錄, 攝山記皆云, …永明中, 有僧爲授菩薩戒, 立祠山下, 號菩提王.	江南道 潤州	至正金陵新志 p.5687
陳瑣廟〔靈惠廟〕	陳瑣	在城北, 江漲橋鎭界. 舊志, 神姓, 陳名瑣, 字行嵩, 會稽人. 仕東晉, 嘗使虜, 羈留三年, 仗節不屈, 拔劍斫臂, 復命於朝. 歷靑, 揚, 荊, 廣四州刺史, 食邑錢塘, 海鹽鹽官三縣, 葬於皐亭山, 因廟焉. 廟記云: '梁大同二年, 封興善王, 又改封崇善王'… 隋僧眞觀講於衆安寺. 夜夢神求受淨戒, 仍舍廟屋五間爲佛殿, 見於高僧傳者又如此.'	江南道 杭州	咸淳臨安志 p.4006
洞庭聖姑廟	聖姑	在洞庭. 晉王彪二女, 相繼卒, 民以爲靈而祀之.〈紀聞〉云, 唐人記洞庭山聖姑祠廟云:〈吳志〉, 姑姓李氏, 有道術, 能履水行, 其夫殺之. 自死, 至唐中葉, 幾七百年, 顏貌如生, 儼然測臥. 遠近祈禱者, 心至, 則能到廟. 心不至, 風回其船.〈辨疑志〉云: "唐大曆中, 吳郡太湖洞庭山中, 有昇姑寺, 有昇姑廟. 其棺柩在廟中, 俗傳, 姑死已數百年, 其貌如生. 遠近求賽, 歲獻衣服, 粧粉不絶. 人有欲觀者, 其巫, 祕密不可云, 開卽有風雨之變. 村閭故事, 無敢竊窺者. 巫又云, 有見者, 衣裝儼然, 一如生人. 有李七郎謼狂不懼程法, 率奴客, 啓棺觀之 唯朽骨髑髏而已, 亦無風雨之變…" 皮日休: "洛神有靈逸, 古廟臨空渚…" 陸龜蒙: "渺渺洞庭水, 盈盈芳嶼神."	江南道 蘇州	吳郡圖經續紀 p.652 吳郡志 p.783
聖姑廟〔靈祐廟〕	聖姑(陸氏夫人)	…廟在能仁寺內. 夫人陸氏, 梁衞尉卿僧辯之女, 僧辯舍宅爲寺, 夫人就居之, 是爲重玄寺. 寺祀夫人爲伽藍神, 號聖姑.	江南道 蘇州	吳郡志 784
三姑祠	秦時荊氏三女	一在府南七十里柘湖, 一在府西北七十二里, 澱山湖. 考證按吳地志, 秦時有女子入湖爲神, 卽此祠也. 柘湖今壅塞爲蘆葦之場, 神亦弗祠. 其澱山湖中, 普光王寺三姑廟, 靈甚. 湖旁三. 數十里田者與往來之舟, 皆禱焉. 故老相傳, 秦時人姓荊氏女兄弟第三人謂, 卽柘湖所祠也.	江南道 蘇州	至元嘉禾志 p.4490

青溪姑廟	青溪姑及隋二妃	…按〈輿地志〉, 青溪岸側有神祠, 世謂青溪姑. 南朝時代有靈異. 舊傳, 隋平陳, 張麗華, 孔貴妃死於此. 今祠像有三婦人, 蓋青溪姑與二妃也.	江南道 潤州	至正金陵新志 p.5686
丁姑祠	丁新婦	〈搜神記〉云:淮南全椒縣有丁新婦者, 本丹陽丁氏女, 年十六, 適全椒謝家. 其姑嚴酷, 使役有程, 不如限者, 仍便笞捶不可堪. 九月九日乃自經死.…江南人皆呼爲丁姑. 九月九日, 不用作事, 咸以爲息日也. 今所在祠之. 北宋時的全椒縣仍有丁姑祠.	江南道 全椒縣	搜神記 卷4 p.61~62 太平寰宇記 卷12 p.2下~3上
李氏女廟	李〔珂〕	在三山, 李氏名〔珂〕, 字溫叔, 都官外郎幼女也. 八歲能賦詩, 後適工夏王…何不云, 好山綠水萬里有盡處, 淸風明月千古無老時. 一日擧其文於徹徹卒用, 其言破題, 不久常死, 珂溺舟三山□下, 後三日, 屍忽出水中, 土人與之立廟.	江南道 潤州	至正金陵新志 p.5687
貞義女廟	史氏之女	在溧陽州西北四十里瀨水上. 唐李白作碑. 淳熙五年重刻碑云, 溧陽黃山里史氏之女, 卽以飯食伍子胥, 自投於水者.	江南道 潤州	至正金陵新志 p.5690
新林姥廟		南史張敬兒於新林姥廟中, 爲妾祈子.	江南道 潤州	至正金陵新志 p.5686
誠惠廟	貞固夫人〔石頭神〕	州有山曰日嶺, 嶺有怪石, 高七, 八丈, 遠望屹如婦人, 十道四蕃志所謂奉化新婦嶺者, 是也. 唐立廟曰貞固夫人之廟.	江南道 明州 奉化縣	延祐四明志 p.6356
三姑祠	秦代邢氏三女兄弟	在柘湖之側. 吳地志, 秦時, 有女子入湖爲神, 卽此祠也. 柘湖今湮塞爲蘆葦之場, 亦弗祠. 今澱山湖中, 普光王寺亦有三姑祠, 靈甚. 湖旁數十里, 田者與往來之舟, 皆禱焉, 故老相傳, 秦時, 人姓邢氏女弟第三人云, 卽柘湖所祠也.	江南道 蘇州 華亭縣	雲間志 p.29
曹娥廟〔昭順靈孝夫人廟〕	曹娥	娥上虞人. 父旴能玄歌爲巫祝. 漢安二年五月五日, 於縣江泝濤波, 迎神溺死, 屍不得. 娥年十四, 緣江號泣, 晝夜不絶, 旬有七日, 遂投江而死. 元嘉元年, 縣長度尙改葬於江南, 道旁爲立碑焉. 墓今在廟之左, 碑有晉右將軍王逸少書.	江南道 越州	嘉泰會稽志 p.6805 寶慶會稽續志 p.7130
慈感廟	杜氏二女	在縣北六里. 祀杜氏二女. 唐天寶中, 令鍾離介建. 按廟記, 二女生隋大業末. 家鬻湯餅. 甫笄, 喪父母, 庖人挑之. 二女慎激殺庖人, 去而之盂溪, 隱焉. 會溪溢, 溺死. 後, 〔種離〕介寓長安, 夢二女揖曰.	江南道 台州	嘉定赤城志 p.7521
代王婦人祠?	代王婦人	趙襄子姊爲代王夫人, 襄子旣殺代王, 迎其姊, 夫人曰:'以弟慢夫, 非仁也. 以夫怨弟, 非義也.' 磨笄自刎. 百姓憫之, 爲立祠.	河東道 蔚州 飛狐縣	元 p.406
石新婦神	石新婦神	夫遠征, 婦極望忘歸, 因化爲石.	劍南道 劍州 普安縣	元 p.846
石九子母祠	石九子母		嶺南道 交州 龍編縣	元 p.959

妬女祠	澤發水源神〔妬女〕	…婦人袨服靚妝, 必興雷電, 故曰妬女. 〔高宗調露元年九月七日〕狄梁公仁傑爲度支員外郎, 車駕將幸汾陽宮, 仁傑奉使修供頓. 幷州長史李玄沖以道出妬女祠, 俗稱有盛衣服車馬過者, 必致雷風, 欲別開路. 仁傑曰: '天子行幸, 千乘萬騎, 風伯淸塵, 雨師灑道, 何妬女敢害而欲避之' 玄沖遂止, 果無他變. 上聞之, 歎曰: '可謂眞丈夫也.'	河東道 太原府 廣陽縣	元 p.373~374 唐語林校正 卷3 p.189 要 卷27
竹林神廟	竹林神	他日, 娃謂生曰: "與郎相知一年, 尙無孕嗣. 常聞竹林神者, 報應如響, 將致薦酹求之, 可乎? 生不知其計, 大喜. 乃質衣于肆, 以備牢禮, 與娃同謁祠宇而禱祝焉, 信宿而返. 維年月日, 京兆尹兼御史大夫韓愈, 謹以酒脯之奠, 再拜稽首告于竹林之神曰: 天子不以愈爲愚不能, 使尹玆大衆二十三縣之人. 今農甿勤於稼, 有苗盈野, 而天不雨, 將盡槁以死, 農將無所食, 鬼神將無以爲饗. 國家之禮天地百祀神祇 不失其常, 惠天之人, 不失其和; 人又無罪, 何爲造玆旱虐以罰也?	長安	李娃傳〔太平〕 卷484 p.3987 韓昌黎文集 卷5 p.327

참고문헌

I. 史 料

二十五史, 北京:中華書局, 新校標點本.

楊伯峻編著, 『春秋左傳注』(北京:中華書局, 1990)

吳兢著, 謝保成集校, 『貞觀政要』(北京:中華書局, 2003)

司馬光, 『資治通鑑』(北京:中華書局, 1992)

李　燾, 『續資治通鑑長編』(浙江書局本, 上海:上海古籍出版社, 1986)

王鳴盛, 『十七史商榷』(臺北:大化書局, 1977)

趙　翼, 『二十二史剳記』(臺北:世界書局, 1988)

干　寶, 汪紹楹校注, 『搜神記』卷五(北京:中華書局, 1976)

王　溥, 『唐會要』(臺北:世界書局, 1974)

王　讜, 周勛初校證, 『唐語林校證』(北京:中華書局, 1987)

王　涇, 『大唐郊祀錄』(適園叢書本)(『大唐開元禮』附刊, 東京:古典研究會, 1972)

王欽若 等編, 『冊府元龜』(北京:中華書局, 1994)

王應麟, 『玉海』(臺北:華文書局, 1964)

徐堅 等, 『初學記』(北京:中華書局, 2004 제2판)

郁賢皓, 『唐刺史考』(江蘇古籍出版社, 1987)

仁井田陞, 『唐令拾遺』(東京:東京大學出版會, 1983)

池田溫 編輯代表, 『唐令拾遺補』(東京:東京大學出版會, 1997)

宋敏求, 『唐大詔令集』(上海:學林出版社, 1992)

李希泌 主編, 『唐大詔令集補編』(上海古籍出版社, 2003)

李林甫 等撰, 陳仲夫點校, 『唐六典』(北京:中華書局, 1992)

李昉 等編, 『太平御覽』(臺北:商務印書館, 1968)

李昉 編, 『太平廣記』(北京:中華書局, 1994)

杜　佑, 『通典』(北京:中華書局, 1988)

長孫無忌 等撰, 劉俊文點校, 『唐律疏議』(北京:中華書局, 1993)

徐松 撰, 『登科記考』(北京:中華書局, 1984)

馬端臨, 『文獻通考』(臺北:商務印書館, 1987)

秦蕙田, 『五禮通考』(臺北:聖環圖書公司, 1994)

黑扳勝美 編, 『令義解』(『新訂增補國史大系』)(東京:吉川弘文館, 1989)

張敦頤 着, 張忟石 點校, 『六朝事蹟類編』(上海古籍出版社, 1995)

蕭　嵩, 『大唐開元禮』(洪氏唐石經館叢書本)(東京:古典硏究會, 1972)

謝深甫, 『慶元條法事類』(臺北:新文豐出版社, 1976)

竇儀等, 『宋刑統』(臺北:仁愛書局, 1985)

『名公書判淸明集』(北京:中華書局, 1987)

『十三經注疏』(臺北:藝文印書館, 1981)

孫詒讓, 『周禮正義』(北京:中華書局, 1982)

孫希旦, 『禮記集解』(北京:中華書局, 1995)

劉安 等撰, 劉文典校注, 『淮南鴻烈集解』(北京:中華書局, 1989)

班固 等撰, 陳立校注, 『白虎通疏證』(北京:中華書局, 1994)

董仲舒 撰, 蘇輿校注, 『春秋繁露』(北京:中華書局, 1992)

應劭 撰, 王利器校注, 『風俗通義校注』(臺北:漢京文化公司, 1983)

諸葛計, 銀玉珍 編著, 『閩國史事編年』(福州:福建人民出版社, 1997)

元　稹, 『元氏長慶集』(臺北:商務印書館, 四部叢刊正編本)

皮日休, 『皮子文藪』(上海:古籍出版社, 1981)

白居易 着, 朱金城 箋校, 『白居易集箋校』(上海古籍出版社, 1988)

朱　熹, 『朱文公集』(臺北:商務印書館, 四部叢刊正編本)

杜　甫, 楊倫 注, 『杜詩鏡銓』(臺北:新興書局, 1962)

杜　牧, 『樊川文集』(臺北:九思出版社, 1979)

李昉 等編, 『文苑英華』(臺北:華文書局, 1965)

李德裕 著, 傅璇琮·周建國 校箋, 『李德裕文集校箋』(石家庄:河北敎育出版社, 2000)

封　演, 『封氏聞見記』(上海:商務印書館, 叢書集成初編本)

柳宗元, 『柳宗元集』(北京:中華書局, 1979)

張　說, 『張說之文集』(臺北:商務印書館, 四部叢刊正編本)

陸　贄, 『陸宣公全集』(臺北:河洛出版社, 1975)

鄭剛中, 『北山文集』(金華叢書本)

彭定求 等編, 『全唐詩』(北京:中華書局, 1960)

董誥 等編, 『全唐文』(附唐文拾遺, 唐文續拾)(上海:上海古籍出版社, 1990)

蔡　襄, 『蔡襄全集』(福州:福建人民出版社, 1999)

韓愈 著, 馬其昶 校注, 『韓昌黎文集校注』(上海:上海古籍出版社, 1987)

顧炎武 著, 黃汝成 集釋, 『日知錄集釋』(長沙:岳麓書社, 1994)

李吉甫, 『元和郡縣圖志』(北京:中華書局, 1983)

徐松 撰, 張穆 補, 『唐兩京城坊考』(北京:中華書局, 1985)

徐松 輯, 高敏 點校, 『河南志』(北京:中華書局, 1994)

李正宇 箋注, 『古本敦煌鄕土志八種箋證』(臺北:新文豊出版公司, 1997)

史能之, 『咸淳毗陵志』(宋元方志叢刊)(北京:中華書局, 1990)

宋敏求, 『長安志』(北京:中華書局, 1990)

周應合, 『景定建康志』(北京:中華書局, 1990)

施　宿, 『嘉泰會稽志』(北京:中華書局, 1990)

范成大, 『吳郡志』(北京:中華書局, 1990)

俞希魯, 『至順鎭江志』(北京:中華書局, 1990)

梁克家, 『淳熙三山志』(北京:中華書局, 1990)

常　棠, 『澉水志』(北京:中華書局, 1990)

陳公亮, 『淳熙嚴州圖經』(北京:中華書局, 1990)

陳耆卿, 『嘉定赤城志』(北京:中華書局, 1990)

黃巖孫, 『仙溪志』(北京:中華書局, 1990)

楊潛修 等, 『雲間志』(北京:中華書局, 1990)

談　鑰, 『嘉泰吳興志』(北京:中華書局, 1990)

盧　憲, 『嘉定鎭江志』(北京:中華書局, 1990)

施　諤, 『淳祐臨安志』(北京:中華書局, 1990)

潛說友, 『咸淳臨安志』(北京:中華書局, 1990)

張津 等, 『乾道四明圖經』(北京:中華書局, 1990)

羅　願, 『新安志』(北京:中華書局, 1990)

羅濬 等, 『寶慶四明志』(北京:中華書局, 1990)

黃仲昭〔明〕修撰, 『八閩通志』(福州:福建人民出版社, 1991)

僧　祐, 『弘明集』(北京:中華書局, 1997)

道　宣, 『廣弘明集』(北京:中華書局, 1997)

釋慧皎 撰, 湯用彤 校注, 『高僧傳』(北京:中華書局, 1992)

道　宣, 『續高僧傳』(北京:中華書局, 1997)

贊　寧, 『宋高僧傳』(北京:中華書局, 1987)

圓仁 著, 足立喜六 譯注, 『入唐求法巡禮行記』(東京:平凡社, 1970)

張君房 纂輯, 蔣力生 校注, 『元笈七籤』(北京:華夏出版社, 1996)

『睡虎地秦墓竹簡』(臺北:里仁書局, 1981)

唐耕耦·陸宏基 編, 『敦煌社會經濟文獻眞蹟釋錄』(第一輯)(北京:書目文獻出版社, 1990)

國家文物局古文獻研究室 編, 『吐魯番出土文書』(北京:文物出版社, 1981-1991)

黃永武 編, 『敦煌寶藏』(臺北:新文豊出版社, 1981-1986)

鄧文寬 錄校, 『敦煌天文曆法文獻輯校』(南京:江蘇古籍出版社, 1996)

寧可·郝春文 輯校, 『敦煌社邑文書輯校』(南京:江蘇古籍出版社, 1997)

沙知錄 校, 『敦煌契約文書輯校』(南京:江蘇古籍出版社, 1998)

趙和平 輯校, 『敦煌表狀箋啓書儀輯校』(南京:江蘇古籍出版社, 1997)

II. 연구서

李成九, 『中國古代의 呪術的 思惟와 帝王統治』(서울:一潮閣, 1997)

吳松弟, 『中國人口史(第三卷 遼宋金元時期)』(上海:復旦大學出版社, 2000)

王吉林, 『唐代宰相與政治』(臺北:文津出版社, 1999)

王　靑, 『漢朝的本土宗敎與神話』(臺北:聯合出版, 1998)

王治心, 『中國宗敎思想史』(臺北:彙文堂出版社, 1988)

王壽南, 『唐代政治史論集』(臺北:商務印書館, 1983)

王爾敏, 『明淸時代庶民文化生活』(臺北:中研院近史所專刊(78), 1996)

王銘銘, 『社會人類學與中國研究』(北京:生活, 讀書, 新知三聯書店, 1997)

毛漢光, 『中國中古社會史論』(臺北:聯經出版事業公司, 1988)

史念海, 『唐代歷史地理研究』(北京:中國社會科學出版社, 1998)

甘懷眞, 『唐代家廟禮制研究』(臺北:臺灣商務印書館出版, 1990)

任繼愈 主編, 『中國道敎史』(上海:上海人民出版社, 1990)

江曉原, 『天學眞原』(瀋陽:遼寧敎育出版社, 1991)

朱大渭 等, 『魏晉南北朝社會生活史』(北京:中國社會科學出版社, 1998)

朱天順, 『中國古代宗敎初探』(上海:上海人民出版社, 1982)

朱瑞熙 等, 『遼宋西夏金社會生活史』(北京:中國社會科學出版社, 1998)

牟鍾鑒, 『中國宗敎與文化』(臺北:唐山出版社, 1995.4)

何星亮, 『中國自然神與自然崇拜』(上海:三聯書局, 1992)

何啓民, 『中古門第論集』(臺北:學生書局, 1978)

杜正勝, 『編戶齊民―傳統政治社會結構之形成』(臺北:聯經出版公司, 1990)

余英時, 『中國知識階層史論(古代篇)』(臺北:聯經, 1980)

余英時, 『中國近世宗敎倫理與商人精神』(臺北:聯經, 1987)

呂思勉, 『兩晉南北朝史』(上海:上海古籍出版社, 1983)

呂思勉, 『呂思勉讀史札記』(臺北:木鐸影印本, 1983.9)

李斌城 等, 『隋唐五代社會生活史』(北京:中國社會科學出版社, 1998)

李學勤, 『簡帛佚籍與學術史』(臺北:時報出版社, 1994)

吳宗國, 『唐代科擧制度硏究』(瀋陽:遼寧大學出版社, 1992)

林富士, 『孤魂與鬼雄的世界』(臺北:臺北縣立文化中心, 1995)

林富士, 『漢代的巫者』(臺北:稻鄕出版社, 1999)

周一良·趙和平, 『唐五代書儀硏究』(北京:中國社會科學出版社, 1995)

周一良 著, 錢文忠 譯, 『唐代密宗』(上海:上海遠東出版社, 1996)

邱添生, 『唐宋變革期的政經與社會』(臺北:文津出版社, 1999)

胡如雷, 『隋唐五代社會經濟史論稿』(北京:中國社會科學出版社, 1996)

姜伯勤, 『敦煌社會文書導論』(臺北:新文豐出版社, 1992)

姜伯勤, 『敦煌藝術宗敎與禮樂文明』(北京:中國社會科學出版社, 1996)

兪偉超, 『中國古代公社組織的考察―論先秦兩漢的單―僤―彈』(北京:文物出版社, 1988)

侯旭東, 『五·六世紀北方民衆佛敎信仰』(北京:中國社會科學出版社, 1998)

馬 新, 『兩漢鄕村社會史』(濟南:齊魯書社, 1997)

馬西沙·韓秉方, 『中國民間宗敎史』(上海:上海人民出版社, 1992)

高明士, 『唐代東亞敎育圈的形成―東亞世界形成史的一側面』(臺北:國立編譯館, 1984)

高明士, 『戰後日本的中國史硏究』(臺北:明文書局, 1996)

高明士, 『隋唐貢擧制度硏究』(臺北:文津出版社, 1999)

高國藩, 『敦煌民俗資料導論』(臺北:新文豊出版社, 1993)

凍國棟, 『中國人口史(第二卷 隋唐五代時期)』(上海:復旦大學出版社, 2002.11)

吳松弟, 『中國人口史(第三卷 遼宋金元時期)』(上海:復旦大學出版社, 2000.12)

唐長孺, 『魏晉南北朝史三論一中國封建社會的形成和前期的變化』(武漢:武漢大學出版社, 1993)

郝春文, 『唐後期五代宋初敦煌僧尼的社會生活』(北京:中國社會科學出版社, 1998)

韋伯(Max Weber), 簡惠美譯, 『中國的宗敎: 儒敎與道敎』(臺北:遠流出版社, 1989)

陳　來, 『古代宗敎與倫理-儒家思想的根源』(北京:生活, 讀書, 新知三聯書店, 1996)

陳俊强, 『魏晉南北朝恩赦制度的探討』(臺北:文史哲出版社, 1998)

陳夢家, 『殷墟卜辭綜述』(北京:中華書局, 1988)

陳榮捷 著·廖世德 譯, 『現代中國的宗敎趨勢』(臺北:文殊出版社, 1987)

梁方仲, 『中國歷代戶口·田地·田賦統計』(上海古籍出版社, 1980)

章 群, 『唐代祠祭論叢』(臺北:學海出版社, 1996)

康 樂, 『從西郊到南郊一國家祭典與北魏政治』(臺北:稻禾出版社, 1995)

郭沫若, 『中國古代社會研究』(『郭末若全集』(卷第一), 北京:人民出版社, 1982)

郭 淨, 『儺:驅鬼·逐疫·酬神』(香港:珠海出版有限公司, 1993)

堀 毅, 『秦漢法制史論攷』(北京:法律出版社, 1988)

張 弓, 『漢唐佛敎文化史(上·下)』(北京:中國社會科學出版社, 1997)

張光直, 『中國靑銅時代』(臺北:聯經出版社, 1991)

張光直, 『美術. 神話與祭祀』(臺北:稻鄕出版社, 1993)

張寅成, 『中國古代禁忌』(臺北:稻鄕出版社, 2000)

張國剛, 『唐代制度』(西安:三秦出版社, 1987)

張德勝, 『儒家倫理與秩序情結一中國思想的社會學詮釋』(臺北:巨流圖書公司, 1989)

張澤咸, 『唐代工商業』(北京:中國社會科學出版社, 1995)

張澤咸, 『唐代階級結構研究』(鄭州:中州古籍出版社, 1996)

張紫晨, 『中國巫術』(上海:三聯書局, 1990)

張鶴泉, 『周代祭祀研究』(臺北:文津出版社, 1993)

傅璇琮, 『唐代科學與文學』(西安:陝西人民出版社, 1986)

傅璇琮, 『李德裕年報』(石家庄:河北敎育出版社, 2001)

黃進興, 『優入聖域:權力, 信仰與正當性』(臺北:允晨, 1994)

葛兆光, 『道敎與中國文化』(上海: 上海人民出版社, 1995.

葛兆光, 『七世紀前中國的知識, 思想與信仰世界(中國思想史第一卷)』(上海: 復旦大學出版
　　　社, 1998)

卿希泰 主編, 『中國道敎史』(成都: 四川人民出版社, 1992)

湯用彤, 『漢魏兩晉南北朝佛敎史』(臺北: 駱駝出版社, 1987)

湯用彤, 『隋唐佛敎史稿』(臺北: 木鐸, 1988.9)

馮佐哲·李富華, 『中國民間宗敎史』(臺北: 文津出版社, 1994)

程薔·董乃斌, 『唐帝國的精神文明』(北京: 中國社會科學出版社, 1996)

曾一民, 『隋唐廣州南海神廟之探索』(臺中: 東魯書室, 1990)

渡邊欣雄, 『漢族的民俗宗敎』(天津人民出版社, 1998)

楊向奎, 『宗周社會與禮樂文明』(北京: 人民出版社, 1992)

楊開奎, 『中國古代社會與古代思想研究』(上海人民出版社, 1962)

楊　寬, 『中國古代陵寢制度史』(上海古籍出版社, 1985)

楊　寬, 『中國古代都城制度史研究』(上海古籍出版社, 1993)

楊　寬, 『西周史』(臺北: 臺灣商務印書館, 1999)

鄒昌林, 『中國古禮研究』(臺北: 文津出版社, 1992)

蒲慕洲, 『追尋一己之福—中國古代的信仰世界』(臺北: 允晨, 1995)

蔡尚思, 『中國禮敎思想史』(香港: 中華書局, 1991)

趙和平, 『敦煌寫本書儀研究』(臺北: 新文豐出版社, 1994)

榮新江 主編, 『唐代宗敎信仰與社會』(北京大學盛唐研究叢書)(上海: 上海辭書出版社, 2003)

劉沛林, 『風水: 中國人的環境觀』(上海: 三聯書局, 1995)

劉俊文, 『唐律疏議箋解』(北京: 中華書局, 1996)

劉俊文, 『唐代法制研究』(臺北: 文津出版社, 1999.6)

鄭士有·王賢淼, 『中國城隍信仰』(上海: 三聯書局, 1994)

鄭學檬, 『中國古代經濟中心南移和唐宋江南經濟研究』(長沙: 岳麓書社, 2003)

蕭登福, 『道敎與佛敎』(臺北: 東大, 1995)

謝和耐 著, 耿昇 譯, 『中國五~十世紀的寺院經濟』(臺北: 商鼎印書館, 1993)

謝重光, 『漢唐佛敎社會史論』(臺北: 國際文化, 1990)

藪內淸 著, 李淳 譯, 『中國科學文明』(高雄: 文皇社, 1976)

嚴耕望, 『中國地方行政制度史論』(甲·乙部)(臺北: 中央研究院歷史語言研究所, 1990)

中村治兵衛, 『中國シャームニズムの研究』(東京: 刀水書房, 1992.6)

中村裕一, 『唐代制敕研究(上·下)』(東京: 汲古書院, 1991)

中村裕一, 『唐代公文書研究』(東京: 汲古書院, 1996)

池田溫, 『中國古代籍帳研究-槪觀·錄文』(東京: 東京大學出版會, 1979)

池田溫 責任編集, 『敦煌の社會』(敦煌講座3, 大東出版社, 東京: 1981)

那波利貞, 『唐代社會文化史研究』(東京: 創文社, 1974)

西嶋定生, 『中國古代國家と東アジア世界』(東京: 東京大學出版會, 1983)

谷川道雄, 『中國中世社會と共同體』(東京: 國書刊行會, 1976)

金岡照光, 『敦煌の民衆-生活と思想』(東京評論社, 1983)

尾形勇, 『中國古代の家と國家—皇帝支配下の秩序構造』(東京: 岩波書店, 1979)

宮川尚志, 『六朝史研究(宗敎篇)』(京都: 平樂寺書店, 1977)

梅原郁, 『中國近世の都市と文化』(京都大學人文科學研究所, 1984)

堀敏一, 『中國古代の家と集落』(東京: 汲古書院, 1996)

斯波義信, 『宋代江南經濟史の研究』(東京大學東洋文化研究所, 汲古書院, 1988)

斯波義信, 『宋代商業史研究』(東京, 風間書房, 1968/1979)

渡邊義浩, 『後漢國家の支配と儒敎』(東京: 雄山閣出版株式會社, 1995.2)

澤田瑞穗, 『中國の民間信仰』(工作舍, 1982)

Brian E. McKnight, *The Quality of Mercy-Amnesties and Traditional Chinese Justice*(University of Hawaii Press, 1981)

Chaffee, John W. *The Thorny Gate of Learning in Sung China-A Social History of Examinations*(Cambridge Univ. Press, 1985)〔양종국 역, 『송대 중국인의 과거생활-배움의 가시밭길-』(신서원, 2001)〕.

David Johnson, Andrew Nathan, Evelyn Rawski, *Popular Culture in Late Imperial China* (Berkeley, University of California Press, 1985)

Howard J. Wechsler, *Offerings of Jade and Silk: Ritual and Symbol in the Legitimation of the Tang Dynasty*(New Haven and London: Yale Univ. Press, 1985)

Philip A. Khun, Soulstealers: *The Chinese Sorcery Scare of 1768*(Harvard Univ. Press, 1990)

Robert Redfield, *Peasant Society and Culture*(Chicago: University of Chicago Press, 1956)

Stephen Teiser, *The Ghost Festival in Medieval China*(New Jersey Princeton: Princeton University Press, 1988)

Valerie Hansen, *Changing Gods in Medieval China(1127~1276)*(New Jersey Princeton:

Princeton University Press, 1990)

Yang, C.K. *Religion in Chinese Society*(Berkeley: University of California press, 1976)

Ⅲ. 논문

金裕哲, 「魏晉南北朝時代 江南社會와 種族問題-蠻夷的 '緣邊'에서 中華的 '江南社會로」
(『中國의 江南社會와 韓中交涉』, 집문당, 1997)

金相範, 「唐代民間祠廟信仰 연구의 回顧와 展望」(『中國史研究』 14, 2001)

金相範, 「唐代祠廟信仰의 類型과 展開樣相」(『中國學報』 44輯, 2001)

金相範, 「國家禮制와 民間信仰의 충돌-唐初 狄仁傑의 淫祠撤廢 조치를 중심으로」(『中國史研究』 17, 2002)

金相範, 「地方祭祀體系와 民間信仰의 關係-唐代를 중심으로」(『中國史研究』 19, 2002)

徐永大, 「韓國과 中國의 城隍信仰 比較」(『中國史研究』 14, 2001)

吳金成, 「中國의 科擧制와 그 政治·社會的 機能-宋·明·淸 時代의 社會의 階層移動을 中心으로」(역사학회편, 『科擧』, 一潮閣, 1981)

李成珪, 「中國 古代 皇帝權의 性格」(『東亞史上의 王權』, 한울아카데미, 1993)

崔甲洵, 「中國의 城隍信仰과 國家權力-宋·明代의 경우를 중심으로」(서울대학교 東洋史學研究室編, 『近世 東아시아 國家와 社會』, 지식산업사, 1993)

河元洙, 「唐 順宗代(805년) 집권세력의 성격-唐 後半期 官僚의 새로운 정치의식과 관련하여」(『동아문화』 25, 1987)

河元洙, 「唐 後半期 進士科와 士人들 간의 私的紐帶」(『東洋史學研究』 56, 1996)

河元洙, 「宋代 士大夫論」(서울大學校東洋史學研究室編, 『講座中國史』 Ⅲ, 지식산업사, 1989)

丁 煌, 「唐高祖, 太宗對符瑞的運用及其對道敎的態度」(『成功大學歷史系歷史學報』 第二號, 1975-7)

丁 煌, 「唐代道敎太淸宮制度考」(上·下)(『成功大學歷史學系歷史學報』 6·7, 1979.7, 1980. 8)

丁 煌, 「唐代及五代道敎宗派之研究」(『成功大學歷史學系學報』 第9號, 1982.9)

中國天文學史整理研究小組, 『中國天文學史』(北京:科學出版社, 1981)

王 素, 「吐魯番出土功德疏所見西州庶民的淨土信仰」(『唐研究(第一卷)』, 北京:北京大學
　　　出版社, 1995)

甘懷眞, 「鄭玄, 王肅天神觀的探討」(『史原』 第十五期, 臺大歷史學研究所, 1986-4)

全漢勝, 「中古佛敎寺院的慈善事業」(『五十年來漢唐佛敎寺院經濟研究』, 北京師大出版社,
　　　1985)

牟鐘鑒, 「中國宗敎的歷史特點」(『世界宗敎研究』, 1986-2)

牟鐘鑒, 「試論儒家的宗敎觀」(『齊魯學刊』, 1993.4)

杜正勝, 「歷史研究的課題與方法-特就宗敎史的研究論」(『食貨復刊』 3-5, 1973.8)

杜正勝, 「形體·精氣與魂魄:中國傳統對「人」認識的形成」(『人觀, 意義與社會』, 中央研究院民
　　　族所, 1993)

余英時, 「中國古代死後世界觀的演變」(『聯合月刊』 第二十六期, 1983.9)

何炳棣, 「原禮」(『二十一世紀』 第十一期, 香港中文大學中國文化研究所, 1992.6)

巫 鴻, 「漢明·魏文的禮制改革與漢代畫像藝術之盛衰」(『九州學報』 三卷二期, 1989.6)

李文潤, 「六朝地域人神的形成及其政治文化背景」(谷川道雄編, 『日中國際共同研究, 地
　　　域社會在六朝政治文化上所起的作用』, 京都:玄文社, 1989)

李文潤, 「漢唐荊楚鬼神文化的時代特徵」(鄭學檬·冷敏述 主編, 『唐文化研究』, 上海人民
　　　出版社, 1994.11)

李斌城, 「唐代佛敎之爭研究」(『世界宗敎研究』 第2集, 1981)

李斌城, 「五代十國佛敎研究」(榮新江主編, 『唐研究(第一卷)』, 北京:北京大學出版社, 1995)

李豐楙, 「唐代洞淵神咒經寫卷與李弘—兼論神咒類道經的功德觀」(『第二屆敦煌學國際
　　　研討會論文集』, 臺北:漢學研究中心編印, 1991)

李豐楙, 「不死的探求—道敎信仰的介紹與分析」(『敬天與親人—中國文化新論宗敎禮俗
　　　篇』, 臺北:聯經, 1991)

李豐楙, 「仙道的世界—道敎與中國文化」(『敬天與親人—中國文化新論宗敎禮俗篇』, 臺
　　　北:聯經, 1991)

李豐楙, 「廟宇·廟會與休閒習俗—兼及道敎廟·道士的信仰習俗」(行政院 文建會, 『中國休
　　　閒生活, 文化學術研討會論文集』, 1992.6)

李豐楙, 「行瘟與送瘟—道敎與民間瘟疫官的交流和分歧」(『民間信仰與中國文化國際研討
　　　會論文集』, 臺北:漢學研究中心, 1994.4)

吳 澤, 「西周時代的社神崇拜和社祀制度硏究」(『華東師範大學學報』, 1986.4)

林富士, 「六朝時期民間社會所祀'女性人鬼'初探」(『新史學』7卷4期, 1996.12)

周紹良, 「隋唐以前之彌勒信仰」(湯一介主編, 『中國宗敎: 過去與現在』, 北京大學出版社, 1992)

林聰明, 「從敦煌文書看佛敎徒的造經祈福」(『第二屆敦煌學國際硏討會論文集』, 臺北: 漢學硏究中心編印, 1991.6)

姜伯勤, 「唐貞元·元和間禮的變遷—兼論唐禮的變遷與敦煌元和書儀硏究」(黃約瑟, 劉健明主編, 『隋唐史論集』, 香港大學亞洲硏究中心, 1993)

姜伯勤, 「天的圖像與解釋—以敦煌莫高窟頂圖像爲中心」(『敦煌藝術宗敎與禮樂文明』, 北京, 中國社會科學出版社, 1996.11)

姜伯勤, 「唐禮與敦煌發現的書儀」(『敦煌藝術宗敎與禮樂文明』)

姜伯勤, 「沙州儺禮考」(『敦煌藝術宗敎與禮樂文明』)

姜伯勤, 「高昌湖天祭祀與敦煌祅祀」(『敦煌藝術宗敎與禮樂文明』)

洪德先, 「俎豆馨香—歷代的祭祀」(『敬天與親人—中國文化新論宗敎禮俗篇』, 臺北: 聯經, 1991)

高明士, 「唐代的釋奠禮制及其在敎育上的意義」(『大陸雜誌』第61卷 第5期, 1980.11)

高明士, 「隋唐廟學制度的成立與道統的關係」(『臺大歷史系學報』第九期, 1982)

高明士, 「隋唐廟學制度的成立與道統的關係」(『國立臺灣大學歷史系學報』第九期, 1982)

高明士, 「唐代敦煌的敎育」(『漢學硏究』4-2, 1986.12)

高明士, 「隋代的制禮作樂—隋代的立國政策硏究之二」, 黃約瑟·劉健明 主編, 『隋唐史論集』, 香港大學亞洲硏究中心, 1993)

高明士, 「論武德到貞觀禮的成立—唐朝立國政策的硏究之一」(『第二屆國際唐代學術會議論文集』, 臺北: 文津出版社, 1993)

高明士, 「皇帝制度下的廟制系統—秦漢至隋唐爲考察中心」(『文史哲學報』40期, 1993)

高明士, 「從律令制論開皇·大業·武德·貞觀的繼受關係」(『第三屆中國唐代文化學術硏討會論文集』, 臺北: 中國唐代學會, 1997.6)

高國藩, 「唐代敦煌的看相與算命」(『歷史月刊』第二十七期, 1990.4)

高國藩, 「唐代人如何解夢」(『歷史月刊』第三十九期, 1991.4)

高國藩, 「敦煌巫術形態-兼與中外巫術之比較」(『第二屆敦煌學國際硏討會論文集』, 臺北: 漢學硏究中心編印, 1991.6)

唐君毅, 「秦漢以後天命思想之發展」(『新亞學報』6-2)

唐長孺, 「北朝的彌勒信仰及其衰落」(『魏晉南北朝史論拾遺』, 北京:中華書局, 1983)

唐長孺, 「魏晉期間北方天師道的傳播」(『魏晉南北朝史論拾遺』, 北京:中華書局, 1983)

唐耕耦, 「房山石經題記中的唐代社邑」(『文獻』, 1989年 第1期 總第39期)

孫昌武, 「唐代文人的維摩信仰」(『唐研究(第一卷)』, 北京:北京大學出版社, 1995)

郝春文, 「隋唐五代宋初佛社與寺院的關係」(『敦煌學輯刊』, 1990年 第1期 總17期)

郝春文, 「中古時期儒佛文化對民間結社的影響及其變化」(鄭學檬·冷敏述主編, 『唐文化研
　　　究』, 上海:上海人民出版社, 1994.11)

郝春文, 「唐後期五代宋初沙洲僧尼的宗敎收入(一)—兼論儭司」(『潘石禪先生九秩華誕敦
　　　煌學特刊』, 臺北:文津出版社, 1996.9)

凌純聲, 「中國古代社之源流」(『中研院民族所集刊』第十七期, 1964春)

席澤宗, 「天文學在中國傳統文化中的地位」(『科學史八講』, 臺北:聯經, 1994)

夏日新, 「魏晉南北朝時期荊州地區佛敎的傳播與發展」(谷川道雄編, 『日中國際共同研究,
　　　地域社會在六朝政治文化上所起的作用』, 京都:玄文社, 1989)

晁福林, 「戰國時期的鬼神觀念及其社會影響」(『中國史研究』, 1998-2)

莊吉發, 「民間祕密宗敎的社會功能」(『歷史月刊』第八十六期, 1995.3)

章　群, 「唐代之祠廟與神廟」(『嚴耕望先生紀念論文集』, 臺北:稻鄕出版社, 1998-10)

陶希聖, 「武廟之政治社會的演變—武成王廟·關帝廟·關岳廟」(『食貨月刊』2-5, 1972.8)

陶希聖, 「天道人倫一以貫之—太一論與天心論(上·下)」(『食貨月刊』16-1·16-3, 1986. 9,
　　　1986.2)

陳　華, 「中國歷史上的彌勒—未來佛與救世主」(『歷史月刊』第八十六期, 1995.3)

陳寅恪, 「隋唐制度淵源略論考」(『陳寅恪先生文集(二)』, 臺北:里仁書局, 1982)

陳寅恪, 「唐代政治史述論稿」(『陳寅恪先生文集(二)』, 臺北:里仁書局, 1982)

陳寅恪, 「天師道與濱海地區之關係」(『陳寅恪先生文集(二)』, 臺北:里仁書局, 1982)

陳國燦, 「唐五代敦煌縣鄕里制的演變」(『敦煌研究』, 1989-3)

陳弱水, 「思想史中的杜甫」(『中央研究院史語所集刊』, 第六十九本, 第一分, 1998.3)

陳　槃, 「泰山主死亦主生說」(『中央研究院史語所集刊』第51本 3分, 1980)

陳榮捷, 「中國宗敎中的個人」(『中國人的心靈:中國哲學與文化要義』, 臺北:聯經, 1984)

梁滿倉, 「論六朝時期的民間祭祀」(『中國史研究』, 1991-3)

郭　鋒, 「敦煌的社及其活動」(『敦煌學輯刊』第4期, 1983.6)

康 樂, 「轉輪王觀念與中國中古的佛敎政治」(『中硏院史語所集刊』 第六十七本, 第一
　　　分, 1996.3)

張 弓, 「唐人的釋門散文」(『唐硏究(第一卷)』, 北京:北京大學出版社, 1995)

張 珣, 「臺灣的媽祖信仰―硏究回顧」(『新史學』 六卷四期, 1995.12)

張寅成, 「鄭玄六天說之硏究」(『史原』 第十五期, 臺大歷史學硏究所, 1986.4)

張榮明, 「論殷周上帝觀」(『齊魯學刊』, 1992-4)

張澤洪, 「城隍神及其信仰」(『世界宗敎硏究』, 1995-1)

勞 榦, 「漢代社祀的源流」(『中硏院史語所集刊』 第十一本, 1947)

黃一農·張嘉鳳, 「中國古代天文對政治的影響―以漢相翟方進自殺爲例」(『淸華學報』 新二
　　　十卷第二期, 1990.12)

黃一農, 「敦煌本具注曆日新探」(『新史學』 三卷四期, 1992.12)

黃一農, 「通書―中國傳統天文與社會的交融」(『漢學硏究』 第14卷第2期, 1996.12)

黃永年, 「說狄仁傑的奏毁淫祠」(史念海主編, 『唐史論叢』 第六輯, 西安:陝西人民出版社,
　　　1995.10)

黃克武, 「欽天監與太醫院―歷代的科學硏究機構」(『中國文化新論科技篇, 格物與成器』,
　　　聯經, 1982)

黃敏枝, 「唐代民間的彌勒信仰及其活動」(『大陸雜誌』 第78卷 第6期)

黃進興, 「道統與治統之間:從明嘉靖九年孔廟改制談起」(『中硏院史語所集刊』 第六十一本
　　　第四分, 1992.12)

黃進興, 「權力與信仰:孔廟祭祀制度的形成」(『大陸雜誌』 86-5, 1993.5)

卿希泰, 「道敎産生的歷史條件和思想淵源」(『世界宗敎硏究』, 1980-2)

湯一介, 「論道敎的産生和他的特點」(『中國宗敎:過去與現在』, 北京大學出版社, 1992)

傅樂成, 「李唐王室與道敎」(『食貨月刊』 9-10, 1980.1)

傅樂成, 「唐人的生活」(『漢唐史論集』, 臺北:聯經, 1987)

傅樂成, 「唐型文化與宋型文化」(『漢唐史論集』, 聯經, 1987)

雷 聞, 「論隋唐國家祭祀的神祠色彩」(『漢學硏究』, 第21卷 第2期, 2004.12)

雷 聞, 「唐代地方祠祀的分層與運作-以生祠與城隍神爲中心」(『歷史硏究』, 2004.2)

雷 聞, 「道敎徒馬元貞與武周革命」(『中國史硏究』, 2004.1(總101)

蒲慕洲, 「西方近年來的生活史硏究」(『新史學』 三卷四期, 1992.12)

楊慶堃, 「儒家思想與中國宗敎之間的功能關係」(中國思想硏究會編, 段昌國等譯, 『中國

思想與制度論集』, 臺北:聯經出版事業公司)

楊晉龍, 「神統與聖統—鄭玄·王肅感生說'異解探異」(『中國文哲硏究所集刊』 第三期, 1993.3)

楊惠南, 「一葦渡江·白蓮東來—佛敎的輸入與本土化」(『敬天與親人—中國文化新論宗敎
　　　　禮俗篇』, 臺北:聯經, 1991)

楊聯陞, 「報—中國社會關係的一個基礎」(『食貨』 3-8, 1973.11)

蔣竹山, 「湯斌禁毁五通神—淸初政治菁英打擊通俗文化的個案」(『新史學』 6-2, 1995.6)

蔣竹山, 「宋至淸代的國家與祠神信仰硏究的回顧與討論」(『新史學』 8-2, 1997.6)

寧　可, 「記晉當利里社碑」(『文物』 1979-12, 總283期)

寧　可, 「漢代的社」(『文史』 第九期, 1980.6)

寧　可, 「關於漢待廷里父老僤賣田約束石劵」(『文物』, 1982-12, 總319期)

寧　可, 「述社邑」(『北京師範大學學報』, 1985-1)

寧　可, 「五斗米道, 張魯政權和'社'」(『中國文化與中國哲學』, 三聯書店, 1988)

寧可·郝春文, 「北朝至隋唐五代間的女人結社」(『北京師範學院學報』, 1990-5)

劉子健, 「論中國的宗敎和信仰體系」(『九州學刊』 二卷三期, 1988.4)

劉苑如, 「六朝志怪中的女性陰神崇拜之正當化策略初探」(『思與言』 第35卷 第2期, 1997.6)

劉淑芬, 「五至六世紀華北鄕村的佛敎信仰」(『中硏院史語所集刊』 63-3, 1993.7)

劉淑芬, 「佛頂尊勝陀羅尼經與唐代尊勝經幢的建立—經幢硏究之一」(『中硏院史語所集
　　　　刊』 67-1, 1996.3)

劉增貴, 「天堂與地獄:漢代的泰山信仰」(『大陸雜誌』 94-5, 1997.5)

鄧嗣禹, 「城隍考」(『史學年報』 2-2, 1935.9)

錢　穆, 「略論魏晉南北朝學術文化與當時門第之關係」(『中國學術思想史論(三)』, 臺北:東
　　　　大圖書公司, 1993)

戴　仁, 「敦煌寫本中的解夢書」·「敦煌的宗敎活動和斷代寫本」(謝和耐等著, 耿昇譯, 『法國
　　　　學者敦煌學論文選萃』, 北京:中華書局, 1993)

戴君仁, 「河圖洛書的本質及其原來的功用」(『臺大文史哲學報』 第15期, 1966.8)

謝世忠, 「漢人民間信仰硏究的本質·體系與過程理論—英文論述中的幾個主要結構論模
　　　　型」(『文史哲學報』 43期, 國立臺灣大學, 1995.12)

顏尚文, 「法華思想與佛敎社區共同體—以東魏〈李氏合邑造像碑〉爲例」(『中國佛學學報』
　　　　第十期, 1997)

韓國磐, 「唐代的食封制度」(『中國史硏究』, 1982.4)

羅彤華, 「漢代的民間結社」(『大陸雜誌』 82-6, 1991.6)

嚴耀中, 「唐代江南的淫祠與佛敎」(『唐研究』 第二卷, 北京:北京大學出版社, 1996)

饒宗頤, 「天神觀與道德思想」(『中國上古史待定稿(第四本)』, 中硏院史語所, 1972)

饒宗頤, 「神道思想與理性主義」(『中國上古史待定稿(第四本)』, 中硏院史語所, 1972)

艾麗白, 「敦煌寫本中的儺儀禮」(『法國學者敦煌學論文選萃』 北京:中華書局, 1993.12)

艾麗白, 「敦煌寫本中的兒郎偉」(『法國學者敦煌學論文選萃』 北京:中華書局, 1993.12)

楊慶堃, 段昌國譯 〈儒家思想與中國宗敎之間的功能關係〉(段昌國等譯, 『中國思想與制度
　　　論』, 臺北:聯經出版事業公司, 1979)

金子修一, 「關於唐代後半的郊祀和帝室宗廟」(『第二屆國際唐代學術會議論文集』, 臺北:
　　　文津出版社, 1993.6)

妹尾達彦, 「河東鹽池的池神廟與鹽專賣制度」(中國唐代學會主編, 『第二屆國際唐代學術
　　　會議論文集』, 臺北:文津出版社, 1993.6)

春日井明, 「中國古代的'氣'和'鬼'」(『中國史研究』, 1989-2)

Arthur F. Wright, 段昌國譯, 「隋代思想意識的形成」(『中國思想與制度論集』, 臺北:聯經,
　　　1979)

Arthur F. Wright, 陶晉生譯, 「唐太宗與佛敎」(『唐史論文選集』, 臺北:幼獅文化, 1990)

Arthur P. Wolf著, 張珣譯, 「神·鬼和祖先」(『思與言』 第35卷 第3期, 1997.9)

李福淸(B.Riftin), 「關公傳說與關帝崇拜」(『民間信仰與中國文化國際硏討會論文集』, 臺北:漢
　　　學硏究中心, 1994.4)

康豹(Paul Katz), 「中國近世宗敎社會史的硏究路徑」(『史匯』 創刊號, 中央大學 歷史硏究所,
　　　1996)

Terry F. Kleeman, 「由祭祀看中國宗敎的分類」(李豐楙, 朱榮貴主編, 『儀式·廟會與社區-道
　　　敎·民間信仰與民間文化』, 臺北:中央硏究院中國文哲硏究所籌備處, 1996)

Wolfram Eberhard著, 劉紉尼譯, 「漢代天文學與天文學家的政治功能」(『中國思想與制度論
　　　集』, 臺北:聯經, 1979)

李允碩, 「明淸時代江南都市寺廟의 社會史的 硏究」(서울대학교 대학원, 2003.8)

張寅成, 「西漢的宗廟與郊祀」(國立臺灣大學歷史學研究所碩士論文, 1985)

甘懷眞, 「唐代京城社會與士大夫禮儀之研究」(國立臺灣大學博士論文, 1993.12)

張文昌, 「唐代禮典的編纂與傳承-以'大唐開元禮'爲中心」(國立臺灣大學歷史學研究所碩
　　　士論文, 1997.6)

顏尙文, 「梁武帝 '皇帝菩薩' 理念的形成及政策的推展」(國立臺灣師範大學歷史硏究所博士論文, 1989.6)

羅彤華, 「唐代民間借貸之硏究」(國立臺灣大學歷史學硏究所博士論文, 1996.3)

土肥義和, 「唐·北宋間の'社'の組織形態に關る一考察—敦煌の場合を中心に」(堀敏一先生古稀記念, 『中國古代の國家と民衆(下)』, 東京: 汲古書院, 1995.3)

小林義廣「宋代福建莆田の方氏一族について」(中國中世史硏究會編, 『中國中世史硏究(續編)』, 京都大學學術出版會, 1995)

小島毅, 「郊祀制度の變遷」(『東洋文化硏究所紀要』第108期, 東京大學東洋文化硏究所, 1989-2)

小島毅, 「城隍制度の確立」(『思想』 792號, 1990)

小島毅, 「正祠と淫祠—福建地方志における記述と論理」(『東洋文化硏究所紀要』第114期, 1991)

水越知, 「宋代社會と祠廟信仰の展開-地域核としての祠廟の出現」(『東洋史硏究』 60-4, 2002.3)

仁井田陞, 「唐代の封爵及び食封制」(『東方學報』 十冊之一, 1939)

中村哲夫, 「城隍信仰からみた舊中國の國家と社會」(『近代中國社會史硏究序說』, 法律文化社, 1984)

今枝二郎, 「玄宗治下民衆動向」(『酒井忠夫先生古稀祝賀紀念論集』, 東京: 圖書刊行會, 1982)

池田末利, 「中國における至上神儀禮の成立」(『中國古代宗敎史硏究』, 東京: 東海大學出版會, 1981)

好並隆司, 「中國古代祭天思想の展開」(『秦漢帝國史硏究』(원래는 『思想』 608), 東京: 未來社, 1984)

好並隆司, 「中國古代における山川神祭祀の變貌」(『秦漢帝國史硏究』, 東京: 未來社, 1984)

守屋美都雄, 「社の硏究」(『史學雜誌』 59-7, 東京大學文學部史學會, 1950.7)

西嶋定生, 「漢代における卽位儀禮—とくに帝位繼承のばあいについて」(『山本博士還曆紀念東洋史論叢』, 東京: 山川出版社, 1972)

金子修一, 「中國古代における皇帝祭祀の一考察」(『史學雜誌』 87-2, 1978)

金子修一, 「魏晉より隋唐に至る郊祀·宗廟の制度について」(『史學雜誌』 88-10, 1979)

金子修一, 「國家と祭祀: 中國—郊祀と宗廟と明堂及び封禪」(『東アジア世界における日

本古代史講座』, 東京:學生社, 1982)

金子修一, 「則天武后の明堂について─その政治的性格の檢討」(『律令制─中國·朝鮮の 法と國家』, 東京:汲古書院, 1986)

金子修一, 「唐代皇帝祭祀の親祭と有司攝事」(『東洋史研究』 47-2, 1988.9)

金子修一, 「唐後半期の郊廟親祭について-唐代における皇帝の郊廟親祭その(3)」(『東洋 史研究』 55-2, 1996)

金井德幸, 「宋代の村社と社神」(『東洋史研究』 38-2, 1979.9)

金井德幸, 「宋代の村社と宗族─休寧縣と白水縣における二例」(『歴史における民衆と 文化-酒井忠夫先生古稀祝賀記念論文』, 東京:國史刊行會, 1982.9)

金井德幸, 「宋代浙西の村社と土神─宋代鄕村社會の宗敎構造」(『宋代史研究會研究報 告』 第二集, 東京:汲古書院, 1986.10)

金井德幸, 「南宋における社稷壇と社廟について─鬼の信仰を中心として」(酒井忠夫 主編, 『臺灣の宗敎と中國文化』, 東京:風響社, 1992)

金井德幸, 「南宋の祠廟と賜額について─釋文珦と劉克莊の視點」(宋代史研究會編, 『宋 代の知識人─思想·制度·地域社會』, 東京:汲古書院, 1992)

松本浩一, 「宋代の賜額·賜號について─主として'宋會要輯稿'にみえる史料から」(野口 鐵郎編, 『中國史における中央政治と地方政治』, 昭和六十年度科研費報告, 1986)

松本浩一, 「中國村落における祠廟とその變遷─中國の祠廟に關する研究動向問題點1」 (『社會文化史學』 第31號, 1993.9)

妹尾達彦, 「唐代長安の盛り場(中)-皇帝儀禮の舞臺を中心に」(『史流』 第三十號, 1989)

妹尾達彦, 「唐長安城の儀禮空間-皇帝儀禮の舞臺を中心に」(『東洋文化』 第七二號, 1992)

竺沙雅章, 「敦煌出土'社'文書の研究」(『東方學報』 第35冊, 京都大學人文科學研究所, 1964.3)

須江隆, 「徐偃王廟考─宋代の祠廟と關する一考察」(『集刊東洋學』 69, 1993)

須江隆, 「唐宋期における祠廟の廟額·封號の下賜について」(『中國-社會と文化』 第九 號, 1994-6, 中國社會文化學會)

森田憲司, 「文昌帝君の成立─地方神から科擧神へ」(梅原郁, 『中國近世の都市と文化』 第九號, 1984)

鈴木陽一, 「浙東の神と地域文化-伍子胥, 防風, 錢鏐 素材をとして」(『宋代人の認識-相

互性と日常空間』, 宋代史硏究會 硏究報告 第七輯, 東京:汲古書院, 2001)

濱島敦俊, 「明初城隍考」(『榎博士頌壽紀念·東洋史論叢』, 汲古書院, 1988)

濱島敦俊, 「明淸江南城隍考」(唐代史硏究會編, 『中國都市の歷史的硏究』, 刀水書房, 1988)

濱島敦俊, 「明淸時代·江南農村の'社'と土地廟」(『山根幸夫敎授退休記念明代史論叢』, 東京:汲古書院, 1990)

礪波護, 「隋の貌閱と唐初の食實封」(『東方學報』 37, 1966)

David Johnson "The City-God Cults of Tang and Sung China"(*Havard Journal of Asia* Vol.45, No.2)

Erik Zürcher "Buddhist influence on Early Taoism"(*Toung Pao* 65.1-3, 1980)

Skinner, G. William, "Marketing and Social Structure in Rural China"(*Journal or Asian Studies* 24-3, 1993)

Stephen F. Teiser "Popular Religion"(*The Journal of Asian Studies*, Vol.54, No.2, May 1995)

Stephen F. Teiser "The Groth of Pugatory"(*Religion and Society in Tang and Sung China*, Edited by Patricia Buckley Ebrey and Peter N.Gregory, University of Hawaii Press, 1993)

Terry F Kleeman "The Expansion of The Wen-Chang Cult"(*Religion and Society in Tang and Sung China*, Edited by Patricia Buckley Ebrey and Peter N.Gregory, University of Hawaii Press, 1993)

□ 메모 □

□메모□

□메모□